D1617818

Mühldorf − Stadt am Inn

Mühldorf

Stadt am Inn

Herausgeber: Heimatbund Mühldorf e. V.

1989

Umschlagbild

Hans Prähofer: Mühldorf 1989, Tempera 60×80 cm

© Heimatbund Mühldorf, 1989

Alle Rechte vorbehalten. Ohne ausdrückliche Genehmigung des Herausgebers ist nicht gestattet, das Buch oder Teile daraus zu kopieren oder zu vervielfältigen.

Redaktion: Reinhard Wanka, Josef Steinbichler

Gesamtherstellung: Hans Stocker, Mühldorf

Inhaltsverzeichnis

Adolf Hartmann
Wappen und Siegel der Stadt Mühldorf . . . 11

Walter Reichmann
Die erdgeschichtliche Entstehung unseres Heimatraumes . . . 15
    Geomorphologie der Stadtlandschaft . . . 19

Rudolf Angermeier
Mühldorf unter der Herrschaft der Salzburger Bischöfe . . . 23
    Vermutungen . . . 23
    Nachweisliche Anfänge . . . 27
    Im Spannungsfeld der Geschichte . . . 34
    Die Stadt im späten Mittelalter . . . 42
    Die Bürger – Rechte und Pflichten . . . 45
    Niclas Grill . . . 49
    Die Vorstädte . . . 51
    Heiliggeistvorstadt . . . 51
    Mühsames Erziehen . . . 55
    Bürgerliche Selbstverwaltung . . . 57
    Jahrmärkte – Wochenmärkte – Viehmärkte . . . 61
    Die Struktur Mühldorfs und seiner Bewohner . . . 67
    Zünfte – Zechen – Bruderschaften . . . 69
    Mühldorfs Grenzen . . . 72
    Bischöfliche Gunst . . . 75
    Düsteres 17. Jahrhundert (Pest – Brand – Krieg) . . . 80
    Der Mühldorfer Hexenprozeß von 1749/50 . . . 94
    Aufklärung und Säkularisation . . . 96
    Mühldorfs Kirchen . . . 100
    Stiftungen und Vermächtnisse . . . 111
    Das Kollegiatstift . . . 112

Wolfgang Pfeiffer
Mühldorf im Spiegelbild der großen Geschichte . . . 115
    Von Napoleon zum Wiener Kongreß 1802–1815 . . . 115
    Vom Wiener Kongreß zur Märzrevolution 1815–1848 . . . 119
    Von der Märzrevolution zur Reichsgründung 1848–1871 . . . 124
    Im Kaiserreich . . . 131
    Im Ersten Weltkrieg . . . 135
    In der Weimarer Republik von 1919–1932 . . . 142
    Das Jahr 1933 . . . 155
    Die Jahre 1934–1939 . . . 161
    Im Zweiten Weltkrieg . . . 167

Hans Rudolf Spagl
Neubeginn nach 1945 — 181
    Fraternisation — 183
    Heimatvertriebene — 184
    Wohnungsnot — 185
    Bewirtschaftung — 185
    Verkehr auf Straße und Schiene — 186
    Entnazifizierung — 186
    Aufbruch zur Demokratie — 187
    Schule und Erziehung — 188
    Kultureller Wiederbeginn — 189
    Neubeginn beim Sport — 193

Josef Steinbichler
Die Ehrenbürger der Stadt Mühldorf — 195
    Karl Kaerner – Gustav von Schlör – Georg von Orterer – Anton Fent – Franz Xaver Fischer – Leo Mulfinger – Hans Gollwitzer – Josef Klapfenberger

Hans Rudolf Spagl
Kunst und Kunsthandwerk in Mühldorf (13.–16. Jahrhundert) — 201
    Das 13. und 14. Jahrhundert — 201
    Die ersten Jahrzehnte des 15. Jahrhunderts — 205
    Die Mühldorfer Gottvaterfigur — 208

Volker Liedke
Matthäus Krinis und Wilhelm Pätzsold, zwei bedeutende Mühldorfer Meister vom Anfang des 16. Jahrhunderts — 211
    Die Mühldorfer Malerwerkstätten des 15. Jahrhunderts — 212
    Degenhart Pfeffinger — 212
    Der Maler Wilhelm Pätzsold — 214
    Die Mühldorfer Bildschnitzerwerkstätten des 15. Jahrhunderts — 219
    Der Bildschnitzer Matthäus Krinis — 223

Thomas Johannes Kupferschmied
Barockes Mühldorf — 229

Hans Rudolf Spagl
Künstlerisches Schaffen in neuerer Zeit — 245
    Das 19. Jahrhundert — 245
    Kirchliche Bauten und kirchliche Kunst im 20. Jahrhundert — 246
    Kunsthandwerk in Mühldorf in alter und neuer Zeit — 249
    Gedenkstätten in Mühldorf — 251

Ernst Aicher
Die Innstadt Mühldorf – Betrachtungen zur Entwicklung und Bauweise — 255
    Der Aufbau des Stadtkerns von Mühldorf — 257
    Einzelbauten, Wohn- und Arbeitsstätten — 257
    „Unser frauen kirch" — 259
    Zehent- und Vorratskästen — 260
    Das Lodronhaus — 263
    Pfarrhof St. Nikolaus — 263
    Das Rathaus — 264
    Das Heiliggeistspital — 265

Materialwahl und Farbgebung	265
Stadtbefestigung	268
Veränderungen, Zerstörungen und Wiederaufbau	268

Benedikt Ott
Neues Leben in alten Mauern — 271

Uwe Ring
Die Innschiffahrt — 275

Städte am Inn	275
Die Geschichte der Schiffahrt	278
Der Warenverkehr auf dem Inn	279
Die Schiffahrt	280
Der Schiffzug	282
Der Roßzug	282
Die Schiffbesatzung	284
Die Menschen der Schiffahrt	285
Die Tracht der Schiffleute	286
Die Frömmigkeit der Schiffleute	286
Die Schopper	287
Die Schiffmeister	288

Reinhard Wanka
Verkehrsknotenpunkt Mühldorf — 289

Die erste Straße bei Mühldorf — erbaut von den Römern	289
Straßen in und um Mühldorf	290
Mühldorf — eine Eisenbahnerstadt	291
Nur eine Episode: Die Dampfschiffahrt auf dem Inn	296
Der Innkanal	298

Siegfried Inninger/Reinhard Wanka
Die Ortsteile Mößling, Hart, Altmühldorf und Ecksberg — 299

Herbert Kroiß
Von Grenzstein zu Grenzstein — 305

Reinhard Wanka
Statistisches — 311

Josef Steinbichler
Zeittafel zur Geschichte der Stadt Mühldorf — 313

Josef Steinbichler
Literatur zur Geschichte der Stadt Mühldorf — 327

Mitarbeiter/Fotonachweis — 331

Zum Geleit

„Wer seine Heimat nicht kennt, dem fehlen wesentliche Grundlagen für das Verständnis der Welt", so lautet ein Leitgedanke von Kultusminister Hans Zehetmair zum Thema Heimat.

Um dieses Kennenlernen unserer Heimat, unserer Stadt Mühldorf a. Inn zu ermöglichen und zu erleichtern, hat der Heimatbund Mühldorf dieses Buch geschaffen. Es ist das erste größere, zusammenhängende Werk über unsere Stadt überhaupt. Als Bürgermeister freue ich mich deshalb besonders, dies präsentieren zu können.

Mein Dank gilt daher der Vorstandschaft des Heimatbundes und allen Mitarbeitern, die in mehrjähriger Arbeit die Idee eines Stadtbuches verwirklicht haben.

Nur derjenige, der seine Heimatstadt als einen geschichtlich geprägten und immer wieder menschlich zu prägenden Raum seines Lebens und seiner Zeit kennt und annimmt, darf sich im wahrsten Sinne des Wortes Bürger nennen, denn wie man eine Stadt anblickt und sie beobachtet, so blickt sie zurück; sie möchte geliebt sein und jedem zulächeln; sie kehrt den Beschauern den Schmuck ihres Antlitzes zu.

Dies bedeutet doch, daß die Stadt Mühldorf a. Inn für ihre Menschen und Bürger da ist, so wie umgekehrt die Bürger für ihre Stadt da sind.

In diesem Sinne wünsche ich den Lesern eine interessante und aufschlußreiche Lektüre und dem Buch eine weite Verbreitung.

Josef Federer
Erster Bürgermeister der Stadt Mühldorf a. Inn

Vorwort

Vor fast fünfundzwanzig Jahren erschien das letzte Buch über die Stadt Mühldorf. Viel Wasser ist seither den Inn hinuntergeflossen, vieles hat sich seither in unserer Stadt verändert: durch die Gebietsreform wuchs die Stadt, aus der Geschichtsforschung sind neue Erkenntnisse aufgetaucht. Andererseits wollen viele Bürger etwas erfahren über unsere Stadt, über deren Werden, über deren Geschichte.

Der Heimatbund Mühldorf hat sich deshalb die Herausgabe eines neuen und aktuellen Buches über die Stadt zur Aufgabe gemacht. Darin sollte die Geschichte der Stadt zusammenhängend dargestellt werden, ebenso aber auch die Stadt Mühldorf. wie sie sich heute darstellt. Wenn die letzten Jahrzehnte etwas zu kurz gekommen sind, so liegt das in unserer Absicht, eine Wertung der Gegenwart den kommenden Generationen zu überlassen. Bei der Auswahl und Zusammenstellung der Themen mußten notwendigerweise Kompromisse eingegangen werden, damit dieses Buch nicht zu umfangreich wurde.

Wir hoffen, daß uns dies im richtigen Maß gelungen ist.

Bedanken möchten wir uns bei der Stadt Mühldorf, mit Bürgermeister Josef Federer an der Spitze, für die großzügige finanzielle Unterstützung dieses Projekts, ohne die wir das Buch nicht verwirklichen hätten können.

Dank gebührt auch den Textautoren, die mit großem zeitlichen Einsatz, viel Fachwissen und Engagement die einzelnen Artikel fertiggestellt haben. Dank auch den Fotografen, die dieses Buch durch ihre Bilder anschaulich und abwechslungsreich werden ließen.

Auch allen anderen, die mit Rat und Tat geholfen haben, sei an dieser Stelle gedankt.

Den Lesern wünschen wir viel Freude und Unterhaltung mit diesem Buch.

Reinhard Wanka
1. Vorsitzender des Heimatbundes Mühldorf

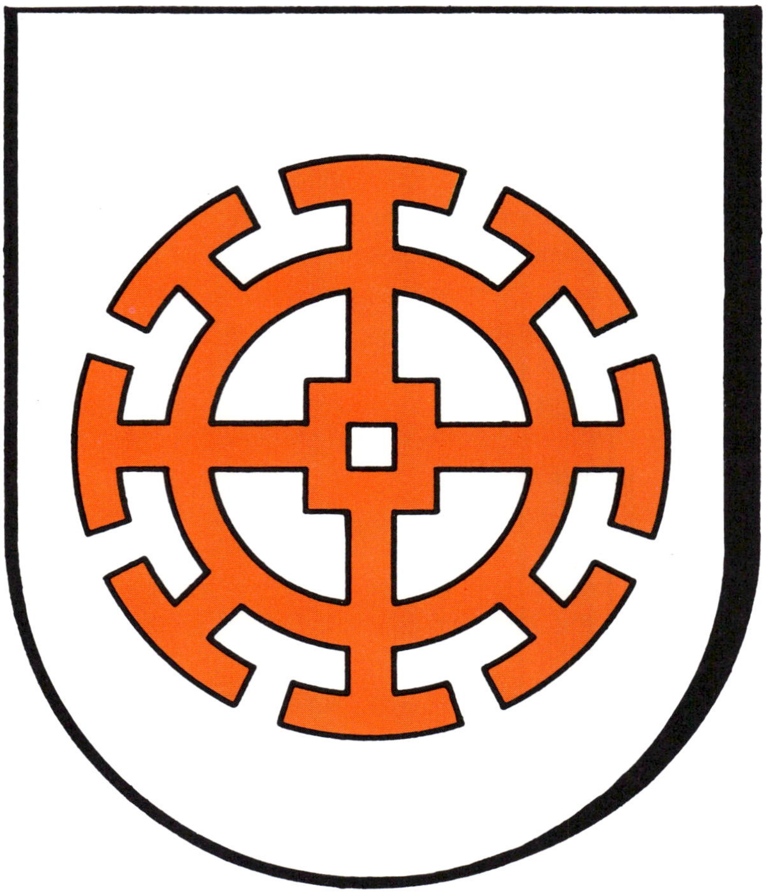

Adolf Hartmann

Wappen und Siegel der Stadt Mühldorf

Wappen sind farbige und unveränderliche Kennzeichen eines Geschlechts oder einer Körperschaft. Die Darstellung erfolgt unter Benutzung der mittelalterlichen Abwehrwaffen – Schild, Helm mit Helmdecke und Helmzier – nach überlieferten heraldischen Regeln. Eine eigene Gruppe bilden die Kommunalwappen, die, von wenigen Ausnahmen abgesehen, nur aus einem Schild bestehen. Für die Darstellung der Wappen werden die Farben Rot, Blau, Grün, Schwarz sowie Gold und Silber verwendet. Letztere werden Metalle genannt und meistens durch Gelb bzw. Weiß ersetzt. Für die Beschreibung der Wappen gibt es feste Normen. Wichtig ist vor allem, daß die Beschreibung aus der Sicht des Schildträgers erfolgt – der Betrachter muß also bei rechts und links umdenken.

Bei der Wappendarstellung spielte der jeweilige Zeitgeschmack immer eine große Rolle: Ein Wappen aus der Zeit der Gotik sieht, abgesehen vom Schildinhalt, der immer gleich sein muß, anders aus als eine Darstellung aus der Zeit des Rokoko. Ab dieser Zeit spricht man vom Verfall der Wappenkunst; erst zu Ende des 19. Jahrhunderts besinnt man sich wieder der alten Regeln und Gebräuche. Das große Vorbild findet man in der Formkunst der Spätgotik.

Wappen entstanden um etwa 1130 aus einem praktischen Bedürfnis heraus: Die im Kampf wegen der Gleichheit ihrer Rüstungen unkenntlichen Krieger mußten, auch auf weitere Entfernungen, von Freund und Feind deutlich zu unterscheiden sein. Die geeignetste Fläche zur Anbringung eines Kennzeichens bot der Schild. Durch Teilung der Schildfläche oder durch Anbringen von Figuren oder auch durch die Kombination von beidem ergibt sich eine fast unendliche Vielzahl von Möglichkeiten der Kennzeichnung. Durch die Änderung der Waffen- und Kriegstechnik schon zum Ausgang des 13. Jahrhunderts verlagerte sich der Gebrauch der praktischen Wappenkunst auf die Turniere. Doch mit dem Ende des Turnierwesens entfiel auch diese Verwendung. Was blieb, war die Bedeutung des Wappens als Symbol für Familien, Körperschaften, Städte und Gemeinden.

Vor allem im 16. Jahrhundert wurde es unter den Städten Brauch, ein Wappen anzunehmen, entweder aus eigener Machtvollkommenheit oder, wie es auch für Mühldorf zutrifft, mit Hilfe eines vom Landesherrn erbetenen Wappenbriefs. Die Städtewappen und damit auch das Mühldorfer Wappen haben sich in ihrer Anfangszeit vornehmlich aus Siegeln entwickelt. Heute läuft die Entwicklung gerade umgekehrt: Zuerst wird ein Stadt- oder Gemeindewappen entworfen, dann erst das Siegel geschaffen. Siegel dienten den Städten als Echtheits- oder Beglaubigungsmittel von Urkunden. Die allerersten Städtesiegel finden wir bereits im 12. Jahrhundert.

Siegel gab es schon in der Antike als Verschlußsiegel. Die Germanen wiederum lernten das Siegel (lat. sigillum, signum = Zeichen) von den Römern kennen. Die Urkunden der Päpste und der oströmischen Kaiser wurden mindestens seit dem 6. Jahrhundert besiegelt, aber auch die Langobarden-, Westgoten- und Frankenkönige siegelten und unterschrieben schon in dieser Zeit ihre Urkunden. Seit den schreibkundigen Karolingern war das Siegel wichtigstes Beweismittel der Königsurkunden. Der Brauch des Siegelns wurde dann auf die bis dahin ungesiegelten nichtköniglichen Urkunden übertragen. Bis zum 12./13. Jahrhundert dehnte sich der Brauch des Siegelns auf alle Stände aus.

Wappen und Siegel haben in ihrem Wesen miteinander nichts zu tun, doch weil man Wappenbilder in Siegel geschnitten hat oder weil Siegelbilder für ein neues Wappen verwendet wurden, kam es immer wieder zu einer Verwechslung und Verwischung der beiden Begriffe.

Wurde ein Siegelbild als Wappen verwendet, wie es meist der Fall war, mußten erst einmal die Farben festgelegt werden. Die Farben des Mühldorfer Wappens, „in Silber ein rotes Mühlrad", finden wir erstmals 1530, doch hatte bereits 1507 der Salzburger Erzbischof Leonhard von Keutschach das Wappen der Stadt Mühldorf bestätigt. Die Stadtfahne zeigt ebenfalls die Farben Weiß und Rot.

Bei der Festlegung der Wappenfarben wollte man sicher auf den Landesherrn, das Erzbistum Salzburg, hinweisen und ein bestehendes Rechts- und Machtverhältnis ausdrücken. Das Wappen des Erzbistums beinhaltet ebenfalls die Farben Silber und Rot. Auch heute noch läßt man sich bei neu zu schaffenden Kommunalwappen von solchen Gedanken leiten.

Für die Stadt Mühldorf sind sieben verschiedene Anhängesiegel nachgewiesen. Originalgetreue Nachbildungen sind im Kreisheimatmuseum Lodronhaus ausgestellt. Das älteste uns bekannte Siegel der Stadt findet sich an einer Urkunde vom 15. Juli 1298. Es zeigt das Mühlrad mit 16 Schaufeln und trägt die Umschrift: SIGILLVM – CIVIVM – MVLDORFENSIVM. Mit der Beschriftung wollte man den Siegler zusätzlich kennzeichnen. Der Siegeldurchmesser beträgt 67 mm. Das gleiche Siegel finden wir auch an einer Urkunde des Klosters Raitenhaslach vom Jahr 1307. Wenn man annimmt, daß das Mühldorfer Siegel schon vor 1298 in Gebrauch war, also seit etwa 1290, dann gehört Mühldorf gleich Burghausen und Reichenhall zu den ältesten siegelführenden Städten Südostbayerns.

Das zweite, um 1350 geschnittene Siegel ist ein Sekretsiegel und hat einen Durchmesser von 36 mm. Die Umschrift lautet: SIGILLVM – SEKRETVM – ET. CIVIVM MVLDORFENSIVM. Nachweisbar ist es bis zum Jahr 1395 verwendet worden. Sein Mühlrad hat nur acht Schaufeln. So ist es bis zum heutigen Tag geblieben. Ein Sekretsiegel wurde normalerweise bei wichtigen Beurkundungen auf die Rückseite des größeren Hauptsiegels gedrückt, um es vor Ablösung zu schützen. Für weniger wichtige Urkunden hat man es als selbständiges Siegel verwendet.

Später wurde dann die Form wieder verändert. Das um etwa 1400 entstandene Siegel ist mit einem Durchmesser von 50 mm größer als das vorherige. Es zeigt das Mühlrad im Achtpaß. Dieses Exemplar hat man jedoch nur einige Jahre verwendet; im Jahr 1408 stellte man ein neues, kleineres Siegel mit einem Durchmesser von 32 mm her, dessen Umschrift lautet: SIGILLVM – CIVITATIS – MVLDORFENSIVM. Sonst war es dem vorausgegangenen ähnlich. Bis zum Jahr 1547, also fast 150 Jahre, ist es in dieser Form in Gebrauch gewesen.

Die Siegelstempel wechselten nach Abnützung, nach Verlust, nach dem Stil der Zeit und nach der Mode oft in ihrer Größe und ihrer Form. Nach der Reformation erscheint in der Mitte des 16. Jahrhunderts das Mühlrad erstmals in einem Wappenschild. Die Schildform mit den vielen Einschnitten und den eingerollten Rändern kennzeichnet den Stil der Hochrenaissance. Der Durchmesser dieses ersten Wappensiegels beträgt 43 mm. Der große und unhandliche Siegelstempel wurde in den folgenden Jahren auf einen kleineren mit einem Durchmesser von 36 mm umgestaltet. Er behielt aber den gleichen Druck bei. Während des ganzen 17. Jahrhunderts war ein Stempel in Gebrauch, dessen Durchmesser nur noch 30 mm betrug.

Das letzte erwähnenswerte Siegel ist das des Bürgermilitärs und wurde um 1807 eingeführt. Es handelt sich bei dem Mühldorfer Siegel um ein redendes Siegel, da der Ortsname darin versinnbildlicht wird. Im Mittelalter wurde auf die etymologische Übereinstimmung

An der Fassade des Mühldorfer Rathauses fällt ein aus Muschelkalk gehauenes Wappenbild auf, das das Symbol des Stadtsiegels bzw. des Stadtwappens zeigt. Nach dem Entwurf des aus Altötting stammenden Oberbaurat Salzer – er schuf in Mühldorf auch das Kriegerdenkmal – fertigten im Jahr 1926 die Bildhauer Lechner aus Kraiburg und Ferdinand Bathen aus München die 40 Zentner schwere Steinplastik an. Das Mühlrad ist dekorativ von einer Perlenkette und einem Glockenkranz umgeben. Die Mauerkrone, welche eine Stadtmauer mit Wehrtürmen zeigt, sitzt auf einem Frauenkopfe. Es war damals auch an die Anschaffung von zwei weiteren Wappen, die von Bayern und Salzburg, gedacht worden. Zur Schonung des Stadtsäckels hat man aber davon Abstand genommen und dafür in die Konsole, die das Mühldorfer Wappen trägt, die beiden Wappen eingemeißelt

zwischen Name und Bild nicht immer Wert gelegt. Nur der Gleichklang der Wörter genügte. So ergeben sich oft Schwierigkeiten bei der Deutung der Sinnbilder (vgl. die Füße im Wappen von Füssen). Ob das Mühldorfer Wappen bzw. Siegel richtig redet, wird wohl nie ganz geklärt werden können; über die Herkunft des Namens Mühldorf gibt es bis heute verschiedene widersprüchliche Theorien. Später hat man vielfach das Mühldorfer Wappen mit einer Mauerkrone dargestellt. Derartige Städtewappen finden wir bereits zu Beginn des 18. Jahrhunderts. Die Anzahl der Zinnen sollte die wirtschaftliche Bedeutung einer Stadt symbolisieren. Doch mit dem Aufkommen der sogenannten napoleonischen Heraldik zu Anfang des 19. Jahrhunderts übernahmen viele Städte die Mauerkronen in ihr Wappen. Soweit sie nicht historisch verbürgt sind, sollen sie nach den bayerischen Bestimmungen von 1928 über Wappen, Flaggen und Dienstsiegel und nach der Gemeindeordnung nicht mehr verwendet werden.

Das Mühldorfer Stadtwappen repräsentiert die ganze Stadt in augenfälliger Weise. Es erfreut sich wegen seiner großen Aussagekraft und Formenstrenge und des hohen Alters großer Beliebtheit. Es stellt ein wertvolles Stück unseres kulturellen Erbes und unserer geschichtlichen Vergangenheit dar. Für Fremde ist es ein Erkennungszeichen, in welchem der Stadtname ausgedrückt wird.

Walter Reichmann

Die erdgeschichtliche Entstehung unseres Heimatraumes

Vor 100 Millionen Jahren war unser Heimatraum noch nicht vorhanden. Nicht einmal als geographischer Punkt wäre er nach unserem Verständnis auszumachen gewesen, weil die Kontinente weder die derzeitige Lage und Größe innehatten, geschweige denn die heutige Form besaßen. So läge unser Raum noch heute im Riesenozean Tethys, gäbe es jene Kräfte nicht, die unsere Kontinente auseinanderdrücken und wieder zusammenpressen.

Gerade die Kontinentaldrift wurde in den letzten Jahren wissenschaftlich exakt bewiesen und brachte teilweise revolutionierende Erkenntnisse. So weiß man heute, daß nicht die Pole während der Erdgeschichte wanderten, sondern die Kontinente. Satelliten berechneten, daß es keinen Stillstand gibt! Maximal werden jährlich bis zu 24 cm Drift bei Erdteilen gemessen. Das bedeutet aber, eine Wegstrecke von 144000 Kilometern wurde seit Beginn des Erd-Altertums (Paläozoikum) vor 600 Millionen Jahren zurückgelegt. Diese mathematisch nachvollziehbare Rechnung läßt Schlüsse zu, die z. B. einen Klimawechsel nicht statisch als bloße Klimaschwankung sehen, sondern Erdteile in geographische Breiten befördern, die ohnehin anderen Klimazonen angehören. Warum die Kontinente driften, bleibt letztlich noch ein Geheimnis. Chemische Prozesse im Erdmantel können wohl als Ursache angesehen werden, befriedigen aber noch nicht unseren menschlichen Wissensdurst. Fest steht, die spezifisch leichteren Kontinente werden auf den „schweren" Meeresböden transportiert, gleichsam wie Strohballen auf Förderbändern.

Wo Meeresböden neu entstehen, bilden sich gewaltige untermeerische Gebirge mit der typischen Form der Kissenlava. Allein 74000 Kilometer Länge besitzen die unterseeischen Gebirge weltweit. Seebeben und Vulkaninseln sind die Begleiter der Geburt neuen Meeresbodens. An anderen Stellen der Erde wird gleichzeitig Meeresboden verschluckt. Weit hinab reicht dann die Ozeankruste. So finden sich im Stillen Ozean die gewaltigen Tiefseegräben von 11000 Metern Tiefe. Wo Meeresböden verschluckt werden und Kontinente zusammenstoßen, entstehen an den Plattenrändern gewaltige Faltengebirge. Nicht zufällig befindet sich das Himalaya-Gebirge an der Kollisionsstelle des Indischen Subkontinents mit Asien. Allgemein kann gesagt werden, wo Kontinente zusammenstoßen, erwachsen riesige Faltengebirge, wo sie auseinanderbrechen, neue Ozeane. Seit etwa 100 Millionen Jahren driftet Afrika nach Norden, schiebt dabei den Südrand Europas vor sich her und preßt ihn gegen die alte böhmische Masse. Die Meereswanne des Riesenozeans Tethys wurde dabei um etwa 1200 Kilometer zusammengedrückt. Riesige Gesteinsfalten bildeten sich, schoben sich übereinander und tauchten langsam aus dem Meer als unsere Alpen auf.

Auch heute ist dieser Prozeß noch nicht abgeschlossen, heben sich die Alpen um wenige Zentimeter jährlich und wird das Alpenvorland um Millimeter im gleichen Zeitraum gegen die Donau geschoben.

Mit dem Auftauchen der Alpen aus dem Meer wird die Tethys in ein südliches Randmeer, dem heutigen Mittelmeer, und in das nördliche Restmeer, dem Molassemeer, gegliedert. Während der Hebungsphase der Alpen über den Meeresspiegel setzt gleichzeitig die physikalische und chemische Verwitterung der Gesteine ein. Neue Ablagerungen, vulkanische Ergüsse, pflanzliche und tierische Substanzen, werden in den Bau der Alpen erneut mit einbezogen. Je mächtiger die Alpen aus dem Meer auftauchen, desto umfangreicher belaufen sich die Abtragungen. Jahrmillionen transportieren Flüsse, der Erdanziehung folgend, Milliarden Tonnen an Sanden, Tonen, Kalken und Geröllen in das Molassemeer und füllen es auf. Gerade die Erdöl- und Erdgasbohrungen um Mühldorf, Ampfing und dem gesamten Alpenvorland brachten darüber genaue Erkenntnisse. Mit dem Füllen des bis zu 2000 m tiefen Molassemeeres war die Gestaltung unseres Heimatraumes noch längst nicht abgeschlossen.

Unaufhörlich, so auch noch heute, allerdings nicht mehr in dieser Gewaltigkeit, brachten die Alpenflüsse weiterhin Schotter, Sande und Tone und lagerten diese, bis zu einer Mächtigkeit von etwa 450 m über den Meeresspiegel reichend, im Alpenvorland ab. Eine Landschaft aus Seen, Tümpeln, Schotterebenen, Sandbänken und weiterverzweigten Flußläufen prägte unser Alpenvorland bis zur Donau. Flüsse und Bäche zertalten die zur Donau geneigte Hochfläche zu einem Hügelland, das in der Geologie den Namen Tertiäres Hügelland trägt und das Gesicht unserer Heimat nördlich der Isen prägt.

Vor rund 1 Million Jahren begannen sich nun Kalt- und Warmzeiten abzuwechseln. Die einsetzende Eiszeit gestaltete das Alpenvorland und auch unseren Heimatraum gänzlich um. Mächtige Gletscher, bis zu mehreren Kilometern stark, bedeckten die Alpen und reichten mit ihren Gletscherzungen weit in das Alpenvorland hinaus.

Der Inn-Chiemseegletscher war nicht nur der größte, sondern überfloß mit Seitenzungen die Voralpen und nährte sogar die Iller-, Lech- und Isargletscher. Gleichsam wie Riesenplanierraupen hobelten die Gletscherzungen das Hügelland ab und schoben Gerölle und Sande vor sich her. Aufgrund ihres Eigengewichtes baggerten sie nicht selten über 100 m tiefe Senken. Auf dem Rücken transportierten die Gletscher Unmengen Gestein jeglicher Größe und lagerten sie dort als Moränenwälle ab, wo ihre Transportkraft erlosch. Manche Gesteinsbrocken, als Findlinge bekannt, erreichten so gewaltige Größen, daß sie mancherorts als Steinbruch dienten. Dreimal schoben sich die Gletscher in unseren südlichen Landkreis vor.

Zeugen der alten Vergletscherungen sind die hohen Altmoränen aus der Mindel- und Rißeiszeit um Reichertsheim, die sich südlich der Jettenbacher Innschleife im Raum Gänsberg fortsetzen. Höhen von nahezu 600 m wurden erreicht.

Der letzte Eisvorstoß stammt aus der Würmeiszeit. Er war nicht mehr so gewaltig, da sich die Gletscherzunge „nur" noch bis Gars und Haag vorschieben konnte.

Als nun vor etwa 20000 Jahren eine Warmzeit die Kaltzeit langsam ablöste, lieferte das Nährgebiet der Alpen weniger Eis nach, so daß die Gletscher immer kleiner wurden und schmolzen. Zurück ließen sie einen eiszeitlichen Formenschatz aus Kessellandschaften, anmutigen Toteisseen, Sand- und Kiesbänken, die schon erwähnten Moränenkränze und riesige Becken. Die Senken füllten sich mit Schmelzwassern und bildeten große Seen. Diese Seen sind noch heute, wenn auch teilweise schon verlandet, ein bestimmendes Element des bayerischen Oberlandes.

Sämtliche Alpenvorlandseen sind entweder Eisrandseen oder Beckenseen. Der bekannteste ist wohl der Chiemsee, der größte aber lag in der Hauptschürfachse des Inngletschers. Er erstreckte sich von Attel bis weit hinter Kufstein. Ein kläglicher Rest des mindestens 200 km² großen Sees ist der Simssee. Sonst ist vom nacheiszeitlichen See nichts geblieben als die Zeugen eines Sees: meterdicke Seetone, Strandlinien verschiedener Wasserstandshöhen und der Inn. Er sorgte einerseits für Wassernachschub im See, tiefte sich aber bei Wasserburg und Gars immer mehr in den Seerand ein und entleerte ihn gänzlich. Das gleiche Schicksal wird den Chiemsee in zigtausenden von Jahren ereilen, wenn sich die auslaufende

Alz immer tiefer in die Moränenwälle zwischen Seebruck und Altenmarkt eingräbt. Die wasserzubringende Tiroler Ache sorgt für eine einhergehende Verlandung und Hochmoorbildung durch Ablagerungen von Geröllen, Sanden und Schwebestoffen.

Die bislang erwähnten eiszeitlichen Formen spielten für das Inntal um Mühldorf keine landschaftsprägende Rolle, wohl aber bildeten sie die Grundvoraussetzung für die Entstehung des Inntales.

Wie schon erwähnt, befand sich der Inn vor Beginn der Eiszeiten, also vor etwa 1 Million Jahren, weiter südlich.

Während der Eiszeit verlagerten Gletscher und Moränen den Flußlauf, da auch das ursprüngliche Tal von der Schürf- und Ablagerungsarbeit der Gletscher betroffen war. Der Inn diente zur Zeit der Vereisungsperioden als „Gletscherbach". Gewaltige Wassermassen transportierten jahrtausendelang Moränenschutt, Sande und Kiese innabwärts und füllten das Urtal, beginnend am Gletschertor, mit zahlreichen Schwemmkegeln aus Kies.

Die zusammenwachsenden Schwemmkegel bildeten im Laufe der Rißeiszeit eine geschlossene Schotterdecke und füllten das Urtal gänzlich aus. Südlich von Jettenbach, Flossing und Polling ist diese ältere Schotterdecke aus der Rißeiszeit als durchschnittlich 30 Meter hoher Steilhang erkennbar und ein markantes Merkmal unseres Inntales.

In der Geologie wird diese halbverfestigte Schotterterrasse als Neukirchener Hochterrasse bezeichnet. Sie erstreckt sich als Steilhang, das Inntal begrenzend, von Jettenbach bis etwa Gramming. Burgkirchen, Garching, Engelsberg und Taufkirchen zeigen die Ausdehnung dieser Schotterplatte an. Zahlreiche asymmetrische Trockentäler zerschneiden das leicht wellige Schotterfeld. An vielen Aufschlüssen ist der Aufbau und die Festigkeit der halbfesten Schotter zu erkennen. Häufig kommt sogar das darunterliegende Tertiär (Obere Süßwassermolasse) zum Vorschein.

In historischer Zeit war die Hochterrasse stark bewaldet. Die im 8.–13. Jahrhundert n. Chr. stattfindende Rodungsphase erschloß die mit Lößlehm bedeckte Hochterrasse für intensiven Ackerbau. Der heutige Eigelwald nimmt sich als kleiner Rest bescheiden aus.

Der Inn, in der Mindel- und Rißeiszeit seines ursprünglichen Tales beraubt, schuf sich in der Zwischeneiszeit einen neuen Abfluß am nördlichen Rande der Neukirchener Schotterterrasse, zersägte im Raum Heldenstein–Kraiburg die alte Schotterplatte und schuf sich ein neues Tal, das im Norden vom Tertiären Hügelland begrenzt wird. Die Talsohle erreichte mit Sicherheit nicht die heutige Tiefe.

In der letzten Kaltzeit, der Würmeiszeit, die rund 100000 Jahre währte und vor 20000 Jahren endete, reichte die Gletscherzunge bis Gars. Das Gletschertor befand sich demnach ebenfalls dort und der Inn verließ unter hohem Druck und stark schlängelnder Form die Jungmoränenlandschaft. Das in der Zwischeneiszeit neu geschaffene Inntal wurde nun wieder mit frischen Schottern gänzlich aufgefüllt und erreichte Ampfinger Höhenniveau. Eine geschlossene Schotterdecke zwischen Gars und Mühldorf bis zum Schärdinger Trichter bildete sich. Ständig wechselnde Fließrichtungen des Inn schufen Flußschlingen, die noch heute das Inntal prägen. In der Spätwürmeiszeit und in der Nacheiszeit (Postglazialzeit) wurde das Mühldorfer Schotterfeld durch Tiefen- und Seitenabtragungen immer mehr zertalt und die geologisch interessanten Innterrassen wurden geschaffen. Mit fortschreitender Tiefenerosion des Inn sägte sich auch der Fluß immer tiefer in die Moränenwälle zwischen Gars, Wasserburg und Attel und ließ den Rosenheimer See auslaufen.

Allein neun übereinanderliegende Terrassenniveaus sind zwischen Inn, Gweng, Oberflossing und Reichwinkl feststellbar. Die Innterrassen können im höheren Niveau der Eiszeit zugerechnet, die tiefer liegenden der Ausschürfungsphase der Nacheiszeit bis Jetztzeit zugeordnet werden. Sie tragen Namen der Orte im Inntal (siehe Übersichtskarte).

Geomorphologie der Stadtlandschaft

Die Geologie unseres Heimatraumes muß in einer großen erdgeschichtlichen Entwicklung gesehen werden, die in unmittelbarem Zusammenhang mit der alpiden Faltung während des Tertiärs und der Vereisungsperioden im Pleistozän steht. Die jüngste Phase der Erdgeschichte, das Holozän, gestaltete vor allem das Inntal entschieden mit. Somit läßt sich der unmittelbare Heimatraum in drei wesentliche Abschnitte gliedern: nördlich der Isen in das Tertiäre Hügelland, südlich der Isen in die Landschaft der eiszeitlichen Schmelzwasser und der Alt- und Jungmoränenlandschaften.

Das Inntal bildet mit seinen großen Mäandern ein bestimmendes Element unserer Heimat. Der Inn durchströmt, begleitet von zahlreichen Terrassen, das Stadtgebiet von Mühldorf. Auwälder säumen den Fluß und steile Prallhänge hat er in Jahrtausenden geschaffen. Als natürliche Aufschlüsse zeigen die Prallhänge die Mächtigkeit des Ampfinger Schotterfeldes. Sie beweisen, daß dem eiszeitlichen Schotter Flinz und Mergel aus der Tertiärzeit unterliegt. Im näheren Stadtgebiet sind die Prallhänge als Aufschlüsse bei Ecksberg (Flußkilometer 110) und am Sollerholz (Flußkilometer 101) gut sichtbar. Bei Flußkilometer 110 wurde aus den Schichten des Tertiär das Mastodon gefunden.

Unmittelbar im Stadtgebiet können sechs verschiedene Terrassenniveaus identifiziert werden. So sind die „Obere Stadt" mit der Bahnanlage, Altmühldorf und Mößling auf der Ampfinger Stufe erbaut. Geologisch wird die Ampfinger Stufe der Niederterrasse zugeordnet. Etwas tiefer liegt das Niveau der Ebinger Stufe. Für den Beschauer gut erkennbar ist der Höhenunterschied von etwa fünf Metern am Wasserturm bei der Kollerkreuzung. Der Kindergarten St. Peter und Paul, das Forstamt, AOK, Rupertigymnasium und das Leitenfeld liegen auf dieser Terrassenstufe. Innere Neumarkter Straße und Töginger Straße begrenzen etwa die Ebinger Stufe.

Landratsamt, Landwirtschaftsamt, Kriegersiedlung und die Innwerksiedlung im Eichfeld befinden sich auf dem nächsttieferen Niveau der Wörther Stufe. Auch hier folgt die Eichkapellenstraße der natürlichen Leitlinie. Steil fällt neben der Straße der Prallhang zur Gwenger Stufe ab. Krankenhaus, Friedhof, Feuerwehrgerätehaus und Freibad wurden auf der Gwenger Stufe erbaut. Bei Aham können noch die Pürtener und die Niederndorfer Stufe lokalisiert werden.

Die Mühldorfer Altstadt befindet sich auf dem Niveau der Niederndorfer Stufe, genauso wie das Gebiet zwischen Hammerfußweg, Trostberger Straße und Altöttinger Straße. Daß die Altstadt auf der gleichen Terrasse liegt wie das Gebiet von Mühldorf-Süd, war in historischer Zeit äußerst interessant für Brückenbauer. Zum einen konnte die Brücke auf gleichem Terrassenniveau aufliegen, zum anderen befand sich in Richtung Osten eine Engstelle im Flußbett. Damit konnte eine

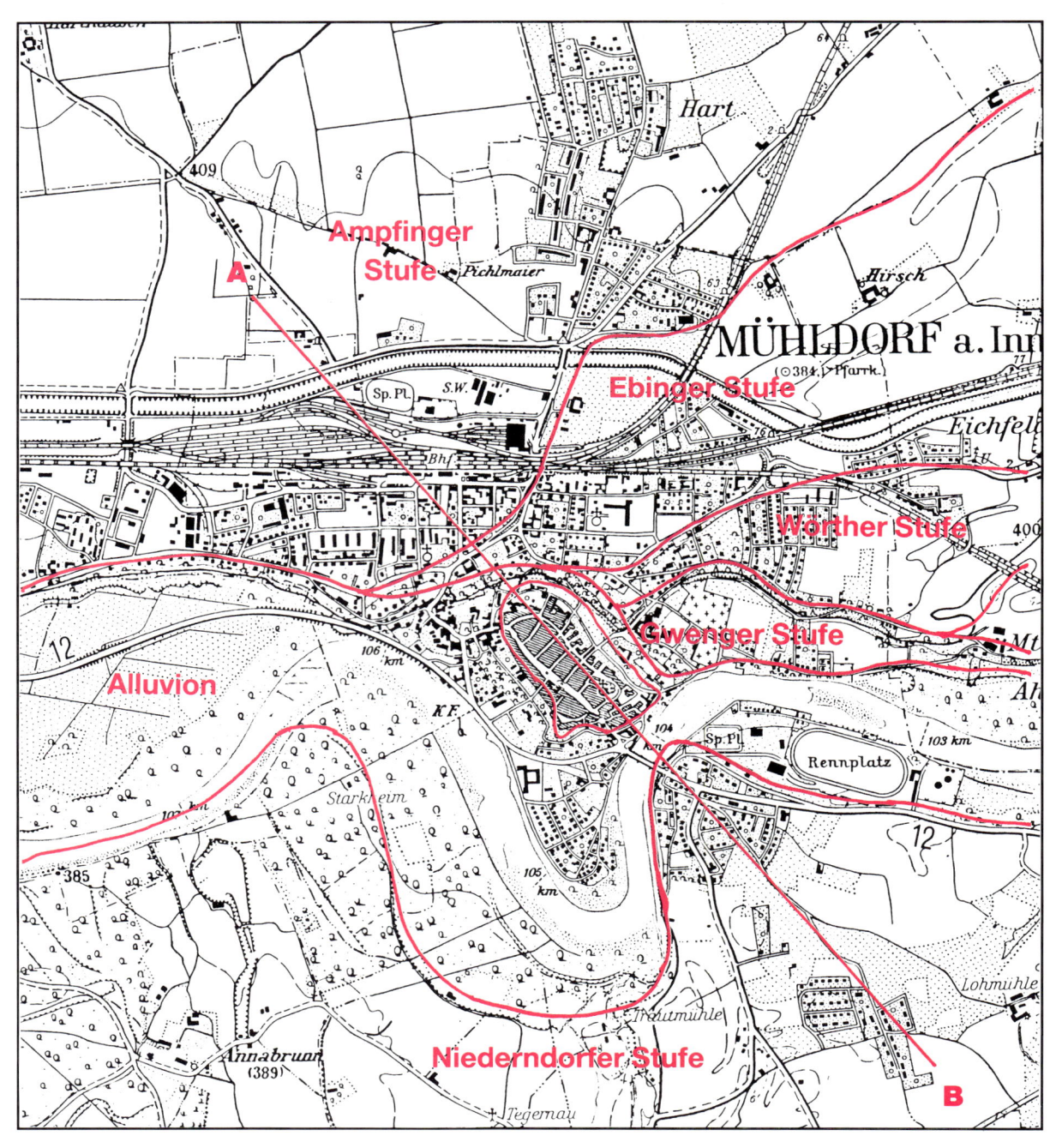

Diese Karte zeigt die verschiedenen Inn-Terrassen im Stadtgebiet von Mühldorf – die Skizze auf der folgenden Seite zeigt den Querschnitt von A nach B

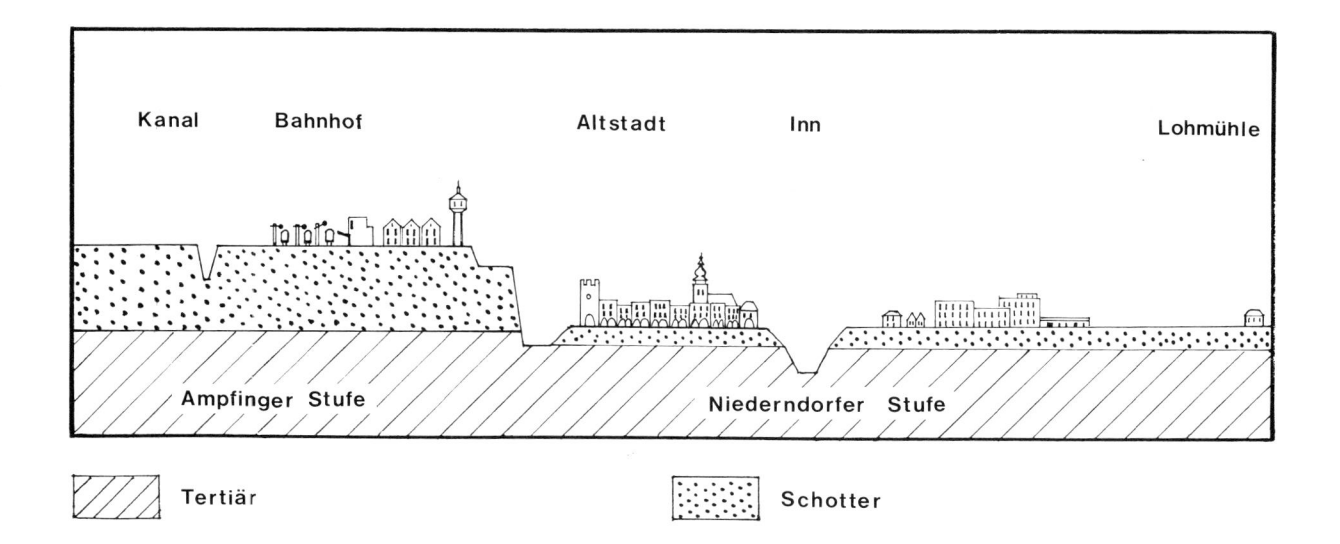

Diagram labels: Kanal — Bahnhof — Altstadt — Inn — Lohmühle; Ampfinger Stufe; Niederndorfer Stufe. Legend: Tertiär, Schotter.

kurze Brücke errichtet werden. Die dritte günstige Voraussetzung liegt in der Fließrichtung des Inn. Soll nämlich eine Brücke mächtige Hochwasser überstehen, so muß die Fließrichtung zu den Brückenpfeilern 90 Grad betragen, um den Wassermassen einen möglichst geringen Widerstand zu bieten. Diese drei naturräumlichen Voraussetzungen erfüllte nur ein Punkt in Mühldorf. Er lag etwas flußabwärts von der heutigen Brücke beim Anwesen Grundner. Die Straße verließ ursprünglich beim Heiliggeistspital die Stadt und führte dort über den Inn. Am anderen Ufer gabelten sich Altöttinger und Trostberger Straße. Mit der Veränderung der Strömungsrichtung und der einhergehenden Seitenabtragung des Ufers am „Sauloch" und neuen Sand- und Kiesablagerungen an der Lände waren für die Brücke wiederholt neue Standorte notwendig. Aus alten Karten sind nachweislich drei verschiedene Standorte ablesbar.

Bauen die bisher genannten Terrassenstufen Kiese und Sande in geschichteter und sortierter Form auf und lassen sich Strömungsrichtungen, Wasserführung und Strömungsgeschwindigkeiten des Inn an ihnen ablesen, so unterscheidet sich das jüngste Niveau, die Auen-Stufe (Alluvion), grundsätzlich in den Ablagerungsformen. Nicht mehr großflächig streng sortiert, sondern lockere Schwemmsande und Kiese bauen die Auen-Stufe auf.

Mit Sicherheit war dieses Gebiet noch vor 2000 Jahren ein weitverzweigtes Flußsystem mit ständig wechselnden Fließrichtungen. Einer dieser Flußarme diente in historischer Zeit als Stadtgraben. Seine topographische Bedeutung für die Anlage der Stadt im vergangenen Jahrtausend kann nicht hoch genug eingeschätzt werden. Die andere wichtige topographische Erscheinungsweise bildet die Auen-Stufe im Stadtgebiet, die als Lände bekannt ist. Hier fand man die natürliche Voraussetzung, einen Schiffsanlegeplatz zu errichten. Welche Bedeutung er für unsere Stadt besaß, muß hier nicht besonders erwähnt werden. Noch heute lohnt sich aber ein Spaziergang zur Lände und zum Fluß. Gerade dort findet der Besucher interessante geologische Erscheinungsweisen. Neben den auf- und abbauenden Kräften des Wassers kann die Dachziegelstruktur der Gerölle studiert werden. Gleichsam wie Dachziegel liegen die Steine aufgeschichtet flußabwärts. Noch weitaus interessanter ist die Herkunft der Steine, die uns als „Innbummerl" vertraut sind. Nicht nur jede Größe ist zu finden, sondern zahlreiche Gesteinsarten und deren Herkunftsgebiet aus den Alpen lassen sich bestimmen. Die bunte Vielfalt der Gesteine reicht von Gneisen und Graniten aus dem Engadin, kristallinen Schiefern vom Brenner, Glimmerschiefer mit Granaten gesprenkelt vom Zillertal bis zu den verschiedensten Kalksteinen der nördlichen Kalkalpen. Nicht weniger interessant sind die Sande, denn sie bestehen ja aus kleinen Überresten der Gesteine. Schon unter einer gewöhnlichen Lupe lassen sich wichtige gesteinsbildende Mineralien erkennen: Quarz, Feldspäte, Glimmer und Calcit. Gerade der silbrigglänzende Glimmer fällt im Schwemmsand schon mit bloßem Auge bei günstigem Sonneneinfall auf.

Daß die Innbummerl als Baustein in der Stadt eine gewisse Bedeutung erlangten, konnte bei Sanierungsarbeiten an den Innstadthäusern der Altstadt beobachtet werden. Auch als Straßenbelag waren die Inngerölle gefragt. Noch in den 70er Jahren entbrannten heftige Debatten im Stadtrat, als es darum ging, den Stadtplatz neu zu pflastern oder den Innbummerl wieder zu verwenden.

Die Gerölle aus dem Inn sind so vielfältig wie der Gesteinsaufbau unserer Alpen: Neben dem grünlichen Juliergranit aus dem Engadin finden wir schwarzes Kalkgestein, roten Sandstein, helle Gneise, Granatschiefer und sogar fossile Ammoniten

Rudolf Angermeier

Mühldorf unter der Herrschaft der Salzburger Bischöfe

Vermutungen

Mulldorf, Mulidorf, Milldorff, Mühldorf, unter diesen verschiedenen Bezeichnungen finden wir unsere Stadt in den frühesten schriftlichen Zeugnissen, und es ist ganz natürlich, daß diese Namensvielfalt Sprachforscher und Etymologen zu den verschiedensten Deutungen angeregt hat. Schließlich hat sich der Name Mühldorf durchgesetzt, was dann auch im achtschaufeligen Mühlrad seinen wappengerechten Niederschlag gefunden hat, obwohl diese Namensgebung aufgrund der geographischen Gegebenheiten bis in unsere Tage nicht unbestritten blieb. Die natürliche Einengung des Siedlungsraumes zwischen dem Inn mit seiner permanenten Überflutungsgefahr und dem steilen Hochufer im Norden läßt eine Mühle als ursprüngliches und namensgebendes Element auch nicht als zwingende Folgerung erscheinen. So haben sich gerade in jüngster Zeit die verschiedenartigsten Theorien um die Herkunft des Namens Mühldorf ergeben, deren Übereinstimmung allerdings nur darin liegt, daß die Siedlung nicht infolge schon vorhandener Mühlen entstanden und daß die Aulandschaft am Fluß für einen Getreideanbau nie besonders geeignet gewesen sein kann. Aber allen Entstehungstheorien fehlt letztlich der schlüssige Beweis, fehlen Schriftstücke, Fundstücke und Grabungsreste, die uns konkrete Hinweise auf vorgeschichtliche Siedlungen geben könnten.

Bei der Frage nach den frühesten Siedlern auf dieser Landzunge, die wie ein Sporn in die enge Flußwindung hineinsteht, muß man ohnehin primär von dieser extremen Situation ausgehen, die von Anfang an äußerst ungünstige Voraussetzungen für einen dauerhaften Lebensraum darstellten. Neben der Unberechenbarkeit des Wasserlaufes muß man auch die Verteidigungssituation als äußerst schlecht betrachten. Das natürliche Eingezwängtsein ließ kaum Fluchtwege offen, und eine gesicherte Lebensmittelversorgung durch Anbau von Getreide war nie am Fluß selbst, sondern nur auf der fruchtbaren Hochterrasse möglich. Das sind stichhaltige Gründe dafür, warum beweiskräftige Fundstücke aus steinzeitlicher oder bronzezeitliche Frühzeit äußerst selten sind und als Einzelstücke betrachtet werden müssen, die keine Schlüsse auf vorgeschichtliche Ansiedlungen zulassen. Doch urzeitliches Leben durch Vegetation und entsprechenden Tierbestand von Mastodon, Mammut, Echsen und Huftieren ist vielfach und mit spektakulären Funden zu belegen. Das Mühldorfer Mastodon, das 1971 im Innbett gefunden wurde, ist heute das Glanzstück der paläontologischen Staatssammlungen in München und läßt uns unsere unmittelbare Umgebung seit Jahrmillionen als Lebensraum urzeitlicher Großtiere nachweisen.

Auch aus keltischer Zeit (ca. 1200–400 v. Chr.) lassen sich keine Siedlungs- oder Kultanlagen im Bereich der Flußniederung feststellen. Einzelne Fundstücke aus dem Inn deuten eher auf Jagdgegenstände oder Opfergaben für Fluß- oder Fruchtbarkeitsgötter hin. Wenn wir im Bereich von Maxing, Mößling-Mettenheim oder auf dem Glatzberg deutliche Spuren menschlichen Wohnens aus der Zeit der Kelten noch erkennbar vorfinden, so läßt sich daran die Bevorzugung gesicherter Hö-

Stein- und bronzezeitliche Funde aus dem Innbett bei Mühldorf: Lochkeil aus der Jungsteinzeit; Lanzenspitze mit geflammtem Blatt aus der Urnenfelderzeit; Bronzebeil aus der Spätbronzezeit (ausgestellt im Kreisheimatmuseum Lodronhaus)

henplätze gegenüber der siedlungsfeindlichen Aulandschaft am Fluß ersehen. Das Stück Schwemmland, das der Inn im Laufe von Jahrtausenden in diesem Bogen angelandet hat, war kein anziehender Siedlungsplatz, zumal eine Überquerung des Flusses an dieser Stelle infolge erhöhter Fließgeschwindigkeit denkbar ungünstig war.

Das ist sicherlich auch eine plausible Erklärung dafür, daß alle Vermutungen und Hypothesen über römische Reste im heutigen Stadtbereich von Mühldorf als rein spekulativ zu bezeichnen sind. Für die römische Besatzung, die sich beinahe ein halbes Jahrtausend in unserem Land aufhielt, war das Voralpenland nur ein Durchzugsland. Ihre wichtigsten Stützpunkte lagen mit Passau, Straubing, Regensburg und Eining am Limes. Zwischen Salzburg und der Donau sind uns nur ganz wenige Niederlassungen bekannt, die als Wegstationen, als Straßenkreuzungen oder Brückenköpfe vorwiegend eine strategische oder verkehrstechnische Bedeutung hatten. Dazu zählt auch der Innübergang im Bereich des Sollerholzes bei Töging, der zweifelsfrei festgestellt und durch provisorische Untersuchungen einwandfrei lokalisiert ist. Diese Brücke ist das wichtigste Zeugnis unserer Gegend, aus römischer Zeit, und man muß es dem Geschick und der Erfahrung römischer Baumeister zurechnen, daß sie nicht die gefährliche Flußbiegung im Bereich von Mühldorf für den Standort einer Brücke ausgewählt haben, sondern den geradlinig-ruhigen Verlauf des Inn bei Töging. An dieser Stelle ist der Fluß natürlich gebändigt, hat keine Möglichkeit auszuufern oder seinen Lauf zu ändern, das Steilufer bot eine befestigte Auflage und schließt die Gefahr der Uferversumpfung von selber aus. Leider fehlen bis heute genaue Untersuchungsergebnisse über Größe und Bedeutung der Brückenstation, systematisch-wissenschaftliche Grabungen konnten trotz mehrfachen Versprechens noch nicht erfolgen. Daß die Straße, die hier über den Inn geführt wurde, in südlicher Richtung nach Seebruck am Chiemsee führte, steht außer Zweifel, aber über den weiteren Verlauf nach Norden gibt es bis heute keine gesicherten Anzeichen. Sie könnte sich in drei verschiedene Richtungen verzweigt haben, nach Passau, nach Straubing-Künzing, oder sie könnte nach Regensburg geführt haben. Unzweifelhaft dagegen ist die große West-Ost-Verbindung der Römer von Augsburg nach Wels an der Donau, die unmittelbar nördlich von Mühldorf auf der Hochterrasse um Mettenheim-Mößling ihren Weg nahm. Aber auch die Tatsache, daß diese wichtige Verbindungsstraße der Römer und der Innübergang am Sollerholz in unmittelbarer Nähe verliefen, ergibt keinen Grund, die Römer auch in Mühldorf selbst anzunehmen. Die Straßen der römischen Legionäre führten am heutigen Mühldorf vorbei.

Zum Ende des 5. Jahrhunderts sind die Römer aus unserem Land abgezogen, und es kamen aus dem Osten und Norden neue Einwanderer, um sich einen geeigneten Lebensraum zu suchen. Es war die Zeit der großen Wanderbewegungen der germanischen Völkerschaften, die in unserem Gebiet verstärkt zur Seßhaftwerdung geführt hat, um durch Rodung und Bodenkultivierung die Grundlagen für Ackerbau und Viehzucht zu legen. Nach neuesten Forschungen sind diese Einwanderer nicht gewaltsam und in großen Heerhaufen bei uns eingedrungen, sondern sind in kleinen Gruppen, in Familienverbänden, gewaltlos und ganz allmählich bei uns eingesickert. Sie haben zuerst die Flußläufe als natürliche Lebensadern genutzt, haben sich an geschützten und höhergelegenen Auen angesiedelt und im Laufe von Generationen die unwegsamen und ungenutzten Höhenzüge zwischen den Flußtälern urbar gemacht. In Stammham, Töging und Weiding hat man eine große Zahl von Grabstätten freigelegt, die aus dieser Zeit zwischen 600 und 700 n. Chr. stammen, erste Zeugnisse von seßhaft gewordenen Einwanderern, aus denen sich ganz allmählich erst der bayerische Volksstamm herausbildete. Wir erfahren von ersten bayerischen Herzögen aus dem Geschlechte der Agilolfinger, lesen von einem heiligen Mann namens Rupertus, der sich Salzburg zum Zentrum seines Wirkens ausgewählt hat, und haben Kunde von ersten christlichen Missionaren, die predigend und bekehrend durch das Land ziehen und bei den Fischern von Gars eine Zelle errichten und eine Peterskirche bauen. Die bayerischen Herzöge Theodo, Theodebert, Odilo und Tassilo holen Benediktinermönche ins Land und

Römische Funde aus dem Sollerholz östlich von Mühldorf (ausgestellt im Kreisheimatmuseum Lodronhaus)

belohnen ihr mühsames Arbeiten mit Stiftungen und Dotationen, das weite Land zwischen der Donau und dem Gebirge blüht auf im Zusammenwirken zwischen Krone und Kreuz. Und als dann Herzog Tassilo III. im Jahr 788 seinen Ungehorsam gegenüber dem König mit dem Verlust seines bayerischen Herzogtums bezahlen muß, kann in Salzburg Erzbischof Arno aufzählen und in einem Indiculus niederschreiben lassen, was ihm und seinem Bistum von dieser fruchtbaren Zusammenarbeit geblieben ist. 27 Orte waren es allein im Isengau, mit denen Salzburg seinen Fuß über den Inn hinübersetzen konnte, Pfarrkirchen, Waldkapellen und Klöster, die fast alle heute noch existieren, bischöfliches Gut von Erharting bis nach Gars hinauf, das auch die fränkischen Nachfolger der bayerischen Stifterherzöge zu respektieren hatten. Dieses Güterverzeichnis des Bischofs Arno aus dem Jahr 788 ist ein erstes stichhaltiges Dokument, mit dem die Geschichte unserer Heimat faßbar wird. Wir erfahren daraus, daß das Land an Isen und Inn am Beginn des 9. Jahrhunderts zu einer festgefügten Ordnung gefunden hatte, mit geregelten Besitzverhältnissen, einer auf Recht und Gesetz basierenden Gesellschaftsstruktur, daß eine ausreichende Versorgung mit Lebensmitteln gesichert und heidnisches Brauchtum weitgehend vom christlichen Gedankengut aufgesogen war.

Aber bei genauerer Betrachtung der vielen Orte, die Bischof Arno in seinem Indiculus als sein Eigentum bezeichnet, stellt man verwundert fest, daß ein gewichtiger Name fehlt, daß der Ort nicht erwähnt ist, der in den folgenden Jahrhunderten zum Zentrum bischöflicher Präsenz in Bayern geworden ist, nämlich Mühldorf. Man ist erstaunt, daß zwischen Erharting und Mettenheim auf der einen Seite des Inn und Flossing auf der anderen Seite nicht vom wichtigen Mühldorf die Rede ist, das doch schon allein wegen seiner exponierten Lage an der vielbenützten Wasserstraße von besonderer Bedeutung gewesen sein müßte. Hat Mühldorf um diese Zeit tatsächlich noch nicht existiert oder war das unbe-

Bajuwarische Bronzefibeln aus dem Gräberfeld bei Weiding (ausgestellt im Kreisheimatmuseum Lodronhaus)

wohnte Stück Schwemmland in der Flußschleife nur nicht einer besonderen Erwähnung wert? Hat es womöglich überhaupt nicht zum Bistum Salzburg gehört? Sicher ist die Nichterwähnung im Salzburger Verzeichnis ein deutlicher Hinweis, daß Mühldorf nicht zu den frühen Siedlungsplätzen am Inn gehörte und daß an dieser Stelle weder eine Straße, noch eine Brücke den Ort hervorgehoben hat. Mühldorf muß erst in den folgenden Jahrhunderten für Salzburg von Interesse geworden sein, womöglich erst, als man sich zu einem eigenen bischöflichen Brückenkopf entschlossen hatte.

In diesem Zusammenhang ist noch ein wichtiger Aspekt zu berücksichtigen, der bei der Frage nach der Entstehung Mühldorfs bis heute nicht eindeutig aufzuhellen ist und dementsprechend schon immer Gegenstand lebhafter Vermutungen war. Die Existenz einer bis 1978 selbständigen Gemeinde Altmühldorf legt uns zwingend nahe, zwischen einem alten und einem neuen Mühldorf zu unterscheiden und die Siedlung auf der Anhöhe auch zeitlich von einer solchen am Fluß zu trennen. Es ist auch nicht anzunehmen, daß neben Mettenheim und Mößling, die ja beide schon in bajuwarischer, wahrscheinlich sogar schon in keltischer Zeit besiedelt waren, am Rande der Hochebene auch ein Mühldorf existierte. Auch der Name dieses Dorfes wäre mit intensivem Getreidebau und mit Mühlen an der Isen zu belegen. Warum sollte diese Randlage die Bewohner im Laufe der Zeit nicht bewogen haben, am Fluß selbst mit Fischfang, Flößerei oder Handelschaft an der vielbenützten Wasserstraße ein besseres Auskommen zu suchen? Auf diese Weise könnte in der zweiten Hälfte des ersten Jahrtausends ein neues Mühldorf entstanden sein, das sich ganz von der alten Siedlung am Berg löste und mit der Bindung an den Inn eine andere Entwicklung nahm. Als das Bistum Salzburg dann im 9. und 10. Jahrhundert den strategischen und wirtschaftlichen Wert der neuen Siedlung mit Brücke und Amtssitz noch vermehrte, das neue Mühldorf sogar zum Verwaltungssitz für seine verstreuten Besitzungen an der Isen auserkoren hatte, haben sich die Gewichte endgültig verschoben. Das alte Mühldorf wurde Hofmark und landwirtschaftliches Versorgungsgebiet und blieb im bäuerlichen Abseits verhaftet.

Auch diese mögliche Entstehung Mühldorfs ist nur eine Vermutung, die niemand exakt belegen kann. Wir wissen von keinem der frühesten Schriftstücke, welchem Mühldorf sie gegolten haben könnten, finden im „Indiculus Arnonis" das alte Mühldorf nicht und können nur rätseln, wie die von der Anhöhe heruntergekommenen Mühldorfer mit der alljährlichen Überflutung zurechtgekommen sind. Wir erfahren überhaupt erst glaubhaft um 1220, daß es auf dem Berg ein „Altenmühldorf" gegeben haben soll, das dann schnell mit einem eigenen Pfarrherrn hervortritt, wenngleich der Sitz dieses Pfarrherrn „bei St. Cathrein vor der Pruckh" und nicht auf dem Berg gelegen hat. Altmühldorf bleibt zwar durch Einschluß in den Burgfrieden mit Mühldorf verbunden, aber eine eigene Hofmarksgerechtigkeit unterstreicht den bäuerlichen Charakter gegenüber der Handelsstadt in der Flußebene.

Die Frage, ob Altmühldorf älter ist als das neue Mühldorf, ob die Ansiedlung am Fluß überwiegend von Bewohnern des Bergdorfes angelegt wurde, die den Namen mit ins Tal brachten, läßt sich wohl auch in Zukunft nur theoretisch beantworten, Wahrscheinlichkeiten können nicht als Beweise gelten.

Nachweisliche Anfänge

Bei dem Wort Nachweis ist es notwendig, einen äußerst kritischen Maßstab anzulegen, so wie der Heimatforscher Hans Gollwitzer dies immer mit besonderem Nachdruck gefordert hat. Bei vielen Lokalhistorikern haben sich die unterschiedlichsten Jahreszahlen ergeben, die vielfach auf Irrtümern, falschen Urkundenauslegungen oder gar auf unbeweisbaren, leichtfertigen Behauptungen ohne exakte Grundlage beruhen. Einzig und unzweifelhaft bleibt nach wie vor der 16. Mai 935 als erste schriftliche Nennung der Stadt, aber bevor darauf näher eingegangen wird, sollen die wichtigsten Nennungen vor diesem Datum Erwähnung finden.

Bei fast allen Historikern taucht zuerst das Jahr 888 auf, aus dem ein Schenkungsbrief König Arnulfs an einen Priester Adalold vorliegt. Der Priester bekommt zwei Kapellen im Lavanttal in Kärnten geschenkt, samt ihren dazugehörigen Zehenten, auf Lebenszeit zu freiem Eigentum. Ausdrücklich wird ihm die Befugnis eingeräumt, damit zu tun, was ihm beliebe. Diese Schenkung wurde am 18. Februar 888 in Ötting vollzogen, von Mühldorf ist dabei keine Silbe erwähnt. Auf der Rückseite der Urkunde wurde später vermerkt, daß der Priester Adalold das Geschenk des Königs wieder vertauscht hat und zwar an Bischof Dietmar von Salzburg. Unter Anführung einer Anzahl von Zeugen hat der Schreiber mit „ad actum mulidorf" die Notiz beschlossen, ohne eine Jahreszahl darunter zu schreiben. Auf der Urkunde aus dem Jahr 888 ist also von Mühldorf überhaupt nicht die Rede, und auf der Rückseite, auf der der spätere Tausch bestätigt wurde, steht zwar der Name Mühldorf als Erfüllungsort, aber es fehlt das Datum. Daraus nun zu kombinieren, daß Mühldorf am Inn schon 888 genannt wird, ist sicher

27

nicht richtig. Darüberhinaus fehlt jeder Hinweis, daß mit dem erwähnten Mühldorf der Ort am Inn gemeint ist, auch im Lavanttal in Kärnten gibt es ein Mühldorf, in dem der Tausch vollzogen worden sein könnte. Seit geraumer Zeit gibt es einen ernsthaften Versuch, anhand der Zeugennamen, die dem Tauschgeschäft angefügt wurden, nachzuweisen, daß es sich um einen Vorgang in unserer Gegend handeln muß und das Lavanttal als Ausstellungsort nicht in Frage kommen kann, aber dann bliebe immer noch die Frage des genauen Zeitpunktes ungeklärt.

An einer anderen Stelle wird Mühldorf schon 911 als Dorf mit Kirche oder als „villa" (Landhaus) mit Kirche angegeben. Diese Behauptung steht allerdings ohne genauere Quellenangabe, es ist unerklärlich und keinesfalls nachweisbar, worauf sie begründet ist. Ebenso verhält es sich mit den Jahresangaben 925 und 931. Es existiert eine Urkunde, die bezeugt, daß in Mühldorf eine Witwe Drusun einen Besitz in Eberharting (Gemeinde Lohkirchen) mit einem anderen in Ehring vertauscht, aber sie enthält leider keine Datumsangabe. Durch Vergleiche mit anderen Urkunden aus derselben Zeit, nämlich mit den aufgeführten Personennamen, kann man das Jahr 925 als Ausstellungsjahr lediglich annehmen. Bei der anderen Behauptung „931 wird eine villa Mildorf mit Kirche als Salzburg gehörig aufgeführt", handelt es sich um einen Lesefehler, hier wird statt 935 irrtümlich 931 gelesen und der darin angegebene Ort „Vvilchiricha" heißt Weilkirchen (Gemeinde Zangberg) und nicht Mühldorf als villa mit Kirche.

Der erste gültige und einwandfreie schriftliche Hinweis auf Mühldorf stammt von einer Urkunde, die im österreichischen Staatsarchiv in Wien lagert und die auf Grund eines Tauschgeschäftes am 16. Mai 935 unterzeichnet wurde. Erzbischof Odalbert II. tauschte danach einige in seinem Besitz befindliche Grundstücke in Günzkofen (Gemeinde Erharting) mit einem Besitz in Weilkirchen (Gemeinde Zangberg), der einem seiner Dienstleute, dem „edlen herrn zwentibolch" gehörte.

Der Inhalt dieser Urkunde ist ein allgemeiner geschäftsmäßiger Vorgang, der neben festem Datum und eindeutiger Ortsangabe nur noch so viel erkennen läßt, daß der Ort im Besitze des Bistums Salzburg gewesen sein muß und daß ein hier anwesender „Sachwalter" Diotmar diesen Tausch vorgenommen hat. Ein wichtiges Dokument für die Stadt zweifellos, doch es enthält nicht den geringsten Hinweis auf die Entwicklung, die dieser Ort schon genommen hat, nichts über Brücke oder Befestigung oder über seine Verbindung zu jenen salzburgischen Besitzungen, die schon eineinhalb Jahrhunderte früher als dem Bischof gehörig bezeichnet wurden.

20 Jahre später, im Jahr 955, wird durch die Salzburger Annalen von einer Schlacht berichtet, die in der Nähe Mühldorfs ausgefochten wurde und nach der Bischof Herold von Salzburg als Verlierer durch Blendung bestraft wurde. Aber ob diese grausame Tat in Mühldorf vollzogen wurde, ist nicht einwandfrei geklärt. Ein Votivbild in der Nikolauskirche geht ebenfalls auf das Jahr 955 ein und zeigt eine Ungarnstreitmacht vor den Mauern der Stadt. Ob aber Mühldorf tatsächlich unter den Ungarn zu leiden hatte, läßt sich trotz dieses Bildes nicht nachweisen; die Salzburger Bischöfe hatten jedenfalls durch mehrfache Tributzahlungen ihr Land vor diesen gefährlichen Reitern zu schützen versucht.

Für die Stadtgeschichte Mühldorfs folgt nach diesen beiden Dokumenten aus der Mitte des 10. Jahrhunderts eine lange Zeit dürftigster Informationen. Wir haben über mehr als 200 Jahre keinerlei Hinweise auf Bautätigkeit, auf wirtschaftliche Entwicklung oder raschen Zuwachs der Bevölkerung, wir erfahren nichts von bischöflicher Präsenz und Verwaltung, von frühen Priestern und ersten Kirchenbauten, wir wissen nicht, wann die erste Brücke gebaut wurde und können uns doch nicht vorstellen, daß dem, was sich später zwischen Fluß und Berg entwickelte, nicht von Anfang an ein fester Plan und eine ordnende Hand zugrundegelegen wäre. Das Konzept einer mittelalterlichen Stadt muß sich innerhalb die-

Das Votivbild unter der Orgelempore der Nikolauskirche zeigt eine Belagerung Mühldorfs durch die Ungarn im 10. Jahrhundert. Der Wirklichkeit allerdings entspricht dieses Bild nicht, denn Mühldorf war um diese Zeit noch so unbedeutend, daß eine Belagerung der Mühe nicht wert gewesen wäre

ser beiden Jahrhunderte entwickelt haben; Mühldorf hat in den Plänen der Salzburger Landesherren einen neuen Stellenwert bekommen und war zum Faustpfand des Bischofs gegen seine bayerischen Nachbarn geworden. Es gab auch gute Gründe für Salzburg, dieser fernliegenden Exklave am Inn besondere Aufmerksamkeit zuzuwenden. Für die vielen im Isental verstreuten Salzburger Untertanen brauchte man einen Mittelpunkt für Verwaltung und Justiz, Lagermöglichkeiten für Naturalzinsen der Bauern und einen Verkehrsstützpunkt, der zu Land und zu Wasser erreichbar war. Das war auf Dauer nur durch einen wirksamen Schutz zu gewährleisten, durch befestigte Mauern und Türme und einen gesicherten Brückenschlag, denn für Bayern war dieses salzburgische Territorium immer ein Pfahl im Fleische, lästiges Ausland, das man nur widerwillig hinzunehmen bereit war. Und die Bewohner profitierten vom besonderen Engagement des Bischofs, denn ihm mußte notgedrungen an einer gesunden Entwicklung Mühldorfs viel gelegen sein. Er mußte den Mühldorfern Schutz und Sicherheit gewähren, mußte ihnen gute Lebensbedingungen schaffen und durfte den Ausbau seiner Stadt nicht mit hoher Steuerlast beschweren. Sie sollten im Ernstfalle ja auch bereit sein, die Stadt für ihn zu verteidigen.

Aus diesem Bestreben heraus ist auch die Verleihung eines Salzprivilegs zu verstehen, das König Heinrich VI. am 21. September 1190 in Wimpfen seinem Vetter, dem Erzbischof Adalbert III., eingeräumt hat. „Wir, Heinrich VI. durch die Huld der göttlichen Milde Römischer König, haben in Wahrnehmung der lauteren Treue und aufrichtigen Ergebenheit unseres lieben Vetters, des ehrwürdigen Erzbischofs von Salzburg Adalbert beschlossen, ihm und seinen Nachfolgern für immer zu erlauben, daß in burgo suo muldorf die Entladung und Niederlag des von Hall herangeführten Salzes geschehen kann, und wenn welche Salz kaufen wollen, mögen sie zu derselben Stadt kommen, um es selbst in jenem Ort zu kaufen. Damit nun diese unserer Hochherzigkeit entsprechende Bewilligung, immerwährend gültig und unangetastet bleibe, haben wir verfügt, gegenwärtige Urkunde zu diesem Zwecke niederzuschreiben und mit dem Siegel unserer Macht zu sichern."

Dieses Privileg, das König Heinrich seinem Vetter Adalbert gewährt, ist ein Meilenstein in der Geschichte Mühldorfs, es unterstreicht das Bestreben Salzburgs, seine Exklave auf ein gesundes wirtschaftliches Fundament zu stellen. Salz gehörte zu allen Zeiten zu den wichtigsten Handelsgütern, es war für alle lebensnotwendig, ließ sich aber nur an ganz wenigen Stellen gewinnen, so daß Förderung und Handel ein gewinnbringendes Monopol bedeuteten. Wenn nun in der Urkunde von Entladung gesprochen wird, so kann es sich nur um Schiffe handeln, die zumindest einen geeigneten Landeplatz benötigten. Zum Stapeln und sicheren Lagern von Salz wiederum brauchte man Lagerhäuser und Salzstädel, Schiffe mußten gelöscht und mit anderen Gütern wieder beladen werden, es läßt sich also eine rege Tätigkeit am Inn vorstellen. Und die Stelle: „...sie mögen in die Stadt kommen um es an diesem Ort zu kaufen," bedeutete immer wiederkehrende Kundschaft, was die Mühldorfer noch dadurch förderten, daß man nicht unbegrenzt Salz verkaufte, sondern nur jedem Käufer eine oder höchstens zwei Scheiben davon abgab. Dadurch waren die bischöflichen Untertanen an der Isen und die bayerischen Bauern der Umgebung gezwungen, immer wieder in die Stadt zu kommen. Das brachte automatisch Kundschaft für Handwerker und Gastwirte, förderte den Handel mit den Landesprodukten des Umlandes, auf den die Stadt angewiesen war. Die Absicht, Mühldorfs wirtschaftliche Lage durch den Salzhandel zu festigen, ist aus dieser Urkunde deutlich herauszulesen.

Auch im Hinblick auf die städteplanerischen Absichten Salzburgs macht das Privileg von 1190 eine wichtige und bedeutsame Aussage. Die Bezeichnung „in burgo suo muldorf" ist ein mittelalterliches Lehenwort, womit ein ummauerter Ort und eine geschützte Selbständigkeit gemeint ist, die Mühldorf um diese Zeit schon erlangt haben muß. Demnach muß auch die Ausdehnung des Stadtkernes in seinen Grundzügen schon festgelegt haben, die Befestigung muß ein vorgefaßtes Terrain umschlossen haben, auch wenn wir die straßenbegrenzenden Häuserzeilen noch ganz oder zumindest teilweise aus Holz gebaut annehmen müssen. Aber die Ausgestaltung des Platzes, der Abstand der dicht an dicht stehenden Häuserzeilen, womöglich auch der Plan einer rückwärtigen Parallelstraße müssen im 12. Jahrhundert entstanden sein.

Die Erzbischöfe haben neben einer wirtschaftlichen Festigung auch aus der vom bayerischen Umland bedrohten Insellage ihre Konsequenz gezogen und Mühldorf gegen militärische Übergriffe zu schützen versucht. Hans Gollwitzers Vermutung, daß an der Stelle des heutigen Pflegschlosses vor dem Eingangstor zur Stadt eine selbständige Burg als Amtssitz des bischöflichen Statthalters lag, ist trotz fehlender Beweise nicht auszuschließen. Er beruft sich dabei auf den mächtigen Voitturm, der bis 1807 alle anderen Gebäude der Stadt überragte und durchaus als Bergfried der Mittelpunkt einer Burganlage gewesen sein könnte. Auf dem Kupferstich von Matthäus

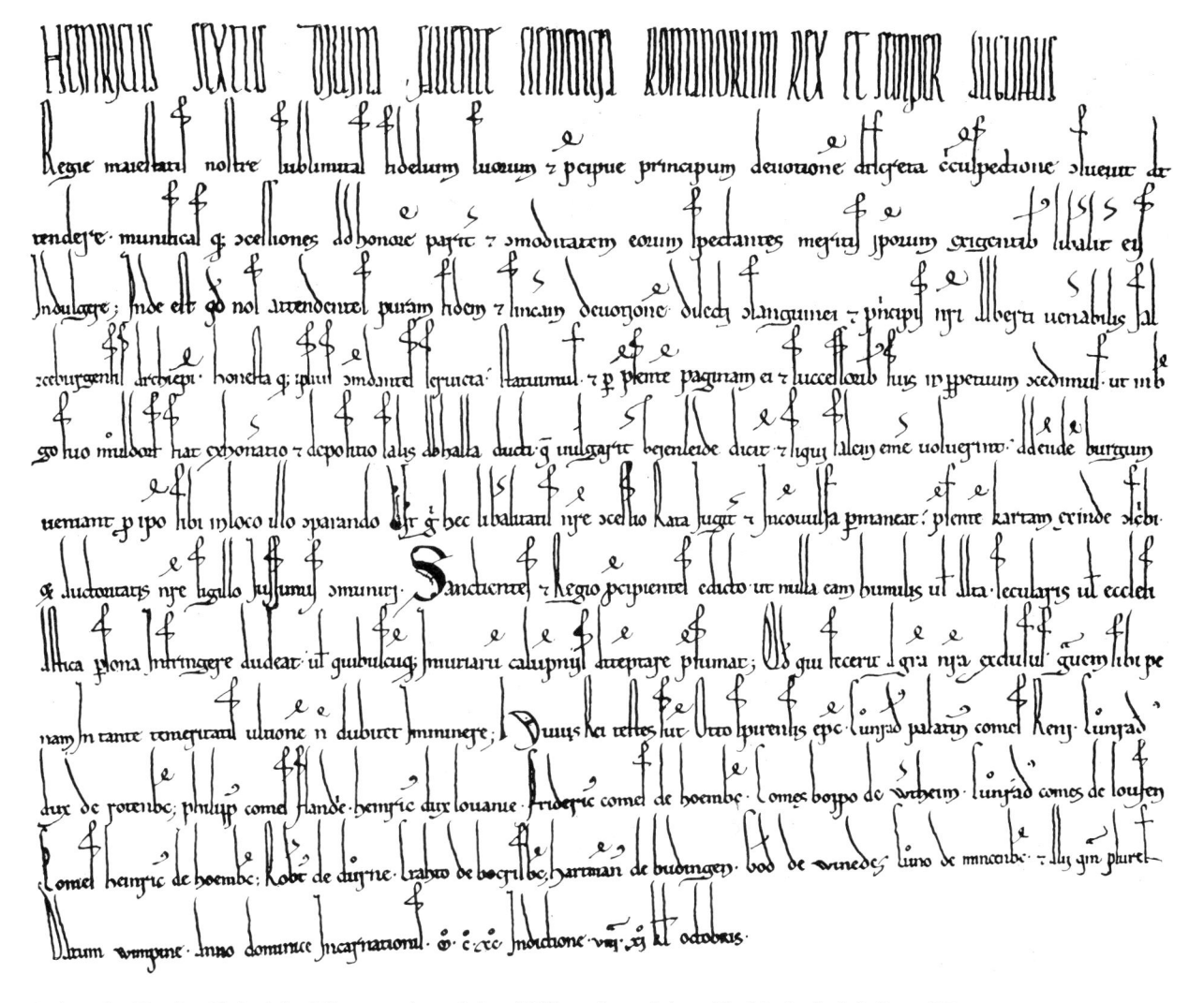

Urkunde König Heinrichs VI. aus dem Jahr 1190, mit welcher Erzbischof Adalbert III. gestattet wird, in Mühldorf eine Salzniederlage zu errichten. Hier wird Mühldorf erstmals als Stadt bezeichnet

Merian von 1644 läßt sich die burgartige Anlage des späteren Pflegschlosses im Schatten des Voitturms noch gut rekonstruieren.
Und tatsächlich erfahren wir 1197 von einem „Castellanus" von Mühldorf, der später in den Urkunden als „Burggravius" und 1251 als „Vicedomus", als Vertreter des Bischofs, bezeichnet wird. Salzburg bekundet also mit der Entsendung eines hohen Beamten auch nach außen hin, welche Bedeutung es seiner Niederlassung am Inn beimaß. Die nachfolgenden bischöflichen Pfleger von Mühldorf haben bis zur Säkularisation diesen Standort vor dem Tor als ihren Amtssitz nicht aufgegeben.

Daß neben dieser vermuteten Burg schon eine geschützte Ansiedlung bestand, läßt sich aus einem anderen Schriftstück nachweisen, das Erzbischof Eberhard II. im Jahr 1218 ausstellen ließ. Er bestätigte darin dem Domkapitel in Salzburg, daß alle Lebensmittel, die von Erding gebracht werden, in Mühldorf zollfrei durch das äußere Tor und über die Brücke gebracht werden können. Dieses äußere Tor, auch Bergtor genannt, kontrollierte über Jahrhunderte den einzigen Zugang von der Hochterrasse zur Stadt, mit ihm endete die Katharinenvorstadt am Fuß des Stadtberges. Leider hat man dieses Tor 1824 wegen Baufälligkeit

Die Mächtigkeit der einstigen Stadtbefestigung zeigt sich noch heute am Durchgang zu den ehemaligen „Traidkästen"

abgebrochen. Aber wenn 1218 von einer Zollstelle am äußeren Tor berichtet wird, dann muß auch das innere Tor schon existiert haben, und das kann nur das heutige Münchener Tor sein. Es lassen sich heute noch an seinem äußeren Mauerwerk drei verschiedene Bauphasen ablesen, deren unterster Teil mit seinen roh behauenen Findlingssteinen sich durchaus dem 12. Jahrhundert zurechnen läßt. Es muß mit dem Mauerring um diese Zeit erbaut worden sein; der Schutz der Stadt konnte nur dann sinnvoll und effektiv sein, wenn neben zwei kontrollierten und versperrbaren Toren jeder andere Zugang zur Innenstadt ausgeschlossen war.

Für ein zweites Tor im Süden der Stadt fehlt zwar ein genauer Hinweis, aber im Zusammenhang mit der Innbrücke ist es gar nicht wegzudenken. Auch von der Innbrücke erfahren wir offiziell erst 1177, als die Erzbischöfe darauf bestanden, daß der Brückenzoll ihnen als Erbauer allein vorbehalten bleiben müsse. Aber ob dies die erste Brücke war, die den Inn überquerte, muß man bezweifeln, denn die unmittelbare Verkehrsverbindung über Tittmoning nach Salzburg war eine unabdingbare Voraussetzung für jede spätere Entwicklung Mühldorfs. Am Anfang jedes bischöflichen Vorhabens, aus Mühldorf einen eigenen Stützpunkt zu machen, muß eine eigene Brücke gestanden haben, auch wenn uns jeder stichhaltige Nachweis dafür bis heute fehlt.

Salzburgs Absichten haben sich am Anfang des 13. Jahrhunderts in Mühldorf sichtbar niedergeschlagen. Aus einer Besitzung unter vielen, die nicht einmal besonders erwähnenswert war, ist nun ein Ort geworden, dem bischöfliche Interessen eine besondere Funktion zugedacht hatten. Der Vicedomus war zum landesherrschaftlichen Administrator für alle verstreut liegenden Untertanen geworden, war

Richter, Steuereinnehmer, Verwalter und befehlshabende Autorität; die Stadt war mit einem umfassenden Mauerring und starken Toren bewehrt, und der privilegierte Handel mit Salz und Getreide sicherte Wohlstand und Verdienst. Mühldorf hat im Verlaufe von gut 200 Jahren eine rasante Aufwärtsentwicklung genommen und alle früheren Siedlungen überholt. Ohne bischöfliche Protektion wäre das unmöglich gewesen. Nur die feste Absicht, Mühldorf zum Zentrum bischöflicher Repräsentanz am Inn zu machen, kann dies bewirkt haben.

Aber der Umstand, daß ein Ort Marktrechte besaß oder auch befestigt war, bedeutete noch nicht, daß er damit automatisch zur Stadt geworden wäre. Die wichtige Frage, wann Mühldorf tatsächlich die Stadtrechte bekommen hat, läßt sich auch mit keinem festen Datum und keiner Ernennungsurkunde beantworten. Auf der Suche, wann Mühldorf erstmals mit der lateinischen Bezeichnung Civitas versehen wurde, verfällt man auf einen Tauschbrief des Heinrich von Toerring aus dem Jahr 1239, in dem er eine Hofstatt in Mühldorf gegen eine solche des Klosters St. Peter in Salzburg vertauscht. Dabei muß man feststellen, daß dieser Vorgang zweimal schriftlich niedergelegt wurde, einmal datiert und einmal undatiert. In der datierten Fassung heißt es nur „aream quandum Muldorf". In der undatierten steht jedoch „quandum aream in civitate Muldorf". Es läßt sich nicht feststellen, woher diese Verschiedenheit kommt. Hat der eine Schreiber das „in civitate" absichtlich eingefügt, oder hat der andere es unabsichtlich weggelassen? Wahrscheinlicher ist letzteres. Sicher aber ist bis heute, daß Mühldorf schon seit der ersten Hälfte des 13. Jahrhunderts die Bezeichnung Stadt führt, auch wenn eine spezielle Stadterhebungsurkunde, wie in vielen Fällen, nie aufgetaucht ist. 1281 und 1285 jedenfalls spricht Erzbischof Rudolf von Salzburg ausdrücklich von seiner „Civitas" Mühldorf.

Mit der Stadtrechtsverleihung ist wohl auch das Hoheitszeichen der Stadt autorisiert worden, ein sprechendes Wappen, das sich an den Namen der Stadt anlehnt. Es zeigt in den Salzburger Farben ein rotes Mühlrad auf silbernem Grund. In der ältesten uns bisher bekannten Form ist das Rad mit 16 Schaufeln abgebildet, um die Mitte des 14. Jahrhunderts sind, wohl der besseren Darstellung halber, nur noch acht Schaufeln verblieben, die dann endgültig als Wappen und Siegel verblieben sind. Im bayerischen Hauptstaatsarchiv in München liegt eine Urkunde aus dem Jahr 1298, daran hängt das älteste und mit 67 mm Durchmesser auch größte Siegel der Stadt mit der Aufschrift: „sigillum civium muldorfensium", das zwar mit dem Burghauser Wappen zu den ältesten in Bayern gehört, aber doch die Frage nach der Erstverleihung offen läßt.

Im Spannungsfeld der Geschichte

Die salzburgische Stadt Mühldorf war mit Hilfe der bischöflichen Landesherren zu einem Sonderfall geworden. Eingebettet im bayerischen Land am Inn, blieb es doch mehr als tausend Jahre eine ausländische Enklave, um die stets von neuem gestritten und gefeilscht wurde, es wurden Verträge geschlossen und wieder gebrochen, die Bayern haben belagert und bedroht, isoliert und boykottiert und waren letztlich doch nicht in der Lage, dieses lästige Ärgernis für immer zu beseitigen.

Das erforderte auf Seiten der Bischöfe ständig neue Anstrengungen, um den Schutz und die Sicherheit ihrer fernen Besitzung zu gewährleisten, die Einwohner Mühldorfs durch Zugeständnisse und Bevorzugungen verteidigungswillig zu machen, ihnen die Vorteile salzburgischer Untertanenschaft vor Augen zu führen. Die Treue zu ihrem geistlichen Herrn mußte sich lohnen, Tore und Türme verteidigt man auf Dauer nur im ureigenen Interesse. So wurde den Bürgern Mühldorfs sehr früh schon die kommunale Selbstverwaltung mit Rat und Kammerer zugestanden. Sie haben nicht mühsam ihre Steuerpfennige für Wehr und Waffen zusammenlegen müssen, das Hochwasser zerstörte nicht ihre, sondern des Bischofs Brücke und es war seine Angelegenheit, die Stadt vor Pest und Seuche zu versperren oder nach einem Brand die öffentlichen Gebäude wieder aufzubauen. Wann immer sich Not und Gefahr der Stadt zu nähern drohten, fanden sie in Salzburg Hilfe und Unterstützung, ihnen blieb vieles erspart, was andere schicksalhaft hinzunehmen hatten.

Trotzdem blieb Mühldorf keine Insel des ewigen Friedens. Die Machtkämpfe zwischen dem Bistum Salzburg und dem Herzogtum Bayern, aber auch innerbayerische Auseinandersetzungen haben die Stadt am Inn nicht ausgeklammert.

Als um die Mitte des 13. Jahrhunderts König Ottokar von Böhmen Ansprüche auf bestimmte Gebiete am Inn erhob, die ihm Herzog Heinrich von Niederbayern nicht herausgeben wollte, fiel dieser 1257 in das Land ein, um es sich gewaltsam anzueignen. Aber angesichts der großen Streitmacht, die der Niederbayer zusammen mit seinem Bruder aufgeboten hatte, floh der Böhme in Richtung Mühldorf, um sich mit einer Überquerung des Inns der Übermacht zu entziehen. Die Bayern konnten jedoch die Flucht verhindern, nur einem kleinen Teil der Streitmacht, darunter König Ottokar selbst, gelang es, das rettende Ufer zu erreichen, bevor die Brücke unter dem Gedränge und der Belastung durch die vielen schwerbewaffneten Soldaten zusammenkrachte. In dieser ausweglosen Situation gelang es einigen Böhmen, das Innere des Voitturmes zu erreichen und sich so in Sicherheit zu bringen. Herzog Heinrich aber ließ in seiner Erbitterung den Voitturm, der ja im Innern aus Holz gebaut war, anzünden. 400 böhmische Ritter verloren auf grausame Art darin ihr Leben. Um nun auch noch jener habhaft zu werden, die sich innerhalb der Stadtmauer versteckt hielten, ordnete Heinrich die Belagerung Mühldorfs bis zur vollständigen Übergabe der Böhmen an. Neun Tage war die Stadt von ihrem Umland hermetisch abgeschnitten, die Mühldorfer waren ohne ihr Zutun in einen argen Gewissenskonflikt geraten, ob sie die Belagerung weiter ertragen oder die Böhmen ihrem sicheren Tod ausliefern sollten. Es ist uns nicht überliefert, wie sie sich entschieden hatten, wahrscheinlich hat der Bischof von Salzburg vermittelnd in diesen Streit eingegriffen, denn die Böhmen konnten nach Aufhebung der Belagerung die Stadt ungehindert verlassen. Wie groß letztlich der Schaden war, den die Stadt durch dieses Abenteuer hinnehmen mußte, verschweigen uns die Quellen ebenso wie den Erbauer einer neuen Brücke.

Dreißig Jahre später wurde Mühldorf selbst zum Zankapfel zwischen Erzbischof Rudolf von Salzburg und Herzog Heinrich XIII. von Niederbayern. Der Erhartinger Friede von 1275 hatte viele Hoffnungen auf beiden Seiten geweckt, aber in Wirklichkeit hat er sich doch auf Dauer nicht als tragfähig erwiesen. 1285 war der Streit erneut in voller Heftigkeit ausgebrochen, der Niederbayer nahm einen Besuch des Erzbischofs in der Steiermark zum Anlaß, um in einem Handstreich die Stadt Mühldorf zu besetzen. Dabei gab er sich nicht allein mit der militärischen Eroberung zufrieden, sondern diktierte der Bürgerschaft einen Vertrag, der sie eidlich verpflichtete, vom 24. April an, dem Tag an dem traditionell die Ratswahl erfolgte, für die Dauer eines Jahres die Stadt und den Voitturm in die Hand des Herzogs zu geben, solange der Streit zwischen ihm und dem Bischof nicht beigelegt sei. Vergleichen sich beide Parteien in Güte, so sollen die Bürger ihres Eides entbunden sein, andernfalls bleibt der Herzog Herr über Stadt und Burg. Zudem versichert er, daß ihr Hab und Gut nicht angetastet wird, daß ihnen kein Leid geschieht und sie in ihren Rechten und Pflichten den anderen bayerischen Untertanen gleichgestellt sein sollen. Gleichzeitig wird von den Bürgern aber auch gefordert, im Streit mit dem Erzbischof sich nun auf die Seite des Herzogs zu stellen, den Erzbischof vor allem daran zu hindern, sich mit Gewalt wieder der Stadt zu bemächtigen. Der Bürgerschaft Mühldorfs blieb keine andere Wahl in dieser mißlichen Lage, als den Vertrag zu akzeptieren, aber der Erzbischof war keinesfalls gewillt, seine Stadt am Inn kampflos preiszugeben. Als er von der Besetzung unterrichtet wurde, kehrte er eiligst nach Salzburg zurück, sammelte seine Streitmacht und fiel seinerseits in das benachbarte Bayern ein. Er verwüstete und brandschatzte, was sich ihm auf dem Weg nach Mühldorf entgegenstellte. Bevor es jedoch zur unmittelbaren Konfrontation der beiden Streitmächte kam, griff König Rudolf von

35

Habsburg ein und brachte die Angelegenheit vor den Reichstag zu Augsburg mit der Verpflichtung für beide Parteien, seinen Schiedsspruch vom 2. Februar 1286 anzunehmen. Der Herzog von Niederbayern gab die Stadt Mühldorf in die Hände des Königs und dieser überließ sie ihrem angestammten Herrn, dem Bischof von Salzburg.

Zu all dem Unglück, das Belagerung und Inbesitznahme durch die feindlichen Truppen über die Stadt brachten, wurde Mühldorf im Sommer des Jahres 1285 auch noch von seiner ersten großen Brandkatastrophe heimgesucht. Es ist nicht bekannt, ob sie durch Feindeinwirkung oder durch Unvorsichtigkeit entstanden war; auch das Ausmaß des Schadens wird uns nicht näher beschrieben, aber die spätromanische Anlage des Turmes von St. Nikolaus und der Rundbau der St.-Johannes-Kapelle könnten ein Hinweis sein, daß mit dem Brand von 1285 auch die Vorgängerkirche zerstört wurde, die ja schon 1251 erstmals erwähnt ist. Der massive Turm mit seinen Tuffsteinquadern, das Stufenportal und einige Kopfkonsolen im Turmuntergeschoß, aber auch die schweren Bandrippen der Johanneskapelle und die Hockerfigur über dem Einstieg zum Beinhaus sind Zeugnis eines aufwendigen Neubaues um 1300 im spätromanischen Stil. Das Brandunglück von 1285 könnte einen Neubau der Stadtpfarrkirche nötig gemacht haben.

Das Jahr 1314 ist auch einer jener Fixpunkte im Leben der Stadt, der zwar im Vorfeld noch keine Zusammenhänge erkennen ließ, in dessen Entwicklungsablauf aber Mühldorf eine entscheidende Rolle spielen sollte. Es ist das Jahr der deutschen Königskrönung, die durch den überraschenden Tod Kaiser Heinrichs VII. während eines Kriegszuges in Italien notwendig geworden war. Die Aufgabe der sieben deutschen Kurfürsten, die einzig dazu berechtigt waren, diese Wahl vorzunehmen, war äußerst schwierig, da Luxemburger und Habsburger gleichermaßen massive Ansprüche auf die deutsche Königskrone geltend machten. Aber die Kurfürsten entschieden sich für keine der beiden Familien, sondern einigten sich mehrheitlich auf den jungen Bayernherzog Ludwig von Wittelsbach, der zwar eine glänzende Reputation durch seinen Sieg in der Schlacht von Gammelsdorf vorweisen, aber an Einfluß und Hausmacht doch nur eine Alternative darstellen konnte. Das Haus Habsburg, das Friedrich den Schönen von Österreich auf den Thron heben wollte, hintertrieb die Königswahl, manipulierte ein Abstimmungsverhältnis von dreieinhalb zu dreieinhalb und schickte sich an, am 19. Oktober in Sachsenhausen bei Frankfurt Friedrich den Schönen zum deutschen König auszurufen. Einen Tag später vollzog sich die gleiche Zeremonie auf der anderen Seite des Mains, auf der traditionellen Frankenerde. Die Stadt Frankfurt hat mit dem Öffnen der Stadttore die Wahl Ludwigs anerkannt. Die offizielle Krönung Ludwigs erfolgte dann in Aachen, dem traditionellen Krönungsort seit Karls des Großen Zeiten, doch der Erzbischof von Köln, der allein zur Krönung autorisiert gewesen wäre, stand auf Seiten des Habsburgers, so daß man zwar am rechten Ort, aber vom falschen Bischof die Krönung vornehmen lassen mußte. Friedrich war in Bonn folglich an einem unwürdigen Ort gekrönt worden, aber dafür wurde ihm die echte Krone aufs Haupt gesetzt, während sein Gegenspieler mit imitierten Insignien vorliebnehmen mußte. So wurden dem Reich von einem Tag auf den anderen zwei gleichberechtigte Könige beschieden, die ironischerweise auch noch Vettern zueinander waren, in Harmonie ihre Kindheitsjahre zusammen verbracht hatten, aber nun als Vertreter ihrer jeweiligen Hausmacht zu erbitterten Gegnern werden sollten.

Die Kompetenzstreitigkeiten um das Königsamt blieben, und da auch keine weitere Einigung zustande kam, fiel das Reich in einen achtjährigen Bürgerkrieg. Kleinere und größere Waffengänge brachten keiner der beiden Parteien einen entscheidenden Vorteil, als schließlich Ende September 1319 beide Gegner ihre Truppen vor Mühldorf zusammengezogen hatten. Ludwig stand nach den Berichten auf den Höhen oberhalb der Stadt, Fried-

Friedrich der Schöne und Ludwig der Bayer, die beiden Kontrahenten in der Schlacht von 1322. Die Gemälde aus dem 19. Jahrhundert hängen heute im Mühldorfer Rathaussaal

rich hatte seinen Stützpunkt in dem stark befestigten Mühldorf. Die Stadt stand als Eigentum des Erzstifts Salzburg auf Seiten der Habsburger. Friedrichs Bruder Leopold war von Schwaben her mit seiner Streitmacht zur Unterstützung unterwegs. Es schien, als müsse es diesmal zu einer Entscheidungsschlacht kommen. Aber aus irgendwelchen unerklärlichen Gründen war es im Lager Ludwigs zu Unstimmigkeiten gekommen, die Niederbayern verweigerten ihre Mithilfe, und so war Ludwig am 29. September zum Rückzug gezwungen, was die Österreicher entsprechend ausnützten. Sie stießen sofort verfolgend nach und drangen bis vor Regensburg, ausgeplünderte und verbrannte Dörfer kennzeichneten ihren Weg, und nur befestigte Orte konnten sich mit wechselndem Erfolg der Verwüstung widersetzen. Die Lage im Reich wurde zusehends schwieriger, mit friedlichen Mitteln war eine Einigung nicht mehr zustande zu bringen. 1322 versammelten sich die beiden gegnerischen Heere erneut vor Mühldorf, um in einer offenen Feldschlacht den leidigen Streit zu entscheiden. Dabei hat die Lage des Schlachtfeldes durch verschiedene Ortsangaben der Historiker lange Zeit für Verwirrung gesorgt, die Frage, ob es sich um die „Schlacht von Mühldorf" oder um die „Schlacht von Ampfing" handelte, wird trotz eingehendster Untersuchungen von Hans Gollwitzer noch vielfach falsch beantwortet. An dieser Stelle sei nur der Hinweis auf die Schrift „Die Schlacht bei Mühldorf" von Hans Gollwitzer gegeben, die zudem im Jahr 1987 durch weitere Fundstücke erhärtet und bestätigt werden konnte. Es steht heute völlig außer Zweifel, daß sich am 28. September 1322 die Heere „ze dem Darnwerch pey Muldorff" gegenüberstanden. Die Österreicher hatten sich in vier Abteilun-

In der Entscheidungsschlacht am 28. Sept. 1322 bei Mühldorf und Ampfing, wo von Ludwig dem Bayer und Friedrich dem Schönen von Oesterreich um die deutsche Kaiserwürde gekämpft wurde, fiel mit GOTTES Hilfe der Sieg den Bayern zu und wurde Friedrich nach tapferer Gegenwehr von dem fränkischen Ritter Albrecht Rindmaul überwältigt und gefangen. Ludwig und Friedrich versöhnten sich später und lebten zusammen in treuester Freundschaft bis zum Tode. Der HERR, der mit Ludwig war, stehe uns fürder bei und erhalte uns seinen Frieden.

gen zum Kampf aufgestellt. Das Reichsbanner trug Ritter von Goldeck, eine Abteilung stand unter der Führung von Herzog Heinrich von Österreich, einem Bruder König Friedrichs, dem berühmten Marschall Dietrich von Pilichdorf war die dritte Abteilung angetragen, und unter dem Banner der Steiermark kämpften die Brüder von Waldsee zusammen mit den Truppen der Bischöfe von Salzburg, Lavant und Passau. Die geistlichen Herren selbst hatten es vorgezogen, in den Mauern der Stadt Mühldorf das Ende des Kampfes abzuwarten. Demgegenüber gliederte Ludwig der Bayer, der selbst nicht kämpfend teilgenommen hatte, sein Heer nur in drei Gruppen, bayerische und nordgauische Reiterei und Fußvolk mit dem Reichsbanner unter Konrad von Schlüsselburg, in der Mitte die Niederbayern unter ihrem Herzog Heinrich und neben ihm die Böhmen unter König Johann. Eine vierte Abteilung unter dem Befehl des Burggrafen von Nürnberg hielt sich in der Gegend von Unterrohrbach in Reserve und sollte erst im Bedarfsfalle eingesetzt werden.

Nachdem man frühmorgens um 6 Uhr in beiden Lagern die heilige Messe gehört hatte und die Fürsten die heilige Kommunion empfangen hatten, brach das Schlachtgewitter los. Die Böhmen überschritten die Isen und drangen auf die bischöflichen Truppen und die Steiermärker ein. Zwar hatten sie schon am Abend vorher, wie ein Chronist berichtet, den Übergang über den Fluß erzwungen, wurden aber von den ungarischen Bolzenschützen wieder zurückgetrieben. Aber jetzt drängten sie mit großer Macht nach vorne, stundenlang wogte der Kampf hin und her, mehr und mehr wurden auch die Truppen Herzog Heinrichs von Österreich hineingezogen. Schließlich wurden die Böhmen niedergekämpft und an die 500 von ihnen gefangengenommen. Gegen das Versprechen, nicht mehr in den Kampf einzugreifen, durften sie sich in einiger Entfernung lagern. Ihr König Johann lag unterdessen hilflos unter dem Pferd des Marschalls Pilichdorf. Nun eilte Herzog Heinrich von Niederbayern den bedrängten Böhmen zu Hilfe, während auf der Gegenseite Herzog Friedrich von Österreich mit seiner Abteilung in den Kampf eingriff. Gegen Mittag schien sich der Sieg den Österreichern zuzuwenden, da traf Ludwig eine Anordnung, die sich schon bei der Schlacht von Gammelsdorf günstig ausgewirkt hatte: Er ließ seine Reiter absitzen und verteilte sie zwischen das mit Spießen bewaffnete Fußvolk. Die langen Spieße brachten die gegnerischen Pferde zu Fall, über die zu Boden stürzenden Reiter fielen die Ritter mit ihren Schwertern her, bei den Österreichern entstand ein ungeheueres Getümmel und eine schier heillose Verwirrung. Jetzt war der Augenblick gekommen, um die Reserve aufs Feld zu führen. Hunderte von Reitern erschienen zur Linken der Österreicher, von diesen, wie es heißt, mit Jubel begrüßt. Man glaubte, die sehnlichst erwartete Verstärkung durch Herzog Leopold, die aus Augsburg erwartet wurde, sei endlich eingetroffen. Aber die Freude verwandelte sich in jähes Erschrecken, als die Reiter nun im Flankenangriff und sogar vom Rücken her auf die Österreicher eindrangen. Inzwischen hatte auf dem anderen Flügel König Johann von Böhmen gegen die vorherige Abmachung seine Truppen wieder in den Kampf geführt und damit brach das Unheil in verheerender Wirkung über Friedrichs Truppen herein. Die ungarischen Hilfskräfte konnten als erste ihre Kampflinie nicht mehr aufrechterhalten, es kam zur allgemeinen Panik, die auch Marschall Pilichdorf und der bis zuletzt tapfer kämpfende König Friedrich der Schöne nicht mehr aufhalten konnten. Schließlich mußte er sich der Übermacht beugen und dem Burggrafen von Nürnberg, Albrecht Rindsmaul, in Gefangenschaft ergeben. Auch der getreue Marschall Pilichdorf teilte sein Schicksal, als gegen drei Uhr nachmittags der Kampf sein Ende fand.

Die Zahl derer, die auf dem Schlachtfeld geblieben sind, wird mit 1000 bis 1100 angegeben, was eine Schätzung der insgesamt beteiligten Krieger mit jeweils 6000 Mann als realistisch erscheinen läßt. Leider hat sich bis heute weder auf einem Friedhof der umliegenden Kirchen, noch in einem Massengrab auf freiem Felde ein Platz ausfindig machen lassen, auf dem man die Gefallenen beerdigt hat. Vielleicht gelingt es eines Tages, dieses letzte Beweisstück für den Schlachtort ausfindig zu machen.

Friedrich der Schöne verbrachte die erste Nacht seiner dreijährigen Gefangenschaft auf der Burg Dornberg in Erharting und wurde dann auf die Burg Trausnitz bei Pfreimd in der Oberpfalz verbracht. Seine 1400 mitgefangenen Ritter und Gefolgsleute haben zum Teil Jahre gebraucht, um das hohe Lösegeld aufzubringen, das für ihre Freilassung gefordert wurde.

Ludwig zog mit seinen Kriegern nach der Schlacht in seine Stadt Neuötting ins Quartier und dort wird man auch genügend Verpflegung bereitgehalten haben, um nicht lediglich auf einen Korb voll Eier angewiesen gewesen zu sein, wie die unausrottbare Legende um den tapferen Ritter Seifried Schweppermann glaubhaft machen möchte. Seine Teilnahme an der Schlacht ist überhaupt in Frage zu stellen, zum einen war er damals schon über 65 Jahre alt und zum anderen fehlt sein Name in der Liste derjenigen, die Ludwig für die Mithilfe belohnt hat.

Mit der gewonnenen Schlacht hatte sich Ludwig zwar das alleinige Anrecht auf die deutsche Königskrone erstritten, aber der Sieg war ihm teuer zu stehen gekommen. An seine Mitstreiter aus dem Nordgau, aus Niederbayern und Böhmen waren hohe Siegprämien zu zahlen, an König Johann von Böhmen standen zudem noch 10000 Silbermark für seine Stimme bei der Königswahl offen, die Ludwig beim besten Willen nicht mehr bezahlen konnte. Er mußte sich mit der Verpfändung der freien Reichsstadt Eger und dem Egerland aus dieser Schuld freikaufen.

1328 wurde Ludwig der Bayer zum Kaiser des

Heiligen Römischen Reiches Deutscher Nation ausgerufen, aber damit begann für ihn ein Streit von viel größerem Ausmaß als der, den er bei Mühldorf siegreich beenden konnte. Papst Johannes XXII. wurde ihm zum erbitterten Gegner, als Ludwig sich weigerte, nach Avignon ins päpstliche Exil zu reisen, um sich von ihm in seiner kaiserlichen Würde bestätigen zu lassen. Es wurde ein lebenslanges Ringen um die Vorherrschaft zwischen Kaiser und Papst, das mit seinem „Streit zu Mühldorf", wie er die Schlacht selbst benannt hatte, begonnen hatte und mit dem Heiligen Römischen Reich erst zu Ende ging.

Es war die letzte Ritterschlacht auf deutschem Boden, zum letztenmal standen sich Soldaten im Kampf Mann gegen Mann gegenüber, mit Handwaffen zum Nahkampf gezwungen. Mit den schon 20 Jahre später vereinzelt verwendeten Feuerwaffen änderte sich nicht nur die Kriegführung in Schlachtordnung und Strategie, sondern auch die bis dahin geltenden ritterlichen Gepflogenheit, eine Schlacht zu einem bestimmten Termin beim Gegner anzumelden, gemeinsam Aufstellung zu nehmen oder vor Kampfbeginn auf beiden Seiten die heilige Messe zu hören und Gott um Hilfe in der jeweils gerechten Sache anzuflehen.

Aber alle diese kriegerischen Ereignisse haben die Stadt Mühldorf schuldlos getroffen, man fühlte sich hineingezogen in die Waffenhändel der mächtigen Herrn, ohne sich selbst dagegen zur Wehr setzen zu können. Der eigene Landesherr war weit, konnte seiner Stadt auch keinen ausreichenden Schutz gewähren, und von dem bayerischen Nachbarn hatte man keine Toleranz zu erwarten. So tauchte der Gedanke auf, sich nach dem Vorbild anderer Städte selbständig zu machen und den Status einer freien Reichsstadt anzustreben. Der damalige salzburgische Pfleger in Mühldorf, Warter von der Wart, schien die Bürger in diesem Vorhaben bestärkt zu haben, denn als 1331 der Erzbischof persönlich nach Mühldorf eilte, um den aufsässigen Pfleger seines Amtes zu entheben und ihn verhaften zu lassen, stieß er auch auf den Widerstand der

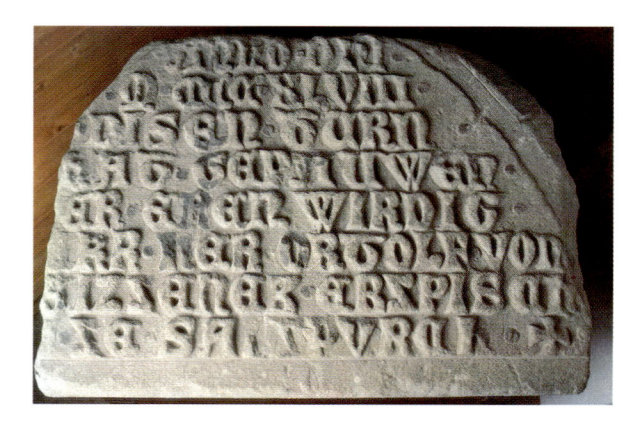

Dieser Stein erinnert an den Bau des Voitturmes im Jahr 1348 (ausgestellt im Kreisheimatmuseum Lodronhaus)

Mühldorfer Bevölkerung. Es kam zum bewaffneten Aufstand, der Bischof war gezwungen, die Stadt fluchtartig zu verlassen, kam aber mit einer eiligst mobilisierten Streitmacht zurück, und nachdem er die umliegenden Stadtmühlen hatte niederbrennen lassen, öffneten ihm die Mühldorfer freiwillig die Tore. Nun mußten sie doch klein beigeben, ihre Macht reichte bei weitem nicht aus, um sich die Freiheit erstreiten zu können. Kaiser Ludwig der Bayer konnte andererseits unmöglich den Mühldorfern seine Hilfe in ihrem Wunsch, eine freie Reichsstadt zu werden, anbieten, obwohl er dem Bischof diese Stadt mißgönnte. Wie leicht hätte dieses Beispiel in seinem eigenen Lande Schule machen können. Es kam also doch zur Verhaftung des Pflegers Warter von der Wart und zur Unterwerfung der Stadt unter die Herrschaft des Bischofs. Aber er verzichtete auf eine Bestrafung, ließ Gnade walten und versuchte auf diese Weise, die Treue der Mühldorfer Bürger wieder zurückzugewinnen. Ihm war klar, daß die Stadt auf die Dauer nur mit deren Mithilfe an ihn zu binden war. Und die Bayern benützten jede Gelegenheit, um die Stadt zu verunsichern: Bald war es der Salztransport, der ihr streitig gemacht und nach Neuötting umgeleitet wurde, bald war es eine Getreidesperre, die über Mühldorf verhängt wurde; Reibereien um die Stadtgrenzen waren an der Tagesordnung, man war ständig gezwungen, sich zur Wehr zu setzen, und dies konnte nur im Zusammenhalt von Salzburg und der Stadt Mühldorf mit Erfolg geschehen.

Die Folge war, daß Mühldorf immer mehr zur befestigten Stadt ausgebaut wurde. In Verbindung mit dem Nagelschmiedturm und dem Inntor war um 1350 ein vollständig umlaufender Mauergürtel erstellt, etwa sieben Meter hoch, mit Wehrgängen und Schießscharten versehen, zusätzlich durch den Wiesturm im Süden und den Pfarrhofturm verstärkt. Im Vorfeld der Mauer war ein Wassergraben zum Schutz gegen Belagerungsmaschinen ausgehoben, der von den vielen Quellen des Stadtberges permanent gespeist wurde und in den Inn auslief. Erzbischof Ortholph von Weißeneck hat im Jahr 1348 den ausgebrannten Voitturm wieder instand setzen lassen. Eine Steintafel über dem Eingang erzählt uns heute noch, daß ihn der „ehrwürdig Herr Erzbischof in großen Quaderstuck hat pauen lassen", daß der Turm acht Stockwerke mit 168 Treppenstufen hatte und 114 Fuß (ca. 33 m) hoch war. Auf seinem Dachgeschoß wurden später Böllerkanonen aufgestellt, um sich bei festlichen Anlässen entsprechend bemerkbar machen zu können. Leider wurde dieser Voitturm 1807 abgebrochen, als er militärisch nutzlos geworden war, seine Steine hat man zum Bau einer Brücke in Neuötting dringend gebraucht. Die Steintafel, die ehemals über dem Eingang zum Turm den Stifter verherrlichte, fand man 1955 bei einem Rathaus-Umbau, wo er als umgekehrte Treppenstufe zum Vorschein kam. Nun hat er seinen endgültigen Ruheplatz im Kreismuseum Lodronhaus gefunden.

Wie wichtig die starke Befestigung Mühldorfs war, zeigte sich schon wieder 1352, als die Stadt unter Führung ihres Feldhauptmanns Hans von Traun einen neuerlichen Angriff abzuwehren hatte. Diesmal ging es um die Burg Dornberg bei Erharting, die der bayerische Herzog Stephan trotz eines gegenteiligen Vertrages wieder aufbauen hatte lassen und in deren Rückendeckung er nun Mühldorf belagern und einnehmen wollte. Hans von Traun jedoch konnte mit der tapferen Mithilfe der Mühldorfer Bürgerschaft nicht nur den Feind von der Stadt fernhalten, sondern auch noch die Burg Dornberg einnehmen und dem Erdboden gleichmachen.

Die gefährlichste Herausforderung stand den Mühldorfern aber noch bevor, wiederum hervorgerufen durch Streitigkeiten, in die sie unschuldig hineingezogen wurden. Der Salzburger Erzbischof stellte sich im Erbstreit um das Land Tirol auf die Seite Herzog Rudolfs von Österreich, und sein bayerischer Gegenspieler, Herzog Stephan, revanchierte sich mit der Verwüstung der Salzburger Ländereien, was natürlich auch Mühldorf betraf. Am 3. Juni 1364 erschien er mit mehr als 3000 Mann vor der Stadt, ausgerüstet mit Belagerungsmaschinen, um die Mauern zu überwinden. Er setzte Schleudern mit großen Steinen und brennenden Pechkränzen ein, ließ den Inn zwei brennende Schiffe hinunterschwimmen, um auf diese Weise die hölzerne Brücke zu zerstören und die Stadt von jeglicher Zufuhr abzuschneiden, ließ in die Stadt schießen „mit Feuer, Pfeil und Puchsen pey nacht und pey tag". Es ist das erstemal, daß wir von der Verwendung von Schießpulver hören, und es mag Sorge und Erregung genug in der Stadt gegeben haben. Die Salzburger Besatzung bestand nur aus 15 Mann, die Bewohner waren also in dieser schwierigen Lage hauptsächlich auf sich selbst angewiesen. Aber sie hatten in Ulrich von Weißeneck einen tüchtigen Kommandanten, der sie mitzureißen verstand. Sie wagten sogar einen Ausfall, konnten zwei Belagerungsmaschinen zerstören und deren Bedienungsmannschaften gefangen in die Stadt verbringen. Woche um Woche verging, aber die Bayern blieben hartnäckig und verlangten der Stadt äußerste Anstrengungen ab. Das tapfere Aushalten veranlaßte dann die verbündeten Österreicher zu einem Entlastungsangriff. Sie überfielen mit starker Streitmacht die Stadt Ried, die damals noch Hauptort des bayerischen Innviertels war, um die Bayern zu veranlassen, die Belagerung Mühldorfs abzubrechen. Dadurch konnte sich Mühldorf end-

41

Siegel an der Urkunde, mit der Herzog Rudolf IV. von Österreich den Mühldorfern für die heldenhafte Verteidigung ihrer Stadt dankt

lich aus der monatelangen Umklammerung befreien. „So ging der chrieg der stat nach grozzer eren aus", schreibt uns ein Chronist, und auch der Lohn für diese heldenhafte Verteidigung blieb nicht aus. Die Stadt durfte statt der bisher erlaubten sechs Schiffe in Zukunft zwölf Schiffe zollfrei Wein den Inn hinab führen. Dieses Privileg bekräftigt eine Urkunde mit einem großen Siegel Herzog Rudolphs IV. von Österreich, das wohl zu den schönsten gehört, die jemals von einem Goldschmied in Metall gegraben wurden. „Den ewiglichen, ehrbaren, weisen, frommen, festen, biederen und getreuen Leuten, den Bürgern der Stadt zu Mühldorf und allen ihren Erben und Nachkommen, weil sie die Stadt so lange gehalten und sie so mächtiglich behaupt und so gar treulich und ernstlich dem Gottshaus zu Salzburg zu Ehren erwehrt haben."

Die erfolgreiche Verteidigung von 1364 war noch nicht das Ende des Machtkampfes um diese Stadt am Inn, er hat sich noch mehrfach wiederholt und dem ganzen 14. Jahrhundert seinen Stempel aufgedrückt. Ein von vielen Prüfungen und Leiden geprägtes Jahrhundert für Mühldorf, an dessen Ende die Stadt aber immer noch zu Salzburg gehörte. Die gut ausgebauten Befestigungsanlagen haben sich als stabil und wirksam erwiesen, den Bayern ist es auch mit den gewaltigsten Anstrengungen nie gelungen, sich in Mühldorf auf Dauer festzusetzen oder die Stadt ihrem Territorium einzuverleiben. Die Bevölkerung hat sich trotz der Instabilität der Insellage und trotz der immer wiederkehrenden Bedrängnis letztlich doch stets für die Zugehörigkeit zu Salzburg entschieden. Fürstbischöfliche Pfleger waren auch mildere Herren als herzogliche Statthalter, für sie war das Wohlergehen der Bürger, ihre Friedfertigkeit und die wirtschaftliche Gesundheit eine notwendige Voraussetzung, um dem Bischof die Stadt zu erhalten. Sie waren auf ein friedliches Miteinander angewiesen, dementsprechend auch zu viel mehr Zugeständnissen bereit, zu mehr Eigenständigkeit und Freiheit. Die Stadt und der Bischof wünschten sich nichts mehr, als sich in Ruhe entwickeln zu können, daß Handel und Handwerk gediehen und die Bürger zu Zufriedenheit und Wohlstand gelangen konnten. Am Ende des kriegerischen 14. Jahrhunderts hatten sich auch die Machtverhältnisse im Voralpenland stabilisiert und die politischen Spannungen weitgehend abgebaut, das salzburgische Mühldorf blieb im großen und ganzen unbestritten und wir können uns dem friedlicheren Geschehen innerhalb der Stadtmauer zuwenden.

Die Stadt im späten Mittelalter

Zwischen der ersten, noch ganz nebensächlichen Erwähnung Mühldorfs im Jahr 935 und der stolzen Bezeichnung „in civitate muldorf" von 1239 liegt ein Zeitraum von 300 Jahren. Ein langer Abschnitt allmählichen Werdens, langsamen und bedächtigen Aufbaus und Aneinanderfügens, dem zwischen Fluß und Berg die Grenzen von Anfang an vorgezeichnet waren. Es war ein systematisches Wachsen mit festen Zielsetzungen: Wirtschaftliche Lebensfähigkeit, militärische Sicherheit, Repräsentanz bischöflicher Hoheit und reibungsloses Funktionieren von Versorgung und Verwaltung.

Am Eingang zum Sitzungssaal des Rathauses hängt dieses Bild von Mühldorf. Es ist eine Kopie des Gemäldes von dem Laufener Maler Anton Schröck aus dem Jahr 1736, das im Original auf der Burg Tittmoning zu sehen ist. Diese Darstellung des barocken Mühldorf enthält noch viele Einzelheiten, die im Laufe der Zeit verschwunden sind, etwa der Voitturm oder die elegante Kuppel der Frauenkirche auf dem Platz, das kleine Türmchen des Kapuzinerklosters oder die geschwungene Fassade des Rathauses. Zwischen Katharinenvorstadt und Stadtmauer hatte der Fürstbischöfliche Pfleger seine kleine Residenz, die von Matthäus Lang von Wellenburg im Jahr 1539 erbaut wurde und heute als Finanzamt verwendet wird. Seiner außergewöhnlichen Stellung entsprechend war sein Schloß mit einem eigenem Wassergraben versehen, innerhalb einer kleinen Mauer lag eine eigene Kapelle. Der Voitturm, den man 1807 abgebrochen hatte, war das weithin sichtbare Zeichen richterlicher Würde als Vertreter des Erzbischofs, dessen Zuständigkeit nicht nur die Stadt, sondern alle salzburgerischen Untertanen umfaßte

Aber die 300 Jahre des Wachsens sind für uns dunkel geblieben, sie haben weder Bild noch Plan hinterlassen, wir müssen aus wenigen Schriftstücken mühsam herauslesen, wie eines nach dem anderen entstand und die Stadt bis zum Ende des 14. Jahrhunderts zu einem geschlossenen Gefüge zusammengewachsen war: Mauergürtel, äußeres Tor und Voitturm neben bischöflicher Residenz, inneres Tor und Brückentor, Brücke und Kirche, Salzstädel, Lagerschuppen und Schiffsanleg am Ufer — alles öffentliche Gebäude zur Sicherheit und Funktionalität eines mittelalterlichen Gemeinwesens.

Nur das Bürgerliche können wir nicht auf die Anfänge zurückverfolgen, das was jeder Bürger einzeln hinzufügen mußte, um dem Platz sein weites Maß zu geben, das den einzelnen auch zur Unterordnung zwang, zum lückenlosen Nebeneinander in gleicher Höhe, zum Eingezwängtsein zwischen nachbarlichen Mauern und zur wallbeschränkten Freiheit nach außen. Es muß auch für Mühldorf ein Vorausdenken gegeben haben, einen festen Plan, der die einzelnen Handwerkszweige in die Gassen verwies, der der Pfarrkirche ihre abgesonderte, stille Lage gewährte und eine zweite Straße hinter der östlichen Häuserfront des Platzes als rückwärtigen Versorgungsweg schuf. Ein so kompaktes und in sich geschlossenes Ortsgefüge, wie es Mühldorf aufweist, entstand nicht zufällig, es bedurfte eines klugen Bebauungsplanes, der sich an den vorhandenen geographischen Gegebenheiten zu orientieren hatte, der soziale, hygienische und verkehrstechnische Überlegungen ebenso zu beachten hatte, wie wirtschaftliche und militärische Notwendigkeiten. Dieser Vorgang des Zusammenwachsens muß sich über Jahrhunderte erstreckt haben und ist heute, angesichts des fertigen Zustandes, schwer nachvollziehbar. Zudem fehlen uns alle Informationen über den Zuwachs und die Entwicklung der Bevölkerung, über die Finanzierbarkeit, die Zufuhr von Baumaterialien oder städtebauliche und stilistische Vorbilder. Wir wissen nicht, ob die Baumeister aus Salzburg kamen oder doch im Italienisch-Welschen die Charakteristik der Innstadtbauweise schon vorgezeichnet fanden. Mit Sicherheit hat die letzte Brandkatastrophe von 1640, bei der von 360 Häusern 300 abgebrannt sind, alle frühzeitigen, zumeist noch hölzernen Gebäudereste vernichtet. Das heute noch beeindruckende Platzensemble mit Vorschußmauern, Grabendächern und Laubengängen ist erst nach dem Wiederaufbau entstanden. Aber auch für diese Theorie fehlen alle Unterlagen, das älteste Bild der Stadt, der Kupferstich von Matthäus Merian, ist erst 1644, also nach dem Brand entstanden und gibt keinerlei Anhaltspunkt über den vorherigen Zustand.

Zum Glück gibt es, um den inneren Zustand des Gemeinwesens, die bürgerliche Gesellschaft rekonstruieren zu können, eine andere Quelle, nämlich das Mühldorfer Stadtrecht aus der Zeit um 1350, von Ortolph von Weißeneck oder seinem Nachfolger Erzbischof Pilgrim II. von Puchheim verfaßt. Die Handschrift, bestehend aus 16 Pergamentblättern, ist mit rotem Leder überzogen und trägt die Überschrift: „daz sint die alten gewoenleichen Recht und Sätz der stat zu Mueldorf als si von den Fuersten her gstift ist mit den eltigisten und pesten purgern rat." Diese Satzung beinhaltet nicht nur eine Anzahl von Bestimmungen, die in der Stadt um des allgemeinen Friedens willen zu befolgen waren, sondern sie setzen auch feste Regeln für Handel und Gewerbe, für Notzeiten und Krankheiten, im besonderen aber für die Sicherheit und die Freiheit aller Bürger. Der Hinweis auf die Mitwirkung der ältesten und besten Bürger bei der Abfassung des Regelwerkes macht deutlich, daß es sich um ein echtes Bürgerrecht handelt und nicht nur um Gesetze und Verordnungen, die der Landesherr seinen Untertanen auferlegt hat. Das mag die Grenzsituation der Exklave mit sich gebracht haben,

daß dem Rat der Stadt, mehr als anderswo, ein Mitbestimmungsrecht eingeräumt wurde, daß nicht gegen, sondern nur mit den Bürgern Sicherheit und Ordnung aufrechtzuerhalten waren. Man spürt an den zugestandenen Freiheiten für Magistrat und Verwaltung die Einsicht Salzburgs, daß die Stadt ohne die Mithilfe der Bürgerschaft für den Bischofsstuhl nicht zu halten war, daß die Bürger nur durch Zugeständnisse und ohne Anwendung von Zwang bereit sein würden, sich ständig für ihn zur Wehr zu setzen. Der Rat der Stadt, der aus der Bürgerschaft alljährlich neu gewählt wurde, steht gleichwertig neben Pfleger und Stadtrichter, meist Adeligen aus dem Salzburger Land, die beide vom Bischof eingesetzt wurden. Er stand einer durchaus selbständigen Gemeinde vor, für die eine Unverletzlichkeit des Hausrechts und der Person, Erwerb von Grund und Boden und dessen Vererbbarkeit, freie Ausübung von Gewerbe und Handel, polizeilicher Schutz und unbeschränkte Beweglichkeit unersetzliche Grundwerte bedeuteten. Die einzelnen Punkte behandeln alle nur denkbaren Bereiche des öffentlichen Lebens, wobei natürlich die Sicherheit und Wehrhaftigkeit einen besonderen Stellenwert einnehmen. Aber auch der allgegenwärtigen Feuersgefahr, gemeingefährlichen Krankheiten oder der Gefahr, die von ungeleerten Gruben und unsachgemäßer Tierhaltung in den Häusern ausgeht, ist in festen Anordnungen Rechnung getragen. Bäckern, Metzgern und Gastwirten werden hohe Strafen angedroht, wenn Maß und Gewicht nicht eingehalten werden, wenn sie Lebensmittel aus der Stadt führen, bevor der eigene Bedarf gedeckt ist, oder das Bier zu dünn aus dem Spundloch läuft. Es ist von den Unzuchten die Rede, von ungeratenen und schlecht gezogenen Kindern, daß „niemand zu aufwendig Hochzeit soll haben" und des Nachts nicht mit Trommeln und Schreien Rumor gegeben werden darf, daß Dienstboten mit dem Finsterwerden im Hause verbleiben müssen und Weiber mit schandhaftem Maul mit der Halsgeige auf den Pranger zu stellen sind.

Das Mühldorfer Stadtrecht ist ein Katalog von Vorschriften und Maßnahmen, ohne die ein Gemeinwesen nicht funktionieren kann, Richtsätze für ein friedliches Zusammenleben auf engstem Raum, die sich die Bürger selbst auferlegt hatten und deren Einhaltung in ihrer eigenen Macht stand. Es ist auf das Notwendigste und Unumgängliche beschränkt, ohne die bürgerlichen Freiheiten und die Initiative des einzelnen besonders einzuengen, es ließ jedem Bürger ein Maß an Freiheiten, wie er sie nirgends sonst hätte genießen können. Man braucht nur die Bewohner auf dem flachen Land zum Vergleich heranziehen, die fast alle in Abhängigkeit, wenn nicht in Leibeigenschaft zu einem Kloster oder einem adeligen Herrn standen und denen niemand Sicherheit, Marktfreiheit, Krankenfürsorge, Schulbildung oder das Recht gewährt hätte, seinen Besitz zu verkaufen und woandershin zu gehen. Bürger in der Stadt Mühldorf zu sein war ein Privileg, das Freiheit und Selbstbestimmung für jeden einzelnen und dessen Nachkommen bedeutete, sofern er gewillt war, die Bestimmungen des Stadtrechts einzuhalten und seine Auflagen zu erfüllen.

Die Bürger – Rechte und Pflichten

Es ist notwendig, den Begriff Bürger etwas genauer zu umreißen, der einem besonderen Status gleichkam und zwischen Adeligen und Geistlichen einerseits und den Bauern andererseits ein wichtiges Bindeglied in der mittelalterlichen Gesellschaft bildete. Die Bürgerschaft entstand durch das immer größer werdende Drängen der Landbevölkerung in die im 12. und 13. Jahrhundert von den Landesherren gegründeten Städte und Märkte. Sie waren als wirtschaftliche Zentren begrenzter Landstriche ausersehen, als Warenumschlagsplätze für landwirtschaftliche Produkte und handwerkliche Erzeugnisse. Aber die geistlichen und weltlichen Gründer verbanden damit auch die Errichtung zentraler Stützpunkte der Verwaltung, von Verkehrsstationen und dauerhaften Einnahmequellen aus Steuern, Zöllen und Mauten. Neben Befestigungen und Marktfreiheiten wurde ihnen auch eine gewisse innere Selbstverwaltung gewährt, die den Bürgern größere Freiheiten, aber auch ein höheres Maß an Eigenverantwortung abverlangte. Dadurch wurden Städte wie Mühldorf oder seine bayerischen Nachbarorte zu weitgehend selbständigen Gemeinschaften, die von einer selbstbewußten und zunehmend wohlhabenderen Elite geprägt wurden, von stolzen und reichen Bürgern, die dem Landesherren zu Steuerschuld und im Kriegsfalle zur militärischen Unterstützung verpflichtet waren, aber darüber hinaus ein Höchstmaß an Eigenständigkeit genießen konnten.

Natürlich war die Bürgerschaft auch eifersüchtig darauf bedacht, sich diesen besonderen Status zu erhalten, ihn durch einen unkontrollierten Zuwachs von minderbemittelten, unredlichen oder zweifelhaften Personen nicht wieder in Frage stellen zu lassen. Man legte großen Wert darauf, den gesicherten Fortbestand der Immobilien zu erhalten, die Versorgung mit ausreichenden Lebensmitteln zu garantieren, die Handwerker vor übermäßiger und ruinöser Konkurrenz zu schützen und den erreichten Wohlstand durch Überbevölkerung nicht wieder in Gefahr zu bringen. Deshalb machte der Magistrat eine Bürgeraufnahme von der Erfüllung bestimmter Bedingungen abhängig, um Anzahl und Reputation der Bewerber zu kontrollieren und Risiken auszuschalten. So war der Nachweis einer legitimen Geburt und die Zugehörigkeit zur katholischen Kirche eine Grundvoraussetzung für einen Bewerber. Besonders einschneidend mag die Bestimmung gewesen sein, Ledigen den Zuzug auf Dauer zu verbieten, nur ein halbes Jahr wurde unbeweibten Bewerbern zugestanden, um sich endgültig in geordnete Verhältnisse zu begeben. Um die finanzielle Unabhängigkeit des Aufzunehmenden sicherzustellen, verlangte man „einen eigenen Rauch", das heißt nachweisbaren Haus- oder Grundbesitz in der Stadt, was nur durch Erbschaft, durch Kauf oder Einheirat erfüllt werden konnte. Wer also nicht mit einen reichen Va-

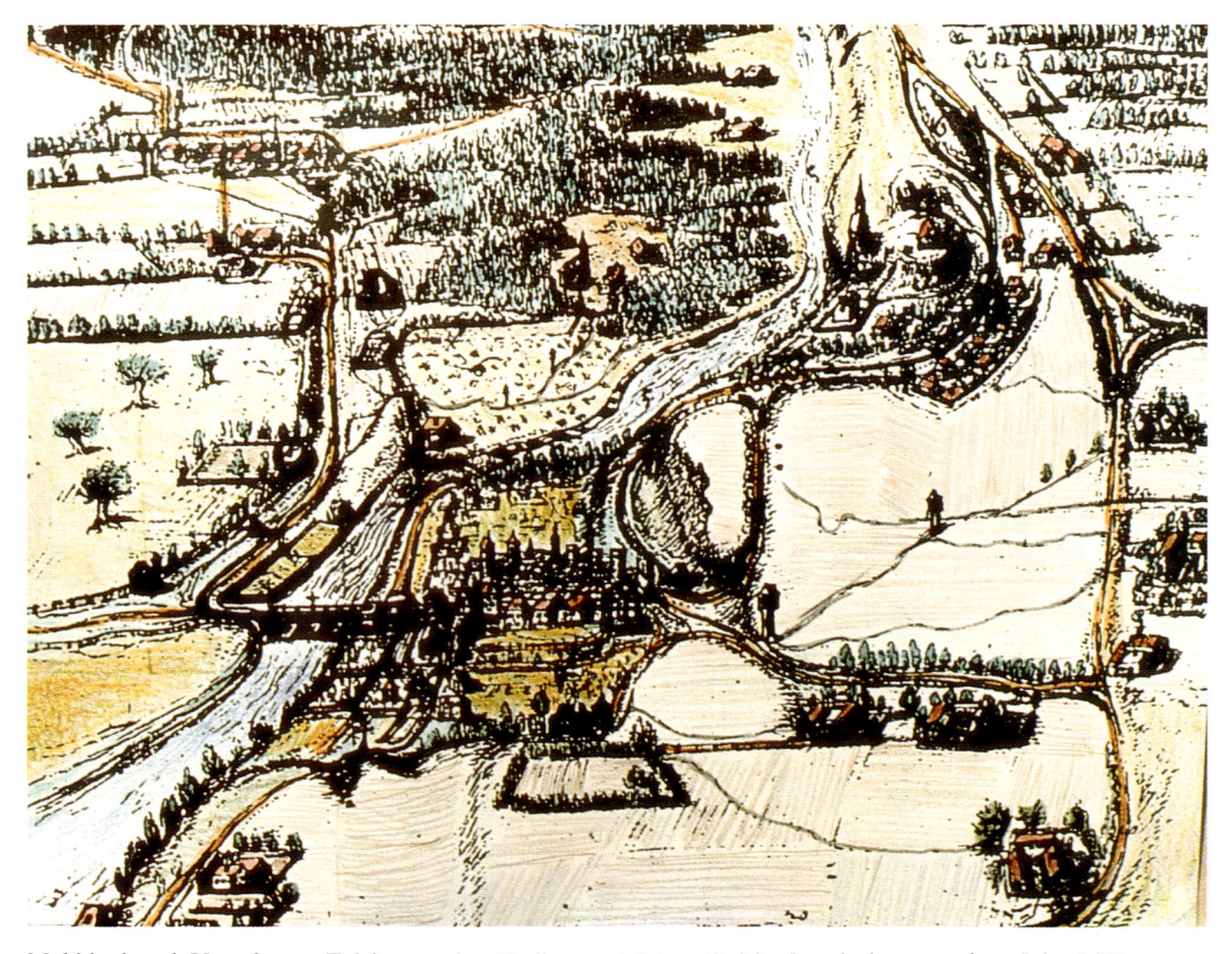

Mühldorf und Umgebung; Zeichnung des Kraiburger Malers Quirin Staudacher aus dem Jahr 1658

ter gesegnet war, wurde mit sanfter Gewalt in die Bürgerschaft gezwängt, er mußte einheiraten, was der Stadt einerseits ständig neues Blut zuführte und den Fortbestand der Häuser und der auf ihnen liegenden Handwerksgerechtigkeit garantierte und andererseits Bürgerstöchtern oder Witwen und Waisen eine gesicherte Versorgung bot. Schließlich wurde noch ein regelmäßiger Besuch im Schützenhaus verlangt, um im Ernstfall auch einen geübten Verteidiger zu haben, die Bereitstellung von mindestens einem ledernen Wasserkübel zur Abwehr von Feuer und Brand, und dann war nur noch ein entsprechender Batzen Geld vonnöten, um sich endgültig in die Schar der Bürger von Mühldorf aufgenommen betrachten zu können. So hart diese Bedingungen für den einzelnen auch gewesen sein

mögen, für die Stadt jedenfalls waren sie ein wirksames Mittel zur Auswahl der Neuhinzukommenden, um Verarmung und unkontrollierte Ausweitung auszuschließen und die Finanzierbarkeit der öffentlichen Aufgaben zu gewährleisten. Auf diese Weise haben jeweils ein paar Dutzend Familien seit dem 12. und 13. Jahrhundert der Stadt ihren Stempel aufgedrückt, in gesellschaftlicher, moralischer und finanzieller Hinsicht ein unumstößliches Maß gesetzt, das sich in dieser Form bis in das 19. Jahrhundert nicht wesentlich verändert hat.

Aus dem Bürgerecht lassen sich aber trotz aller Nüchternheit und Anonymität, die jede rechtliche Verordnung an sich hat, einige Schlüsse auf den Zustand der Stadt, auf ihren Baubestand oder ihre Lebensbedingungen ziehen. So erfahren wir, daß die verschiedensten Grundeigentümer im Isengau für die Zehentablieferungen ihrer weit verstreut liegenden Untertanen in Mühldorf Getreidekästen errichten ließen, um diese Naturalien für einen längeren Zeitraum lagern zu können. Von Mühldorf aus war Getreide gut verschiffbar oder rechtzeitig jedem günstigen Getreidemarkt zuzuführen. Da werden der Dompropst von Salzburg und Berchtesgaden, die Klöster Au, Gars, Seeon, St. Veit und St. Peter in Salzburg genannt, die durch ihre in der Stadt errichteten Kästen zu sogenannten Ausleuten wurden, als Grundeigentümer ohne Wohnrecht. Aber auch die Immobilie verpflichtete sie zu Verteidigungsleistungen, sie wurden im Kriegsfalle angehalten, der Stadt mit einem oder mehreren bewaffneten und geharnischten Rittern zur Seite zu stehen.

Diverse Artikel des Stadtrechtes lassen darauf schließen, daß auch unter den Bürgern die Verbindungen zur Landwirtschaft nie ganz abgerissen sind und daß viele von ihnen außerhalb der Mauer kleine Güter oder zumindest Äcker und Krautgärten besaßen. Auch in den Hinterhöfen der Stadthäuser muß es vielfach Tierhaltung gegeben haben, Schweine, Rinder, Ziegen und Federvieh für die eigene Versorgung mit frischen Lebensmitteln, vor allem aber Pferde für den Transport jeder Art. So wird es strengstens untersagt, den Mist länger als 14 Tage in der Stadt zu belassen, werden Sauwäsche auf dem Platz oder in den Höfen untersagt und harte Strafen angedroht, wenn jemand des Nachts seine Schweine frei herumlaufen ließe, die die Pflastersteine aufwühlen könnten. Den beiden Gemeindestieren ist ein besonderer Paragraph gewidmet: „Es soll der Pfarrer der Stadt über Jahr einen Stier behalten bei seinem Vieh von dem Zehent, den er hat von den Burgern, also soll der Pfarrer von der Pruck auch einen halten und die selben zween Stier sollen der Stadt, armer und reicher, zwei gemeine Viecher sein, und so oft jedem Pfarrer ein Stier abgeht, so soll er einen andern hin wieder stellen ohne Widerred."

Die Tatsache, daß zu allen angekündigten Strafen ein fester Betrag für die Sühne angegeben ist, läßt darauf schließen, daß im Jahr 1313 die Umstellung von Naturaltausch in feste Geldwirtschaft schon vollzogen gewesen sein muß. Der Übergang muß ganz allmählich vor sich gegangen sein, von den Kaufleuten und Handelsherren stillschweigend herbeigeführt, weil uns nicht nur für Mühldorf, sondern ganz allgemein in bezug auf Geldwirtschaft, Kreditwesen oder Steuer- und Abgabenpolitik keine zuverlässigen Nachrichten zur Verfügung stehen.

Ein paar Hinweise auf Rechte und Pflichten der Juden in Mühldorf sollen zum Anlaß genommen werden, auf diese Bevölkerungsgruppe innerhalb der Stadt gesondert einzugehen. Als einen der frühesten Personennamen Mühldorfs haben wir aus dem Jahr 1297 den Namen „Samson, der Jude von Mühldorf". Er ist Mitglied einer zahlenmäßig unbestimmten jüdischen Gemeinde, die mit über 100 Goldstücken als Herrensteuer den größten Anteil am allgemeinen Steueraufkommen der Stadt bestreitet. Die Juden, die sich in Salzburg, Laufen, Neuötting, Landshut, Passau und Mühldorf zu unbestimmter Zeit niedergelassen hatten, betrieben neben speziellen Handelschaften, die sich auf Fern- und Osthandel bezogen, vorwiegend das Geldgeschäft. Sie waren Zinsnehmer und Pfandleiher und bedienten sich des Wechselgeschäftes, wofür sie im ausländischen Mühldorf mit seinen verschiedenen Währungen besonders günstige Voraussetzungen vorgefunden haben dürften. Hinzu kam das allgemeine Verbot für alle ehrlichen Christenmenschen, Geldgeschäfte zu tätigen, was bei einem offensichtlich großen Kapitalbedarf den Juden eine Art Schlüsselposition zuwies und verhältnismäßig schnellen Reichtum bedeutete. Dadurch, daß man ihnen als Andersgläubigen auch die bürgerlichen Rechte verweigerte, konnten sie auch durch ungewöhnlich hohe Steuern belastet werden. Im Jahr 1346 ist dann erstmals der Landesherr, Erzbischof Ortolph von Weißeneck, gegen die Juden vorgegangen und hat in einem Dekret

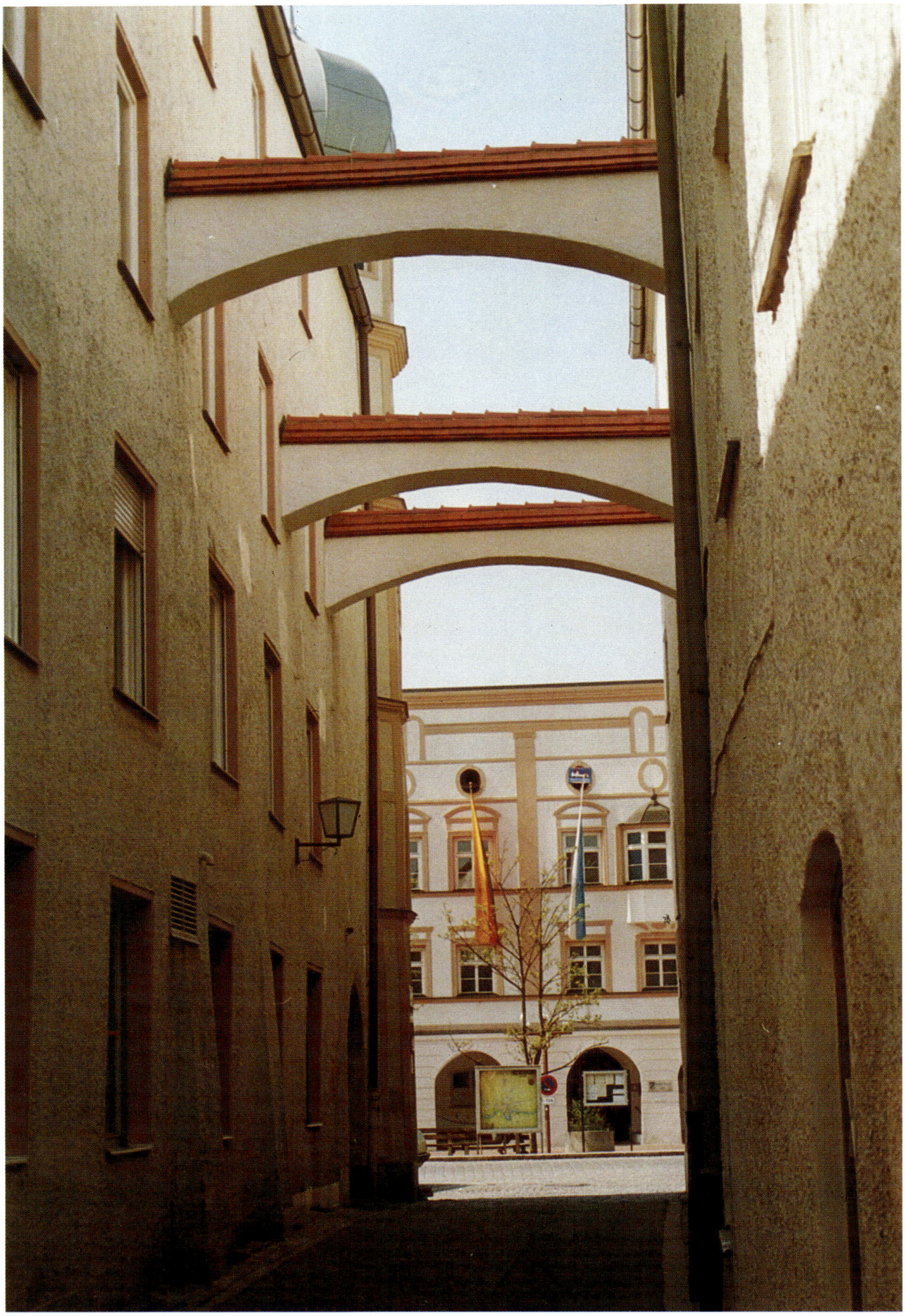

von der Stadt Mühldorf verlangt, sie dürfe keinem seiner Feinde und keinem Juden künftig Unterkunft und Sicherheit in der Stadt gewähren. Wir wissen nicht, ob dieses Dekret auch in Mühldorf zu den bekannten Ausschreitungen geführt hat, mit denen man die Juden unter den fadenscheinigsten Anschuldigungen wie Hostienfrevel, Kindermord oder Brunnenvergiftung aus der Stadt vertrieb. Alle nachfolgenden Chronisten schweigen sich darüber aus, ob ihnen auch bei uns die Pestepidemie von 1348 angelastet wurde, um sie unter diesem Vorwand loszubringen. Es wäre ja auch kein Ruhmesblatt für einen patriotischen Chronisten gewesen, und so ist uns neben vielen unbeantworteten Fragen nur der reiche Samson und das alte Judenviertel an der östlichen Innenseite des Platzes am Altöttinger Tor verblieben.

Niclas Grill

Trotz der vielfältigen Einblicke in die mittelalterliche Gesellschaft und ihre Gesetzmäßigkeiten, die uns das Mühldorfer Stadtrecht indirekt gewährt, ist die Bevölkerung im 13. Jahrhundert weitgehend anonym geblieben. In den Archiven finden sich aus dieser Zeit noch keine Ratsprotokolle und keine Bürgerbücher, es fehlen noch Rechnungen und Gerichtsakten oder Satzungen von Zünften und Bruderschaften. Nur vereinzelt tauchen Namen auf, wenn Bürger als Zeugen zu Rechtsgeschäften oder frommen Stiftungen aufgerufen wurden. Da ist von einem „Cunrat Rewter" und einem Schulmeister „Lewtwein" die Rede, von Heinrich Gall und Ulrich und Ott die Tanner, von Wernher Wolpoldinger, Heinrich den Enn oder Hannsen Eberl von Mühldorf, sicher alles ehrenwerte Bürger, die öffentliche Funktionen zu erfüllen hatten oder durch Wohlstand und Besitz zu Ansehen gelangt waren. Aber ihre Zeugenschaft verrät uns meistens nicht einmal ihren Beruf, den sie ausgeübt, oder das Amt, das sie bekleidet haben. Nur in einem einzigen Fall verdichten sich einzelne Daten zu einer abgerundeten Persönlichkeit und werfen auch ein Licht auf die Lebensumstände jener Zeit, von der die Chronisten im allgemeinen nur Kriegerisches und Heldenhaftes zu berichten wissen.

Der Ratsbürger und Handelsmann Niclas Grill macht sich selbst zu einem beredten Zeugen, er hat die Ereignisse aus seinem Leben aufgezeichnet und als Annalen dem Stadtrecht anfügen lassen. Ein glücklicher Zufall hat uns sein Testament aufbewahrt, das er kurz vor seinem Tod im Jahr 1419 verfaßte. So lernen wir einen jener Bürger Mühldorfs aus dem 14. Jahrhundert etwas genauer kennen, erfahren von seinen Lebensumständen und können Schlüsse ziehen auf das alltägliche Leben in Mühldorf, das die anderen Chronisten nicht für erwähnenswert hielten.

Niclas Grill muß nach eigenen Angaben um 1340 geboren sein und hat das für damalige Verhältnisse biblische Alter von nahezu 80 Jahren erreicht. Er war unmittelbarer Zeuge und Leidtragender der vielen Kämpfe zwischen Bayern und Salzburg, die besonders Mühldorf auf harte Proben stellten. Er ist durch seine Annalen zum patriotischen Chronisten seiner Zeit geworden, berichtet authentisch von der heldenhaften Verteidigung der Stadt im Jahr 1364 und gilt als Kronzeuge der Mühldorfer bei dem Streit um den Austragungsort der Schlacht von 1322. Seine Feststellung, daß der Streit „ze dem Darnwerch pey Muldorf" ausgetragen wurde, hat die größere Glaubwürdigkeit gegenüber allen zweifelhaften Ortsangaben der vielen Historiker, die uns über die Schlacht berichteten. Seine Aufzeichnungen sind nicht in der bisher üblichen lateinischen Sprache abgefaßt, sondern er hat seine Ausdrucksweise, wenn auch recht mühsam, dem gesprochenen Wort angepaßt. Dadurch wird er zum ersten bayerischen Geschichtsschreiber, der sich der deutschen Sprache bedient.

Die wichtigsten Aufschlüsse über das Leben des Niclas Grill als Mühldorfer Bürger gibt uns sein Testament aus dem Jahr 1419. Von Beruf war Grill Kaufmann, und wenn es uns auch vorenthalten bleibt, womit er seine Handelschaft trieb, so ist doch deutlich ersichtlich, daß er es im Laufe seines Lebens zu ungewöhnlichem Reichtum gebracht hat. Zudem war er im Rat der Stadt vertreten und genoß hohes Ansehen unter seinen Mitbürgern. Das geht aus vielen Urkunden und Zeugenschaften hervor, aus seinem persönlichen Siegel und seinem wappengeschmückten Marmorepitaph, das bis 1770 im Kreuzgang der Nikolauskirche sein Andenken bewahrte, aber seit dem Abbruch dieses Kreuzgangs verschollen ist. Aus seinem Testament geht nicht eindeutig hervor, ob er in Mühldorf zur Welt kam, ein Bürgerssohn jedenfalls dürfte er nicht gewesen sein, denn er schreibt selbst, daß all sein Hab und Gut weder väterlich noch mütterlich ererbt ist, sondern „von ihm selbst erarbeit mit Hilfe Gottes und seiner Hausfrau", mit der er 56 Jahre verheiratet war. Und diese seine Frau Elsbet war wohl eine Witwe, denn der Großteil seines Vermögens wird dem Stiefsohn Hans Perger zugeschrieben, nachdem ihm eigene Kinder versagt geblieben sind. Man kann vermuten, daß auch er, wie viele andere, von auswärts nach Mühldorf zugewandert ist und sich durch eine Einheirat in ein Handelshaus die Voraussetzungen verschaffte, um überhaupt als Bürger in der Stadt aufgenommen zu werden.

Um so erstaunlicher ist der umfangreiche Besitzstand, den er im Verlaufe seines Lebens erwerben konnte, die Vielzahl von Häusern und Bauernhöfen, von Äckern, Wiesen und Krautgärten. Dieser Wohlstand läßt nicht nur auf seinen enormen Fleiß und seine Geschäftstüchtigkeit schließen, dem müssen auch äußerst günstige wirtschaftliche Voraussetzungen zugrunde gelegen haben. Vielleicht haben gerade die immer wiederkehrenden Belagerungen und Feindseligkeiten des 14. Jahrhunderts zu verstärkten Baumaßnahmen oder zu einer ungewöhnlichen Vorrats- und Lagerhaltung geführt. Der Handel in Mühldorf muß kräftig floriert haben, am Lebensstandard des Niclas Grill läßt sich ablesen, daß die Aufbauphase der Stadt zu seinen Lebzeiten längst überwunden war und eine selbstbewußte und prospe-

Erinnerungstafel am Haus Stadtplatz 27

rierende Bürgerlichkeit das Leben in der Stadt bestimmte.

Aber Niclas Grill gibt seiner Heimatstadt bei seinem Tod alle erworbenen Reichtümer wieder zurück, er verteilt sein Hab und Gut an Angehörige und Getreue, an Dienstboten und Bedürftige. Er verfügt gewissenhaft über seine ganz persönlichen Dinge, über seinen Harnisch, silberne Kändl groß und klein, über Besteck und Bettgewand, aber er knüpft auch Bedingungen an seine Geschenke, jeder der ein Haus oder ein Grundstück erbt, muß davon eine jährliche Stift entrichten an einen Altar oder eine Handwerkszunft, verlangt Mildtätigkeit und Demut.

Dabei hat er sein Hauptanliegen schon zu Lebzeiten verwirklicht, eine Ewigmeßstiftung in seine von ihm erbaute Anna-Kapelle in der Nikolauskirche. Sie sollte eine tägliche Messe garantieren, einem eigens dafür angestellten Priester auf ewige Zeiten ein angemessenes Auskommen sichern samt täglichem Vaterunser und Ave Maria für seiner und seiner Hausfrau armen Seelen. Niclas Grill wird uns durch seine Hinterlassenschaft zum wohlhabenden, gottesfürchtigen und gewissenhaften Repräsentanten der Mühldorfer Bürgerschaft des Mittelalters. Am Ende seiner Tage waren die Machtkämpfe zugunsten der Salzburger entschieden, Pfleger und Rat konnten sich der inneren Entwicklung der Stadt zuwenden und in friedlicher Gemeinsamkeit zu Werke gehen.

Die Vorstädte

Ein wesentlicher Aspekt des Stadtrechtes ist noch besonders hervorzuheben, weil die ihn betreffenden Bestimmungen lebensnotwendig für die innere Sicherheit der ganzen Stadt waren und dementsprechend auch das Stadtbild entscheidend beeinflußten. Es handelt sich um die permanente Gefahr, daß Brände das mühsam Erreichte mit einem Schlag zunichte machen könnten. Die Sorge galt vor allem den offenen Feuerstellen, die zur Ausübung bestimmter Berufe unumgänglich notwendig waren und innerhalb der Mauern im Interesse aller nicht geduldet werden konnten. Das betraf zuerst die Schmiede, aber auch Binder, Seiler und Bierbrauer, die gezwungen wurden, sich mit ihrem Gewerbe vor den Toren anzusiedeln, und die neben anderen Berufen mit hohem Wasserbedarf, wie Färber und Gerber, auch in Mühldorf zwei Vorstädte bildeten, die Katharinenvorstadt und die Heiliggeistvorstadt. Beide lagen außerhalb des Mauergürtels, mußten also auch ein gewisses Sicherheitsrisiko auf sich nehmen. Im Falle einer Belagerung bot sich ihnen keine Gewähr für Hab und Gut. Trotzdem wurde die Katharinenvorstadt ein eigenständiges Stadtviertel, aus Schmieden, Stellmachern, Bierbrauern und anderen Gewerken entstanden, aber mit eigener Kirche und Pfarrherren, mit einem weiten Platz vor dem Berg, abgeschlossen und kontrolliert vom Pflasterzolleinehmer, der am Bergtor jeden Einlaßwilligen zu begutachten hatte.

Dieses Bergtor, das als porta exterior schon 1218 genannt ist, und die Katharinenkirche, deren schmales Südfenster im Stile der Romanik eine Bauzeit um 1300 vermuten läßt, sind früheste Zeugnisse aus der Geschichte Mühldorfs. Sie wurden allen Kriegseinwirkungen des 14. Jahrhunderts zum Trotz immer wieder erneuert und bildeten einen festen Bestandteil des Stadtbildes, der in Mühldorf allerdings nicht unmittelbar an die Mauer angebaut ist, sondern durch das fürstbischöfliche Pflegschloß an den Berg gedrängt wurde.

Die Katharinenkirche wurde um 1500 im spätgotischen und 1722 im barocken Stil umgebaut und mit einer ansprechenden Ausstattung versehen. Zahlreiche Epitaphien an der Außenmauer der Kirche erzählen von eigenen Pfarrherren, ihre Altäre weisen wohlhabende Bierbrauer als Stifter aus, und ein ehemaliger eigener Friedhof unterstreicht die Eigenständigkeit der Gemeinschaft. Ihnen blieb der weite Weg zur Pfarrkirche St. Nikolaus erspart, und sie hatten ihren eigenen Seelsorger, wenn nächtlicherweise das Stadttor mit einem Fallgitter verschlossen war. Der Himmelbräu (heute Kreissparkasse) und der Höllbräu (Bäckerei Sax) und andere einträgliche Handwerkszweige ließen die Vorstadt um St. Kathrein nicht, wie anderswo, zu einem Armenviertel verkommen, auch dort stand das Bürgerliche im Vordergrund.

Heiliggeistvorstadt

Die zweite Vorstadt Mühldorfs, zwischen der südlichen Stadtmauer und dem Inn angesiedelt, hatte zwei verschiedene Namen und im Laufe der Zeit auch zwei verschiedene Funktionen zu erfüllen. Zunächst wird sie als Innvorstadt bezeichnet und dürfte in unmittelbarem Zusammenhang stehen mit der ursprünglichen Brücke, die hundert Meter weiter flußabwärts in Höhe des Heiliggeistspitals den Inn überquerte und deren Pfeilerreste heute noch zu erkennen sind. Die Verbindung von Tor und Brücke verlief nicht in direkter Linie wie heute, wir werden dort die Salzstädel und Getreidelager zu vermuten haben, womöglich eine Schiffsanlege oder eine Wechselstation für Treidelzüge auf das andere Ufer.

Der zweite Name, Heiliggeistvorstadt, fußt auf einem bestimmten Datum, dem 4. Juli 1472, an dem die Stadt von dem Bürger Lienhart Türndl und seiner Hausfrau Ursula deren Haus in der Vorstadt bei der Innbrücke um 24 Pfund Pfennige und einem halben Pfund Leikauf erwarb. (Nach ganz vorsichtigen Schätzungen kann man ein Pfund Pfennige mit etwa 400–500 Mark ansetzen.) Der Magi-

Dieser Bildausschnitt zeigt nicht nur das alte Pyramidendach des Turmes der Nikolauskirche, das 1764 durch einen Sturm heruntergerissen wurde und durch Wolfgang Hagenauer seine barocke Haube bekam, sondern es läßt auch das schmale Türmchen der Spitalkirche sehen. Ebenso zeigt sich das Inntor noch in seiner ursprünglichen Gestalt, ein würdiges Pendant zum Münchner Tor

strat hatte die Absicht, aus diesem Haus ein Seelhaus für hausarme, bedürftige Leute zu machen. Die zusätzliche kleine Summe, die als Leikauf bezeichnet wird, war der Preis für einen Umtrunk, mit dem man gemeinsam den Vertragsabschluß feiern wollte. Ein Jahr darauf erwarb die Stadt das benachbarte Anwesen des Bürgers Lienhart Wintenmacher für den gleichen Zweck um eine nicht näher genannte Summe. Mit dem Erwerb dieser beiden Häuser war der Anfang gemacht zu einer segensreichen und für die Stadt dringend notwendigen Einrichtung, die heute noch als Heiliggeistspital Bestand hat. Andere Städte wie Burghausen, Neuötting, Wasserburg oder Erding waren mit ähnlichen Einrichtungen schon vorausgegangen, nun hatte sich auch Mühldorf zu diesem Schritt einer Krankenpflege und Altersversorgung entschlossen. Die Bevölkerung der Stadt war inzwischen derart angewachsen, daß eine von der Gemeinde betriebene öffentliche Fürsorge unumgänglich wurde. Es gab zu dieser Zeit ja weder Arzt noch Apotheke, die medizinische Versorgung lag allein in der Hand von Badern, die lediglich zu stationärer Wundbehandlung, zum Aderlassen und Einrenken von Gelenken zu gebrauchen waren und ihre Salben und Säfte aus den Gewächsen des eigenen Gartens zusammenmixten. Die Versorgung und Pflege alleinstehender und altersschwacher Personen war zur caritativen Verpflichtung der Stadt geworden. Diese Bestrebungen fielen auch bei den wohlhabenden Bürgern auf fruchtbaren Boden. So haben 1475 die Bürgerseheleute Hans und Margarethe Teysensee testamentarisch ihr Hab und Gut dem neuen Seelenhaus vermacht, allerdings mit der Auflage, daß ihr Vetter und ihre treue Dienerin als Pfründner aufgenommen werden. Neben mehreren solcher Überschreibungen scheinen auch erhebliche Geldbeträge gespendet worden zu sein, denn 1477 kaufte das Heiliggeistspital eine Hube zu Erharting und zwei Tagwerk Wiese um den stolzen Betrag von 180 Pfund Pfennigen. Auch die Absicht, dem Spital eine eigene Kirche anzugliedern, wurde wohlwollend unterstützt, damit den alten Leuten, besonders im Winter, ein Kirchenbesuch im eigenen Hause ermöglicht werden konnte. Die entscheidende Fundation für eine finanzielle Unabhängigkeit des Spitals aber kam aus der freien Reichsstadt Nürnberg, wohin der gebürtige Mühldorfer Martin Liebhart ausgewandert war. Sein Testament beinhaltete die Stiftung einer ewigen Messe für die Spitalskapelle und 6 Pfründen, die der Stadt 2600 Gulden in Gold einbrachten. 640 Gulden reichten aus, um die Abhaltung der heiligen Messe zu garantieren und die anderen 2000 Gulden (ca. 800000 Mark) sicherten dem Haus für alle Zeiten gute Einnahmen. Die Stadt als Verwalterin dieser hochherzigen Stiftung bemühte sich, dieses Kapital möglichst langfristig und gewinnbringend anzulegen, steckte es in Grundstücke, in Mühlen und Bauernhöfe. In der Stadt selbst erwarb man Hypotheken auf 13 Häuser, in Erharting, Klugham, Frixing und Roßbach hatte man sich eingekauft; die seit 1501 erhaltenen Rechnungsbücher des Spitals weisen einen stetigen Zugewinn des Vermögens aus. Dazu kamen Einnahmen aus freiwilligen Spenden, aus Opferstöcken und Jahrmarktsammlungen, man unterhielt einen Obst- und Gartenbaubetrieb, dessen Erzeugnisse auf Wochenmärkten gutes Geld einbrachten, auf den stadtnahen Grundstücken betrieb man die Landwirtschaft, und um die Pferde das ganze Jahr über einspannen zu können, schuf man sich mit einem Fuhrunternehmen eine Nebeneinnahme. Die Stadtbürger brauchten Brennholz in ihren Häusern, der Mist mußte aus der Stadt gebracht und die Gruben entleert werden, Weintransporte, Getreidefuhren, Holzarbeiten im Winter und Kies, Sand und Baumaterial im Sommer; der Pferdetransport war unersetzlich für alle Bewohner der Stadt und brachte dem Spital zusätzlichen Gewinn.

Die innere Struktur des Hauses kam diesen vielfältigen Unternehmungen zustatten. Man unterschied bei einer Aufnahme ins Spital in eine obere und eine untere Pfründe. In der ersten wurden nur wohlhabende Personen aufgenommen, die sich um eine bestimmte Summe einkaufen konnten oder dem Spital mit einer Hypothek Vorauszahlung leisteten. Zugleich mußten sie sich aber verpflichten, nach dem Ableben die eingebrachte Habe und das noch vorhandene Bargeld dem Spital zu hinterlassen. Die unteren Pfründner, die nur wenig oder gar nichts für die Aufnahme bezahlen konnten, mußten sich verpflichten, in der Landwirtschaft oder im Garten mitzuarbeiten, soweit ihnen Alter und Gesundheit das noch gestatteten. Sie erhielten die gleiche, zwar nicht schlechte, aber etwas eintönigere Kost der Dienstboten, während für die obere Pfründe etwas aufwendiger gekocht wurde.

Diesen vielfältigen Einnahmen standen natürlich auch die entsprechenden Ausgaben gegenüber. Die gesamte Verköstigung von Pfründnern, Pflegepersonal, Dienstboten und Taglöhnern wurde vom Spital getragen; der Unterhalt der Gebäude, Krankenzimmer, Kirche, Stallungen und Betriebsgebäude kostete viel Geld, landwirtschaftliche Gerätschaften und Viehbestand waren zu erneuern und zu ergänzen. Es ist nicht verwunderlich, daß sich die Rentabilität des Unternehmens Heiliggeistspital erst nach und nach einstellte.

Im Verlauf von etwa hundert Jahren hat sich das Heiliggeistspital von bescheidenen Anfängen zum bedeutendsten Grundbesitzer Mühldorfs entwickelt. Viele zum Teil bedeutende Stiftungen und Überschreibungen, eine umsichtige Kapitalverwaltung und konsequente Ausnutzung aller Erwerbsmöglichkeiten haben das Spital reich gemacht und es in die Lage versetzt, unabhängig von einem kostspieligen Aufwand von seiten der Stadt eine dringend notwendige Aufgabe zu erfüllen. Der Stadt oblag zwar die Verwaltung des Spitals, der Verwalter wurde aus den Reihen des Magistrats gewählt, aber zusätzliche Ausgaben aus dem Stadtsäckel für die Armenpflege waren nicht notwendig.

Ein wichtiger Schritt dazu war das zu Beginn des 16. Jahrhunderts von der Kirche aufgehobene Zinsverbot für Spitäler, Bruderschaften und Wallfahrten. Sie durften ihr Stiftungsgeld nun verzinslich weiterverleihen, und so entstand auf der einen Seite ein berechenbarer Hilfsfond für die Armenkasse der Städte, und auf der anderen Seite floß dadurch ein nicht unwesentlicher Teil des Kapitals wieder in die Wirtschaft. Diese caritativen Unternehmungen haben auf der Basis der Wohltätigkeit die Funktion eines Kapitalmarktes übernommen, der seit der Vertreibung der Juden als professionelle Geldgeber und Zinsleiher aus moralischen Gründen nicht mehr existierte. Die von der Kirche verteufelte Geldgier und der unchristliche Wucher des einzelnen fanden nun in der Wohltätigkeit und Hilfe für die Armen ihre Rechtfertigung. Man könnte angesichts des beträchtlichen Vermögens, das sich im Spital angesammelt hatte und nun legal an jedermann um 5% ausgeliehen werden durfte, ohne Diskriminierung vom ersten Geldinstitut Mühldorfs sprechen. Was dem einzelnen Bürger noch immer untersagt war, nämlich aus Geldgeschäften Gewinn zu ziehen, ermöglichte es dem Spital, notwendige Hilfe zu leisten.

Erinnerungstafel am Heiliggeistspital, das 1717 unter Erzbischof Franz Anton von Harrach errichtet wurde

Die Tatsache, daß das Heiliggeistspital in der Innvorstadt errichtet wurde, ist kein Zufall, sondern auf ganz konkrete Überlegungen zurückzuführen. Dieser Standort außerhalb der Stadtmauer und in der Nähe eines Wasserlaufes ist bei allen Spitälern gleich und war aus hygienischen Gesichtspunkten vorgeschrieben. Man wollte mit der Verlegung vor die Mauer einer eventuell möglichen Ansteckung vorbeugen und die Bevölkerung nicht gefährden. Zugleich sollte die reinigende Kraft des Wassers genutzt werden, was bei einem Fehlen jeglicher Kanalisation und schneller Abfallbeseitigung verständlich wird. Für die sogenannten gemeingefährlichen Krankheiten, wie Lepra, Cholera oder Pest, stand das Spital ohnehin nicht zur Verfügung. Dafür wurde „enthalb des Wassers" an der Einmündung des Hammerbaches in den Inn ein Leprosenhaus errichtet, ein Holzhaus, das 1811 durch ein Hochwasser gefährlich unterspült und dann abgerissen wurde. Die darin völlig von der Umwelt isoliert untergebrachten Personen muß man als die Ärmsten der Armen betrachten. Für sie gab es in der Regel keine Möglichkeit mehr, aus dem Teufelskreis der Ansteckung herauszukommen. Aber ihre Verbannung aus der Stadt war die einzige Möglichkeit, die Gesunden wirkungsvoll zu schützen.

Wer heute durch das Altöttinger Tor tritt, spürt trotz aller Veränderungen und der Hektik immer noch etwas von der Intimität der Spitalgasse. Am Ende dieser Gasse steigt die italienische Blockhaftigkeit des Spitals auf, wie es Fürsterzbischof Franz Anton von Harrach 1717 nach langem Drängen und Bitten von seiten des Magistrats errichten ließ. Der Dreißigjährige Krieg hatte das alte Spitalgebäude völlig unbrauchbar werden lassen, und nachdem ein weiteres Reparieren wenig sinnvoll war und die Finanzierung eines Neubaus kein unüberwindliches Hindernis darstellte, kam es zu diesem für die damalige Zeit modernen und großzügigen Bürgerspital. Ein neuer Pferdestall, der sich weit in die Gasse hereinschiebt und bis in unsere Zeit als Feuerwehrhaus Verwendung fand, ging bei dem Aufwand gleich noch mit drein. Der schlank aufragende Eckturm der Spitalkirche, den man leider nur noch auf alten Bildern bewundern kann, bestimmte die südliche Silhouette Mühldorfs.

Für annähernd 200 Jahre war nun das Spital eine ausreichende und respektable Anstalt der Kranken- und Altersvorsorge für die Stadt. Als aber im 19. Jahrhundert durch Eisenbahn und beginnende Industrialisierung die Bevölkerung sprunghaft angestiegen war und in einer breiten Arbeiterschicht berechtigte Forderungen nach umfassender sozialer Absicherung laut wurden, überstieg das die Grenzen einer städtischen Institution wie des Heiliggeistspitals. Man war räumlich, personell und trotz günstigster Vermögensverhältnisse auch finanziell nicht mehr in der Lage, den gesteigerten Anforderungen gerecht zu werden. Der neu ins Leben gerufenen Distrikts-Verwaltung wurden auf regionaler Basis das Armenwesen und die Krankenfürsorge übertragen, die 1899 auf dem Stadtberg ein neues Krankenhaus einweihte und die entsprechende ärztliche Versorgung übernahm. Eine allgemeine Krankenkasse verpflichtete Arbeitgeber und Arbeitnehmer zur Selbstvorsorge, und das sogenannte Wapperlgesetz sicherte auch ohne Pfründe und Almosen allen einen sorglosen Lebensabend.

Dem Heiliggeistspital aber blieb sein segensreiches Wirken bis in die Gegenwart. Unter der umsichtigen und aufopfernden Betreuung der Mallersdorfer Schwestern ist aus dem Spital ein vielbegehrtes Altenheim geworden, das zwar mit der Veräußerung eines Großteils seines ehemaligen Besitzes nach dem Krieg die notwendige Ausweitung der Stadt nicht behindert hat, aber mit einem von der Stadt verwalteten Kapital von gut vier Millionen Mark und mit ca. 250 Tagwerk Grundbesitz seine Aufgaben auch in Zukunft sicher wahrnehmen kann.

Blick vom Turm der Nikolauskirche auf den Pfarrhof (links), das Heiliggeistspital (Mitte) und das anstelle der Realschule 1969 erbaute Caritas-Altersheim

Mühsames Erziehen

„Wie man der Bürger Kinder ziehen soll: Ungeratener Bürger Kinder mit Ungeführ, die nicht folgen wollen dem Vater und den Freunden, denen soll der Richter die Stadt verbieten, daß sie das Land ziehe."

Dieser Artikel aus dem Mühldorfer Stadtrecht ist der einzige Hinweis für die Bürger, wie sie es mit der Unterweisung ihrer Nachkommenschaft halten sollen. Er könnte zu der Annahme verleiten, daß man um 1300 nicht allzuviel für Bildung und Gelehrsamkeit übrig hatte. Aber das wäre ein Trugschluß, denn der Name des Schulmeisters Läutwein zählt zu den frühesten, die uns überhaupt überliefert sind. In einer Schenkungsurkunde vom 1. Mai 1294 werden Chunrat, der Pfarrer von Mühldorf, sein Geselle Ulrich und Läutwein der Schulmeister genannt, 1305 wird derselbe als Kaplan bei einer Amtshandlung in Altmühldorf erwähnt, und 1341 tritt er als Pfarrer von Mettenheim als Zeuge auf. Er muß also in recht jungen Jahren schon in Mühldorf Schule gehalten haben, und es ist kein Zufall, daß er als junger Priester am Pfarrhof nebenbei die Schulmeisterstelle versieht. Papst Gregor IX. hat schon 1234 die Pfarrherren ermuntert, sich einen Kleriker zu halten, der bei der Messe zu singen versteht, die Epistel liest und der imstande ist, Schule zu halten und die Kinder zur Katechese zu ermuntern. Es gab zu jener Zeit außer einem Kleriker niemanden, der lesen und schreiben hätte lehren können, selbst Niclas Grill hat seine Annalen 1402 nicht selbst geschrieben, sondern einem Schreiber diktiert. Außerdem stand die Heranbildung der Kinder für den kirchlichen Dienst als Chorknaben und Ministranten im Vordergrund.

Von städtischen Bemühungen, den Nachwuchs im Lesen, Schreiben oder Rechnen auszubilden, ist erst im 15. Jahrhundert die Rede. Läutwein kannte weder ein eigenes Schulhaus noch eine besondere Besoldung als Schulhalter. Seinen Lebensunterhalt hatte er, wie andere Kapläne, aus Meßgebühren, Jahrtagen

55

und anderen Stiftungen zu bestreiten. Erstmals 1480 findet sich ein Eintrag in den Stadtkammerrechnungen, der berichtet, daß der Bau einer Schule einem Auer übergeben wurde, der für Grundstein und Kalk 15 Pfund erhält, die Gesamtkosten aber 70 Pfund betragen. Drei Jahre später ist von „unserem Schulmeister" die Rede, der zu Verhandlungen mit einem Legaten nach Graz geschickt wird und für andere Schreibarbeiten eine separate Belohnung erhält. Sein nächstgenannter Nachfolger Wolf Muthauser wird als „Deutscher Schulmeister" bezeichnet. Damit wird deutlich, daß nun, nach einer nur kirchenbezogenen Ausbildung, andere Lernziele in den Vordergrund gerückt sind, daß die Bürger auch den kaufmännischen Nutzen einer Bildung erkannt haben und in städtischer Verantwortung die Ausbildung der Kinder übernommen haben. Das heißt nicht, daß die Kirchenschulen, die man forthin als Lateinische Schulen bezeichnet hat, nicht nebenher weiter betrieben wurden. Sie sind mit ihrem Unterricht in Latein zu einer Art Eliteschule geworden, weil jede Fortbildung an einer Universität ohne Latein nicht möglich war. Mit der Deutschen Schule wurde eine Elementarschule eingeführt, die zwar keinem Zwang unterlag, aber allen Kindern offenstand, bei der es in erster Linie um die Kenntnis des Alphabets und dessen Anwendung in Schriftzeichen ging; um den Umgang mit Zahlen und deren praktischen Nutzen in Handel und Geschäft ohne dabei die christliche Moral, das tägliche Gebet und die Kenntnis der Biblischen Geschichte zu vernachlässigen. Die Stadt hat für die Erziehung ihrer Kinder die Voraussetzungen geschaffen, ein eigenes Haus mit Beheizung und Beleuchtung zur Verfügung gestellt und eine geeignete Person in Dienst genommen, die diese Kenntnisse zu vermitteln in der Lage war.

Aber der Weg vom deutschen Schulmeister zum akademisch gebildeten und pensionsberechtigten Staatsbeamten war mühselig und langwierig. Die Verpflichtung der Stadt gegenüber ihren Kindern hatte mit der offiziellen Bestallung eines Lehrmeisters und einer freien Wohnung im Schulhaus ihr Genügen, ein festes Einkommen oder gar eine Absicherung für dessen Alter war damit nicht verbunden. Der Hauptverdienst eines Lehrers kam aus dem Schulgeld, das er viermal jährlich von jedem Schüler erheben durfte. Aber bei durchschnittlich 30 bis 40 Schülern war das kein ausreichender Lebensunterhalt. Eine allgemeine Schulpflicht gab es noch nicht. Es hing von der Einsicht der Eltern in die Notwendigkeit einer schulischen Ausbildung und von der Beliebtheit des Lehrers ab, wie hoch die Einnahmen aus dem Schulgeld zu stehen kamen. Während der Sommermonate waren es weniger, weil die heranwachsenden Kinder meist zu häuslichen Arbeiten gebraucht wurden. Im Winter war es üblich, daß zur Beheizung und Beleuchtung des Schullokals jedes Kind ein Holzscheitl und eine Kerze mitbrachte.

Ein Schulmeister mußte jede sich bietende Gelegenheit wahrnehmen, um zu einem Nebenverdienst zu kommen, mußte Schreibarbeiten von privater und behördlicher Seite besorgen, Mesnerdienste übernehmen, bei Schützengilden, Handwerkszünften und Bruderschaften Protokoll und Rechnung besorgen, mit Kommödiespielen und Chorsingen versuchen auf ein paar Kreuzer zu kommen. Nur das Ausschenken von süßem Met neben dem Schulhalten wurde dem Meister Oderperger untersagt, sonst müsse er die Schule wieder aufgeben. Festen Verdienst boten die gestifteten und laut Testament festgelegten Jahrtage und Seelenmessen, die an vorgeschriebenen Tagen zum Totengedenken des Stifters abgehalten wurden. Genau vorgeschriebene Zeremonien und ein entsprechender Aufwand an Priestern, Kaplänen, Chorknaben mit Schulmeister und Mesner waren durch das verzinsliche Stiftungskapital „für alle Ewigkeit", so dachten die Stifter, vorausbezahlt. Es war zumindest ein bescheidenes Fixum für eine meist recht zahlreiche Lehrersfamilie.

So ist es kein Wunder, daß die Ratsprotokolle der Stadt voll sind von Bittgesuchen und Aufbesserungswünschen, von Anträgen, für die

Lehrerwohnung im Winter ein zweites Klafter Holz zu erhalten oder neben der Schulmeisterei auch die Stadtschreiberstelle übertragen zu bekommen. Aber ebenso häufig sind die Beschwerden und Ermahnungen des Magistrats an die Herren Schulhalter, ihren Dienst gewissenhafter zu versehen, mehr Zucht und Ordnung walten zu lassen oder mehr Fleiß aufzuwenden, damit die Kinder „nicht tumblich und wie die Püffel heranwachsen." Es gab allerdings auch bis ins späte 18. Jahrhundert hinein keine Richtlinien, um die Qualifikation oder Eignung eines Bewerbers für den Schuldienst zu überprüfen, einziges Kriterium war, daß er des Lesens und Schreibens kundig und gerade Bedarf vorhanden war. Dies muß häufig der Fall gewesen sein, denn der Schulmeisterposten war beileibe keine gesicherte Lebensstellung. Es blieb dem Zufall überlassen, ob eine Schülergeneration wenigstens die Chance bekam, sich ein wenig Bildung anzueignen. Es gab zudem keinerlei Ansporn durch Prüfungen, keinen allgemeinen Schulabschluß, schon der Rechenunterricht war nur über ein zusätzliches Schulgeld möglich. In Mühldorf hatte man, wie in anderen Städten auch, kein sonderliches Interesse, das allgemein niedere Bildungsniveau zu heben. Das Analphabetentum war weniger ein schulisches, als vielmehr ein gesellschaftliches Problem, das der damals strengen Unterscheidung zwischen Herren und Knechten entsprach.

Eine Möglichkeit, durch schulische Weiterbildung über das bürgerliche Niveau hinauszugelangen, bot sich über die Lateinschule. Sie war in ihren Anfängen vorwiegend an kirchlichen Bedürfnissen ausgerichtet, eine Art Klosterschule, in die Städte übertragen, bei der die Heranbildung von Ministranten und Chorknaben, eine kirchenmusikalische Ausbildung und der Religionsunterricht in den Vordergrund traten. Im 13. und 14. Jahrhundert kamen die lateinischen Schulmeister ausschließlich aus dem Priesterstand, erst später wurde auch ihre Berufung dem Magistrat übertragen. Aber der Herr Dekan von St. Nikolaus behielt sich ein Mitspracherecht bei der Einstellung vor, und auch die Bezüge des Lateinlehrers waren durch regelmäßige kirchliche Verrichtungen und Chordienst einem entsprechenden Lebensstandard angepaßt. Frühzeitige Heranbildung für den Priesternachwuchs und erste Vorbereitung auf den Besuch einer Universität, für deren Immatrikulation nur die Beherrschung der lateinischen Sprache eine absolute Notwendigkeit war, ließen die Lateinschulen als eine Art Eliteschulen erscheinen, die man mit der äußerst nachlässig und möglichst billig betriebenen deutschen Schule nicht vergleichen darf.

Wenn man das Schul- und Bildungswesen des späten Mittelalters in Mühldorf betrachtet, das durchaus nicht außergewöhnlich, sondern landesüblich war, findet man eine Erklärung dafür, warum sich die Stadt über mehr als 500 Jahre kaum verändert hat. Erst im 19. Jahrhundert wurde die bürgerlich-konservative Struktur durch äußere Einflüsse gewaltsam verändert.

Bürgerliche Selbstverwaltung

Alle Städtegründungen des späten Mittelalters sind aus der Absicht entstanden, befestigte, fürstentreue und aus eigener Kraft lebensfähige Stützpunkte und regionale Mittelpunkte zu schaffen. Die Landesherren halfen ihnen in den ersten Jahrzehnten mit vielfältigen Privilegien zur Wirtschaftsförderung, mit Steuerfreiheit und kostspieligen Investitionen kräftig auf die Sprünge und verschafften ihnen damit eine gesicherte und geordnete Stabilität. Das betraf die bayerischen Untertanen in Neuötting, Kraiburg oder Neumarkt in gleichem Maße wie die salzburgischen in Mühldorf; sie sollten eine neuartige, bisher unbekannte Gesellschaft bilden, die die Ansprüche ihres Herrn loyal erfüllen und auf Dauer gesehen auch noch dessen Gewinn mehren sollte. Neu an den Städten war der hohe Grad an Selbständigkeit, den ihnen die Landesfürsten zugestanden, die bürgerliche Freiheit des einzelnen, die man bisher nicht kannte. Das war auch der Grund, warum so viele Landbewohner in

57

die Städte zogen und die Bürger sich bald genötigt sahen, dem ungehemmten Zuzug durch ein scharfes Bürgerrecht entgegenzuwirken.
Wer es aber besaß, war frei, stellte sich aus freien Stücken unter das Gesetz, das die Stadt sich selbst gegeben hatte, war mit einbezogen in die Bestimmungen, die ein reibungsloses Funktionieren dieser Gemeinschaft garantierten. Das ging natürlich nicht von selbst. Die Einhaltung des Gesetzes mußte kontrolliert und Übertretungen geahndet werden, es bedurfte einer ständigen Wachsamkeit gegen innere und äußere Gefahren, aber auch einer unumstößlichen Autorität, die Rechte gewähren und Pflichten anmahnen konnte, eine derartige Gemeinschaft brauchte Geld, um Ansprüche erfüllen zu können, und brauchte eine Handvoll beherzter Männer, um sie auch entsprechend zu repräsentieren. Die Bürger von Mühldorf hatten alljährlich am Tag des heiligen Georg (24. April) Gelegenheit, sich ihre Repräsentanten aus ihrer Mitte auszuwählen, einen „Amtscammerer", den man später Bürgermeister nannte, einen „Vicecammerer" und elf Räte. Drei davon gehörten dem sogenannten inneren Rat an und acht bildeten den äußeren Rat. Die beiden „Cammerer" und der innere Rat waren als Magistrat das eigentlich beschließende Gremium, während im äußeren Rat die einzelnen Stadtviertel und die verschiedenen Bevölkerungsschichten vertreten waren. In diesem Gremium wurden die notwendigen Ressorts aufgeteilt: Rechnungsführer der mildtätigen Stiftungen, Armen- und Waisenrat, Beschauer oder Umgeher, die als Fleisch- und Brotbeschauer und als Bierkieser die Qualität und Reinheit der Lebensmittel zu überwachen hatten, der Stadtschreiber und die Viertelmeister. Sie waren alle honorige Bürger, Kaufleute, Bierbrauer, Weinschenken und Handwerker mit Haus- und Grundbesitz, deren Meinung Gewicht hatte und deren Namen immer wieder auftauchen als Siegelzeugen bei Gerichtsverhandlungen, als Stifter von Seelenmessen oder Vormund von Waisenkindern.
Gleichberechtigt neben Kammerer und Rat fungierte der Stadtrichter, der auch aus der Bürgerschaft gewählt wurde, aber sein Amt

auf Lebenszeit versehen durfte. Er konnte in allen Streitfällen von jedermann angerufen werden, bei Diebstahl, Ehebruch, Wilderei, Raufhändel, Rumor, Betrug und all den kleinen Widerwärtigkeiten, für die er Körperstrafen, Gefängnis, Geldstrafen oder gar Ausweisung aus der Stadt verhängen konnte. Aber sein Gesetzbuch war das Stadtrecht, darüber hinaus reichten seine Befugnisse nicht. Alle Malefizverbrechen wie schwerer Raub, Notzucht oder Mord blieben dem Salzburger Pflegrichter vorbehalten, ebenso alle Streitfälle mit den bayerischen Nachbarn, die sich überwiegend auf Übertritte innerhalb des Burgfriedens und auf Handelsbeschränkungen mit dem Umland bezogen. 1528 wurde aber diese stadteigene Gerichtsbarkeit mit dem fürstbischöflichen Pfleggericht vereint.

Der Sitz dieser bürgerlichen Administration war von Anfang an in einem stadteigenen „gemainen Haus", dem Rathaus. Es befand sich schon um 1350 an der heutigen Stelle, umfaßte aber damals nur das nördliche Drittel des heutigen Rathauses. Das nach Süden hin unmittelbar anschließende zweite Drittel des Hauses gehörte der Kirche und war am Ende des 15. Jahrhunderts von dem Kaplan Wolfgang Dorner bewohnt, dem es am 2. März 1497 aus ungeklärter Ursache abbrannte. Der Kaplan hatte in dem Haus freie Wohnung, war dafür aber verpflichtet, es in gutem Zustand zu halten. Durch den Brand hatte er nun seine ganze persönliche Habe verloren, und er erklärte sich außerstande, es mit seinen bescheidenen Mitteln wieder aufzubauen. Mit Genehmigung der kirchlichen Obrigkeit in Salzburg trat er dann die Brandstätte an die Stadt ab und erhielt dafür zu gleichen Bedingungen ein anderes Haus. Bei der Übergabe wurde ausdrücklich vermerkt, daß die Stadt das Grundstück für ein Rathaus verwenden darf, und so ging man gleich an den Wiederaufbau, um das Rathaus zu erweitern. Aber man hat nicht im üblichen Sinne aufgebaut, sondern im ersten Obergeschoß einen großen Saal geschaffen, die sogenannte Fletz, die man tatsächlich als den ersten Tanzsaal der Stadt bezeichnen darf. Er war für die diversen Feierlichkeiten der Bürger gedacht, für Hochzeiten, Kindlmahle oder Eheversprechen, zu denen allerdings nur die Ratsbürger geladen wurden. Ein Musikerpodium über dem Eingang und die reiche Holzvertäfelung lassen an rauschende Feste denken, zu denen die Stadttürmer, um billiges Geld, wie es heißt, zum Tanz aufzuspielen hatten.

1638 bot sich überraschend die Möglichkeit, dem Rathaus noch ein drittes Haus anzufügen, denn die Erben des Fragners Schopf waren über der Hinterlassenschaft ihres Vaters in Streit geraten und entschlossen sich zum Verkauf ihres Erbgutes. Der Magistrat hat auch hier schnell zugegriffen, und so ist aus drei Einzelgebäuden ein repräsentatives Rathaus entstanden. Dem aufmerksamen Betrachter wird der Zusammenschluß der drei Häuser heute noch an den neun Fenstern der Fassade auffallen, die sich deutlich in dreimal drei Fenster aufteilen lassen. Das entspricht der Grundform der Mühldorfer Stadtplatzhäuser, die aus Drei- bzw. Zweifensterfassaden besteht, eine Einteilung, die sicherlich auf die Gründerzeit zurückzuführen ist. Der Planer mag eine Gleichbehandlung aller Bürger im Auge gehabt haben, bei der niemand bevorzugt sei und doch eine gewisse städtebauliche Geschlossenheit gewahrt bleibt. Der große Vorteil der günstigen Geschäftslage inmitten eines Handelsplatzes sollte möglichst vielen Hausbesitzern geboten werden.

Die Freude über das neue Rathaus währte jedoch nicht lange, denn bereits 1640 wurde Mühldorf von einem verheerenden Brand erfaßt, der sich in Windeseile über die gesamte Stadt ausbreitete. Unter den 300 in Mitleidenschaft gezogenen Gebäuden befand sich auch das Rathaus, das im nördlichen und mittleren Teil bis auf die Erdgeschoßgewölbe vernichtet wurde, während bei dem neuerworbenen südlichen Teil nur der Dachstuhl verbrannte. Diese über Nacht hereingebrochene Katastrophe hat dem größten Teil der Bürgerschaft schweren Schaden zugefügt, jeder Hausbesitzer hatte Mühe und Not genug, so daß man für den Wiederaufbau des Rathauses den Erzbischof in Salzburg um Hilfe bitten mußte. Er kam den Mühldorfern in Form eines Trupps Zimmerleute zu Hilfe, angeführt von Meister Wolfgang Perger, der sich mit seinen zwölf Gehilfen sofort an die Arbeit machte. Im Verlaufe eines Jahres hatte er dem Rathaus ein anderes Gesicht gegeben, hat es in Anlehnung an das neue Salzburg eines Wolf Dietrich von Raitenau im Stil der italienischen Renaissance verändert. Der Rathaussaal wurde mit einer prunkvollen Kasettendecke ausgestattet, mit einer zum Portal ausgestalteten Doppeltür mit kostbaren Intarsien versehen, die Fletz vertäfelt und mit schönen Türfüllungen geschmückt. Meister Pergers ungewöhnliche Kunstfertigkeit hat dem Mühldorfer Rathaus einen noblen, bürgerstolzen Charakter verliehen, hat auch in der Innenausstattung die drei Häuser zu einem würdevollen Ganzen zusammengefügt. Von ihm stammt auch der Entwurf für eine schnörkelhaft-übermütige Bekrönung der Außenfassade, deren Aussehen uns leider nur noch der Kupferstich von Matthäus Merian zeigt, der kurz nach dem Wiederaufbau der Stadt entstanden sein muß. Leider hat diese Barockfassade die Zeit nicht überdauert, sie wurde ebenso häufig verändert wie das Haus selbst, das sich den ständig wechselnden Bedürfnissen durch immer neue Umbauten im Inneren anpassen mußte. So war im Erdgeschoß über Jahrhunderte das öffentliche Brothaus untergebracht, in dem alle Bäcker der Stadt unter Aufsicht des amtlichen Brothüters ihre Backwaren feilzubieten hatten. Es diente im Rückgebäude als Feuer-Requisitenkammer, als Waffenarsenal für die Bürgerwehr, als Polizeilokal und Eichamt, der Stadtschreiber hatte seine Wohnung im zweiten Stock, und im Erdgeschoß war die Keuche untergebracht, ein Arrestlokal für kleinere Straftaten wie Bettelei, Diebstahl, Falschspielerei oder auch nur unerlaubtes Fernbleiben von der Fronleichnamsprozession. Ein Novum unter den deutschen Rathäusern ist die völlig unversehrt erhaltene Hexenkammer, die unbeheizbar und unbeleuchtet in die Gewölbe eingebaut ist und mehrfach zum Aufenthaltsort

Das Mühldorfer Rathaus hat seit etwa 600 Jahren seine Funktion als „Gemain-Haus" beibehalten. Es ist noch heute der Sitz des Bürgermeisters, der städtischen Verwaltung und ist allmonatlicher Tagungsort des Stadtrates und seiner gesonderten Ausschüsse. Bis zum Jahr 1468 können wir durch die erhaltenen Protokolle der jeweiligen Stadtschreiber exakt nachlesen, was unter den Stadtvätern im Sitzungssaal zur Debatte stand. Das Bemühen um das Wohlergehen der Stadt und ihrer Bewohner ist in all den Jahrhunderten gleichgeblieben.

Jahrmärkte – Wochenmärkte – Viehmärkte

Die offenen, unbebauten Plätze unserer Städte und Märkte sind aus ganz verschiedenen Bedürfnissen und zur Erfüllung unterschiedlichster Zwecke entstanden. Sie können ihren Ursprung aus Straßenkreuzungen oder Wasserquellen genommen haben, können auf religiöse Kulte zurückgehen oder militärischen und wirtschaftlichen Erfordernissen gedient haben, etwa als Handelsplätze für den Austausch von gewerblichen oder landwirtschaftlichen Erzeugnissen. Manchmal sind sie ganz

für Personen wurde, die darin den Ausgang eines meist vorbestimmten Prozesses zu erwarten hatten.

Die beklemmende Funktion dieser Hexenkammer wird besonders eindrucksvoll in den Akten des 1749/50 durchgeführten Hexenprozesses dargelegt, in dessen Verlauf ein 16jähriges Mädchen zum Tode durch Verbrennen bei lebendigem Leib verurteilt wurde. Die Düsternis und völlige Isolation, mit der man sie letztlich zum Geständnis getrieben hatte, ist ein schreckliches Beispiel unmenschlicher Justiz, die auch in bürgerlichen Rathäusern praktiziert wurde.

Ein außergewöhnlicher Glücksfall wurden die Gewölbe des Rathauses auch für das städtische Archiv, in dem sich gänzlich unbeschädigt und lückenlos sämtliche schriftlichen Zeugnisse seit der Mitte des 15. Jahrhunderts erhalten haben. Es zählt mit seinen reichhaltigen Beständen zu den bedeutendsten Kommunalarchiven in Bayern.

abseitig vom Zentrum entstanden, als Brunnenplätze oder Getreideschrannen, um die Kommunikation nicht zu stören, ein andermal hat man sie zur Verlockung möglichst vieler Menschen ins Zentrum eines Ortes verlegt oder unübersehbar an den Rand der Straße gesetzt. In Südbayern hat sich überwiegend der Typus des Straßenmarktes durchgesetzt, man hat einfach die Durchgangsstraße um ein mehrfaches verbreitert und das häuserumstandene Rechteck mit zwei Toren abgeschlossen.

Für Mühldorf ergab dieses simple, aber wirkungsvolle und auch ästhetisch ansprechende Konzept eine riesige Marktfläche, die mit beinahe einem halben Kilometer Länge genügend Platz bietet, um Waren auszubreiten und zur Schau zu stellen oder Pferde und Rinder in großer Zahl aufzutreiben. Die Intimität der kleinen Plätze war dadurch nicht beeinträchtigt, die Ruhe des Kirchenplatzes etwa mit dem um St. Nikolaus angelegten Friedhof. Der anschließende Schrannenplatz vor den beiden großen Speichern Korn- und Haberkasten war ein Markt ohne Publikum, den die Müller und Getreidehändler aufsuchten, an dem Bierbrauer ihre Braugerste erstanden und an dem sich wie an einer Börse die Tagespreise durch Angebot und Nachfrage von selbst einpendelten. Den versteckten Petersplatz kann man samt der Petersgasse zwischen Weißgerberstraße und Nagelschmiedgasse heute nur noch erahnen. Er ist im vorigen Jahrhundert nach Abbruch der baufälligen Peterskirche ganz verbaut worden. Aber dafür läßt die idyllisch gelegene Wies mit ihren großen Lagerhäusern noch lebhaft an die Salzburger und Münchener Boten denken, an schwere Fuhrwerke und Dutzende von Zugrössern, die zeitig aufbrechen mußten, um bis zum Abend die bischöfliche Residenzstadt an der Salzach zu erreichen. Der Katharinenplatz war ein biederes Vorstadtzentrum, Brunnenplatz und Waschplatz, Wagenpark für Brauereien, Hufschmiede und Wagner, eine kleine Welt von Handwerkern, Brauknechten und Fuhrleuten, denen nach langen und staubigen Straßen immer ein kühlender Trunk willkommen war. Aber alle diese kleinen Plätze hatten den Charakter des Zurückgezogenen, waren den einheimischen Bewohnern vorbehalten, um Neuigkeiten auszutauschen, waren Tummelplatz für Weibertratsch und Kinderspiel.

Der Stadtplatz hingegen in seiner weiten Großzügigkeit demonstriert Selbstbewußtsein und geschäftig-kaufmännische Aktivität, er stellt sich in seiner Unverwechselbarkeit selbst zur Schau und hat doch über viele Jahrhunderte hinweg seine verlockende Anziehungskraft erhalten. Er war von Beginn an dafür ausersehen, Lebensnerv zu sein und die Stadt nicht in eine wirtschaftliche Isolation verfallen zu lassen.

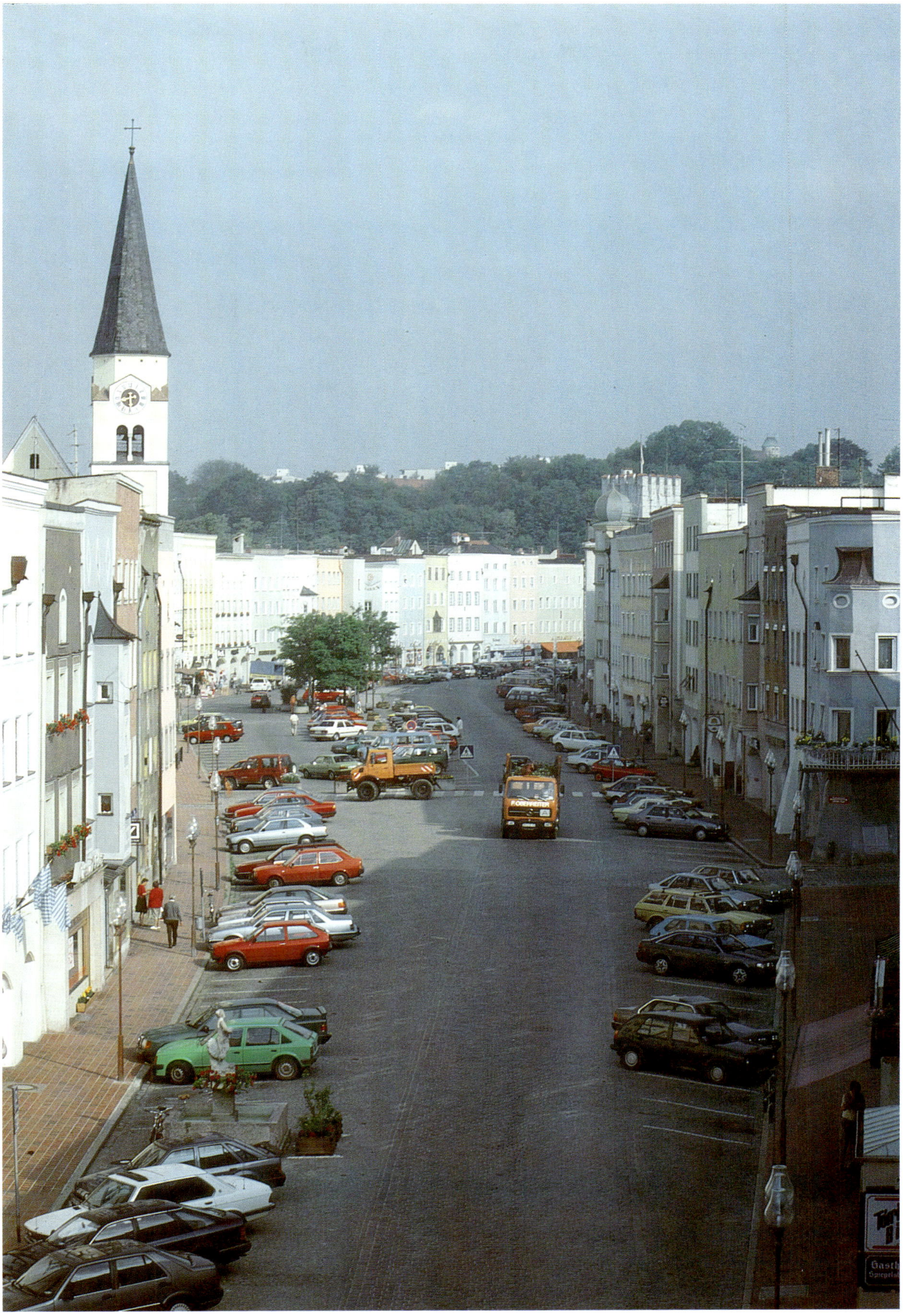

Aus dieser Besorgnis heraus muß man auch das fürstliche Privileg des Landesherrn betrachten, das den Mühldorfern fünf gefreite Jahrmärkte gestattete, um Händler und Käufer aus der Umgebung anzulocken. Sie waren den Bedürfnissen der verschiedenen Jahreszeiten angepaßt, der erste wurde am Weißen Sonntag abgehalten und galt als Kirchweihmarkt, dann kam am Dienstag nach Fronleichnam der Grasmarkt, an dem sich die Bauern mit Geräten und Werkzeugen für die Heuernte ausstatteten. Die beiden Sommermärkte an Jakobi und an Laurentius fielen in die Hundstage, und der Simon-Judi-Markt in den letzten Oktobertagen ließ an Warmes und Gestricktes denken und an Kerzen für die langen Winternächte. (Später hat man zu Lichtmeß, zur Fastenzeit, zu Kathrein und zu Weihnachten noch einmal soviel Märkte dazugenommen.)

Es läßt sich nicht genau ergründen, wann die ersten Märkte in Mühldorf abgehalten wurden, aber im Stadtrecht um 1350 wird schon darauf Bezug genommen und genau definiert, was zur Freiheit eines Marktes gehörte. Diese gewährte „Freiung" erstreckte sich auf eine Woche vor dem eigentlichen Markttag und eine Woche danach und verbot für diese Zeit jedes Pfändungsrecht aus früher vollzogenen Handelschaften und setzte alle auch noch so berechtigten Ansprüche an einen Schuldner für diese Tage aus. Wenn zum Beispiel ein Dorfwirt aus der Umgebung in Mühldorf Wein und Schnaps gekauft hatte, ohne die Ware auch bezahlt zu haben, und zum Markttag neuerlich seinen Bedarf, diesmal aber bei einem anderen Händler, erstand, so konnte ihn der Gläubiger deshalb nicht pfänden lassen. Oder wenn ein Tuchmacher aus Neumarkt von einem Mühldorfer Handelsmann Schafwolle erstanden hatte, für die die Rechnung noch offen stand, so durfte der Tuchmacher jetzt nicht gepfändet werden um seine Schuld zu begleichen, auch dann nicht, wenn das aus seiner unbezahlten Wolle gefertigte Tuch vor seinem Laden verkauft wurde. Diese Freiheit war keinesfalls willkürlich gewährt, sondern dringend notwendig. Wäre sie zu einem Jahrmarkt nicht garantiert gewesen und hätte jeder Händler mit seiner Ware für seine einmal gemachten Schulden einstehen müssen, wäre kein Fierant ein zweites Mal erschienen. Auch der persönliche Schutz der Händler mußte durch die Stadt gewährleistet werden, in Anbetracht der vielen Bettler und Diebe, die ebenfalls zu den Märkten in die Stadt kamen, eine berechtigte Forderung.

Damit dieser besondere Schutz für die gefreiten Märkte durch die städtische Ordnung jedem Besucher des Marktes demonstrativ vor Augen geführt sei, steckte man an einem Fenster des Rathauses bei Beginn der Freiung ein besonderes Zeichen aus, einen aus Holz gefertigten Arm, der ein hölzernes Schwert in der Hand hielt. Einige Stadtkammerrechnungen berichten, daß man die Hand, die zu der Freiung gehört, mit roter und silberner Farbe kräftig aufpoliert hat, damit sie nur ja nicht übersehen werde. Doch im Jahr 1640 endlich kam der Rat der Stadt zu der Einsicht, daß diese hölzerne Hand als Marktzeichen doch etwas kümmerlich sei, und man beauftragte den Bildhauer Hans Teifelich, einen Mann in voller Größe zu schnitzen. Er wurde in eine farbenprächtige Uniform gesteckt und gab von seinem neuen Standpunkt auf dem Hochbrunnen ein würdevolles Bild polizeilicher Allmacht. Nur die schwedischen Soldaten haben am Ende des Dreißigjährigen Krieges den nötigen Respekt fehlen lassen und haben ihn, als Zielscheibe benutzend, arg zugerichtet. Erst als man nach dem Krieg wieder so leidlich zu Geld gekommen war, ließ man den hölzernen Veteran durch einen „märmelsteinernen Mann" ersetzen. Der Berchtesgadener Bildhauer Franz Khiemhofer bekam den Auftrag, einen ewigen Wächter zu meißeln, und tatsächlich hat er bis heute alle gefährlichen Stürme gut überstanden. Als im 19. Jahrhundert die Märkte auch ohne Freiung funktionierten, hat man für den Wächter einen anderen Platz gesucht, man hat ihn zu einem heiligen Florian umfunktioniert und auf die Innbrücke gestellt. Und auch dieser Standplatz hat sich als nicht ganz ungefährlich erwiesen, denn als man 1945 die Innbrücke in die Luft gesprengt hatte, ist auch er nicht mit heilen Knochen davongekommen. Es hat vieler chirurgischer Kunstgriffe bedurft, um ihn wieder zusammenzuflicken. Seitdem ist er wieder mit Schild und Lanze ausgestattet und fühlt sich sichtlich wohl vor dem Münchener Tor. Man sieht es ihm kaum an, daß er schon über 300 Jahre in städtischen Diensten steht. Nur die Mühldorfer Jahrmärkte selbst, über die er so lange gewacht hatte, haben sich ebenso langlebig und unverwüstlich gezeigt wie er. Händler, Käufer, Schaulustige und kleine Gauner treffen sich wie eh und je ein paarmal im Jahr auf dem großen Platz in Mühldorf, um die letzten Neuheiten zu sensationell billigen Preisen in ausgesuchter Qualität zu erstehen. Die Fieranten scheinen auch seriöser und wohlhabender geworden zu sein, seitdem man die alte Freiung abgeschafft hat.

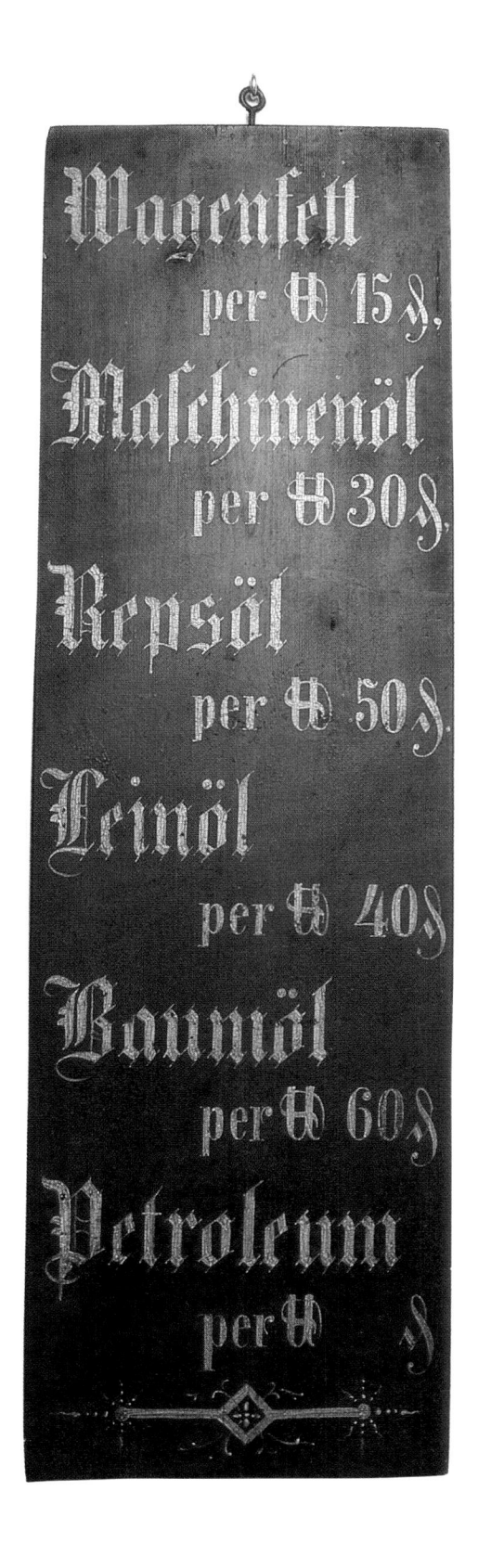

Für die Wochenmärkte bestand keine zwingende Notwendigkeit, sie mit privilegierten Freiheiten auszustatten. Sie sollten den Stadtbewohnern ja nur die Möglichkeit verschaffen, sich mit frischen Lebensmitteln aus dem bäuerlichen Umland zu versorgen, wenngleich auch dabei die städtischen Behörden aufgerufen waren, für ein möglichst vielfältiges Angebot zu sorgen, den ordentlichen Ablauf des Marktes zu überwachen und die Bürger vor unberechtigtem Preiswucher zu schützen. Dieser ausgesprochene Natural- und Viktualienmarkt wurde in Mühldorf an jedem Dienstag abgehalten. Dazu war dem Marktmeister aufgetragen, das Marktzeichen zu setzen, ein Zeichen dafür, daß von Stund an jedem Bauern oder Schwaiger gestattet sei, auf offener Straße seine Lebensmittel feilzubieten. Das Marktzeichen bestand aus einer Stange mit einem aufgesteckten Strohwisch, dem Schab, wie er genannt wurde. Er blieb in der Regel bis 10 Uhr vormittags stehen und signalisierte, daß während dieser Zeit ausschließlich zwischen Erzeugern und Verbrauchern Geschäfte getätigt werden durften. Erst nachdem sich die Bürgersfrauen und Köchinnen mit frischem Gemüse, mit Eiern, Schmalz, Geflügel und jahreszeitlich gebotenem Obst eingedeckt hatten, durften die Zwischenhändler, Krämer und Fragner als Käufer auftreten, um auch an den anderen Wochentagen frische Lebensmittel anbieten zu können. Der aufgesteckte Schab bedeutete also eine limitierte Einkaufszeit für den einfachen Bürger und Konsumenten, bei der sich unter Ausschaltung des Zwischenhandels der Preis im freien Wechselspiel von Angebot und Nachfrage von selbst regeln konnte. An dieser durchaus vernünftigen und sozialen Reglementierung der Wochenmärkte hat der Magistrat eisern festgehalten, es war sogar jedem Bürger freigestellt, seine eigenen Gartenerzeugnisse zum Kauf feilzubieten. Trotzdem hat es fortwährend Streit gegeben, weil die Krämer und Fragner mit allen Tricks versucht haben, den Bauern schon vor der Stadtmauer ihre Krautköpfe oder Butterkugeln abzukaufen, um mit diesem en gros abgewickelten Vorkauf später den Preisvorteil des verminderten Angebots für sich auszunutzen. So hat zum Beispiel ein Fragner die ganze Ernte an Nüssen schon von den Bäumen weg erworben und dann nur zehn Stück Nüsse für einen Pfennig abgegeben, obwohl 15 Stück vorgeschrieben waren. Die Protokollbücher sind voll von Beschwerden und Verdächtigungen, aber der Magistrat hat streng bestraft, sobald das Prinzip des freien Marktverlaufes durch irgendwelche Machenschaften in Gefahr geriet. Die in Mühldorf ansässigen Geschäftsleute waren verständlicherweise nicht sehr angetan von der Invasion fremder Händler anläßlich der Jahr- und Wochenmärkte, sie hatten Angst vor der „ausländischen Konkurrenz", die ihnen nicht selten mit Pfuscherei und minderer Qualität die Preise verdarb. Aber der Magistrat setzte auf den Vorteil der Allgemeinheit, er mußte auch an den warmen Regen für die Gastwirte, Bäcker und Metzger denken, die wie alle Bereiche des Handwerks von einem außergewöhnlichen Zulauf der Landbevölkerung nur Nutzen ziehen konnte.

Es fällt nicht leicht, sich aus der jetzigen Situation des permanenten Überangebots von Gütern aller Art, in der Zeit der Warenhäuser und Supermärkte, vor allem auch der schnellen und bequemen Verkehrsverbindungen vorzustellen, welch ungeheuren Wert die damaligen Märkte für die Wirtschaft der Stadt hatten. Handwerker und Kaufleute waren angewiesen auf bäuerliche Kundschaft, für die Herstellung von Textilien, Lederwaren, Metallgegenständen, irdenem Geschirr, Seilerwaren oder landwirtschaftlichem Arbeitsgerät war ein über die Stadt hinausreichender Absatz unerläßlich. Nur an diesen wenigen Markttagen des Jahres kamen die Kunden in Scharen, um zu schauen, zu prüfen und zu kaufen. Da bot sich eine einzigartige Möglichkeit, für sich Reklame zu machen, Geschäftsverbindungen anzuknüpfen und sein Können unter Beweis zu stellen. Die Anziehungskraft seiner Märkte zu erhalten, mußte Mühldorf mehr bedeuten als anderen Städten, weil ihm sein natürliches Hinterland durch die Grenzen des Burgfriedens abgeschnitten war.

Mit der durch die Säkularisation erfolgten Überführung Mühldorfs in den bayerischen Staat und mit der Aufhebung der Burgfriedensgrenzen hat die Stadt eine intensivere Verbindung zu den umliegenden Nachbarn bekommen. Alte Handelsbeschränkungen waren plötzlich gegenstandslos geworden, und vor allem die Bauern der Umgebung fanden in Mühldorf einen neuen Markt. Das salzburgische Mühldorf in seiner Isolation war für Vieh- und Viktualienmärkte kein gutes Pflaster, bayerische Behörden haben Mühldorf die Vorteile eines Handelsmarktes immer mißgönnt. Außer von Schweinemärkten im 16. Jahrhundert, die wohl ausschließlich lokalen Bedürfnissen gedient haben, gibt es auch keinerlei Hinweise. Als aber Mühldorf bayerisch geworden war, beeilte sich der Magistrat, eine Genehmigung für eine Getreideschranne in Verbindung mit einem Vieh- und Viktualienmarkt zu bekommen. So wurde im Jahr 1804 die säkularisierte Kapuzinerkirche als Schrannenhalle eingerichtet und in einer neuen Marktordnung gestattet, daß alle Gattungen Groß- und Kleinvieh, wie Pferde, Rinder, Kälber, Schweine und Schafe, alle Gattungen von Getreide, sowie Viktualien jeder Art, Wild, Federvieh, Fische und dergleichen, auch Holz und sonstige absetzbare Rohprodukte auf dem Stadtplatz zum Verkauf angeboten werden dürfen. Dem Hornvieh war der Platz vom Hochbrunnen bis zum Inntor zugewiesen, die Pferde hatten sich vom Hochbrunnen bis zum Nagelschmiedtor aufzustellen, dazwischen durften Schweine und Ferkel feilgeboten werden. Dem Federvieh waren die Arkaden unter den Bögen zugewiesen worden. Holz- und Getreidehändler schließlich feilschten vor dem Hotel Riedl. Dieses Spektakel vollzog sich mehrmals im Jahr, und wenn man aus dem Marktbericht von 1901 herausliest, daß 200 Kühe, 149 Jungrinder, 190 Ochsen, 86 Schweine und 812 Pferde aufgetrieben waren, dann kann man sich einen lebhaften Vormittag gut vorstellen. Abgesehen von der Schwierigkeit, die Spuren eines solchen Auftriebs wieder zu beseitigen, hat die Stadt doch den größten Gewinn daraus ziehen können.

Die Struktur Mühldorfs und seiner Bewohner

Für Mühldorf ist es nicht allzu schwer, einigermaßen zuverlässige statistische Angaben zu machen. Der umfassende Mauerring hat eine weitere Ausdehnung der Stadt nicht zugelassen, weder von der Einwohnerzahl noch von der Zahl der Gebäude her. Selbst den beiden Vorstädten waren durch Fluß und Berg räumliche Beschränkungen auferlegt und so ist der Bestand der Stadt von 1300 bis 1870 in etwa gleichgeblieben. Mühldorf dürfte demnach über 500 Jahre lang aus 300 bis 400 Häusern bestanden haben, wobei man zu 300 Wohnhäusern wohl 100 behördlich-kirchliche Anlagen und Wirtschaftsgebäude in Form von Kästen, Brauhäusern, Lagerhäusern und Stallungen rechnen darf. Danach ließe sich eine Zahl von gut 2000 beständigen Einwohnern errechnen, die nur einmal ernsthaft in Zweifel gerät, nämlich durch die Angabe, daß während der Pestepidemie von 1348 1400 Bewohner ums Leben gekommen sein sollen. Es ist aber vielmehr anzunehmen, daß es sich dabei um weitaus übertriebene Totenzahlen handeln muß, als daß Mühldorf damals schon drei- bis viertausend Einwohner gehabt hätte. Das soll aber nicht heißen, daß es durch Katastrophen keine Schwankungen der Bewohnerzahl gegeben hätte. Wir wissen vom Beginn des 17. Jahrhunderts, daß zwei Epidemien insgesamt mehr als 800 Tote innerhalb einer Generation gefordert haben und daß zusammen mit den Folgen des Dreißigjährigen Krieges und des Stadtbrandes von 1640 die Einwohnerzahl auf etwa 1000 Personen zurückgegangen ist. Aber ein kontinuierlicher Zuwachs der Bevölkerung ist erst mit dem Bau der Eisenbahn um 1870 festzustellen, wobei das traditionelle Bebauungsgebiet erstmals erweitert wurde und die langfristige Schaffung von Arbeitsplätzen und dauerhafte Verdienstmöglichkeiten einen Schub von neuen Zuwanderern brachten. Auch die Erwerbsstruktur und die soziale Zu-

Zeichen, die für sich sprechen: künstlerisch gestaltete Nasenschilder am Stadtplatz

sammensetzung der Bevölkerung ist in all den Jahrhunderten ziemlich gleich geblieben; die Erwerbsmöglichkeiten blieben auf die Bedürfnisse der Stadt beschränkt, das Kapital blieb auf wenige Familien verteilt, und das Bürgerrecht war ganz bewußt auf die Erhaltung der sozialen Unterschiede und der gegebenen Machtverhältnisse ausgerichtet. Etwa ein Drittel der erwachsenen Einwohner besaß das Bürgerrecht und hatte damit allein die Möglichkeit zu unbeschränktem Erwerb, sei es durch außerstädtische Handelsverbindungen oder durch Landkauf außerhalb des Burgfrieds. Nur ihm blieb es vorbehalten, zu vererbbarem Familienvermögen zu gelangen. Nur der Status eines freien Bürgers gestattete es, auf die Lebensbedingungen, auf wirtschaftliche und politische Verhältnisse der Stadt direkten Einfluß zu nehmen.

Ein weiteres Drittel der Bewohner rekrutierte sich aus sogenannten Inwohnern, verheirateten Handwerksgesellen, Brauburschen, Zolleinnehmern, Stadtpfeifern, Ländhütern, Fuhrknechten oder Taglöhnern, bei denen es zum eigenen Hausbesitz nie gereicht hat und die nur in Logis wohnten, weder Wahlrecht noch einen eigenen Kirchenstuhl beanspruchen konnten, sich auch nicht unerlaubt aus der Stadt entfernen durften. Ihre Söhne mußten beim Magistrat um Heiratserlaubnis nachsuchen, die nur gewährt wurde, wenn sichergestellt war, daß sie sich aus eigener Kraft ernähren konnten und mit Frau und Kindern nicht der Allgemeinheit zur Last fielen. Sie waren irgendeinmal aus der Umgebung nach Mühldorf zugezogen, waren damit dem bittern Los der Leibeigenschaft entronnen und fanden hinter der Stadtmauer wenigstens eine sichere Bleibe, ein geregeltes Auskommen und Bewahrung vor herrschaftlicher Willkür. Niemand konnte sie mehr ohne grobe Verfehlungen aus der Stadt verweisen, sie gehörten einer städtischen Gemeinschaft an, die viele Vorteile mit sich brachte: Brandschutz, Krankenpflege, schulische und berufliche Ausbildung der Kinder, denen für kommende Generationen alle Möglichkeiten offenstanden.

Das restliche Drittel der Einwohner bestand aus Knechten und Mägden, die mit ihrem Wohl und Wehe an ein Bürgerhaus gebunden waren. Für sie hatte der Magistrat eine umfangreiche Dienstbotenordnung erlassen, in der weder von geregeltem Lohn, noch von bestimmter Verköstigung oder gar von einer vereinbarten Arbeitszeit die Rede war, um so mehr aber von Moral und Gehorsam, vom Verbot, bei Einbruch der Dunkelheit noch außerhalb des Hauses zu sein, von Kleidern, wie sie einem Dienstboten nicht zustehen und empfindlichen Strafen für jene, die während des Jahres ihrem Dienst entlaufen. Es war der Wachsamkeit des Hausherren aufgetragen, streng auf die Trennung der Schlafkammern bei den Dienstboten zu achten. Als dann kurz vor 1900 vom Staat per Gesetz verfügt wurde, daß jeder Arbeitgeber die Hälfte des neu eingeführten Kranken- und Rentenversicherungs-Beitrages für seine Dienstboten zu übernehmen habe, gab es einen Sturm der Entrüstung unter der Bürgerschaft, und man fragte sich ganz ernsthaft, wohin das noch führen werde, wenn der Herr Bierbrauer und sein Hausl einmal nicht mehr zwei grundverschiedene Dinge sein sollten. Die gesellschaftliche Entwicklung im 19. und 20. Jahrhundert hat dann gezeigt, daß gerade durch das untere Drittel der Pyramide das Ende des bürgerlichen Zeitalters herbeigeführt wurde.

Zünfte – Zechen – Bruderschaften

Die dominierende Rolle im Leben der Stadt Mühldorf fiel der freien Bürgerschaft zu. Das umfaßte den administrativen Bereich durch Besetzung aller öffentlichen Ämter, Ausübung aller Kontrollfunktionen sowie der exekutiven

Gewalt, das galt für die wirtschaftlichen und monitären Verhältnisse, die sie als Arbeitgeber und Steuerzahler bestimmte, und auch für den Bereich der sozialen Gerechtigkeit, einer christlich-moralischen Verantwortung gegenüber ihren benachteiligten Mitbürgern. Sie haben diese Rolle im Laufe der Jahrhunderte nie verleugnet, haben im Zusammenwirken mit der Kirche feste Organisationen geschaffen, die sich neben beruflicher Standespflege besonders caritativen Aufgaben zuwandten. Schon seit Beginn der Mühldorfer Stadtgeschichte wissen wir von Zusammenschlüssen einzelner Berufszweige im Sinne einer vernünftigen Kollegialität, um die Marktanteile gerecht aufzuteilen, um Preis und Qualität ihrer Erzeugnisse in gesunder Relation zu halten und sich übermäßige, ruinöse Konkurrenz vom Leibe zu halten. So lesen wir schon im Jahr 1120 vom Zusammenschluß der Schiffsleute zu einer Schifferinnung, drei Jahre später formiert sich eine Kaufleutezunft, 1371 entsteht die Kürschnerzunft und 1427 die Bäckerzunft mit fester Satzung und Zechpröpsten als freigewählten Vorstehern. Sie nannten sich „Löblich, christliche Bruderschaften", die Kürschnerzunft bezeichnete sich als „Arme-Seelen-Bruderschaft" und unterstrich damit den sozial-religiösen Aspekt, dem sie sich neben ihren beruflichen Aufgaben verpflichtend widmete. Sie ließ in der Mitte des 14. Jahrhunderts die Johanneskapelle erbauen; die Bäckerkapelle neben der Vorhalle von St. Nikolaus zeugt heute noch von ihrem Engagement, und die Metzger haben aus ihrer Zunft heraus den Antoniusaltar in der Pfarrkirche mit einem Benefizium gestiftet und für dauernd unterhalten. Es war selbstverständlich, daß an diesem Altar für jedes verstorbene Zunftmitglied eine Seelenmesse gelesen wurde, daß das Patrozinium ihres gewählten Patrons besonders feierlich begangen wurde und daß zur Donnerstagsprozession zwei Zechleute die geschmückte Zunftstange mitgetragen hatten. Auch für die Fronleichnamsprozession war satzungsmäßig geregelt, daß derjenige, der zuletzt der Bruderschaft beigetreten war, die Zunftfahne zu tragen hatte. Für seine Strapazen war ihm dann hernach eine Morgensuppe bewilligt, deren Kosten aber den Betrag von zwölf Kreuzern nicht übersteigen durfte. Fester Satzungsgegenstand aller Zunftordnungen war die Verteilung von Almosen an die Armen. Nach den stets feierlich begangenen Jahrtagen wurden ganze Waschkörbe von Brot unter den Hausarmen verteilt, den Kindern der Unbemittelten wurde das Schulgeld bezahlt, vor allem die Unterstützung verarmter Witwen und Waisen galt den Bruderschaften als eine Ehrenpflicht. Die Zünfte haben im späten Mittelalter einen Part übernommen, um den sich kein Landesherr, auch kein geistlicher, kümmerte und für den die finanziellen Mittel der Gemeinden völlig unzureichend waren. Die soziale Fürsorge war für sie ein Akt der christlichen Nächstenliebe, fest organisiert und in Satzungspunkten für jedes Mitglied verpflichtend niedergeschrieben, ein selbstverständlicher Beitrag zur Solidarität einer freien Lebensgemeinschaft.

Aber über der wohltätigen Seite der Zunftordnungen soll der gewerbliche und wirtschaftliche Aspekt nicht übersehen werden. Zunächst ging es in den Städten um eine ausreichende Versorgung der Bewohner mit lebenswichtigen Erzeugnissen wie Textilien, Lederwaren, Holz- und Metallwaren, um die tägliche Produktion frischer Lebensmittel, um Dienstleistungen aller Art, wie sie von Badern, Gewandschneidern, Strümpfstrickern, Hufschmieden oder Fuhrleuten erbracht wurden, oder um genügend Bierbrauer, Gastwirte und Weinhändler. Als aber die Städte im 14. Jahrhundert ihre endgültige Ausdehnung erfahren hatten, mußte die ursprüngliche Gewerbefreiheit ein Ende nehmen. Der Selbsterhaltungstrieb der Handwerker und Kaufleute führte notwendigerweise zu einem Zusammenschluß und freiwilliger Organisation durch Zunftordnungen und Handwerkergesetze. Damit schuf man ein wirkungsvolles Regulativ gegen übermäßige Konkurrenz, die den ausreichenden Lebensunterhalt des einzelnen in Frage gestellt hätte. Schon die Aufnahme in

Zunftlade, ausgestellt im Kreisheimatmuseum Lodronhaus

die Zunft richtete sich zunächst nach der Bedürftigkeit, denn da die Anzahl der Verbraucher sich kaum veränderte, hätte es auch kaum einen Sinn gehabt, z. B. weitere Bäckereien zuzulassen. So war die Zulassung eines neuen Gewerberechtes äußerst selten, die bereits bestehenden wurden nach dem Tod des Inhabers durch Einheirat oder Kauf weitergeführt. Trotzdem hatte ein Neuankömmling die Pflicht, durch Vorlage eines Meisterstückes seine Qualifikation unter Beweis zu stellen. Sogenannte „Schaumänner" waren jederzeit berechtigt, Qualität und Preis der Erzeugnisse zu kontrollieren, die Zünfte sparten nicht mit hohen Strafen bei unkollegialem Verhalten oder berechtigten Beanstandungen aus der Bevölkerung. Ein besonderes Augenmerk galt der Heranbildung des beruflichen Nachwuchses durch mehrjährige Lehrverträge, zu denen die Jugendlichen in das Meisterhaus aufgenommen wurden. So beschränkte sich die Lehre nicht nur auf das Handwerkliche, es ging auch eine Erziehung zur sittlichen Aufführung, zu Gehorsam und christlich-moralischer Lebensweise einher. Erst nach feierlicher Freisprechung und Aushändigung des Gesellenbriefes galt der Jugendliche als selbständig und gereift genug, um zu einer fünfjährigen Wanderschaft aufzubrechen, seine Kenntnisse bis zur Meisterschaft zu vervollständigen und zum erstenmale über die Mauern seiner Heimatstadt hinauszutreten.

Die Mühldorfer Bäckerordnung gewährt uns einen interessanten Einblick in die inneren Gesetzmäßigkeiten einer Handwerkszunft. In einigen Artikeln sind die Obliegenheiten des alljährlich neu zu wählenden Zunftmeisters genau geregelt, über die von den einzelnen Mitgliedern zu leistenden Beiträgen in den „Zechschrein" ist zu lesen, über die Verwendung des Zunftvermögens, der Gebühren und Bußgelder, über Ausschluß bei sittenwidrigem Verhalten und Formalitäten zur Neuaufnahme eines jungen Meisters, dem die Zeremonie des Meistertrunks einen gehörigen Batzen Geld abverlangte. Wir erfahren von Seelenmessen und Donnerstagsprozessionen, von langen Sitzungen in der Zuntherberge und Beschwerden gegen das ganze ehrsame Handwerk der „Beckhen", wenn wieder einmal die Semmeln zu klein und die Wecken zu „dalkhig" im städtischen Brothaus lagen.

Die Zunftordnungen und Satzungen der Mühldorfer Bruderschaften sind ein Stück Kulturgeschichte und ein Querschnitt durch die gesellschaftlichen Verhältnisse der Stadt. Bei-

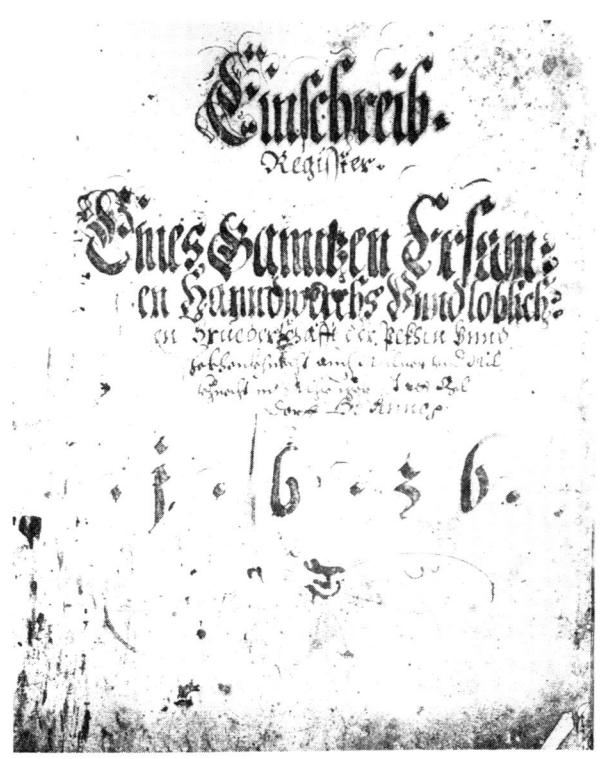

Titelseite des Einschreiberegisters des Handwerks und der Bruderschaft der Bäcker und Bäckerknechte sowie der Müller und Mühlknechte zu Mühldorf

nahe alle erwähnten Handwerksmeister finden sich im Rat der Stadt wieder und werden in den Ratsprotokollen erwähnt, sie nehmen an allen Entscheidungen teil, bei denen es um Geld und Gut, Recht und Moral geht. Im Lebensprinzip des selbständigen Handwerks, das immer auf Tüchtigkeit im Beruf, auf Fleiß und Sparsamkeit, Solidität, Genügsamkeit und christlicher Hilfsbereitschaft aufgebaut war und dessen Grundsatz immer mit „leben und leben lassen" überschrieben wurde, steckt das ganze Geheimnis einer freien Bürgerschaft schlechthin. Es ist die Bereitschaft des einzelnen, für seine Zeit, für seine Mitmenschen und für seine Stadt über das persönliche Wohlergehen hinaus Verantwortung zu übernehmen. Es kommt nicht von ungefähr, daß mit dem Ende der bürgerlichen Gesellschaft im 19. Jahrhundert auch der goldene Boden des Handwerks seinen alten Glanz eingebüßt hat, auf dem es über lange Zeit gestanden hatte.

Mühldorfs Grenzen

Die Stadtmauer von Mühldorf war ausschließlich für den Fall der Verteidigung errichtet, sie war ein Sicherheitsgürtel, der es Feinden unmöglich machen sollte, in die Stadt einzudringen. Die Geschichte nennt uns viele Beispiele, in denen durch erfolgreiche Abriegelung Mensch und Gut vor Schaden bewahrt werden konnten, aber ebensooft erwies sich dieser Schutzwall als einschnürende Fessel, wenn bei Belagerungen nicht nur das Eindringen verwehrt wurde, sondern auch die Verbindung zum unmittelbaren Umfeld abgeschnitten blieb, zu Gärten und Feldern und allen lebenswichtigen Gütern, die nur jeweilig kurzfristig auf Vorrat zu halten waren. Ein Mauergürtel konnte in seiner Schutzfunktion nur vorübergehend hilfreich sein; ebenso notwendig waren die Wiesen und Äcker vor der Stadt, die Zufuhr aus dem Hinterland, ohne die keine Stadt auf Dauer leben kann.

Aber Mühldorf war von Beginn an eine Exklave, es war durch die Zugehörigkeit zu Salzburg von seiner natürlichen Umgebung im Isen- und Inntal abgeschnitten, die Bauern von Flossing und Erharting waren bayerisch und konnten jederzeit daran gehindert werden, ihre Erzeugnisse in Mühldorf auf den Markt zu bringen. Deshalb haben die Erzbischöfe, wahrscheinlich schon seit dem 12. Jahrhundert, einen eigenen Grüngürtel zum städtischen Territorium dazugegeben, einen Burgfried geschaffen, der zwar militärisch nicht abzuschirmen, aber unter salzburgische Gerichtsbarkeit gesetzt wurde und durch Zäune oder Gräben, später durch feste Grenzpfähle deutlich gekennzeichnet war. Das Gebiet des Burgfriedens war städtisches Gebiet und erstreckte sich sowohl südlich, als auch nördlich über den Inn hinaus, Hinterland für die Stadt, die so ihre Grundversorgung mit frischen Lebensmitteln gewährleisten konnte. Ein Teil des Gebietes wurde von Stadtbürgern als Kraut- und Wurzgärten für die hauseigene Versorgung bewirtschaftet, der größere Teil aber gehörte Bauern und Schwaigern, die von ihrer Landwirtschaft lebten, aber ebenso wie Handwerker und Kaufleute der Mühldorfer Bürgerschaft angehörten.

Bezeichnend ist, daß das Dorf Altmühldorf eindeutig als innerhalb des Burgfriedens liegend erwähnt wird, aber erst im 13. Jahrhundert als Altenmühldorf und dann sogar als eigene Hofmark von Mühldorf bezeichnet wird. Die Zusammengehörigkeit der beiden Orte ist also von Anfang an gegeben, aber erst Jahrhunderte nach der ersten Nennung von Mühldorf wird das Dorf auf dem Höhenzug namentlich genannt und mit der Vorsilbe „Alten" versehen. Hängt diese erst so spät vollzogene namentliche Abgrenzung voneinander nicht doch mit der ersten Namensgebung entscheidend zusammen? Hat man die Altsiedlung nur nicht mehr für erwähnenswert gehalten, oder später dieses Dorf nur wegen der Zugehörigkeit zum städtischen Territorium mit dem Namen der Stadt versehen?

Ein genaues Datum für eine allgemeingültige Abgrenzung des Burgfriedens gegen das bayerische Umland kennen wir nicht. Im Mühldorfer Stadtrecht ist zwar schon um 1300 vom „Purchrecht" die Rede, aber die fortwährende Mißachtung desselben von seiten der Landgerichte Neumarkt im Norden und Mörmoosen im Süden und Nachrichten über ununterbrochene Streitigkeiten an der Grenze lassen darauf schließen, daß der Grenzverlauf nicht eindeutig festgelegt war. Darum entschloß man sich 1577 nach vorherigen Verhandlungen, hölzerne Marchsäulen aufzustellen, die auf der einen Seite das bayerische Wappen und auf der anderen Seite das Emblem der Stadt Mühldorf trugen. Aber die Mißstimmigkeiten waren dadurch nicht aus der Welt geschafft, zumal es ja damals ein malefizisches und ein gemeines Recht gab, dessen Handhabung hier dem Salzburger Richter und dort dem bayerischen Pfleger zustand, und hölzerne Säulen bei Regen und Wind auch nicht unbegrenzt haltbar waren. So hat sich 1661 eine gemeinsame Kommission in Neuötting zusammengefunden und einen Vertrag ausgearbeitet, der die Kompetenzen genauestens festlegte und mit Hilfe der Steuerlisten streng unterschied, wer als Bürger von Mühldorf zu gelten hatte oder nur in einem losen Untertanenverhältnis zum Erzbischof stand und der auch die gemeinsame Anschaffung neuer „Marchsäulen" aus einem salzburgischen Steinbruch vorschrieb. In einer Ortsbesichtigung wurden die Standpunkte der einzelnen Säulen genauestens festgelegt, auf der nördlichen Innseite sollten 23 Steine und südlich des Flusses 27 gesetzt werden. Die somit endgültig festgelegte Grenze zog sich vom Innufer in großem Bogen um das Dorf Altmühldorf und um Ecksberg herum, verlief in der Höhe der heutigen Siedlung Mühldorf-Nord in West-Ost-Richtung, überschritt beim Ortsteil Eichfeld die Töginger Straße und verlief östlich der später erbauten Eichkapelle wieder zum Inn hinunter. Am Südufer verlief die Grenze an der Lohmühle vorbei, umfaßte das heutige Hammer und zog sich über die Tegernau wieder zum Inn zurück. Die neuen Steine hatten die Form eines sich nach oben leicht verjüngenden Obelisken, die in eine stumpfe Pyramide endigen. Sie sind alle etwa 1,20 bis 1,50 Meter hoch, tragen durchlaufend eine Nummer und lassen auf der einen Seite das bayerische Rautenwappen sehen und auf der anderen Seite nicht mehr das Wappen der Stadt Mühldorf, wie an den vorhergehenden, sondern das des Erzstiftes Salzburg. Die Kosten von 421 Gulden, 7 Kreuzern und 26 Hellern wurden je zur Hälfte aufgeteilt, der Transport von Salzburg heraus belief sich auf 75 Gulden zusätzlich.

Nur in dem Gebiet zwischen Töginger Straße und Eichkapellenstraße hatte sich eine Unregelmäßigkeit ergeben. Als man nämlich in der Nähe der Eichkapelle den letzten Stein gesetzt hatte, mußte man feststellen, daß sich die Sichtlinie zwischen Stein 20 und 21 nicht mit der tatsächlichen Burgfriedensgrenze deckte. Besonders ein Acker des Bauern von Hölzling, der mit seinem Hof dem Kurfürsten von Bayern unterstand, wäre zum Mühldorfer Burgfrieden gekommen und das hätte von neuem zu Streitigkeiten führen können. So sind zwischen Stein 20 und 21 drei besondere Steine eingefügt worden, die mit den Buchstaben A, B und C gekennzeichnet sind, um nicht neuem Unfrieden Vorschub zu leisten.

Manchen Grenzsteinen war eine besondere Funktion zugeschrieben, und der Volksmund hat sie dementsprechend auch mit besonderen Namen versehen. So trug der Stein 3 in der Nähe von Ecksberg den Namen „Zuckenmantel" und markierte die Stelle, an der die Schwerverbrecher, die im Burgfrieden gefangen, dort aber nicht abgeurteilt werden durften, an das Landgericht Neumarkt übergeben wurden. Das Wort Zuckenmantel, das schon 1442 verwendet wurde, bedeutet soviel wie Räubernest oder Wegelagern und bezog sich auf jene Personen, die innerhalb des Burgfriedens eine todeswürdige Straftat begangen hatten. Auch im Süden, an der Grenze zum Landgericht Mörmoosen war ein solcher Platz bestimmt. Es war der Stein mit der Nummer 11. Diesem gegenüber, natürlich schon auf bayerischem Gebiet, war der Galgen des Mörmooser Hochgerichtes, an dem man die Übeltäter zur Abschreckung der anderen nach der Aburteilung noch einige Zeit baumeln ließ. Der Volksmund bezeichnete sie als „Luftgeselchte", und dieser drastische Name wurde auch auf den Grenzstein gegenüber übertragen. Beide Steine erinnern an den wenig humanen Strafvollzug früherer Zeiten und an die auch damals schon häufig geübte Praxis, sich durch die Flucht ins Ausland in Sicherheit zu bringen und damit der gerechten Strafe zu entkommen.

Ihren eigentlichen Zweck allerdings, endgültigen nachbarlichen Frieden zu stiften, haben auch die steinernen Grenzsäulen nicht erfüllen können. Wenn es auch keine bewaffneten Auseinandersetzungen mehr zwischen Bayern und Salzburg gab und die Trennungslinien für alle Zeit gezogen schienen, so schwelte doch der Kleinkrieg um eingeschmuggeltes Vieh, um Bier, das zu Unrecht aus Mühldorf herausgeschafft wurde, um Mauten und Zölle und tausend Unregelmäßigkeiten bäuerlicher Handelschaft unentwegt weiter, es gab Protestschreiben, Einsprüche und Verwahrungen auf beiden Seiten, ein unentwegtes Gezänke um Kleinigkeiten, wie es eben unnatürliche Grenzen mit sich bringen.

Bischöfliche Gunst

Das Schicksal dieser Stadt, über tausend Jahre lang nur eine isolierte Exklave einer ausländischen Macht zu sein, kann man gewiß als ungewöhnlich bezeichnen, ein Unglück jedoch war es bestimmt nicht. Selbst die frühesten Jahrhunderte des allmählichen Konsolidierens, der unaufhörlichen Machtproben zwischen Bayern und Salzburg, die um diesen kleinen Flecken Land ausgefochten wurden, haben nur die Begehrlichkeit Mühldorfs deutlich gemacht und die geistlichen Herren zu besonderer Fürsorge um ihren Besitz angestachelt. Nirgendwo waren die schützenden Mauern so

Guldiner „Rübentaler" aus der Regierungszeit von Erzbischof Leonhard von Keutschach, 1495–1519

Das Salzprivileg Erzbischof Adalberts von 1190 ist der erste Beweis fürsorglichen Engagierens für die Stadt, das kostbare Mineral hat sie anziehend gemacht und ersten Wohlstand gebracht. Wie hätte sich sonst Erzbischof Philipp der Prächtige entschließen können, seine Provinzialsynode von 1249 in Mühldorf abzuhalten, zu der er Herzog Otto von Bayern und die Bischöfe von Chiemsee, Sekkau, Passau und Freising geladen hatte. Philipp hatte seinem Beinamen „der Prächtige" alle Ehre gemacht, er liebte es, verschwenderisch mit großem Gefolge aufzutreten, in der Stadt herrschten Bewunderung und helle Begeisterung ob des ungewöhnlichen Aufwandes, wenn er seine Feste gab oder auf dem Stadtplatz die farbenprächtigsten Turniere veranstalten ließ. Aber gerade sein Mühldorfer Turnier von 1256 und die ständig neuen Ausflüchte, die er erfand, um den längst fälligen priesterlichen Weihen zu entgehen, haben das Faß dann zum Überlaufen gebracht und seiner Regierung ein unrühmliches Ende bereitet.

Ein besonderer Glücksfall für die Stadt war Matthäus Lang von Wellenburg, der fünf Jahre im Pflegschloß in der Katharinenvorstadt residierte. Er war zum Kardinal erkoren und vom Papst zum Koadjutor bestimmt, man

festgefügt als in Mühldorf und von niemandem wurde das Ausharren auf diesen Mauern fürstlicher belohnt als von den Salzburger Bischöfen. Und wo hätten sich Handel und Gewerbe freier entfalten können als in Mühldorf? Den Bürgern dieser Stadt waren die Bischöfe trotz aller Feindseligkeiten, die sie ihretwegen zu ertragen hatten, lieb und wert, sie wußten die Vorteile zu schätzen, die jemand um den Erhalt eines begehrten Pfandes willen zu gewähren bereit ist. Der schwarze Löwe, den die Salzburger auf dem goldenen Grund ihres Wappens zeigten, war sanfter und leichter zu ertragen, als das goldglänzende Gegenstück der bayerischen Herzöge.

Halbguldiner von 1522 – Matthäus Lang von Wellenburg

76

hatte ihm die Einkünfte aus der Pflege Mühldorf und dem Gericht Mörmoosen zu seiner persönlichen Reputation angewiesen und er war genötigt, geduldig das Ableben von Erzbischof Leonhard von Keutschach in Salzburg abzuwarten, bis er selbst den Stuhl des heiligen Rupert besteigen könne. Er war schon 43 Jahre alt geworden, ehe er sich für den Purpur entschied, war ein hochbegabter Mann, der schon eine glänzende Karriere als Diplomat hinter sich gebracht hatte. In bürgerlichen Verhältnissen 1468 in Augsburg geboren, besuchte er die Universitäten Ingolstadt, Wien und Tübingen, hatte es zum Magister und Hochschullehrer gebracht, war promovierter Theologe und Jurist und war mit glänzenden Umgangsformen und ungewöhnlichen Sprachkenntnissen ausgestattet. Seine Laufbahn hatte in der Kanzlei Kaiser Friedrichs III. begonnen, der ihn zu seinem Geheimschreiber machte, bis ihn der Nachfolger Friedrichs, Kaiser Maximilian I., zum kaiserlichen Rat und Kanzler berief. Das war genau der Posten, der es ihm gestattete, alle seine Fähigkeiten auszuspielen, als gewiefter Taktiker, als weltmännischer Diplomat, als Gesandter beim Heiligen Stuhl, als Vermittler unter den Fürsten Europas und als gefürchteter, scharfsinniger Disputant im Kampf mit Martin Luther und seinem Glaubensprotest. Dabei hat er seinen persönlichen Vorteil nie außer Acht gelassen, war vom Kaiser mit der Herrschaft Wellenburg ausgestattet worden, erlangte die Augsburger Dompropstwürde und den Bischofsstuhl von Gurk, in seiner Hand hatte sich ein so beträchtliches Vermögen angesammelt, daß er jederzeit in der Lage war, seine Auftritte mit großer Pracht und ausgewähltem Pomp zu inszenieren.

Kardinal Matthäus Lang von Wellenburg hat die Zeit von 1514 bis zur Übernahme der Bischofswürde in Salzburg im Jahre 1519 in

An den Erbauer des Pflegschlosses, das heutige Finanzamt, erinnert diese Wappentafel

Mühldorf zugebracht und hat in dieser Stadt neben vielen Aktivitäten, Festlichkeiten, Konzilen und Synoden mit berühmten Gästen auch zwei bleibende Zeugnisse hinterlassen. Das eine ist eine Modifikation des Mühldorfer Stadtrechts, die er 1522 besorgte. Die erste Verfassung der Stadt war inzwischen mehr als 200 Jahre alt geworden und erwies sich in vielen Fällen nicht mehr als zeitgemäß und wer wäre berufener gewesen als Matthäus Lang, um die einzelnen Artikel zu reformieren, seine ungewöhnliche juristische Erfahrung einzubringen in die gesetzliche Ordnung einer Lebensgemeinschaft, die ihm in Zukunft selbst untertan sein würde. Das zweite Zeugnis, das ihn persönlich und die Salzburger Jahrhunderte überdauerte, ist das Pflegschloß am Katharinenplatz, das selbst in seiner heutigen Funktion als Finanzamt nichts von seiner Würde eingebüßt hat. In seiner klaren, den ganzen Platz beherrschenden Form möchte man meinen, es wäre so, wie es sich präsentiert, von Salzburg herausgebracht worden — eine angemessene Darstellung bischöflicher Hoheit. Die rote Marmortafel an seiner Fassade erzählt, daß Erzbischof Matthäus diesen Bau erst 1539 errichten ließ, zwei Jahre vor seinem Tod, der ihn von einem in allen Höhen und Tiefen durchlebten Erdenweg erlöste und die schwere Bürde seines Amtes von seinen Schultern nahm.

Im selben Jahrhundert noch dürften die beiden großen Getreidespeicher gebaut worden sein, die man heute noch trotz zeitgemäßer Nutzung Kornkasten und Haberkasten nennt. Wenn man ihre zweckgebundene Architektur, ihre Mehrschiffigkeit bis unter den hohen Dachstuhl betrachtet, fällt es nicht schwer, ihren ursprünglichen Zweck zu erraten, nämlich Lagerhäuser für die Abgaben der vielen Untertanen des Salzburger Bischofs an Inn und Isen zu sein, deren Verpflichtungen an den Grundherren überwiegend in Naturalien zu begleichen waren. Alle Grundherren im Gäu hatten sich für Mühldorf als Sammelpunkt für die Zehentlieferungen ihrer weitverstreuten Untertanen entschieden. Die Propstei Berchtesgaden, die Klöster Seeon, Baumburg, Seemannshausen, Raitenhaslach unterhielten ähnliche Kästen mit Kastner und Getreidemessern. Die beiden Salzburger Kästen jedoch ragen nicht nur optisch aus dem Stadtbild hervor, sie sind auch bewußte Präsenz des Landesherrn am Inn.

Ebenso verhält es sich mit dem Lodronhaus, das Erzbischof Paris Graf Lodron mitten im Dreißigjährigen Krieg als zusätzlichen Getreidespeicher erbauen ließ. Als die Ära Salzburgs mit der Säkularisation zu Ende ging, haben die bayerischen Behörden ein Strafgefängnis eingebaut, ohne den Grundcharakter

Das Kreisheimatmuseum Lodronhaus in der Tuchmacherstraße

des Hauses wesentlich zu verändern. 1974 hat der Landkreis Mühldorf das Gebäude käuflich erworben, nachdem der bayerische Staat sich zum Bau einer neuen Justiz-Vollzugsanstalt entschlossen hatte. Das Lodronhaus hat dadurch eine neue Bestimmung erhalten, es wurde als Landkreismuseum umgebaut, ist nun angefüllt mit tausendfacher Erinnerung an Salzburgs große Zeit in Mühldorf.

Aber auch der Rathaussaal der Stadt atmet den Geist seiner Zeit. Die Brandkatastrophe von 1640 ließ die Bürgerschaft zu Bittstellern beim Landesherrn werden, der Wolfgang Perger, den kunstfertigen Zimmermeister, im Auftrag von Paris Graf Lodron nach Mühldorf führte, um der Ratsstube ein neues Gesicht zu verleihen. Er hat den Stil der italienischen Palazzi, der damals in den großen Häusern Salzburgs so sehr in Mode war, mitgebracht, hat Kassetten aneinandergefügt, Intarsien verlegt und Giebel und Pilaster, zierliche Obelisken und feines Rankenwerk in Türen und Kästen geschnitzt, um den „besunders lieben Herren" vom Magistrat die nötige Reputation zu verleihen.

Auch Franz Anton von Harrach hat sich ein bleibendes Denkmal geschaffen mit dem Neubau des Spitals zum Heiligen Geist im Jahre 1717. Es ist bewußt an den äußersten Rand der Mauer gebaut, um die Gesunden nicht durch Ansteckung zu gefährden, aber doch im Blickfeld der Nikolauskirche und des Gottesackers, wie es sich für ein Kranken- und Siechenhaus gehört. Der Bau selbst in seiner fast italienisch anmutenden Blockhaftigkeit ist aus der Sorge um die Gesunderhaltung seiner Stadt entstanden, aus einer caritativen Verpflichtung eines geistlichen Landesvaters.

Der Hochbrunnen, der mitten auf dem weiten Platz großzügig sein Wasser stufenweise ins marmorene Becken führt, erinnert an Johann Ernst Graf von Thun, dem seine Residenzstadt Salzburg so viel unbeschwerte Heiterkeit verdankt. Um dieses Geschenk des Bischofs mischt sich zunehmend die Angst, daß er den Lärm und die stinkende Bedrängnis unserer Zeit nicht mehr lange ertragen könnte und zurückflieht in den Garten von Schloß Mirabell.

Am Ende dieser langen Kette Salzburger Landesherren hat auch noch Hieronymus von Colloredo Beweise seiner Gunst in dieser Stadt hinterlassen, Zeugnisse einer aufgeklärten Zeit, deren verordnete Nüchternheit alle Engel und Putten von den Altären vertrieb. Seine Denkmäler stehen als Altäre in der Pfarrkirche St. Nikolaus und sind so marmorkalt und düster, als schämten sie sich des unbefangenen, hellen Jubilate, das Wolfgang Summerers Orgel noch durch den weiten und lichten Raum tönen läßt. Im Rathaussaal hängt noch ein steifes Portrait vom letzten Fürstbischof, der ein wenig blaß und ausgezehrt wirkt gegenüber seinem Pendant, dem bayerischen Kurfürsten, dem neuen Herrn von Mühldorf.

Wappen des Erzbischofs Johann Ernst Graf von Thun am Hochbrunnen auf dem Stadtplatz

Im Stadtbild von Mühldorf liegt vieles versteckt und verborgen, was man nicht exakt beschreiben, sondern nur vage empfinden kann. Man weiß nur, daß es sich von anderen bayerischen Städten unterscheidet. Vielleicht ist es ein bißchen mehr an Heiterkeit und Gelassenheit oder doch ein wenig italienisch Renaissancehaftes, das sich über die Würde einer fürstbischöflichen Residenz leichter im Altbayerischen einnisten konnte? Wenn sich das helle Sonnenlicht auf die pastellfarbenen Fassaden der Innstadthäuser legt, scheinen Salzburg und das Gebirge nicht mehr so weit, es ist, als ob ein wenig mehr Nachsicht über allem läge, wahrscheinlich doch etwas, was mit Gunst und Milde und einem tausendjährigen Wohlwollen zusammenhängt.

Düsteres 17. Jahrhundert

Die erste Hälfte des 17. Jahrhunderts brachte Mühldorf eine Reihe von schweren Prüfungen, gegen die es weder Vorsorge noch Möglichkeiten zur Verhinderung gab, denen man hilflos ausgeliefert war und die man wie zwangsläufig hinnehmen mußte. Das begann im Jahr 1611 mit der Pest, die wie ein Blitz aus heiterem Himmel über die Stadt hereinbrach und die 1634 noch einmal ein Viertel der Bevölkerung hinwegraffte. Im Sommer 1640 wurde Mühldorf von seiner schwersten Brandkatastrophe heimgesucht und 1648 versuchten die Schweden eine Brücke über den Inn zu schlagen, was ihnen die zurückflutenden bayerischen Truppen zusammen mit dem hochwasserführenden Inn bis zum Westfälischen Frieden verwehren konnten. Aber Mühldorf hatte von Mai bis August 1648 die schwedische Besatzung zu ertragen und so war es ganz natürlich, daß die Dezimierung der Einwohner durch die Pest, die 300 Häuser, die der Brand verschlungen hatte und die Last des Krieges aus einem blühenden Gemeinwesen eine völlig verarmte und in ihrer Entwicklung weit zurückgeworfene Stadt zurückließ, die Generationen gebraucht hat, um sich wieder regenerieren zu können.

Pest

Die Pest ist 1611 nicht zum erstenmal in Mühldorf aufgetreten, schon 1348 war die Stadt von dieser „abscheilichen Infection und vermaledeiten Seich" heimgesucht worden. Wenn wir auch ganz unzureichend über frühere Epidemien informiert sind, so müssen die Todesfälle doch beträchtlich gewesen sein. Aber die Menschen waren auch um 1600 noch immer der Ansicht, die Pest wäre eine von Gott verordnete Strafe für die Sündhaftigkeit der Menschheit, die er in Form von giftigen Pfeilen auf die Erde herniederschickt und die nur durch die Fürbitten des heiligen Sebastian, des heiligen Rochus und der heiligen Ursula, also mit Pfeilen gemarterter Märtyrer, abzuwenden waren. Eine Wallfahrt zu den Reliquien des heiligen Sebastian nach Ebersberg, wo man aus der Hirnschale des Heiligen mit ausgehöhlten Pfeilen gesegneten Wein schlürfen konnte, galt noch immer als einzig wirksamer Schutz gegen diese unerklärlich-mysteriöse Krankheit. Diese Unerklärlichkeit und der daraus resultierende Wunderglaube kam vom urplötzlichen Auftreten der Krankheit und von der Tatsache, daß kein Arzt und kein Medikament den schnellen, meist unaufhaltsamen Tod innerhalb weniger Tage, verhindern konnte.

Die Pest war eine in zwei verschiedenen Versionen auftretende Infektionskrankheit, entweder als Lungenpest, die schon durch den

Divo Martyri ac Thaumaturgo
JOANNI NEPOMUCENO
In
Perpetuam Ipsius Venerationem
Statuam hanc Marmoream
Ill.mus et Gen.us D.D.
FRANCISCVS JOSEPHUS
S.R.I. Comes de PLAZ,
L.B. in Thurn, D. in Gradisch,
Höch, Pichl et Ober weisburg &c.
Cel.mi ac R.mi S.R.I. Princ.et Archep.
Salisburg.ti &c.&c.
Consil.us Int.us Camer. Cam.ae Aul.ae vice Præses
ac Director,
Nec non,
Olim Hujus Loci Præfectus
sed
Nunquam Ejus Incola
Posuit.

81

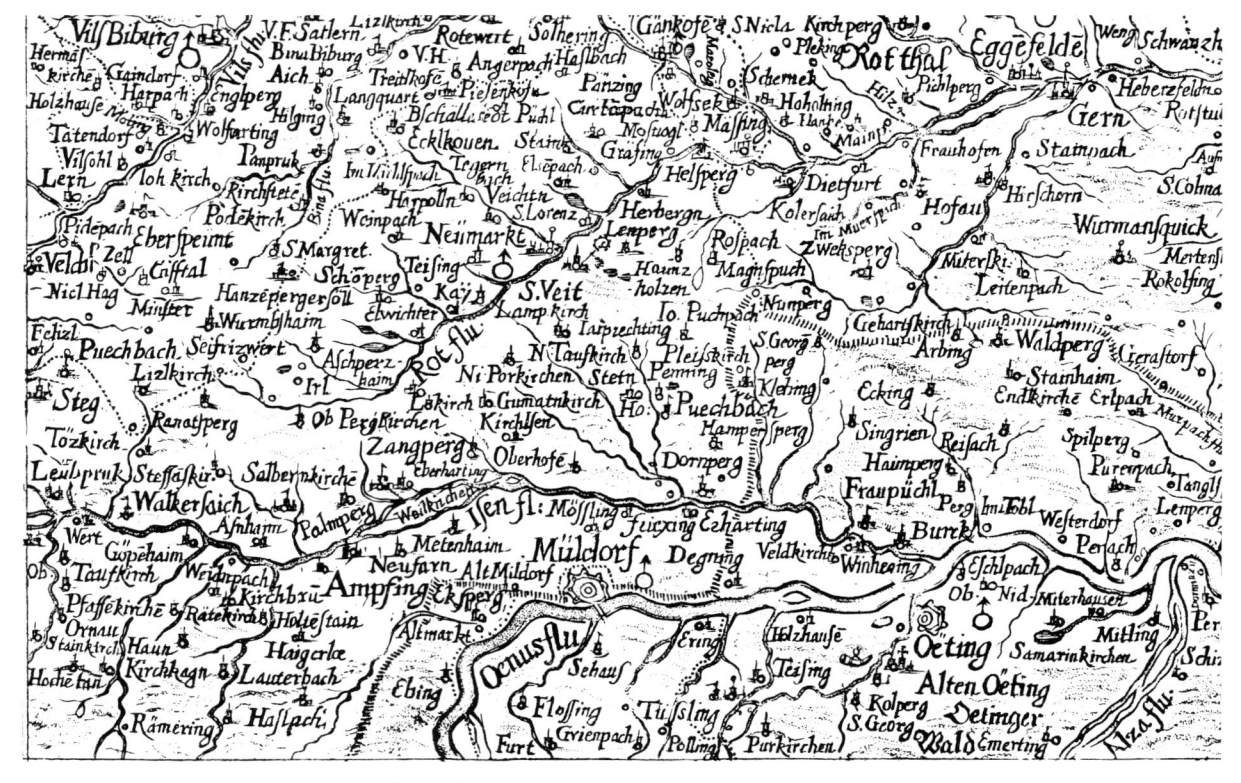

Ausschnitt aus der Karte von Philipp Finckh, entstanden zu Ende des 17. Jahrhunderts

Atem übertragen werden konnte und somit nur durch eine hundertprozentige Isolation zu verhindern war. Das erstreckte sich auch auf Familien- und Hausgemeinschaften. Oder sie kam als Beulenpest, die von Ratten, Läusen, Wanzen und Insekten übertragen wurde, wozu bei den damaligen hygienischen Verhältnissen Tür und Tor geöffnet waren. Man muß sich dabei die Zustände in den Hinterhöfen der Bürgerhäuser vergegenwärtigen mit Abortgruben, mit Pferdeställen und offenen Misthaufen, mit Kellergewölben und Lagerhäusern für Lebensmittel, mit abgestandenem Wasser in Holzbottichen. Oder man denke an den Stadtgraben als einzige Kanalisation der Stadt, sein träges, fast stehendes Wasser, in das notgedrungen alle Hausabfälle gelangten und der gerade in den heißen Sommermonaten eine wahre Brutstätte für Bakterien gewesen sein muß.

Doch die Pest war keine hausgemachte Krankheit, sie wurde jeweils aus anderen Gegenden, dem Mittelmeerraum und dem Balkan, durch Infektionsträger eingeschleppt, durch Soldaten, Bettler, Fahrensleute, auch Kaufleute, oder durch Personen, die aus Gegenden, die schon befallen waren, geflohen waren. Deshalb versuchte der Magistrat vor allem zu verhindern, daß die Krankheit eingeschleppt wurde. Sofort nach Bekanntwerden der Hiobsbotschaft wurden die Wachen an den Toren verstärkt, um allen fremden Leuten „von wegen der Infection halber", wie es heißt, den freien Zugang zu verwehren. Es wurden auch fleißig Boten ausgesandt, um den Verlauf der Pest zu verfolgen, um Instructionen aus Salzburg einzuholen und die Apotheker und Bader mit Kräutern und Wacholder zu versorgen. Aber damit waren die Möglichkeiten der Vorsorge auch schon erschöpft, wenn man von dem bischöflichen Rat absieht, „man solle, um die Straff-Ruethen abzuwenden, ernstliche Bueß üben über seine begangenen Sünden und sich mit Herzensreu und Leid zu Gott bekehren."

Als dann am 28. August 1611 tatsächlich der

schwarze Tod die Stadt erfaßt hatte, richteten sich alle Maßnahmen nur noch darauf, eine weitere Ausbreitung zu verhindern, die Gesunden zu schützen und die Toten möglichst gefahrlos aus der Stadt zu schaffen. Das öffentliche Leben kam schlagartig zum Erliegen, die Menschen waren über Wochen wie gelähmt, jede Ansammlung wurde strikt verboten, die Häuser verschlossen und die Märkte abgesagt, Gasthäuser wurden zugesperrt, Handwerk und Handel waren zum Erliegen gekommen, die Dienstboten aus der Stadt nach Hause geflohen, selbst innerhalb von Familie und Verwandtschaft ging man sich, so gut es ging, aus dem Wege, die Gassen und Plätze lagen wie ausgestorben. War innerhalb einer Hausgemeinschaft jemand erkrankt oder schon gestorben, so ließ man die Häuser von außen verschließen, Lebensmittel wurden vor die Türen oder Fenster gelegt und die Priester bewaffneten sich mit langen Holzlöffeln, um die Sterbesakramente durch die sogenannten „Pestguckerl" ins Haus zu reichen. Die Inwohner waren verpflichtet, Strohbüschel auszustecken, um die Häuser als infiziert zu kennzeichnen, Bader, Geistliche, Zuträger, Totenknechte und Seelnonnen trugen auf der Kleidung aufgenähte Kreuze, damit man ihnen rechtzeitig aus dem Wege gehen konnte. Besonders schwierig war die Verpflichtung von Badern und Totengräbern, weil auch die beste Bezahlung keinen Anreiz mehr bot, diese gefährliche Tätigkeit auszuüben. So war man vielfach auf Zuchthäusler, Säufer und Spieler angewiesen, die dann auch entsprechend roh zu Werke gingen, wenn es galt, einen Toten mit Haken aus dem Haus zu ziehen, ihn auf den Pestkarren zu wuchten und fortzuschaffen. Von Seelnonnen mußten die Leichen zuvor in Säcke eingenäht werden und die Pestkarren wurden an den Rädern mit Tüchern umwickelt, um das nächtlich-quälende Geräusch des Karrens auf den holperigen Pflastersteinen etwas abzumildern. Selbst in den Kirchen war jede Kommunikation erloschen, nur ganz vereinzelt wagte man sich an den Altar der heiligen Mutter Anna oder des heiligen Sebastian zum einsamen Gebet; zu Totenmessen und Beerdigungen hätte sich ohnehin niemand mehr zu gehen gewagt.

Der Krankheitsverlauf war fast bei allen befallenen Personen gleich, über starken Kopfschmerzen und plötzlich auftretendem Fieber sind in den Hüften und Achselhöhlen schwarzbraune Beulen aufgefahren, die bis zur Größe eines Hühnereies anwachsen konnten. Entscheidend war dann, ob diese Beule sich nach innen oder nach außen öffnete, ob man mit Aufschneiden und Ausbrennen das Gift aus dem Körper entfernen konnte, oder ob sie nach innen das Blut verseuchte. Dann überzog sich der ganze Körper mit braunen Flecken und jede Behandlung war umsonst. Nach wenigen Tagen trat unweigerlich der Tod ein, manchmal urplötzlich und offenbar ohne große Schmerzen, dann wieder unter schnellem Verfall und entsetzlichen Krämpfen. Einen Arzt gab es in Mühldorf um diese Zeit noch nicht (der erste Stadt-Physikus wurde erst 1645 zugelassen), aber auch er hätte sich nur darauf beschränken können, austretende Beulen zu öffnen und auszubrennen. Wirksame Medikamente waren unbekannt, alles was Apotheker anbieten konnten, diente eigentlich nur zur Desinfektion, besonders Kranewittknöpfe mit Rosen- oder Weinessig angefeuchtet, die man unter die Nase gehalten immer bei sich haben sollte, Giftessig, Präservativ-Latwerg, gemeinen Teriak, der löffelweise zu sich genommen werden sollte; in der Wohnung sollten Wacholderscheiter oder wenigstens Kienholz ihren Rauch verbreiten, Zwiebeln, Knoblauch oder Kampfer in den Zimmern aufgehängt sein. Hochkonjunktur hatten natürlich Wundermittel aller Art, die von Kräuterweiblein und Wahrsagerinnen unter die Leute gebracht wurden, Amulette und Elixiere, Tränklein und Wurzeln, die allesamt garantiert wirksam und hilfreich waren.

Bezeichnend für die Epidemie von 1611 war der Zeitpunkt des Auftretens, sie begann während des Hochsommers und erlosch erst wieder im Februar 1612, ein eindeutiger Hinweis, daß während der kalten Jahreszeit die

Infektion auf natürliche Weise unterbrochen wurde. Von den etwa 2000 Einwohnern waren 399 Tote zu beklagen, die natürlich nicht auf dem Gottesacker um die Nikolauskirche beerdigt werden konnten, sondern in einer eigens dafür ausgeschachteten Grube hinter dem Katharinen-Friedhof, dem Inn zu – ein Massengrab, das heute völlig vergessen ist. Die Stadt war in eine Lethargie und Trostlosigkeit verfallen ob der vielen Verluste, die man zu beklagen hatte, ganze Familien waren ausgelöscht, viele Häuser standen leer und es dauerte Jahre, bis das öffentliche Leben sich wieder zu regen begann, bis es jemand wagte, sich in den verlassenen Häusern neu einzurichten.

23 Jahre später, also innerhalb einer Generation, ist „der große Sterb" noch einmal in Mühldorf eingefallen. Der Dreißigjährige Krieg war in seine entscheidende Phase getreten, und die allgemeine Verwirrung, das Hin- und Herwogen des Krieges, hat es der Seuche leicht gemacht, sich noch einmal über das ganze Land auszubreiten. Ende August 1634 war sie wieder zum Ausbruch gekommen, wieder trat der Rat der Stadt zusammen, um seine Anordnungen zu treffen, um zu organisieren, die Toten wegschaffen zu lassen und die Überlebenden so gut wie möglich zu schützen. Diesmal war die Zahl der Opfer über 400 hinausgegangen, der Friedhof um die Katharinenkirche mußte noch einmal erweitert werden. In den Stadtkammerrechnungen erscheint ein Betrag von 297 Gulden und 36 Kreuzern, den die Stadt „von wegen der Infection" aufbringen mußte. Von den Toten beider Epidemien haben wir keine Namen, erst hernach haben die Pfarrherren damit begonnen, ihre Matrikel anzulegen, nicht einmal ein Grab ist den Hinterbliebenen geblieben.

Wie muß eine Kleinstadt wie Mühldorf ein derartiger Aderlaß getroffen haben, bei dem innerhalb eines Menschenalters beinahe die Hälfte der Einwohnerschaft ausgelöscht wurde. Einmal abgesehen von den familiären Tragödien, kann man sich die Auswirkungen auf Wirtschaft und Gesellschaft kaum vorstellen. Für wen hätte es noch einen Sinn haben können, angesichts des Leids irdischen Gütern nachzujagen, wieder vorwärts zu kommen durch Arbeit und Fleiß.

Brand

Es sind Jahre vergangen, bis die dumpfe Reglosigkeit wieder frischem Mut Platz zu machen begann, bis die Lücken aufgefüllt werden konnten, ausgestorbenes Gewerbe, den Bedürfnissen folgend, wieder auflebte und das öffentliche Leben sich wieder neu formierte. Es gab neues Leben und neues Hoffen, bis der Mittwoch, der 6. Juni 1640, die Stadt erneut in Angst und Schrecken trieb. Es war ein strahlend schöner Sommertag, der nur von einem heftigen Ostwind begleitet war. Die drei Bader der Stadt, der Grießbader, der Mitterbader und der Vorderbader, hatten wie jeden Mittwoch und Samstag ihre Bäder geheizt. In den hölzernen Wannen und Zubern konnte jedermann die reinigende Erfrischung eines Bades genießen, das den Luxus der Unterhaltsamkeit und die pflegliche Behandlung durch eine Badedirn mit einschloß. Der Vorderbader Michael Reckeisen begab sich gegen ein Uhr mittags in den Pfarrhof, um den Herrn Dechanten zu rasieren, als plötzlich lautes Feuergeschrei durch die Gassen dröhnte. Schon sah man im Vorderbad (heute Nagelschmiedgasse 19), dicke, schwarze Rauchwolken aus dem Dach steigen, die Flammen, vom starken Ostwind begünstigt, breiteten sich schnell über die angrenzenden Häuser aus. Sie fanden in den hölzernen Dachschindeln reiche Nahrung und es dauerte nur ein paar Stunden, bis fast die ganze Innenstadt in hellen Flammen stand. Versuche, den verheerenden Brand einzudämmen, waren zunächst ein hoffnungsloses Unterfangen. Von den insgesamt 360 Häusern der Stadt waren 300 den Flammen zum Opfer gefallen. Nur die Häuser, deren Innenräume mit Gewölben ausgestattet waren und die deshalb auch meist einen mit Ziegelsteinen gepflasterten Dachboden hatten, kamen einigermaßen glimpflich davon. Auch das Haus, das die Stadt erst zwei Jahre vorher erworben hatte und dem benachbarten Rathaus schon einverleibt war, büßte deshalb nur den Dachstuhl ein.

Um so schlimmer erging es dem übrigen Teil des Rathauses, in dem man die Gewölbe mit Ausnahme der erdgeschossigen schon früher entfernt und durch Holzdecken ersetzt hatte. Sogar der Turm der mitten auf dem Stadtplatz stehenden alten Frauenkirche hatte Feuer gefangen und wohl auch das Übergreifen der Flammen auf die andere Platzseite ermöglicht. Unter den 60 verschont gebliebenen Häusern waren das Schloß, die beiden Getreidekästen, die Stadtpfarrkirche, der Pfarrhof, das Heiliggeistspital und die beiden Vorstädte in ihrer Gesamtheit. Ihr Glück war, daß sich während der Nacht der Wind legte und das Übergreifen auf das, was außerhalb der Mauer war, verhinderte.

Wie war es überhaupt möglich, daß dieses furchtbare Unglück entstehen konnte? Vier Tage danach fand sich der Stadtrat zu einer ersten Sitzung zusammen, diesmal im Schloß des Pflegers, nachdem das Rathaus nicht mehr benützbar war. Man wollte die Ursachen ergründen und über Ausmaß der Schäden und Hilfsmaßnahmen zur Überwindung beraten. Das Feuer war nachweislich beim Vorderbader ausgebrochen und deshalb hat man zunächst alle in Frage kommenden Personen vernommen. Dabei mußte man allerdings feststellen, daß die 1522 erlassene Bestimmung, in den Häusern gefüllte Wasserzuber jederzeit bereitzuhalten, recht nachlässig befolgt wurden. Außerdem fehlte es überall an der nötigen Vorsicht beim Umgang mit offenem Feuer, besonders in den Pferdeställen und Hinterhöfen der Wirtshäuser, wo die auswärtigen Bauern ihre Fuhrwerke und Waglrösser einstellten. An Feuerlöschgeräten dagegen wäre kein Mangel gewesen, aber bei der raschen Ausbreitung des Brandes war man damit kaum zum Einsatz gekommen.

Die folgende Zeugenvernehmung richtete sich zuerst an den Badknecht Kaspar Mayr, einen 20jährigen ledigen Mann aus Augsburg, der schon 2½ Jahre im Vorderbad beschäftigt war: Er habe wie gewöhnlich am Mittwoch gegen vier Uhr früh das Bad geheizt, um sieben Uhr war die Baddirn gekommen, um den Ofen unter dem Wasserkessel anzuschüren. Während des Vormittags habe er sich um die Leute kümmern müssen, weil der Meister nicht im Hause war. Dann ist zwischen zwölf und ein Uhr einer ins Bad gestürmt und hat geschrien: „Laufts um Gottes Willen, es brennt!" Während die Leute alle, so schnell es ging, davonrannten, sei er noch in seine Kammer unter das Dach gerannt, hab seine Truhe aufgerissen und sein Gewand zum Fenster hinausgeworfen. Das auf dem Dachboden lagernde Heu und Stroh habe schon stark gebrannt. Wie das Feuer entstanden sei, könne er nicht sagen, weil er ja im Bad selbst tätig gewesen sei. Es könne sein, daß die Baddirn nicht sorgfältig oder zu stark eingeheizt hat, so daß das Feuer über den Kamin hinausgeschlagen habe und das Dach erreichte, zumal der Kamin etwas niedrig war. Den Kamin, so berichtete er, habe er erst vor einem Monat gesäubert.

Der zweite Zeuge, Hans Schmidt, ein Badknecht aus dem Schwäbischen, konnte zum Ausbruch des Feuers nichts sagen, weil er an demselben Tag schon um neun Uhr früh nach Kirchisen aufs Land gegangen sei, um auch dort das Bad zu richten und nur von ferne den Brand über Mühldorf gesehen habe.

Die Witwe Magdalena Koch, etwa 55 Jahre alt, war schon seit sechs Jahren beim Vorderbader als Baddirn beschäftigt. Sie hat auch an diesem Tag, wie immer, ihren Dienst versehen, als plötzlich Leute ans Fenster kamen und schrien: „Es brennt, es brennt!" Daraufhin hat sie die Badmagd, die geheizt hatte, zum Wassertragen aufgefordert, um zu löschen. Aber die sei fortgelaufen und sie habe sie erst wieder gesehen, als man sie im Nachbarhaus verbrannt und verkohlt vorgefunden habe. Über die Entstehung des Brandes könne sie nichts angeben, aber am Heizen habe sie nichts Unrechtes bemerkt. Der Rauchfang ist erst acht Tage nach Georgi durch die Badknechte saubergemacht worden.

Georg Weißhueber, Bierbrauer, 24 Jahre alt und übernächster Nachbar des Vorderbaders, sagte, er habe zwischen eins und zwei Uhr plötzlich gesehen, wie beim Vorderbader das Dach brannte. Er sei daraufhin gleich in die Gasse gelaufen, um Hilfe zusammenzurufen. Er könne nicht sagen, ob das Feuer durch den Rauchfang oder auf andere Weise entstanden ist, weil es inzwischen das Nachbarhaus ergriffen hatte und er vor lauter Rauch nichts mehr wahrhaben konnte.

Der Tuchmacher Georg Krämel war der unmittelbare Nachbar des Vorderbaders. Er hat nur den Weißhuberbräu schreien hören, daß es beim Vorderbader brennt, und ist gerannt, um retten zu helfen, aber über den Ausbruch des Brandes kann er keine Angaben machen.

Damit war das Zeugenverhör abgeschlossen, eine genaue Erkenntnis über die Brandursache war dabei nicht herausgekommen und so mußte sich auch der Bericht nach Salzburg, den der dortige Hofrat angefordert hatte, hauptsächlich auf Vermutungen stützen. Nach Meinung des Stadtrats konnte der Brand nur durch zu starkes und unvorsichtiges Heizen ausgebrochen sein, obwohl die Zeugin Koch erklärt hatte, daß am Heizen nichts zu beanstanden gewesen wäre. Auch die Aussagen von zwei Zeugen, daß der Kamin vor etwa einem Monat gekehrt worden sei, konnten nicht befriedigen, denn diese Säuberung wurde von den Badknechten vorgenommen und wer konnte schon garantieren, daß sie dabei mit dem nötigen Sachverstand und der nötigen Sorgfalt zu Werke gegangen waren. Von den Kaminen ging bei der damals üblichen ausschließlichen Holzverheizung durch Pechbelag eine große Gefahr aus, besonders die vielbeheizten Kamine der Bäcker, Bierbrauer oder Bader waren sehr anfällig für Kaminbrände. Nun gab es zwar in der Stadt Mühldorf auch damals schon eine regelmäßige Feuerbeschau, die nicht nur übermäßigen

Pechbelag beanstanden sollte, sondern auch den baulichen Zustand der Kamine zu überwachen hatte und auch empfindliche Strafen aussprach. Aber es gab in der Stadt keinen Kaminkehrer. Die Stadtverwaltung selbst ging hier mit gutem Beispiel voran und bestellte für die regelmäßige Säuberung der Kamine in den öffentlichen Gebäuden den Kaminkehrermeister aus Burghausen, was man auch den Gewerbetreibenden, besonders nach Beanstandungen, zur Auflage machte. Aber das war natürlich in erster Linie eine Kostenfrage und auch Michael Reckeisen wird aus diesem Grunde seine Knechte mit der Arbeit des Kaminkehrens betraut haben. Es bleibt allerdings offen, ob sie dabei den baulichen Zustand des Kamins in der Vorderbad vorschriftsmäßig geprüft haben. Hat nicht der eine Gehilfe zugegeben, daß der Hauskamin recht niedrig gewesen sei? Und schließlich war bei der Zeugenvernehmung auch noch die Rede von Heu und Stroh auf dem Dachboden, wobei niemand mehr feststellen konnte, ob dieses auch in entsprechendem Abstand zum Kamin gelagert war. Außerdem war da ja auch noch die Baddirn, die geheizt hatte und bei dem Versuch, durch das Nachbarhaus ihre Herberge zu erreichen, durch die schnelle Ausbreitung des Feuers wahrscheinlich im Rauch erstickt war. Ob das auf einen Unfall zurückzuführen war oder ob sie sich in der Verzweiflung selbst das Leben nahm, konnte nachher nicht mehr festgestellt werden. Jedenfalls hatte man in ihr eine Person, der man den Hauptteil der Schuld zuschieben konnte und die sich nicht mehr dagegen wehren konnte.

Mochte sich auch der Vorderbader Michael Reckeisen selbst ohne Schuld fühlen, weil er es mit dem Kaminkehren schon viele Jahre so gehalten hatte, ohne daß man ihn dafür beanstandet hätte, die Bevölkerung und vor allem die Geschädigten waren anderer Meinung. Darum wandte sich Reckeisen um Hilfe an den Stadtrat, ihm das Bürgerrecht zu belassen und ihn vor Anfeindungen zu schützen. Der Rat wiederum überließ die Entscheidung dem Hofgericht in Salzburg, und dieses bestimmte, daß er sein Handwerk behalten dürfe, doch wolle man sich eine Strafe vorbehalten, wenn er in Zukunft nicht besser auf sein Gesinde achten würde. Einer Entscheidung über die Höhe der Strafe ist er durch seinen inzwischen erfolgten Tod aus dem Wege gegangen. Was auch immer diesen verheerenden Brand verursacht haben mag, den Schaden, der durch ihn entstanden war, hätte ohnehin niemand ersetzen können.

Aus diesem Stadtbrand von 1640 sind im Hinblick auf das Erscheinungsbild der Stadt eine Menge Fragen entstanden, die wir leider nie beantworten können. Wir wissen nicht, was alles durch den Brand zerstört wurde oder was im Zuge des Wiederaufbaus eine Veränderung erfuhr. Wir besitzen nicht ein einziges Bild, das die Stadt vor 1640 zeigt. Wir wissen nicht, ob das Innstadthaus mit der über das Dach hinausgezogenen, waagrecht abschließenden Blendfassade auch schon vorher das bestimmende Bauelement am Stadtplatz war, ob nicht das für Mühldorf so charakteristische Grabendach eine andere Dachform abgelöst hat, ob das Rathaus nicht erst beim Neuaufbau die geschlossene Fassade mit den neun Fenstern bekommen hat, nachdem ja erst zwei Jahre vorher das dritte Haus dazugekauft werden konnte. Es bleiben viele Rätsel um diesen Brand von 1640, über seine Ursache, was er zerstört und was er hervorgebracht hat, besonders wenn man den einzigen Kupferstich von Mühldorf betrachtet, der unmittelbar danach entstanden sein muß und der aussieht, als wäre nichts geschehen.

Was auch immer diesen verheerenden Brand verursacht haben mag, es wäre ohnehin niemand in der Lage gewesen, dafür einen Schadenersatz zu leisten. Allein extrem ungünstige Wind- und Wetterbedingungen haben letztlich bewirkt, daß sich das Feuer so unaufhaltsam, gleichsam wie im Flug ausbreiten konnte.

Nach der Anzahl der betroffenen Häuser zu schließen, müssen die Flammen sogar auf die andere Seite des Stadtplatzes übergeschlagen haben. Wir dürfen weiterhin aufgrund der schnellen Ausbreitung des Feuers annehmen, daß ein Großteil der Häuser, zumindest im oberen Teil, noch nicht aus Stein gebaut und überwiegend mit Holzschindeln bedeckt war. Inwieweit der Platz erst nachher sein charakteristisches Bild, das wir als Innstadtstil bezeichnen, bekommen hat, läßt sich ebenfalls nicht belegen. War womöglich vorher der Spitzgiebel als Fassadenabschluß vorherrschend, ist das typische Grabendach mit den über das Dach hinausragenden Begrenzungsmauern und dem Ziegelboden im obersten Geschoß erst infolge des Brandes für Mühldorf obligatorisch geworden? Die den ganzen Stadtplatz bestimmende Gleichheit der Häuser läßt eher darauf schließen, daß die gleichzeitige Beschädigung vieler Häuser zum einheitlichen Wiederaufbau geführt hat, daß aus der Not eine Tugend wurde, die zum städtebaulich einmaligen Ensemble führte. Jeder kritische Vergleich mit anderen Städten am Inn,

Rosenheim, Neuötting oder Braunau etwa, bestätigt diese Feststellung.

Vielleicht hat auch der Stolz über das neue Gesicht der Stadt, in welchem sie sich nach der Überwindung der Katastrophe präsentierte, zu dem Wunsch geführt, ein vollständiges Conterfei anfertigen zu lassen. Doch bevor über den Stich aus der Topographia Germaniae des Matthäus Merian berichtet werden soll, gilt es einen gravierenden Irrtum aufzuklären. Das Bild stammt nicht aus der Hand des Matthäus Merian, sondern von dem Münchner Zeichner und Maler Georg Peter Fischer, wie man auch ganz leicht aus den Initialen GPF am rechten unteren Bildrand ersehen kann. Fischer war nach 1600 viel in Bayern herumgereist, um Städteansichten anzufertigen, neben Mühldorf gibt es auch Bilder von Moosburg, Erding, Isen und Neuötting von seiner Hand. Ob sie auf eigenes Risiko und zum freien Verkauf entstanden sind oder im Auftrag des Frankfurter Verlegers Matthäus Merian, ist nicht bekannt. Merian hat jedenfalls die Zeichnungen in Kupfer stechen lassen und sie seiner Topographia eingefügt, die er in großer Auflage veröffentlichte.

Leider ist uns nur mit Sicherheit bekannt, daß Merian sein Werk im Jahr 1644 veröffentlichte, nicht aber, wann Georg Peter Fischer in Mühldorf war, um seine Zeichnung zu fertigen. Aber gerade dieses Datum wäre im Zusammenhang mit dem Stadtbrand von besonderem Interesse, weil wir zumindest feststellen könnten, wie lange man mit dem Wiederaufbau der Stadt beschäftigt war. Das Bild selbst läßt nicht die geringste Spur einer Beschädigung erkennen, vielmehr erscheint die Stadt, als wäre sie vollständig neu erbaut. Einen kleinen Hinweis auf das soeben überstandene Unglück mag man bei der Betrachtung der Katharinenvorstadt erkennen. Dieser Ausschnitt aus dem Stadtbild ist der einzige Teil, der offensichtlich falsch, oder zumindest deutlich übertrieben dargestellt ist. Schon der Verlauf des Stadtberges ist falsch gezeichnet, die durchgehende Häuserfront bis hin zum Stadttor hat es in Wirklichkeit nie gegeben, zumindest der Katharinenplatz mit seinen Brau- und Handwerkerhäusern hat den Stadtberg schon im Mittelalter unterbrochen und als Zentrum der Vorstadt funktioniert. Johann Georg Fischer hat sich bei seinem Bild sehr genau an die Gegebenheiten gehalten, man kann alle Einzelheiten rekonstruieren, wenn man hinter die Mauer blickt. Kann es nicht einen besonderen Grund gegeben haben, dem Betrachter etwas wesentlich Neues zu zeigen, was eventuell mit dem Brand zusammenhing? Auffallend ist jedenfalls, welchen Wert er auf die Darstellung der Dächer im Vordergrund legt, er gibt ein genaues Bild eines Grabendaches aus der Vogelperspektive, wie es ihm bei den Häusern im Stadtplatz nicht möglich war.

Das könnte ein deutlicher Hinweis auf die Neueinführung des Grabendaches sein, das in seiner Konstruktion in der Tat eine größere Sicherheit in Brandfällen geben kann. Es bestimmt aber auch die Architektur der Fassade

mit Vorschußmauer, Blendgiebel und Ziegelboden im Dachgeschoß, um einen Hausbrand am Übergreifen zu hindern und zugleich den Unterschied der Innen- und Außentemperatur auszugleichen und damit bei Minustemperaturen weitgehend eine Eisbildung zu verhindern. Ist durch diese Feuerschutzmaßnahme erst der sogenannte Innstadt-Stil entstanden und Mühldorf zu einem anderen Gesicht gekommen?
Von dem Salzburger Zimmermeister Wolfgang Perger, den der Bischof zum Wiederaufbau des Rathauses nach Mühldorf geschickt hatte, wissen wir, daß er nach einjähriger Arbeit auch in mehrere Bürgerhäuser geholt wurde, um ähnliche Brandschäden zu beseitigen und die sicher vielbestaunte Mode der Salzburger Renaissance auch in die Bürgerstuben zu bringen. Das hätte dann aber erst nach Fertigstellung des Rathauses, 1642/1643 geschehen können und hieße zugleich, daß die Zeichnung Georg Peter Fischers erst zu diesem Zeitpunkt möglich gewesen wäre. Die Stadt hatte zu diesem Zeitpunkt nicht nur sichtbar alle ihre Schäden überwunden, sondern hat zugleich ihr Aussehen verändert. Der Verleger Mathäus Merian kam gerade recht, um der Welt in seiner Topographia deutscher Städte auch das neue Mühldorf vorzustellen.
Aber die Unsicherheit der Datierung des Bildes schmälert keinesfalls seinen Wert und seine Schönheit. Es ist die einzige graphische Gesamtansicht der Stadt geblieben, selbst Michael Wening hat hundert Jahre später mit seiner Darstellung des bayerischen Landes das salzburgische Mühldorf gemieden. Erst Hans Prähofer und seinen Siebdrucken blieb es vorbehalten, von der Stadt ein adäquates Konterfei zu schaffen.

Krieg

Wenn man die Geschichte der Stadt Mühldorf unter dem Aspekt der kriegerischen Ereignisse und der damit zwangsläufig verbundenen Drangsale der zivilen Bevölkerung betrachtet, dann wird der Vorteil der Zugehörigkeit zum Salzburger Erzbistum erst richtig deutlich. Seit der heldenhaften Verteidigung der Stadt 1364, bei der sich besonders die Bürger mit aller Kraft einer Eroberung durch die Bayern widersetzten, war Mühldorf nicht mehr ernsthaft gefährdet, man hat es endgültig als zu Salzburg gehörig hingenommen. Das bedeutete ungestörtes Wachstum für die Stadt, keine mutwilligen Zerstörungen und keine Kontributionen, man war nicht verpflichtet, ein bestimmtes Kontingent aus der Bevölkerung zu rekrutieren und für irgendwen in den Krieg zu schicken oder Durchzüge und Einquartierungen hinzunehmen: Die Heerstraßen liefen an Mühldorf vorbei. Selbst für die Kleinkriege der bischöflichen Streitmacht um Salz und Erz oder zur Bekämpfung der aufständischen Bauern aus dem Pongau war Mühldorf zu weit vom Schuß. Ganz zu schweigen vom selbstmörderischen Bruderkrieg um die niederbayerische Erbfolge von 1502 bis 1504, der das Land an Isar, Vils und Rott buchstäblich in den Ruin trieb und bitterste Not und entsetzliches Elend hinterließ. Mühldorf konnte aus der Ferne beobachten, wie die Nachbarstädte reihenweise in Flammen aufgingen und die Landbevölkerung in den Wäldern Zuflucht suchte, um so wenigstens das nackte Leben zu retten. Auch die späteren Erbstreitigkeiten der Wittelsbacher, die man nach den jeweiligen Ansprüchen den Österreichischen und den Spanischen Erbfolgekrieg genannt hatte, haben Mühldorf nicht behelligt. Österreicher und Ungarn, Kroaten und Slowaken haben die Neutralität des bischöflichen Territoriums immer respektiert, die unmenschlichen Greueltaten der Pandurenregimenter sind nur gerüchteweise in die Stadt am Inn gedrungen.
Einzig der Dreißigjährige Krieg konnte trotz Neutralität und Nichteinmischung nicht von Mühldorf ferngehalten werden. Bei dieser Auseinandersetzung ging es auch nicht primär darum, bischöfliches Land zu erobern oder bayerisches Territorium zu verteidigen, sondern es galt, in einem Glaubenskampf katholisches Land gegen die Einflußnahme der Protestanten zu bewahren. Für Bayern ging es ebenso wie für das Bistum Salzburg um die

Bewahrung einer jahrhundertealten katholischen Tradition, um eine Verpflichtung im Glauben, die ein gemeinsames Handeln von beiden Seiten notwendig machte. So kam es zur Bildung der katholischen Liga unter dem Oberbefehl Kurfürst Maximilians von Bayern mit seinem Generalissimus Tilly, der eine ebenso zahlreich unterstützte protestantische Union gegenüberstand, zusammengewürfelt aus Pfälzern, Franzosen, Niederländern, Engländern und Dänen, zu denen in der entscheidenden Phase des Krieges auch noch König Gustav Adolf von Schweden kam. Und Gustav Adolf war es dann auch, dem mit der Schlacht von Breitenfeld der entscheidende Sieg über Tilly gelang, der den Weg frei machte über den Main nach Bayern hinein. Nach dem erfolgreich erzwungenen Übergang über den Lech bei Rain waren die Schweden und Franzosen nicht mehr aufzuhalten: Ingolstadt fiel, der Kurfürst floh nach Regensburg und seine Haupt- und Residenzstadt München mußte 300000 Reichstaler aufbringen, um sich vor Brandschatzung und Plünderung zu bewahren. Bayern lag völlig wehrlos vor dem Feind, dessen Greueltaten besonders auf dem flachen Land, in der Oberpfalz, im Bayerischen Wald und in Niederbayern unerträgliche Formen angenommen hatten. Im Frühsommer 1648 stand der alles entscheidende Schritt bevor, nämlich der Versuch, den Inn zu überqueren, um Kaiser Ferdinand III. endgültig aus Wien zu vertreiben. Zunächst mißlang es, den Inn bei Wasserburg zu überwinden, bei Gars hatten sich die örtlichen Verhältnisse als nicht günstig erwiesen, und so konzentrierte sich die ganze Streitmacht auf Mühldorf, das von bayerischen und kaiserlichen Truppen zu schwach besetzt war, um ernsthaften Widerstand zu leisten.

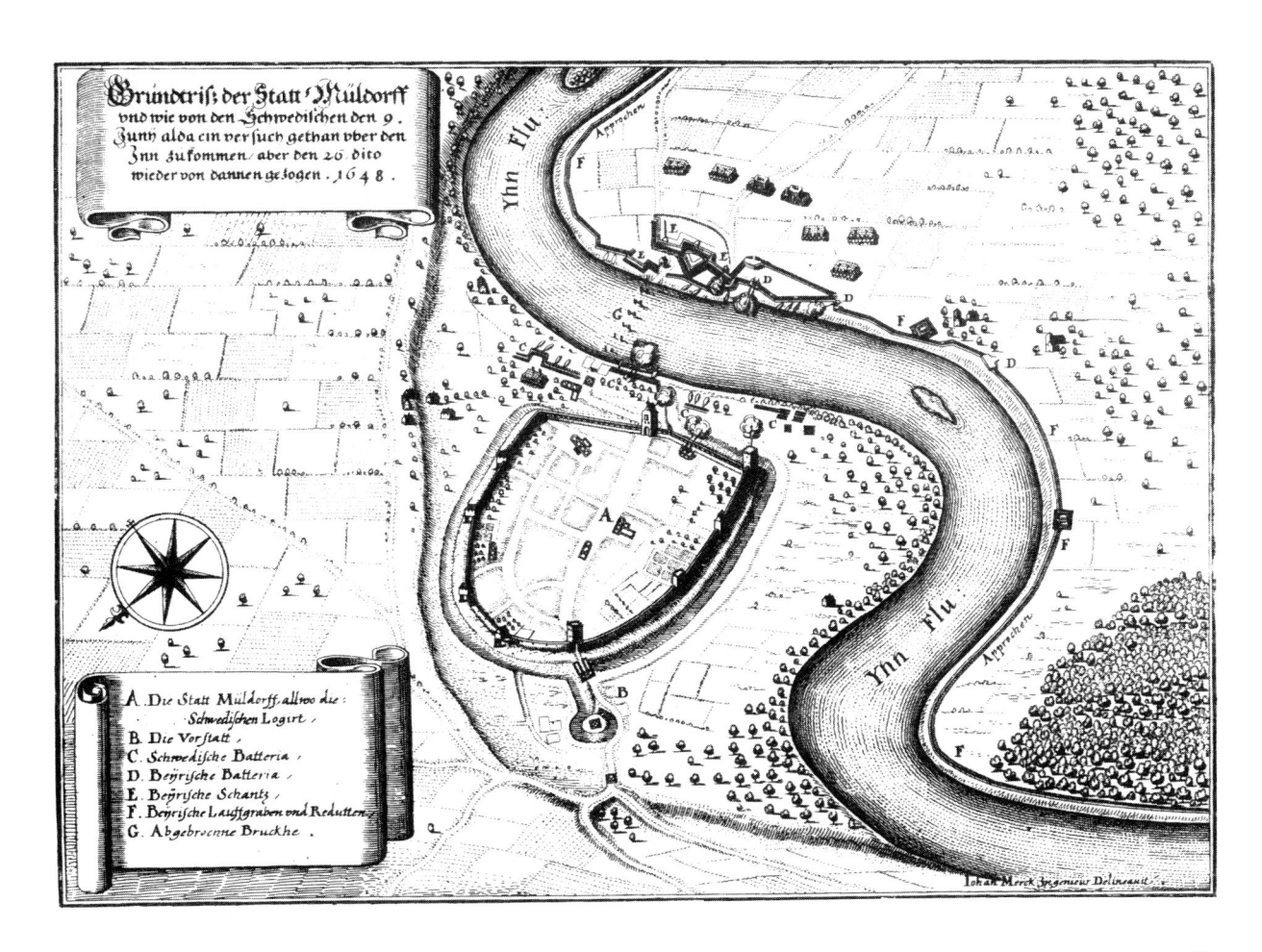

Der Magistrat hatte die auf sie zukommenden Truppen genau beobachten lassen und dementsprechend seine Vorbereitungen getroffen. Erst wurde die Ringmauer gründlich instand gesetzt und mit hölzernen Wachtürmen versehen, die Hausbesitzer hatten sich mit Pechpfannen und Kienspänen zu versehen, das Schießhaus auf der Plaich, also vor der Stadtmauer, wurde eiligst abgebrochen, der Bevölkerung wurde aufgetragen, sich mit Lebensmitteln und Viktualien einzudecken, der Stadtrat beeilte sich, die wichtigsten Akten und die Kasse nach Salzburg in Sicherheit zu bringen und selbst das Heiliggeistspital ließ seine vier Rösser nach Tittmoning bringen, um sie vor dem Zugriff der Feinde zu retten. Sämtliche Tagwerker, Zimmererknechte und Maurer wurden vom Magistrat verpflichtet, Palisadenzäune anzulegen und vor den Toren Igelbäume als Hindernisse quer über die Straßen zu legen, jeder wehrfähige Bürger wurde von der Salzburger Garnison im Hantieren von Waffen unterwiesen. Man glaubte, auf diese Weise mit Hilfe der bayerisch-österreichischen Truppen den Feind von der Stadt fernhalten zu können.

Aber die Truppenführung der katholischen Liga unter dem Kommando des Grafen von Toerring war an einer Verteidigung Mühldorfs gar nicht interessiert, sie hatte ihre Soldaten sogar aus Mühldorf abgezogen, um auf dem anderen Ufer des Inns eine neue Verteidigungslinie aufzubauen. Sie ließen in der Tegernau von den Bauern der Umgebung Schanzen ausheben, um Geschütze in Stellung zu bringen und wollten von da aus den Feind unter Feuer nehmen, falls es ihm gelingen würde, den Fluß zu überqueren und einen südlichen Brückenkopf zu errichten. Ihr Hauptanliegen war es, nach ihrem Rückzug die Innbrücke zu zerstören, um erst einmal dessen Vormarsch aufzuhalten. Die Mühldorfer erfüllte dieser Plan mit großer Sorge, man fühlte sich allein und im Stich gelassen, der Willkür der schwedischen Soldateska ausgeliefert. Dies kommt auch in einer Resolution zum Ausdruck, die vom Magistrat und den Viertelmeistern der Stadt an den Grafen von Toerring gerichtet wurde: „Der bayerische Commissari soll den Befelch wieder fahren lassen, die Pruggen über den Innstrom abzuwerfen, weillen die Burgerschaft mit vielen Weibern und kleinen Kindern beladen und wann die Pruggen abgeschlagen, sie alle übereinander verderben müssen!"

Aber nur eine vollständige Zerstörung der Brücke konnte den Feind am Weitermarschieren hindern, und die Geschütze, die man am Südufer in Stellung gebracht hatte, würden ein schnelles Wiederaufbauen schon vereiteln. So wurden selbst die einzelnen Brückenjoche noch abgeschlagen und sämtliche Schiffe aus der Stadt fortgeschafft. Jedem war klar, daß ein Widerstand nur größeren Schaden nach sich gezogen hätte. Als dann auch noch der Salzburger Pfleger, Rat und Doktor beider Rechte Jakob Plaz, stillschweigend und über Nacht sich aus dem Staub gemacht hatte, war in Mühldorf jeder Verteidigungswille erloschen. Und als die Schweden unter ihrem General Wrangel im Verein mit den französischen Regimentern des Generals Turenne auf der Hochterrasse ihre Geschütze schon auf Mühldorf gerichtet hatten, mag allein der Gedanke an die zerstörten Städte Freising, Moosburg und Landshut die Verteidiger schon bewogen haben, ihre Musketen erst gar nicht zu laden. Bei einer kampflosen Übergabe konnte man wenigstens erreichen, daß Kirchen und öffentliche Gebäude geschont wurden und Plünderungen und Mißhandlungen weitgehend unterblieben. So konnte General Wrangel ungehindert sein Hauptquartier in die Stadt verlegen und alle Aktivitäten, die dem schnellen Wiederaufbau der Brücke dienten, persönlich überwachen. Die Armee hatte rund um die Stadt Biwak bezogen und war damit wenigstens von den Häusern ferngehalten, aber allein die tägliche Verpflegung der Soldaten und die Versorgung der Pferde war für eine Stadt, die aus dem Umland durch die eigene Notlage nichts mehr erwarten konnte, eine schwere Prüfung. Nachdem man die Brücke bis zum dritten Joch wieder vorangetrieben hatte, setzten wie gerufen die alljährlichen Juniregen ein und brachten Über-

Diese hübsche Stadtansicht vom rechten Innufer, nahe dem heutigen „Sauloch", malte Balthasar Mang im Jahr 1762

schwemmungen und Hochwasser, die alle Bemühungen, das andere Ufer zu erreichen, zunichte machten. Den Rest besorgten die Kanonen von der Tegernau und vom Teufelsgraben aus, die ständig die schwedischen Bautrupps im Visier hatten. So war auch der letzte Versuch der protestantischen Union, ihre Armee über den Inn zu setzen und den Kaiser aus Wien zu vertreiben, fehlgeschlagen. Am 6. Juli 1648 sind sie unverrichteter Dinge nach dreiwöchiger Besatzung wieder abgezogen. Nach wenigen Wochen hatte der Westfälische Friede diesem dreißigjährigen leidvollen Ringen ein von allen Beteiligten herbeigesehntes Ende gebracht. Freilich war damit die Qual nicht endgültig vorbei, zuchtlos herumziehende Söldnerhaufen waren so schnell nicht an ein normales Leben zu gewöhnen, sie hatten außer dem Kriegshandwerk nichts gelernt und standen entwurzelt auf fremdem Boden. Bis über 1649 hinaus haben viele von ihnen das Land unsicher gemacht und dem Unrecht weiterhin Tür und Tor offengehalten. Und mit ihrem Umherziehen haben sie am Ende des langen Krieges die Pest noch einmal herumgeschleppt, die in Dörfern, aus denen die Bewohner geflohen waren und wo nur Ratten überlebten, leichtes Spiel hatte.

Die Stadt am Inn war schwer gezeichnet von diesem unseligen 17. Jahrhundert, obwohl es erst in die Hälfte seiner Jahre gekommen war. Zweimal dieser folgenschwere Aderlaß durch die Pest, die nicht nur ganze Familien ausgerottet und Gassen leergefegt, sondern der Stadt in ihrer Gesamtheit einen empfindlichen Schlag versetzt hatte. Dann das zerstörende Feuer aus dem Reckeisen-Haus, unaufhaltsam gierig das frühe, unbekannt gebliebene Mühldorf verschlingend und am Ende noch der Krieg, der beim Abzug kein Scheffel Getreide und kein lebendiges Huhn zurückließ. Wieder einmal von vorne beginnen mit dem wenigen, was noch verblieben ist, bis eine neue Generation dem Leben wieder einen anderen Sinn abgewinnen und neuen Mut fassen kann.

Der Mühldorfer Hexenprozeß von 1749/1750

Das Gerichtsverfahren um die 16jährige Kindsmagd Maria Pauer erscheint dem heutigen Betrachter im Rückblick viel bedeutsamer, als den unmittelbaren Zeitgenossen. Es entbehrt nicht einer gewissen Symptomatik für die allgemeine Situation im Mühldorf des 18. Jahrhunderts. Die selbstgenügsam verschlafene Bürgerlichkeit ist durch diesen Vorfall jedenfalls nicht aufgeschreckt worden, es gab weder eine außergewöhnlich neugierige Anteilnahme innerhalb der Einwohnerschaft, noch waren besondere Polizeiaktionen notwendig, von emotionellen Ausbrüchen in Form von Protesten oder spontanen Sympathiekundgebungen aus dem Umfeld der Katharinenvorstadt gar nicht zu reden. Diese Vorkommnisse waren ausschließlich Sache der Obrigkeit, sie betrafen ja auch lediglich eine Magd, ledig geboren und aus Neumarkt nach Mühldorf gekommen, über deren rechtmäßige oder unrechtmäßige Verhaftung nachzudenken sich nicht lohnte. Mit dem pflichtgemäßen Brauch, täglich den Abendrosenkranz zu beten oder mit aufwendigem Prozessionsgepränge hatte diese Geschichte nichts zu tun, denn mit der Verhaftung des Mädchens war von Amts wegen etwas beseitigt worden, das sich zwar niemand erklären konnte, aber darüber ein Urteil zu fällen oder dies auch noch öffentlich zu bekunden, war des braven Bürgers Sache nicht. In der Katharinenvorstadt mag man vielleicht ein paar Tage länger getuschelt haben, aber das tägliche Leben fand schnell wieder sein Gleichmaß, als man sicher sein konnte, daß aus dem Kamin des Schmiedhauses in Zukunft kein teuflischer Schwefelgestank mehr aufsteigen konnte. Nun waren die nächtlichen Schritte im Stiegenhaus verstummt, das Kerzenlicht hatte zu flackern aufgehört und die Schmiedknechte konnten wieder ungestört ihrer Arbeit nachgehen, nun bestand keine Gefahr mehr, daß sie von herumfliegenden Hufnägeln, von Ziegeltrümmern oder Knochen getroffen wurden oder daß die Schmiedhämmer nicht mehr an ihrem gewohnten Platz zu finden waren. Der ehrwürdige Kapuzinerpater hatte noch bis zuletzt mit aller Geduld versucht, die Seele des Mädchens aus den Fängen des Teufels zu befreien, hatte ihre Keuche mit Weihrauch ausgeräuchert und benediziert, hatte Geweihtes in ihr Bettzeug einzunähen empfohlen, aber daß sie nicht in der Lage gewesen war, das ihr eingeträufelte Weihwasser hinunterzuschlucken, auch noch erklärte, ihr grause davor, das hatte ihre Besessenheit dann endgültig und unmißverständlich unter Beweis gestellt. Als einzige Möglichkeit, dieses teuflische Unwesen zu beenden und sie braven Christenmenschen fernzuhalten, blieb nur noch die Einweisung in die Hexenkammer, um sie dadurch zu einem Eingeständnis zu bringen und der gerechten Strafe zuzuführen. Jedermann war sich klar, daß mit der Verhaftung dieser jungen Magd gleichzeitig auch ihr Schicksal schon besiegelt war und daß der Prozeß, dem sie in der Folge unterzogen würde, zwangsläufig auf dem Scheiterhaufen enden würde. Trotzdem hat niemand daran gezweifelt, daß ihre Strafe eine gerechte sein würde, alle Befragten haben gleichlautend zu Protokoll gegeben, daß allein der Maria Pauerin all das Unerklärliche anzulasten sei.

Am 27. Januar 1749 wurde sie in die Hexenkammer des Rathauses verbracht, welche bis zum heutigen Tag unversehrt erhalten geblieben ist. Ein völlig dunkler und unheizbarer Raum in der Größe 2,80 m auf 3 m, mit einer Holzpritsche als Lager ausgestattet, an deren Ende zwei in die Wand eingelassene Eisenringe zu sehen sind. Etwa 1 m über dem Boden ist eine rechteckige, doppelte Holztür eingelassen, eisenbeschlagen und mit einem Guckloch versehen, als einziger Zugang zur Kammer. Wenn man sie betreten will, muß man mit den Füßen voraus einsteigen, und dann umschließt den immer in Einzelhaft gehaltenen Gefangenen völlige Dunkelheit. Maria Pauer war nicht die erste Person, die in der Hexenkammer des Mühldorfer Rathauses ihr Urteil erwartete, im Salzburger Landesarchiv gibt es noch Akten über zwei andere

Die ersten Zeilen aus dem Vernehmungsprotokoll der Maria Pauer

Hexenkammerl im Erdgeschoß des Mühldorfer Rathauses

Prozesse, gegen einen als Zauberer-Jackl bezeichneten Mann und gegen einen Mühldorfer Bettler, der hauptsächlich als Falschspieler sein Unwesen getrieben hatte. Aber bei diesen Prozessen ist das Aktenmaterial so unvollständig, daß man kein klares Bild daraus ziehen kann. Anders ist das beim Verfahren gegen die Pauerin. Man kann alle 557 Examina, die ihr vorgelegt wurden, lückenlos verfolgen, es gibt ein ärztliches Gutachten, das dem Protokoll angefügt ist, das sich aber lediglich darauf beschränkt, ob der Teufel ihr mit seinen Krallen eine Wunde zugefügt hat, den allgemeinen Gesundheitszustand aber überhaupt nicht überprüft hat. Auch eine Stellungnahme des Verteidigers fehlt nicht, bevor dann nach genauem Wortlaut das Urteil zu Protokoll gebracht ist. Es lautete nach 22monatiger Verhandlungsdauer, nach einem Gesuch des Verteidigers auf Strafmilderung: „...daß sie mit dem Schwert vom Leben zum Tode hinzurichten sei und erst ihr entseelter Körper auf dem Scheiterhaufen verbrannt werden solle." Im Urteil war besonders darauf verwiesen, ihr vorher einen selbsterwählten Geistlichen zu erlauben, der sie zu einer reumütigen Beichte zu geleiten, das Abendmahl zu reichen und sie schließlich zu einem seligen Ende zu disponieren habe. Erst am 3. Oktober 1750 wurde das Urteil auf dem Schrannenplatz in Salzburg vollstreckt. Den Henkersknechten war aufgetragen, daß dies alles von jedermann gut zu beobachten sein solle.

Die Verhandlungen in Mühldorf erstreckten sich bis in den April des Jahres 1749 hinein. Das Mädchen wurde vom Stadtknecht in den Rathaussaal geführt, wo ihr der Salzburger Pflegrichter als Vorsitzender des Tribunals sowie zwei Beisitzer aus der Bürgerschaft und der Stadtschreiber als Protokollarius gegenübersaßen. Man hatte ihr vorgeworfen, daß sie ihre Hausgenossen durch Werfen mit verschiedenen Gegenständen verängstigt habe, daß sie Verbindungen zum Teufel gepflogen habe, mit dem sie mehrmals, auf einem Besen reitend, aus dem Kamin des Schmiedhauses ausgefahren sei, um sich auf Teufelsfeste zu begeben, und daß sie wiederholt Unkeusches mit ihm getrieben habe. Hinzu kam eine Anklage wegen Hostienfrevels und wegen Unterzeichnung eines Vertrages mit dem Teufel, der sie zur Hörigkeit verpflichtete. Dieser Vertrag, mit ihrem eigenen Blut auf schwarzem Papier unterzeichnet, wurde dem Gericht vorgelegt. Man hat sie mit den peinlichsten Fragen traktiert, ins Kreuzverhör genommen, ihr ständig suggeriert, daß sie verstockt und verlogen sei und mit schlimmsten Ankündigungen und Folterungen schließlich doch so weit gebracht, daß sie sich im Sinne der Anklage für schuldig erklärte. Die völlige Isoliertheit in der beklemmenden Dunkelheit ihres Verlieses und die bohrenden und drängenden Fragen der Richter haben in ihr einen Zustand geistiger Verwirrung hervorgerufen, durch den sie zeitweilig in depressive Weinkrämpfe verfiel, ihre Aussagen mit immer neuen Phantasien ausschmückte, diese Aussagen anderntags widerrief, um dann eine neue Geschichte aufzutischen. Daß das Geschlechtliche in ihren Erzählungen eine so große Rolle spielte, ist dem Zustand der Pubertät zuzuschreiben, in dem sie sich befand, die Sinnestäuschungen in Form von gesteigerter Hysterie in ihr ausgelöst haben mag, eine Art Irresein, das schließlich zu gänzlicher Teilnahmslosigkeit und Apathie geführt hat.

Nach zweimonatiger Verhandlung war man sich klar, daß nichts mehr aus ihr herauszuholen war und ihr Zustand zu immer weiteren Verstrickungen führen würde. In Salzburg andererseits drängte man auf einen Abschluß des Verfahrens und so hat man sie kurzerhand nächtlicherweile nach Salzburg überführt, um am Hofgericht zu einem schnellen Ende zu kommen. Das Todesurteil, eine andere Strafe war von Anfang an nicht vorgesehen, konnte ohnehin in Mühldorf nicht vollstreckt werden, da in der Stadt selbst die Hals- und Blutgerichtsbarkeit nicht ausgeübt werden durfte. Aber für Maria Pauer brachte die Überführung nach Salzburg nur eine weitere Verschlimmerung ihrer Lage. Während sie in Mühldorf nur vernommen und examiniert wurde, sonst aber in ihrer dunklen Kammer unbehelligt blieb, hat man in Salzburg viel weniger Verständnis für ihre wechselnden Gefühlsregungen gezeigt, man hat mit Folter und Tortur kräftig nachgeholfen, um endlich das Geständnis aus ihr herauszupressen, daß sie in Abhängigkeit zum bösen Feind stehe.

Maria Pauer war eine der letzten Hexen, die in Bayern und im Bistum Salzburg öffentlich verbrannt wurden. Nach 300 Jahren der Inquisition haben sich vor allem die Jesuiten dafür eingesetzt, dieser zweifelhaften Form kirchlicher Gerichtsbarkeit ein Ende zu setzen.

In der Katharinenvorstand in Mühldorf hat man gar nicht wahrgenommen, daß in Salzburg ein 16jähriges Mädchen hingerichtet worden war, das der Hufschmied Jakob Altinger als Kindsmensch in Dienst genommen hatte. Für die Vorstadtbewohner war schon mit der Verhaftung jede Gefahr gebannt, daß auch sie mit dem bösen Geist in Verbindung kommen könnten.

Aufklärung und Säkularisation

Es kommt nicht von ungefähr, daß der Hexenprozeß von 1750 in Mühldorf als letzter seiner Art im Bistum Salzburg vor aller Öffentlichkeit ablief. Es hat um diese Zeit auch innerhalb der Kirche immer mehr kritische Stimmen gegeben, die eine derart grausame Inquisition als längst nicht mehr zeitgemäß erachteten, sie als überholten Rest mittelalterlichen Denkens geißelten, der konsequent am absolutistischen Unfehlbarkeitsdenken zum Schaden der Kirche festhielt. Um die Mitte des 18. Jahrhunderts hatten sich in Jesuitenkollegs und theologischen Fakultäten andere

Auffassungen durchgesetzt, die eine Abkehr von dieser traditionell festgefahrenen Religionsausübung forderten, Rufe nach einer Säkularisierung des Denkens waren immer lauter geworden, um sich auch im geistlichen Bereich auf die in allen Ländern Europas aufkeimenden Sozialisierungstendenzen einstellen zu können. Immer stärker drängten sich weltliche Kräfte in den Vordergrund, die Staaten pochten auf umfassende Reformen im sozialen, im wirtschaftlichen und im kulturellen Bereich, die an althergebrachten kirchlichen und klösterlichen Besitzständen nicht unbeschadet vorbeigehen konnten. Die Bauern drängten nach tausend Jahren Untertanenschaft nach Freiheit, die Wirtschaft konnte mit dem „toten Kapital" der Klöster und Bistümer nicht gesunden, und das Volk war durch die Schlagworte der französischen Revolution unruhig geworden, auch in ihren Köpfen spukte der Ruf nach Freiheit, Gleichheit und Brüderlichkeit herum, man verlangte zumindest nach einer Liberalisierung der herrschenden Zustände und endlich nach der Überwindung einer alle Gebiete umfassenden Bevormundung. Als konsequenter Verfechter einer geistigen Erneuerung galt der Salzburger Erzbischof Hieronymus Graf von Colloredo, der in enger Verbindung mit dem habsburgischen Kaiserhaus in Wien und den als „Josefinismus" bezeichneten, weitreichenden Reformen des kirchlichen Lebens stand. Das betraf die Abschaffung der als „Schlankltage" weitverbreiteten Bauernfeiertage, die ins Unkontrollierbare auszuarten drohten, das Verbot von Bittgängen und Wallfahrtsprozessionen, die sich während des Marienmonats Mai zu wahren Volkswanderungen ausgeweitet hatten und mit Devotionaliengeschäften, mit Ablaßhandel und volksfestähnlichen Unterhaltungen den ursprünglichen Sinn von Bitt- und Dankgebeten längst nicht mehr gerecht wurden. Das betraf auch die Reduzierung des Kirchenschmuckes, eine Abkehr vom ausufernden Glanz des Rokoko in den Gotteshäusern, den übertriebenen Prunk während der Gottesdienste und die so beliebten Prozessionen zu allen Gelegenhei-

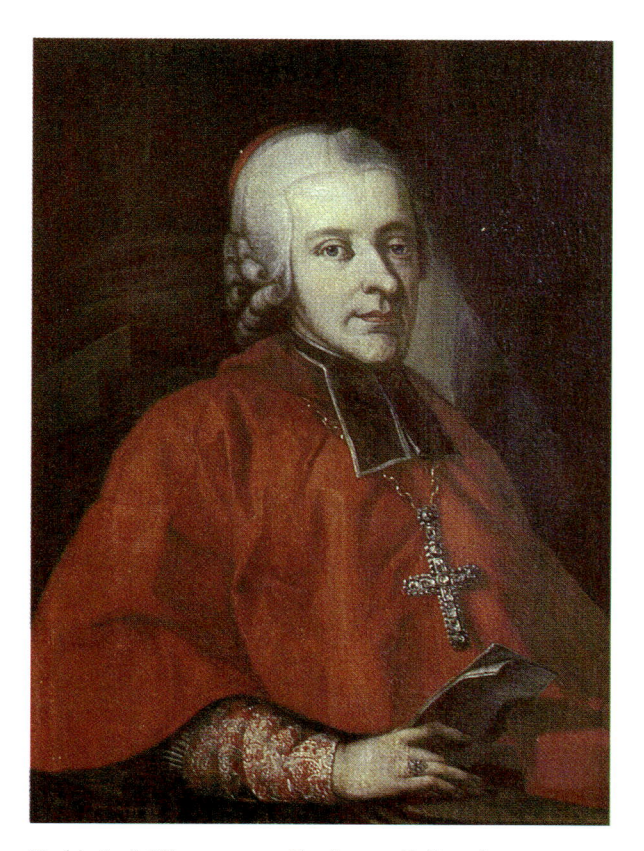

Erzbischof Hieronymus Graf von Colloredo, 1772–1803

ten. Colloredo befürwortete auch eine stärkere Heranziehung des Kirchenvermögens zur Erfüllung sozialer Aufgaben, Übernahme von Waisenhäusern und Anstalten für geistig und körperlich Behinderte durch die zahlreichen Frauenorden, auch die adeligen Damenstifte sollten ihren kontemplativen Dornröschenschlaf aufgeben und tätig werden, die ungeheuren Kapitalien der Bruderschaften und Kongregationen sollten sinnvoll genutzt und den Bedürftigen zugeführt werden. Er strebte eine völlige und zeitgemäße Neuordnung des Schulwesens an, bei der die Erziehung nicht mehr wie bisher den Mesnern und Organisten als Nebenverdienst überlassen bleiben sollte, sondern einer gut geschulten Lehrerschaft mit einer die Unabhängigkeit sichernden Entlohnung. Die Aufklärung wandte sich vor allem gegen die zur Gewohnheit gewordenen Formen des Volksglaubens, die so viele Wurzeln im Aberglauben, in der Legende und der unbedenklich übernommenen Überlieferung hatten. Dazu gehörten die weitverbreiteten Praktiken des Exorzismus, der Wunderheilungen durch Gesundbeten, durch Austreibungen und Ansprechen im Namen Jesu, bei denen sich besonders die Kapuziner und andere Bettelorden hervortaten.

Aber trotz der Notwendigkeit solcher Maßnahmen gegen den übertriebenen Eifer des Kirchenvolkes hat sich Colloredo damit alles andere als beliebt gemacht, er hat den kleinen Leuten zu viele liebgewordene Gewohnheiten weggenommen, zu viel vom prangenden Kirchenglanz und barocker Zurschaustellung. Und er hat die in immensem Reichtum sattsam dahinlebenden Klöster und Stifte aufgeschreckt, die sich allzu weit von den Idealen ihrer Ordensgründer entfernt hatten, er hat die Ruhe und Beschaulichkeit barocker Klosterherrlichkeit konfrontiert mit dem neuen Gedankengut, das die Novizen von ihren Studien an der Hochschule mitbrachten. Und er hat den Staat ermuntert, sich dieses brachliegenden Potentials zu bedienen, um dem Verlangen nach Bildung, nach gleichmäßiger Verteilung des Besitzes und nach sozialer Gerechtigkeit entsprechen zu können.

Auch an Mühldorf sind die Reformbestrebungen der Aufklärung nicht spurlos vorübergegangen. Man braucht sich nur in der Pfarrkirche St. Nikolaus aufmerksam umzusehen, dann treten die Folgen sichtbar zutage. Während Kanzel und Orgelprospekt noch überschäumen in verspieltem Rokoko, ist am Hochaltar und den beiden Seitenaltären der Längswände die kühle Strenge des Salzburger Frühklassizismus nicht zu übersehen, die jubilierenden Engel sind verschwunden und lediglich die Verschiedenfarbigkeit des Marmors vermag das Frösteln beim Betrachter etwas abzumildern. Aber schließlich war der Fürsterzbischof Graf Colloredo persönlich nach Mühldorf gekommen im Jahr 1775, um diese Altäre einzuweihen, er wird mit Genugtuung die Erfüllung seiner Richtlinien festgestellt haben. Die in Mühldorf so eifrig betriebenen Passionstheater, Karfreitagsumzüge und Donnerstagsprozessionen mit allen Zunftzeichen und Fahnen wurden ebenso verboten, wie die ungezählten Bittgänge und Wallfahrten nach Ecksberg, Fißlkling, Annabrunn oder zur Hofwieskapelle. Nur für die Entwicklung des Schulwesens hatte die Aufklärung auch in Mühldorf einen wichtigen Anstoß gegeben, endlich war man auch bei den Lehrkräften an Ausbildung und Befähigungsnachweis interessiert, die Einführung einer allgemeinen Schulpflicht stand bevor und zum Unterhalt der Lehrer wurden die Kinder künftig von der Zahlung von zwei Kreuzern Schulgeld befreit.

Mühldorf hatte ab 1800 die neue Lehre sozusagen aus erster Hand geliefert bekommen, als der Domprediger und Regens des Salzburger Priesterseminars, Matthäus Fingerlos, zum neuen Dekan des Kollegiatsstiftes ernannt wurde. Er war mit seiner allzustrengen Lehrmeinung in Salzburg doch zu weit gegangen, so daß ihm der Erzbischof mit seiner Versetzung nach Mühldorf zwar einen ehrenvollen Abgang verschaffen, ihn aber doch aus den Meinungsverschiedenheiten innerhalb des Konsistoriums herausnehmen konnte. Aber Mühldorf war für einen Mann seines Formats nicht das rechte Betätigungsfeld, für ihn war die Stadt auch viel zu sehr in einer barocken Lebensauffassung verhaftet, als daß eine berechtigte Aussicht bestanden hätte, mit Reformen größeren Stils eine Änderung herbeiführen zu können. Hier in Mühldorf blieben die Kapuziner dem gläubigen Volk heilig und der Bittgang nach Ecksberg blieb Tradition. Und auch die Eindämmung der Bauernfeiertage hätte nicht unbedingt sein müssen, weil sie den Geschäften nur zum Schaden gereichten. Die tatsächliche Säkularisation, d. h. die Einziehung und Nutzung kirchlichen Eigentums durch die weltliche Gewalt, vollzog sich dann freilich auf einer ganz anderen Ebene. Es bedurfte zwingender politischer Veränderungen, beinahe revolutionärer Umstürze, um endlich den seit langem für notwendig erachteten Zugriff auf das tote Kapital der Bistümer und Klöster zu wagen.

Frankreichs Erster Konsul Napoleon Bonaparte hatte sein Land zur ersten Großmacht in Europa gemacht, seine gut geschulte Armee und sein militärisches Genie stellten alle anderen Staaten vor vollendete Tatsachen, er bestimmte die Vorgänge in Europa, und selbst der Kaiser in Wien konnte nur zusehen, wie der Korse die Landkarte nach Belieben veränderte. Trotz mehrerer Koalitionskriege gegen die Armee des revolutionären Frankreich war ihr Vormarsch bis nach Süddeutschland nicht aufzuhalten. Nach einem anfänglichen Erfolg der Österreicher bei Haun kam es am 3. Dezember 1800 doch zur vernichtenden Niederlage von Hohenlinden. Das geschlagene österreichisch-bayerische Heer versuchte sich in Mühldorf zu sammeln, aber General Ney ließ es nicht zur Ruhe kommen, vertrieb es aus der Stadt und richtete seinerseits sein Hauptquartier in Mühldorf ein. Diese Besatzungszeit war gekennzeichnet von argen Mißhandlungen und Plünderungen der Zivilbevölkerung, forderte außerdem eine derart hohe Brandschatzungssumme, daß selbst der nach Salzburg evakuierte Kirchenschatz von 7000 Gulden verkauft werden mußte, um diesen Verpflichtungen nachzukommen. Erst am 9. Februar 1801 wurde die Stadt durch den Friedensschluß von Luneville von dieser Last befreit. Zunächst war man erleichtert, obwohl niemand ahnen konnte, welche Veränderungen dieser Friede für die Stadt bringen würde.

Aufgrund des Vertrages von Luneville vollzog sich nämlich der Übergang Mühldorfs von der salzburgischen Hoheit an die bayerische. Alle Gebiete auf der linken Rheinseite mußten an das siegreiche Frankreich abgetreten werden, was für Bayern immerhin den Verlust der Pfalz bedeutete. Aber den deutschen Fürsten wurde die Möglichkeit eingeräumt, ihre Einbußen durch eine Säkularisierung der Fürstbistümer, Stifte und Klöster auszugleichen. Ein diesbezüglicher Plan wurde am 18. August 1802 an einen Ausschuß von acht Reichsständen überwiesen, die sogenannte Reichsdeputation, die in Verhandlungen einen Hauptentschädigungsplan festlegte, welcher dann auch am 25. Februar 1803 unter der Bezeichnung „Reichsdeputations-Hauptschluß" angenommen wurde. Hinsichtlich Bayerns wurde darin festgelegt, daß die Bistümer Bamberg, Würzburg, Augsburg und Freising dem bayerischen Staat zugeschlagen werden sollten, während Salzburg, Passau und Berchtesgaden in das ehemalige Großherzogtum Toskana einfließen sollten. In einem Geheimvertrag zwischen Bayern und Frankreich wurden aber die ehemals salzburgischen Städte Mühldorf, Tittmoning und Laufen Salzburg aberkannt und Bayern zugesprochen.

Das Wappen des Fürsterzbistums Salzburg

Am 24. November 1802 besetzten bayerische Truppen die Salzburger Exklave Mühldorf. Die erzstiftlichen Behörden leisteten bereitwillige Unterstützung, gelobten Loyalität und schon am 21. Januar 1803 wurde in Mühldorf die bayerische Gesetzgebung eingeführt. Die Soldaten mit dem Raupenhelm wurden in

Mühldorf freudig begrüßt, man veranstaltete ihnen zu Ehren eine Illumination, bei der der Herr Dekan Fingerlos den sinnigen Spruch ausbrachte: „Nicht die Religion, aber der Aberglaube falle, sprach Maximilian und Amen sprachen alle."

Womöglich hat er auch dafür Sorge getragen, daß die sechs Kapuzinerpatres nach Salzburg zurückgeschickt wurden, mit einem Reisegeld von vier Gulden pro Mann.

Diese anfänglich so euphorische Einstellung den neuen Herren gegenüber ist aber schnell einer enttäuschenden Ernüchterung gewichen, denn Bayern befand sich in einem permanenten Kriegszustand. Die politische Unentschlossenheit des bayerischen Kurfürsten hat das Land in eine stets lavierende Bündnispolitik hineingetrieben; fremde Truppen gehörten zum täglichen Erscheinungsbild auf Bayerns Straßen. Nun wurden auch für Mühldorf diese Zustände zur Dauerplage: Truppendurchzüge und Einquartierungen, die die Bürger aller Rechte beraubten und ihnen Opfer auferlegten, die sowohl vom Feind, als auch vom Freund immer gleich drückend waren. Mühldorf mit seinen knapp 2000 Einwohnern hatte in zwei Jahrzehnten eine Million Soldaten zu verpflegen, viele Fuhrwerksdienste zu leisten, hohe Requisitionen zu erdulden und Mißhandlungen und schwere Beeinträchtigungen hinzunehmen. Man kann ohne Übertreibung sagen, daß der Ausgang des 18. und der Anfang des 19. Jahrhunderts die schlimmste Zeit für die Bevölkerung von Mühldorf gebracht hat und der Kollegiatsstiftsverwalter Andreas Unterholzner hat bestimmt nicht übertrieben, wenn er bemerkt: „Jedermann würde sein Haus versperrt, seinen Hof verlassen und in der Fremde sein Glück gesucht haben, hätte er die Schicksale vorhergesehen, die seiner harrten."

Mit dem Einzug der bayerischen Truppen und der Übernahme durch Freiherrn von Aretin ging für die Stadt Mühldorf ein Jahrtausend der Zugehörigkeit zum Bistum Salzburg zu Ende. Ein Jahrtausend der Isolation zwar, der inselhaften Abgeschnittenheit und auch der Eigenbrötelei, das einer natürlichen Expansion im Wege stand und gut nachbarliche Verbindungen an einer mit Steinen markierten Grenze scheitern ließ.

Aber es war auch ein wohlbehütetes Jahrtausend unter dem milden Regiment des Krummstabes, ein glückliches In-Ruhe-gelassen-sein mit fürsterzbischöflichen Pflegrichtern, die möglichst ungestört ihre letzten Dienstjahre in Mühldorf abzuleisten sich erhofften. Die Einwohner waren nicht genötigt, zum Ruhme eines Fürstenhauses ins Feld zu ziehen oder den letzten Blutstropfen für die Ehre eines Vaterlandes herzugeben. Im Gegenteil, an ihrem Wohlergehen war den Erzbischöfen viel gelegen, sie hatten guten Grund, mit Böllern zu schießen und Fahnen zu schwenken, wenn ihnen schon einmal ein Landesherr die Ehre seines Besuchs machte.

Die Kanonen, die man nun in die Stadt gebracht hatte, lösten keinen Jubel bei der Bevölkerung aus und wenn in den Festreden von Heimkehr oder gar von Befreiung gesprochen wurde, hielt sich der Beifall in Grenzen. Mühldorf wurde gewaltsam mit einer neuen Wirklichkeit konfrontiert, die, gemessen an der ruhigen Beschaulichkeit vergangener Zeiten, etwas Erschreckendes an sich hatte. Tiefgreifende politische Reformen standen bevor, die Innschiffahrt lag in den letzten Zügen und für die heimische Wirtschaft war ein grundlegender Wandel unumgänglich, das gesamte Verkehrswesen mußte sich neu orientieren und die Bauernknechte liefen scharenweise ihren Dienstherren davon, um in den Fabriken der Städte einen geregelten Lohn zu suchen. Der Stadt Mühldorf wurde eine neue Rolle zugedacht als Mittelpunkt eines entstehenden Verwaltungsbezirkes, das Salzburger Flair, das sich in vielen Jahrhunderten über die Stadt am Inn gelegt hatte, wurde zur lieblich-romantischen Reminiszenz.

Mühldorfs Kirchen

Wenn die Kirchengeschichte Mühldorfs hier losgelöst von der allgemeinen Stadtgeschichte dargestellt wird, so geschieht das lediglich um einer größeren Klarheit und Übersichtlichkeit willen. Auch wenn die in der Stadtgeschichte bereits herausgestellten Begebenheiten das kirchliche Leben selbstverständlich mit betroffen haben, so hat sich von seiten der Kirche mit ihren gesellschaftlichen und sozialen Aktivitäten doch eine eigene Dynamik entwickelt, die einer besonderen Behandlung bedarf. Das betrifft Baugeschichtliches ebenso wie Schulisches, Seelsorgerisches oder das Stiftungswesen, was aber im Rahmen der Gesamtgeschichte nur verwirrend für den Leser und in jedem Falle unter Wert hätte dargestellt werden können. Deshalb soll der Kirchengeschichte ein eigenes Kapitel gewidmet sein.

Es widerspricht fast der Tradition einer geistlichen Herrschaft, daß Dokumente und Urkunden zum kirchlichen Leben Mühldorfs erst viel später auftauchen als andere Hinweise. Erst aus dem Jahr 1251 läßt sich eine erste stichhaltige Mitteilung über die Pfarrkirche St. Nikolaus finden, der aber schon 300 Jahre früher die erste Nennung der weltlichen Siedlung gegenübersteht. Natürlich muß das nicht heißen, daß der Ort in dieser langen Zeit ohne Gotteshaus gewesen wäre, aber alle früher angesetzten Erwähnungen kirchlichen Lebens sind exakt nicht belegbar. Selbst die Theorie, eine Vorgängerkirche von St. Nikolaus sei der heiligen Margarethe geweiht gewesen, stützt sich nur auf ein Freskofragment in der Vorhalle der Pfarrkirche, das erst 1972 freigelegt werden konnte, aber auch nicht lange vor 1300 entstanden sein kann.

Doch auch die im Jahr 1251 erwähnte Kirche, von deren Ausmaßen und Ausstattung wir keine Ahnung haben, hat das 13. Jahrhundert nicht überstanden. Bezeichnend an ihr ist nur, daß sie unter dem Patronat des heiligen Nikolaus stand. Das kann man sicher als einen Hinweis auf die zunehmende Bedeutung der Innschiffahrt bewerten, daß man die Pfarrkirche, wie in Rosenheim und Neuötting auch, dem Patron der Schiffsleute anverlobte. Erst nach dem Stadtbrand von 1285, bei dem die Kirche wohl zerstört worden ist, hat man jenen Bau in Angriff genommen, den wir heute noch in seinen Grundzügen vor uns haben. Seine stilistischen Merkmale, besonders in Turm und Vorhalle, lassen eine Bauzeit um 1300 annehmen, zu der auch der umgebende Kirchenplatz mit Friedhof, Pfarrhof und Johanneskapelle schon ein fester Bestandteil der Stadtarchitektur gewesen ist. Er entsprach ganz den Vorstellungen des späten Mittelalters: eine ruhige Zone, ein wenig abgerückt vom Getriebe der Hauptstraße und des Marktes, aber doch in fester Zugehörigkeit zu den Bürgerhäusern und Kirchgängern. Die damals vollständig im romanischen Stil erbaute Nikolauskirche muß in Größe und Ausstattung ein adäquates Spiegelbild bürgerlichen Wohlstandes gewesen sein, ein geistlicher Mittelpunkt, der auch symbolisch über alle Dächer der Stadt hinausragte. Sie war in der klassischen Form einer Basilika gebaut, mit einem mächtigen Quaderturm im Westen, im dreischiffigen Langhaus flach gedeckt und im Osten mit drei Apsiden den Chor abschließend. Leider ist uns davon nur noch der Turm und das Eingangsportal geblieben, die Kirche selbst hat ja mehrere Verwandlungen über sich ergehen lassen müssen.

Neben St. Nikolaus als Hauptkirche der Stadt können wir noch drei Nebenkirchen nachweisen, die alle etwa um 1300 entstanden, aber aus ganz unterschiedlichen Beweggründen gebaut wurden. Da ist zunächst die Friedhofskirche St. Michael, ein zweigeschossiger Rundbau, dem 1450 durch die Kaufmannszunft eine Kapelle zu Ehren des heiligen Johannes angebaut wurde, wovon sie heute noch ihren Namen hat. Aber die Konstruktion der Seelenkapelle und des darunterliegenden Beinhauses zur Aufnahme der Gebeine aus aufgelassenen Gräbern weist deutlich auf ihre ursprüngliche Bestimmung hin. Es ist auch verfehlt, sie wegen des Johannes-Patroziniums als Taufkapelle anzusehen. Dieser Rundbau mit den schweren Bandrippen und den noch gut erhaltenen Fresken hängt stilistisch eng mit der Nikolauskirche zusammen, wenngleich einem heute die optische Rekonstruktion eines umlaufenden Gottesackers kaum mehr gelingen mag.

Von der Peterskirche sind uns nur noch schriftliche Zeugnisse geblieben und das Wissen, daß sie auf dem heute verbauten Petersplatz (gegenüber der Metzgerei Hohenester) gestanden hat. Sie wurde 1809 wegen Baufälligkeit abgerissen, weil sie durch ständig einsickerndes Grundwasser ohnehin nur in den Sommermonaten begehbar war. Wir wissen von ihr, daß sie bis zum Jahr 1274, zusammen mit einem anschließenden Haus, den Augustiner-Eremiten von Seemanshausen (bei Gangkofen) gehörte, bis sie Abt Dietmar von St. Peter für sein Salzburger Kloster erwarb. Es wäre äußerst interessant zu wissen, ob diese Minderbrüder im Zuge der damals stark aufgekommenen Bettelorden-Bewegung nach Mühldorf gekommen sind und, ähnlich wie die Franziskaner und Dominikaner in völliger Armut und nur von Almosen lebend, ihren missionarischen und caritativen Dienst versahen. Ob ihr Haus neben der Peterskirche eine erste klösterliche Niederlassung in Mühldorf war? Aus der Tatsache, daß ihnen der Benediktiner-Abt von St. Peter ihr Domizil abkaufte, könnte man auch schließen, daß man damit die im Bistum Salzburg nicht sehr geschätzten Bettelmönche aus der Stadt verdrängen wollte.

1279 jedenfalls wurde eine neue Peterskirche erbaut, die durch Bischof Konrad I. von Chiemsee eingeweiht wurde. Auch Niklas Grill hat 1419 in seinem Testament der Peterskirche gedacht. Er hat eine ewige Messe gestiftet und angeordnet, daß jeden Sonntag vor dem Offertorium für ihn und seine Hausfrau ein Paternoster und ein Ave-Maria zum Gedächtnis gelesen werden müsse.

Wann die „St. Jakobskirche auf dem Platz" erbaut wurde, ist nicht genau festzustellen. In den Salzburger Regesten hat sich ein Stiftungsbrief aus dem Jahr 1303 für ein Benefizium der Jakobskirche in Mühldorf erhalten, in dem der „Vicedom Reycher von der Rot" 60 Pfund Pfennige gibt, die von den Mühldorfer Bürgern auf 100 Pfund Pfennige aufgestockt wurden und somit ein beachtliches Vermögen darstellten. Darin wird festgelegt, daß

103

der jeweilige Pfarrherr der Stadt von diesen Erträgnissen täglich eine Frühmesse zu halten habe. Sollte er dies unterlassen, dürfe er die Kirche nicht mehr betreten und solle dafür einen Tag bei Wasser und Brot fasten, sooft sich dieses ereigne, ausgenommen jedoch, wenn er in Geschäften des Erzbischofs verhindert sei. Dann dürfe die Messe auch durch einen Vikar gelesen werden. Die Jakobskirche hat sich zu einer reinen Bürgerkirche entwickelt, es gibt eine große Anzahl von Stiftungen und Überschreibungen von Grundstücken, Stadthäusern und anderen Immobilien, die die Zechpröpste gewinnbringend anlegten und der Kirche und dem Benefizium eine satte finanzielle Basis verschafften. Sie muß etwa an der Stelle des heutigen Hochbrunnens gestanden haben, leider hat sich weder ein Bild noch eine genaue Beschreibung erhalten, an der man feststellen könnte, in welcher Form sich der materielle Reichtum von St. Jakob auch in der künstlerischen Qualität des Gotteshauses niedergeschlagen hat.

Von diesen vier romanischen Kirchen, die das religiöse Leben in der Stadt um 1300 bestimmt haben, sind uns nur bescheidene Reste verblieben. Wir können uns daher nur ein sehr unvollkommenes Bild über eine künstlerische Tätigkeit in jener Zeit machen. Aber es läßt sich doch recht deutlich erkennen, daß die wirtschaftlichen Verhältnisse nicht schlecht gewesen sein müssen und daß die Bürger in ihrem Reichtum auch den Kirchen ihren Teil nicht versagten. An diesen Kirchen läßt sich auch ablesen, daß der Stadtkern seine mittelalterliche Struktur schon ganz gefunden haben mußte und die Einwohnerschaft schnell zugenommen hatte. Nur die Anfeindungen aus dem bayerischen Umland waren um diese Zeit noch allgegenwärtig und die Salzburger Bischöfe keineswegs unumstrittene Herren von Mühldorf.

Nun ist jedoch das Bestreben der Mühldorfer, ihrem Glauben sichtbaren Ausdruck zu verleihen, mit diesen vier Kirchen keineswegs erschöpft gewesen. Sogar innerhalb des Stadtplatzes haben sich noch eine Frauenkirche und mit dem Einzug der Kapuzinerpater auch noch eine Klosterkirche dazugesellt.

Von der Frauenkirche auf dem Platz, fast eine Verpflichtung für eine Stadt, die etwas auf sich hielt, können wir wenigstens noch den Grundriß feststellen, der im Zuge von 1976 vorgenommenen Ausgrabungen zutage trat. Sie war in Höhe der Stadthäuser Nr. 42–46 gebaut und war 28 m lang und 12 m breit. Auf verschiedenen historischen Ansichten kann man noch heute ihre elegant geschwungene Barockkuppel bewundern. Auch diese Kirche geht auf eine Stiftung zurück. Der Kanoniker und Propst Heinrich Surauer aus Brixen ließ sie 1393 errichten, und auch dabei haben die Bürger mit Seelgerät und Ewigmessen nicht gezeigt. Zu den drei Altären waren sogar zwei gut dotierte Benefizien gestiftet worden. Über ihre Bauweise allerdings gibt es keine Nachrichten, ihr wohl gotisches Kleid hat sicher mehrere Stilwandlungen hinnehmen müssen. Noch 1790 hat man im Chor einen neuen Marmoraltar aufgestellt, dessen Mittelpunkt ein eigenhändiges Gemälde des Mühldorfer Dekans Ernst Wieser von 1644 war. Er hatte das Gnadenbild von Maria-Hilf in Passau in leichter Abwandlung kopiert, das für das Kirchenvolk eine große Anziehungskraft ausgeübt hatte und zu einer Art spezieller Stadtpatronin geworden war.

Die heutige Frauenkirche auf dem Platz, die mit ihrem hohen Turm die westliche Häuserzeile unterbricht, hat mit der alten aber nur den Namen gemein. Ihre Entstehung ist einer Zeiterscheinung zuzusprechen, nämlich der Beliebtheit der Predigerorden, die im Zuge der Gegenreformation hochgekommen waren. Als in der Fastenzeit des Jahres 1638 Pater Dionys, der Guardian der Kapuziner zu Wasserburg, auf Einladung nach Mühldorf kam, hatte er mit seinen geistlichen Exerzitien, als Beichthörer, Messenleser und Prediger einen solchen Eifer bei der Bevölkerung erweckt, daß man den schon länger bestehenden Wunsch nach Errichtung eines Klosters jetzt in die Tat umsetzen wollte. Der Pater Provinzial von Salzburg gab dem Stadtrat die nötige Anleitung, wie man zu Werke gehen müsse, und schon im darauffolgenden Jahr wurde auch in Mühldorf eine Ordensniederlassung der Kapuziner gegründet. Zunächst mußten die Patres in einem Privathaus Wohnung nehmen, weil die Stadt zur Gründung eines Klosters erst zwei Anwesen am Stadtplatz erwerben mußte. Als Klosterkirche bot sich zunächst die Jakobskapelle auf dem Platz an, aber sie hatte sich trotz der günstigen Lage als zu klein erwiesen. Also legte am 7. August 1638 der Prälat von Gars feierlich den Grundstein für eine neue Klosterkirche. Auf dem Stadtplatz stand aber noch eine weitere Kirche, nämlich die Frauenkirche, aber selbst den Patres schienen drei Kirchen auf so engem Raum zuviel zu sein. Daher wurde an den Erzbischof die Bitte gerichtet, die alte Jakobskirche abbrechen zu dürfen und schon 14 Tage später traf die Genehmigung ein. Im nächsten Frühjahr wurde mit dem Abbruch begonnen, um das eventuell noch brauchbare Material für den neuen Kirchenbau zu verwenden. Am 12. April 1643 weilte der Weihbischof von Chiemsee, Herr Johann Christoph Graf zu Lichtenstein, in Mühldorf, um in feierlicher Zeremonie die Kapuzinerkirche einzuweihen.

Die Kapuziner waren der einzige Orden, der in Mühldorf in einer klösterlichen Gemeinschaft zusammengelebt hat. Als Angehörige eines Bettelordens hatten sie keine festen Einkünfte, sie lebten von Spenden und Almosen aus der Bevölkerung, vom Opferstock, von Krankenbesuchen und Sterbehilfen, als Beichtväter und Prediger bei Landmissionen, zu denen sie mit Vorliebe gerufen wurden. Man lebte äußerst bescheiden, das Nötigste lieferte der Klostergarten und daß sie nicht allzusehr darben mußten, garantierte ein außerordentlicher Beliebtheitsgrad bei allen Schichten der Bevölkerung.

Trotzdem bedeutete die Säkularisation das Ende der Kapuziner in Mühldorf. Ihr Orden wurde wie alle anderen aufgelöst, das Vermögen vom Staat eingezogen und die Patres mit jeweils vier Gulden Reisegeld nach Salzburg abgeschoben.

In mehreren Restaurationen hat man sich auch der entsprechenden Ausgestaltung des Innenraumes angenommen und eine kunstgeschichtlich äußerst interessante Lösung geschaffen. Neuromanische Seitenaltäre, Freskogemälde im Stile der Nazarener und ein karolingisch inspirierter Radleuchter geben Zeugnis von der allgemeinen Stilunsicherheit des nachbarocken 19. Jahrhunderts. 1891 sind gar noch einmal Ordensleute in das ehemalige Kloster eingezogen. Über 70 Jahre haben ein paar Franziskaner die Tradition der Bettelmönche nochmals aufleben lassen, bis die Personalnot sie zwang, ihr Gotteshaus einer ungewissen Zukunft zu überlassen.

Bis zu sechs Kirchen hat die Stadt Mühldorf zeitweise innerhalb ihrer Mauern beherbergt. Das war keine Ausnahme im Vergleich mit anderen Städten. Diese vielen, den unterschiedlichsten Zwecken dienenden Gebetsstätten hatten ihren Ursprung in den gesellschaftlichen Verhältnissen des späten Mittelalters, die überwiegend religiös ausgerichtet waren. Es gab eine Reihe von Bruderschaften, Kongregationen und Gebetsvereinigungen, zu deren zahlreicher Mitgliedschaft zu gehören selbstverständlich war, die damit auch den finanziellen Hintergrund bildeten für Unterhaltung und laufende Zuwendungen an die Kirchen. Zudem war es beinahe selbstverständlich, noch auf Erden für die Ewigkeit zu sorgen, einen Teil seiner Habe an Stiftungen zu geben und durch Jahrtage und Gebetsandenken die Qualen des Fegefeuers zu mildern. Jeder Bürger hatte seinen Patron, seinen Zunftheiligen, war verbrüdert zu einem Altar oder einer Kapelle, war eingespannt in ein Netz von religiösen Gebräuchen und sozialen Pflichten, die in den Glocken der Stadtkirchen nur ihr Echo fanden.

Kloster und Frauenkirche haben nach der Auflösung alle Wirren der napoleonischen Zeit über sich ergehen lassen müssen. Sie wurden als Schrannenhalle benützt, dienten als Notunterkunft für durchziehende Soldaten, als Lazarett und sogar als Feuerwehr-Requisitenhaus. Erst 1814 hat die Stadt Kloster und Kirche wieder zurückerstattet bekommen, um sie wieder einer sinnvollen Nutzung zuzuführen. Die Klostergebäude waren als Schulhäuser gut zu gebrauchen, aber die Kirche in ihrem völlig demolierten Zustand war nach der Not, die über dem ganzen Land lag, so schnell nicht wieder in einen würdigen Zustand zu versetzen.

Aber mitten auf dem Platz stand ja auch noch die alte Frauenkirche, an der der Zahn der Zeit auch kräftig genagt hatte und deren Standort immer mehr als Hindernis empfunden wurde. So hat der Magistrat ihren Abbruch beschlossen und damit auch der Kapuzinerkirche mit den nicht mehr genützten Einrichtungsgegenständen unter die Arme greifen können. Als 1815 die Frauenkirche verschwand, lag es nahe, ihr Patrozinium nun auf die neue Kirche zu übertragen, sogar das alte Gnadenbild mit der Maria-Hilf-Madonna hat ihr Domizil auf dem Stadtplatz wieder einnehmen dürfen. Man hat mit dieser Umschichtung der Not der Zeit gehorcht, denn niemand hätte die Mittel aufbringen können, beide Gotteshäuser zu erhalten, aber ohne Frauenkirche wollte man auch nicht bleiben. Als sich im Verlaufe des Jahrhunderts die Verhältnisse zusehends besserten, hat die Bürgerschaft viel Geld aufgewendet, um aus dem anfänglichen Provisorium eine würdige Frauenkirche zu machen. Zuerst war es der etwas schäbige Dachreiter, der nicht mehr in das Bild einer aufstrebenden Stadt passen wollte, und so hat der Lebzelter Franz Paul Niggl als Kirchenverwalter alle Hebel in Bewegung gesetzt, um den 35 m hohen Turm, der heute über der Frauenkirche aufragt, finanzieren zu können.

Auch im Umfeld der Stadt gibt es noch zahlreiche Kirchen, die entweder aus Wallfahrten entstanden sind oder als Vorstadtkirchen anderen Bestimmungen unterlagen, die aber doch in das religiöse Leben insgesamt mit einbezogen waren. Die wichtigste ist zweifellos St. Katharina, die als Vorstadtkirche und als Pfarrsitz von Altmühldorf eine Doppelfunktion hatte. Als Mittelpunkt der Vorstadt „gein den Perg" war sie zuerst eine Bürgerkirche für alle jene Bürger, die aufgrund ihres Gewerbes gezwungen waren, außerhalb der Mauer zu leben. Zugleich lag auf ihr die Seelsorge für die Hofmark Altmühldorf, was ihr auch offiziell den Status einer zweiten Pfarrkirche eintrug. Wenn auch im Jahr 1518 die St.-Laurentius-Kirche in Altmühldorf geweiht werden konnte, blieb doch der Pfarrhof bei der Katharinenkirche.

Sie muß in ihrem Ursprung der romanischen Epoche zugerechnet werden, also mit der Nikolauskirche etwa um 1300 gebaut worden sein. Dies entspricht auch der Bedeutung, die der Vorstadt am Fuße des Berges als dem einzigen Zugang zur Stadt von Norden zukam. Die Porta exterior, die 1218 schon benannt wird, war erster Kontrollpunkt und Zollstation und das Tor zur bayerischen Welt.

106

Die Tatsache, daß die Kirche im 16. und im 18. Jahrhundert im Stil der jeweiligen Mode umgebaut wurde und heute noch eine ansprechende Ausstattung aus allen Epochen vorweisen kann, spricht dafür, daß die Vorstadtbewohner den Vorteil eines eigenen Gotteshauses wohl zu schätzen wußten. Auch wenn die Stadt nächtlicherweile ihre Tore versperrt hatte, brauchten sie auf priesterlichen Beistand nicht zu verzichten. Andererseits war der Friedhof von St. Katharina während der schrecklichen Pestzeit die einzige Möglichkeit, die vielen Toten außerhalb der Stadt geweihter Erde zu übergeben.

Die Laurentiuskirche von Altmühldorf ist von 1501 bis 1518 im Stil der späten Gotik errichtet worden und hat im Hinblick auf ihren künstlerischen Wert in ganz Mühldorf nicht ihresgleichen. Ihr Reichtum und ihre hohe Qualität können nur vor dem Hintergrund einer ebenso reichen Pfarrgemeinde entstanden sein, und tatsächlich war Altmühldorf der Mittelpunkt einer Pfarrei, die weit über das Gebiet des Mühldorfer Burgfriedens hinausreichte. Und trotzdem war die geistliche Betreuung und die Besetzung der Pfarrstelle immer von Mühldorf ausgegangen: Auch wenn sie als Propstei einen Sonderstatus für sich in Anspruch nehmen konnte, saß der Pfarrer von Altmühldorf in der Katharinenvorstadt und die Bauern mußten zum Kirchgang einen weiten Weg auf sich nehmen. Ob das in Altmühldorf schon zu früheren Zeiten so gewesen ist, erzählt uns niemand. Wir können seit 1220 die Pfarrherren mit Namen nennen, aber von einer Vorgängerin der Laurentiuskirche ist nirgends die Rede und auch die Vermutung, der Römerheilige Laurentius sei schon von der römischen Besatzung in unserer Gegend verehrt worden, muß Spekulation bleiben.

Mit der berühmten Wallfahrt von Ecksberg haben wir es da leichter, ihr liegt eine jener schönen Legenden zugrunde, die, wie in so vielen Fällen, fast automatisch ein wundertätiges Wallfahrtsheiligtum entstehen ließen. Es war im Jahr 1453, als drei Diebe in die Kirche von Mößling eingebrochen waren, um das Ziborium mit zwölf darin eingeschlossenen, konsekrierten Hostien zu stehlen. Als sie aber erkennen mußten, daß ihre Beute nicht wie vermutet aus Gold, sondern nur aus vergoldetem Kupferblech gefertigt war, beschlossen sie, das wertlose Gut in einem Gebüsch nahe dem Ecksberg zu vergraben. Aber die ruchlose Tat blieb nicht unbemerkt, die Diebe wurden verfolgt und gefangen und der Propst von Gars gebeten, den wertvollen Schatz feierlich zu erheben. Schon zwei Jahre später stand an dieser denkwürdigen Stelle eine Kirche, die vom Erzbischof von Salzburg persönlich geweiht wurde und als besonders wundertätige Reliquie die zwölf erhobenen Hostien aufzuweisen hatte. Gut 200 Jahre stand die Kirche hoch über dem Inntal, Blickpunkt und Zuflucht für Hilfesuchende, und konnte durch viele Mirakel einen ungewöhnlichen Zulauf verzeichnen. Aber diese Kirche war zu gewagt an den Rand des Steilufers gebaut, es war zu gefährlich für große Pilgerzüge, und als sich auch noch Risse im Mauerwerk zeigten und die Befürchtung der Unterspülung auftrat, entschloß man sich 1683, weiter landeinwärts eine neue Wallfahrtskirche zu bauen, größer natürlich und entsprechend großzügig mit reichen Stukkaturen verziert und schweren goldschwarzen Altären ausgestattet, ganz im Stile des italienischen Barock, wie man heute noch bewundernd feststellen kann.

Leider hat die Säkularisation auch vor diesem beliebten Wallfahrtsort nicht Halt gemacht, die Wallfahrtspriester wurden vertrieben, es wurde still um Ecksberg, im Benefiziatenhaus war nur noch ein alter Mesner verblieben. Aber mit dem 17. Oktober 1852 begann ein neuer Abschnitt in der Geschichte Ecksbergs. Pfarrer Josef Propst hatte um das Benefiziatenhaus nachgesucht, um darin eine Anstalt für geistesarme Kinder zu gründen. Aus kleinsten Anfängen hat er mit der Kretinen-Anstalt Ecksberg ein Hilfswerk aufgebaut, das ihm zum Lebenswerk wurde.

Die Anstalt Ecksberg hat es nicht leicht gehabt, aus primitivsten Anfängen heraus der wachsenden Zahl der Aufnahmebedürftigen gerecht zu werden. Stets mußte erweitert und angebaut werden, weitgehende Selbstversorgung und eine zunehmende medizinische Betreuung haben erst in vielen Etappen den heutigen Gebäudekomplex entstehen lassen. Aber ohne die unermüdliche Energie und beinahe fanatische Besessenheit des Gründers Josef Probst, den Ärmsten zu helfen, hätte dieses leuchtende Beispiel christlicher Nächstenhilfe nicht gedeihen können. Das betraf auch jene, die sein Werk fortgeführt haben, Johann Leidl, Ludwig Fastlinger und Gregor Lunghammer und im besonderen die Schwesternschaft des Dritten Ordens des heiligen Franziskus.

In der Talebene unterhalb von Ecksberg und Altmühldorf waren trotz ständiger Überflutungsgefahr zwei Kapellen errichtet worden, die man als Rast- oder Feldkapellen bezeichnen muß und die als solche kein eigenes Benefizium besaßen. Beide gelten als stille und einsam gelegene Andachtsstätten, deren Beliebtheit heute noch durch viele Bilder belegt ist, die von flehender Drangsal und dankerfüllter Hilfe erzählen.

Die noch erhaltene und fürsorglich gepflegte Kronwidl-Kapelle wird in ihrer Entstehung auf ein vom Hochwasser des Inn angeschwemmtes Muttergottesbild zurückgeführt, das an einer Kranewittstaude hängengeblieben war und 1804 erstmals in einem mit Rinden bedeckten Bretterhäuschen aufgestellt wurde. Dieses Bild hat große Verehrung gefunden bei der Bevölkerung. Opfergaben und Stiftungen machten 1828 eine Vergrößerung des Kirchleins möglich, bis der Grundeigentümer Johann Heimeldinger per Testament seinen Nachkommen zum heutigen Steinbau verpflichtete. Das Gnadenbild wurde durch eine Sieben-Schmerzen-Madonna ersetzt, eine Rokokostatue aus der säkularisierten Kapuzinerkirche, die in einen kunstvollen Vierzehn-Nothelfer-Altar eingefügt ist. Eine letzte reiche Innengestaltung erfuhr die Kapelle auf Betreiben von Gregor Lunghammer, Geistlicher Rat und von 1919 an Vorstand der Anstalt Ecksberg. Lunghammer war ein überaus kunstsinniger Mann, der sich um die Ausgestaltung und Erhaltung der Kirchen von Ecksberg und Altmühldorf größte Verdienste erworben hat. Im März 1938 mußte er auf Betreiben der Machthaber im Dritten Reich seine Wirkungsstätte verlassen. Um 1930 fertigte die Altmühldorfer Bildhauerwerkstatt Hein für die Kronwidl-Kapelle eine reich ausgestattete Altarwand an, in deren Mitte die Figur einer Schmerzhaften Muttergottes als zentrales Bild gesetzt wurde. Diese Marienfigur stammt aus der ersten Hälfte des 18. Jahrhunderts und war bis zur Säkularisation das Gnadenbild der Kapuzinerkirche in Mühldorf, die 1803 geschlossen und ausgeräumt wurde. Am Eingang befindet sich neben einem schattenspendenden Lindenbaum das Gnadenbrünnlein, dessen hilfreiche Wirkung bei Augenleiden mehrfach auf Votivtafeln dargestellt ist. Auch einige Tragekreuze bezeugen Dankbarkeit für erfahrene Hilfe.

Die Kronwidlkapelle – heute eine Wallfahrtsstätte

Leider hat man die in großer Zahl erhaltenen, erzählfreudigen Votivtafeln, auf denen alle Leiden dieser Welt dargestellt sind, nach Altmühldorf in Sicherheit bringen müssen, nachdem mehrfach eingebrochen und gestohlen wurde. Die kleine Kapelle ist auch in unserer Zeit noch nicht in Vergessenheit geraten. Das beweisen die ständigen Besucher der Gnadenkapelle, die Votivtafeln der letzten Jahre und auch der Wunsch der Bevölkerung, die Kapelle zu erhalten.

Die St.-Rupertus-Kirche im Tal existiert nicht mehr. Sie wurde auf Anordnung der Säkularisationsbehörde im Jahr 1803 abgebrochen, lediglich die Grundmauern in der Nähe des Riegerhofes in der Ecksberger Niederung sind noch zu erkennen. Auf einer Zeichnung von etwa 1700 ist sie neben Ecksberg und Altmühldorf mit Turm und Schiff abgebildet. Auch die verbliebenen schriftlichen Zeugnisse reichen nicht aus, um sie vollständig zu rekonstruieren. Wir haben zwar eine erste Nachricht vom Jahr 1447, durch die sich ein Pfarrer Auer von Altmühldorf verpflichtet, eine ewige Messe zu lesen, aber wann mit dem Bau begonnen wurde und wer sie dort in die gefährliche Senke hineinstellen ließ, bleibt uns verborgen. Weitere Schriftstücke lassen erkennen, daß St. Rupertus im Tal ziemlich reich gewesen sein muß. Die Kirchenverwalter haben immer wieder Bargeld zu fünf Prozent Zinsen ausgeliehen, im Jahr 1610 stieg das Vermögen gar auf die erstaunliche Summe von 800 Gulden. Es ist von Kreuzgängen nach Altötting, nach Heiligenstatt, Ebing und Isen die Rede, von einem Kaplan am Ecksberg, der für die Abhaltung der monatlichen Messen bezahlt wird, von Zechleuten und einem Hilfsgeld an die Altmühldorfer Laurentiuskirche und doch kann man sich nicht mehr zusammenreimen, woher dieser Reichtum gekommen sein mag. Stand ein honoriger Stifter dahinter oder hat neben Ecksberg das Rupertuskirchlein eine eigene Wallfahrt betrieben, welche Rolle spielte sie vor dem Bau der jetzigen Pfarrkirche in Altmühldorf im Jahr 1501?

Infrarotaufnahmen zeigen es: Hier stand das Rupertuskirchlein im Tal bei Altmühldorf

Alles das sind Fragen, die uns niemand beantworten kann und es müßte ein glücklicher Zufall sein, wenn uns eines Tages ein Fund etwas Licht in das Dunkel um die Rupertuskirche im Tal brächte.

Die Maria-Eich-Kapelle Mater dolorosa auf dem Höhenzug am anderen Ende der Stadt steht dicht vor den östlichsten Grenzsteinen des Burgfriedens. Sie ist die Erneuerung einer schon arg mitgenommenen Feldkapelle beim sogenannten „Hungerbrünnl bey der Aichen", einer der zahlreichen Quellen des Hochufers, die, vom Volk mit einem Marienbild ausgestattet, zu einem vielbesuchten Ausflugsziel wurde. Der Mühldorfer Stiftdekan Achatius Cajetan Hellsperger hatte sich der alten Kapelle angenommen, weiter oberhalb ein Stück Land erworben und in Gemeinschaftsarbeit einen Neubau betrieben. Als Baumeister holte er sich den vielbeschäftigten Graubündener Künstler Christoph Dominikus Zuccalli, der schon in Gars, Au, St. Veit und Altötting sein Können unter Beweis gestellt hatte. Er vollendete 1699 einen feinen Zentralbau mit Westtürmchen und halbkreisartigem Presbyterium, das in einer feierlichen Einweihungszeremonie mit dem alten Altarbild der Feldkapelle ausgestattet wurde. Dazu war der Chiemseebischof Sigmund Carl Graf von Castell am 6. Oktober 1700 gekommen und hatte den Gläubigen einen Ablaß von 40 Tagen mitgebracht. In der Folgezeit ist die Maria-Eich-Kapelle vielen Menschen Hilfe und Trost geworden, ihre noch verbliebenen Votivbilder bezeugen das. Natürlich hat man ihr auch die ursprünglichen Eichenbäume wieder gepflanzt. Die ersten von 1871 haben allerdings das Unwetter von 1964 nicht überstanden, aber der Heimatbund Mühldorf hat in der Zwischenzeit längst für eine Nachpflanzung gesorgt.

Nun gilt es noch auf eine altehrwürdige Kirche Mühldorfs einzugehen, die aber ganz aus unserem Bewußtsein verschwunden ist, nämlich die Spitalkirche. Auf alten Bildern sowie auf dem Merianstich ist ihr schlanker Turm in der Nähe des Flusses noch deutlich zu erkennen, aber seit der Verlegung ins Innere des Spitalgebäudes kann man ihren Standort nur mehr in etwa bestimmen.

Unmittelbar nach der Errichtung eines „Seelhauses für Hausarme und bedürftige Leute" im Jahr 1472 hat man sich bemüht, für die alten Leute auch eine Kirche in nächster Nähe zu bauen. Eine Nachricht vom 28. Juli 1477 erwähnt: „Nachdem dem neuen Spital vom gnädigen Herrn Erzbischof von Salzburg vergönnt worden ist, eine neue Kirch zu machen und man sonst keinen tauglicheren Grund hat als den, worauf jetzt das Haus des Webers Thoman Waldner steht, so tritt dieser das Haus und die Hofstatt dem Spitale ab."

Die neue Kirche wurde an der Südseite des Spitals errichtet, war allerdings wegen des hohen Grundwasserspiegels auf Pfähle gesetzt worden. Als im Jahr 1717 der heute noch bestehende Neubau errichtet wurde, hat man ihn mit der Kirche fest verbunden, so daß Spitalsüdwand und Kirchennordwand eins wurden. Die Einfüllung des Stadtgrabens 1835 ergab aber eine so empfindliche Senkung des Grundwassers, daß die Pfähle, auf denen die Kirche stand, zu faulen begannen und gefährliche Risse zur Folge hatten. Die Spitalkirche jedenfalls war nicht mehr zu retten, und nachdem der Magistrat und die Regierung einen jahrelangen Streit über den Abbruch ausgefochten hatten, wurde sie 1860 völlig beseitigt. Das Heiligtum wurde nach innen verlegt und an der Südseite des Spitals konnten endlich Licht und Sonne eindringen. Der mit dem Abbruch beauftragte Maurermeister Schmidt hat noch 1000 Gulden bezahlt für die 45000 alten Ziegelsteine, 9000 Ziegelpfetten, für die Bretter vom hölzernen Gewölbe, für drei Altäre und 350 Pflasterstücke aus Untersberger Marmor. Eine letzte Aktennotiz von 1871 macht dann vollends klar, warum von der Spitalkirche nichts mehr erhalten sein kann: „Der unterfertigte Magistrat hat von der abgebrochenen Spitalkirche noch mehrere Altargegenstände zum Verkaufe vorrätig und ladet Kauflustige hiermit ein."

Die Bevölkerungsentwicklung in unserem Jahrhundert und die Entstehung neuer Stadtviertel, besonders im Norden und Osten, hat zwei neue Pfarrbezirke nötig gemacht, St. Peter und Paul und St. Pius. Am 27. Juni 1937 konnte die Kirche St. Peter und Paul an der Kreuzung der Kaiser-Ludwig-Straße und der Dornbergstraße eingeweiht werden. Architekt Berlinger hat bei der Gestaltung größten Wert auf Schlichtheit, Zweckmäßigkeit und Materialechtheit gelegt, und es entstand ein Gotteshaus, das nicht gerade einer kirchenfreundlichen Zeit entsprungen, sondern vorwiegend aus Gründen der seelsorgerischen Betreuung des neuerstandenen Siedlungsgebietes in der oberen Stadt gebaut wurde. Die Weihe hat Kardinal Faulhaber persönlich vorgenommen. Die Kirche in der Mößlinger Siedlung ist Papst Pius X. geweiht. Sie wurde am 8. Dezember 1961 ihrer Bestimmung übergeben. Es mögen Gründe der Sparsamkeit oder – ähnlich wie in St. Peter und Paul – solche der Zweckmäßigkeit vorgeherrscht haben, aber gerade hier scheint die Nüchternheit doch etwas übertrieben zu sein. Bei einer Gegenüberstellung der Kirchenbaukunst des 20. Jahrhunderts mit den Zeugnissen vergangener Zeiten in der Stadt Mühldorf kann man ohnehin von einem Vergleich kaum reden. Dies gilt auch für die evangelische Erlöserkirche aus dem Jahr 1950.

Stiftungen und Vermächtnisse

Die Wohltätigkeitsstiftungen der Stadt Mühldorf reichen weit in die Geschichte zurück, sie sind vielfach die Grundlage für soziale Einrichtungen gewesen, wie wir das an der Entstehung des Heiliggeistspitals verfolgen konnten. Eine meist über eine testamentarische Verfügung erfolgte Zuwendung an Bargeld, an Grundstücken oder Immobilien wurde ihrer Zweckbestimmung gemäß verwendet oder rentierlich angelegt. Auf diese Weise entstanden das Heiliggeistspital, das Bruderhaus und das Leprosenhaus, die ausschließlich der Krankenpflege und der Armenfürsorge dienten. Später kamen andere Hilfsmaßnahmen für spezielle Bedürfnisse hinzu, wie eine Witwen- und Waisenstiftung des Dekans Wolfgang Summerer oder die Stiftung der Frau Sabine von Kalteis, die sich der Versorgung armer Mädchen widmete, das heißt einer Hilfe zur Aussteuer oder beim Eintritt in ein Kloster. Auch den Lokalknabenschulfond, den Armenfond oder den Getreidefond muß man hier nennen, auch wenn sie nur als kurzfristige Maßnahmen anzusehen sind, deren Notwendigkeit von niemandem bezweifelt wurde, die aber auf andere Weise nicht realisierbar gewesen wären.

Eine dritte Form wohltätiger Stiftungen waren die Bruderschaften, die man als Gebetsvereinigungen und als Hilfsvereine betrachten muß, mit festem Mitgliederstand und eigener Zechschrein-Verwaltung. Sie haben ihre zum Teil erheblichen Kapitalien als zinstragende Kredite verliehen und waren immer in der Lage, Mittel für Hilfsaktionen abzuschöpfen.

Alles zusammengenommen, ergab dies ein breites Spektrum von bürgerlicher Selbsthilfe, wobei die Antriebskräfte nicht nur aus dem kirchlichen Bereich kamen, sondern auch aus städtischen Initiativen. Besonders was Verwaltung und Kontrolle dieser öffentlichen Gelder anging, arbeiteten meist beide Gremien Hand in Hand. Mit der Säkularisation von 1803 und der damit verbundenen Überführung von kirchlichem Vermögen an den Staat ist das Stiftungswesen vollständig auf die städtischen Gremien übergegangen und wird bis heute von ihnen verwaltet.

Das Kollegiatstift

Man kann sich heute unter dem Begriff Kollegiatstift kaum mehr etwas vorstellen, darum soll zu Anfang auf die Funktion einer derartigen Einrichtung eingegangen werden. Man könnte ein Kollegiatstift mit einem Chorherrenstift vergleichen, denn beides waren Lebensgemeinschaften, die sich dem Chordienst und der Seelsorge verschrieben haben. Aber während die Chorherren durch ein Gelübde an einen Orden gebunden waren, lebten die Kollegiaten nur auf freiwilliger Basis zusammen, hatten aber auch die Rechte eines Kapitels, konnten aus eigenen Stücken ihre Mitglieder bestimmen und aus ihren Reihen einen Dekan erwählen. Sie besetzten aus ihrem Gremium die Pfarreien Flossing, Erharting, Altmühldorf und Ecksberg und betreuten alle Kirchen innerhalb der Stadt.

Die Gründe, die zur Einführung eines Kollegiatstiftes im Jahr 1610 durch Erzbischof Wolf Dietrich von Raithenau führten, mögen zum einen Teil Prestigegründe gewesen sein und dem Trend der Zeit entsprungen, zum anderen Teil aber standen auch wirtschaftliche und gesellschaftliche Gesichtspunkte dahinter. Die Mühldorfer Geistlichkeit, vor allem die beiden Pfarrer in der Stadt und bei St. Katharina in Altmühldorf waren reine Ökonomiepfarrer, mußten also ihr Auskommen durch den Ertrag ihrer Landwirtschaft bestreiten. Nach dem Stadtrecht waren sie gehalten, von ihren Häusern, Äckern und Wiesen Steuer und Wachdienst zu bezahlen. Sie hatten also keinerlei Sonderstatus und waren auch gesellschaftlich nicht den fürstbischöflichen Beamten, wie dem Pfleger oder Stadtrichter, gleichgestellt. Noch schlimmer war es bei den Kooperatoren, die man als Gesellpriester bezeichnete. Aus dem Gerichtsbuch der Stadt von 1564 geht hervor, daß sie mit halbjährlicher Kündigung von der Stadt angestellt und streng gemahnt wurden, mit dem Predigen fleißig zu sein und sich auch sonst in ihrem priesterlichen Amte ehrbarlich zu halten. Immer wieder waren sie gezwungen, ihre ohnehin geringe Bezahlung anzumahnen, und 1602 hat Wolf Dietrich persönlich in einen solchen Streitfall durch eine Verordnung eingreifen müssen. Um diese Mißstände endgültig aus der Welt zu schaffen und den Priestern ihre Unabhängigkeit zu sichern, dürfte der Erzbischof das Mühldorfer Stift gegründet haben.

Zu seiner Dotation wurden das Mühldorfer und das Altmühldorfer Pfarrvermögen zusammengelegt und auch das seiner 17 Benefizien dazugegeben. Hinzu kamen noch Abgaben von grundherrlichen Untertanen, denn dem Stift waren 76 Güter unterworfen, und etwa 300 Grundholden waren zinspflichtig. An eigenen Gründen hatte man 34 Wiesen, 26 Landäcker und 150 Kraut- und Pflanzbeete. Insgesamt konnte man aus dem landwirtschaftlichen Besitz mit einem jährlichen Einkommen von knapp 4000 Gulden rechnen. Dazu kamen noch zehn Chorherrenhäuser in der Stadt und die Gebäude für das Personal und die Ökonomie. Das Stiftspersonal bestand neben acht Geistlichen aus sechs Musikanten, vier Mesnern, einem Turmmeister mit drei Gesellen, der zugleich Stadtmusikmeister war, zwei Chorsängerinnen und einem Stiftsverwalter. Die Einnahmen und Ausgaben hielten sich in etwa die Waage, an Reichtum war auch jetzt nicht zu denken, aber ein Kanonikus war eben doch etwas anderes als ein gewöhnlicher Ökonomiepfarrer.

Insgesamt haben in Mühldorf 17 Dekane und 145 Kanoniker gewirkt, aber das Stift hat über den kirchlich-organisatorischen Bereich hinaus in der Stadt keine große kulturelle Wirkung erzielen können. Trotzdem ist man über das beträchtliche Vermögen erstaunt, das sich der bayerische Staat durch die Säkularisation von 1803 ohne jegliche Entschädigung angeeignet hat. Es waren immerhin 35165 Gulden in bar, der Gesamtwert der beschlagnahmten Besitzungen belief sich auf mehr als 200000 Gulden.

Rokoko-Schlößchen in der Katharinenvorstadt – heute VdK-Haus

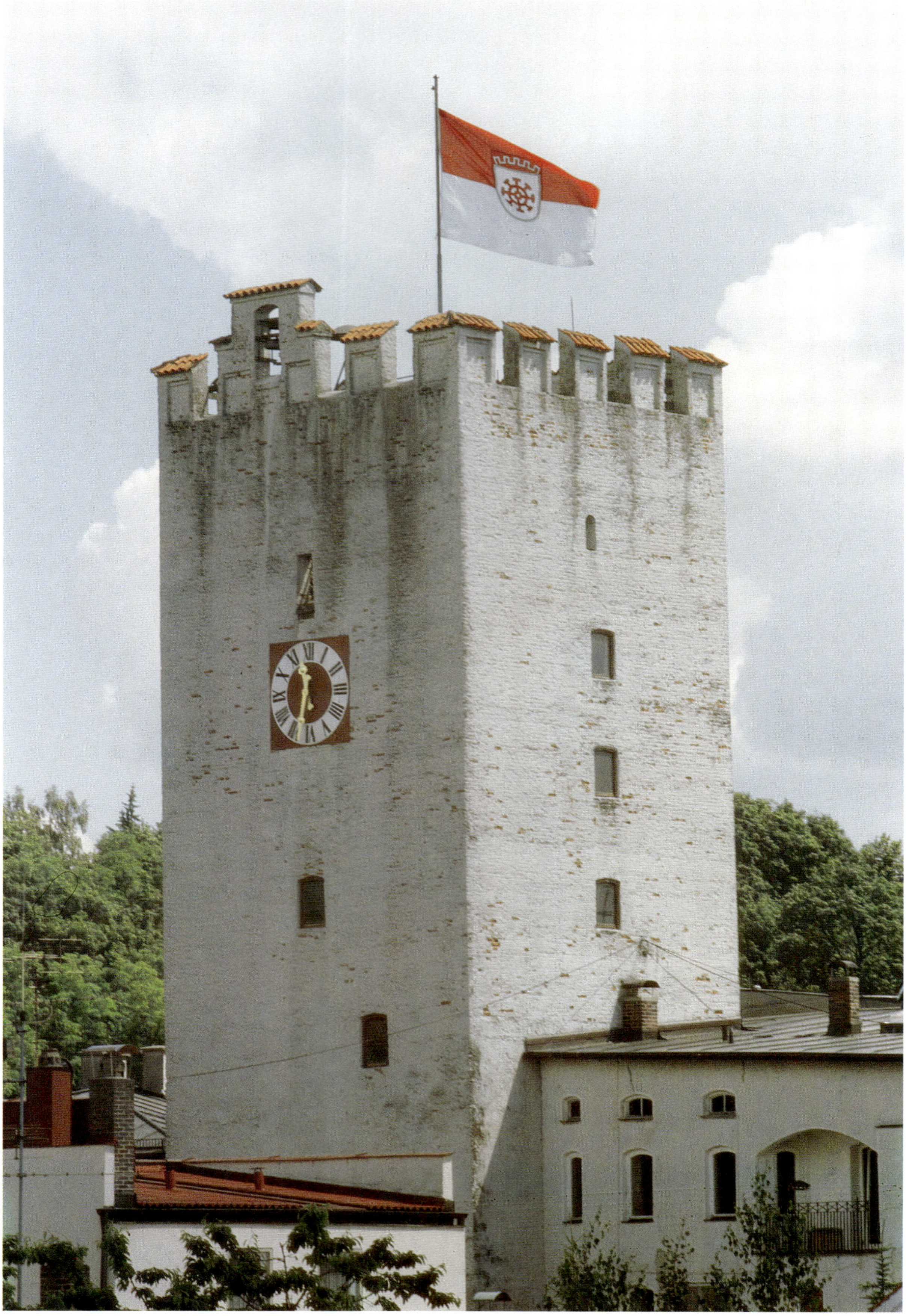

Wolfgang Pfeiffer

Mühldorf im Spiegelbild der großen Geschichte

*Von Napoleon zum Wiener Kongreß
1802—1815*

Mühldorf wird bayerisch

Die Frage, wann dieses fast tausend Jahre lang salzburgische Mühldorf bayerisch wurde, ist gar nicht so leicht zu beantworten.
Schon einen Tag nach Bekanntwerden des Planes zur Entschädigung der Fürsten, die links des Rheins Gebiete an Frankreich verloren hatten, „eben am 19. August 1802 occupierte Bayern die Stadt Mühldorf; die Bürgerschaft veranstaltete eine allgemeine Beleuchtung". So berichtet ein zeitgenössischer salzburgischer Regierungsbeamter über die militärische Besetzung.
Und ein Mühldorfer Augenzeuge, der ehemalige Kollegiatsstiftverwalter Unterholzer, erzählt von der zivilen Übernahme: „Seine churfürstliche Durchlaucht etc. etc. nahmen am 2. Decembris durch ihren abgeordneten Comißair Freyherrn Adam von Aretin den feyerlichsten Besitz von Mühldorf. Bey dem Schluße dieser feyerlichsten Scene wurde die ganze Stadt beleuchtet, wobey sich das Rathaus mit seinen Sinnbildern über die Vereinigung Mühldorfs mit Baiern sonderbar ausnahm und der Gedanke: ‚Rediit unde venit [Es kehrte zurück, woher es kam]' dem Ganzen gleichsam die Krone aufsetzte. Der Namenszug Max-Caroline im Brillantenfeuer auf der Spitze des Schießthurmes angebracht, war bezaubernd schön; man glaubte bey dem Dunkel der Nacht dieses höchste Fürstenpaar wie Castor und Pollux schon unter die Sterne versetzt zu sehen."

Die formelle Übernahme schließlich erfolgte erst ein paar Monate später durch den sogenannten Reichsdeputationshauptschluß am 25. Februar 1803; von Beleuchtung und Brillantfeuerwerk ist diesmal nicht die Rede.
Im Rückblick auf die letzten Jahre unter dem Salzburger Krummstab meint unser Mühldorfer Chronist, wenn man vorausgesehen hätte, was dann kam, „würde jeder... sein Haus gesperrt, seinen Hof verlassen und in der Ferne sein Glück gesucht haben". Man ist ja mitten in den sogenannten Koalitionskriegen, den Kriegen der europäischen Monarchen gegen das revolutionäre Frankreich. Zwar hatte es keine Schlacht zwischen Österreichern und Franzosen um den Innübergang gegeben — wie man eine Zeit lang befürchten mußte — doch waren Truppendurchzüge und Einquartierungen fast an der Tagesordnung gewesen und damit auch Plünderungen und Übergriffe aller Art. Da waren die 3 730 Gulden, die ein französischer Oberst dem Mühldorfer Weinwirt Gaigl schuldig blieb, das wenigste. Und daß die Österreicher bei ihrem Rückzug die Innbrücke anzündeten, war eigentlich zu erwarten gewesen.
In Mühldorf etabliert sich jetzt eine bayerische Verwaltung. Schon 1802 wird ein kurfürstlich bayerisches Landgericht errichtet, und der Landrichter Lic. iur. Simon Ruland löst den Salzburger Pflegsverwalter Dr. von Hartmann ab, der in Pension geschickt wird. Das Landgericht ist — und das bleibt noch 60 Jahre so — zugleich Verwaltungs- und Gerichtsbehörde (Stadtplatz Nr. 48), und es umfaßt außer der Stadt Mühldorf die ehemaligen Landgerichte Kraiburg und Mörmoosen. Zwei

Mühldorfs neuer Herr: Kurfürst Max Josef

Jahre später, 1804, richtet der Vorsteher des kurfürstlich-bayerischen Rentamts, von Stubenrauch, seine Diensträume im bisherigen salzburgischen Pflegamt (dem heutigen Finanzamt) ein. Zur selben Zeit dürfte ein Bezirksgeometer seinen Dienst hier angetreten haben, denn von seiner Arbeit hing die gerechte Verteilung der Grundsteuer ab. Schließlich wird noch Dr. Johann Weißbrod zum Landgerichtsarzt berufen, der den bisherigen Stadtphysikus ablöst. So hat man binnen kurzem das Grundgerüst einer staatlichen bayerischen Verwaltung geschaffen.

Die Säkularisation

Hand in Hand mit dem Aufbau der Behörden geht die Auflösung des Kollegiatsstifts. Das macht weiter keine Schwierigkeiten. Sein letzter Dekan ist jener Matthäus Fingerlos, der wohl schon immer gewünscht hatte, daß auch im Salzburgischen ein aufklärerischer Mann wie der bayerische Minister Montgelas mit seinen radikalen Kirchenreformen das Sagen hätte. Deshalb hat er 1802 den folgenden Sinnspruch gereimt und in die Festbeleuchtung gerückt:
„Nicht die Religion – der Aberglauben falle, sprach Maximilian, und ‚Amen!' sprachen alle!"

Auch die acht geistlichen Chorherren und das Personal werden über die Auflösung des Stifts nicht böse gewesen sein, weiß doch unser Gewährsmann Unterholzer: „Außer dem Dekan und dem Verwalter befanden sich [finanziell] alle bei ihrer Pension besser als vorher." Das Barvermögen des Stifts, 35 165 Gulden, geht an den Staat über, ebenso die Grundstücke, die versteigert werden. Das bisherige Bruderhaus am Kirchenplatz wird mit einem großzügigen Geschenk der Kaufmannstochter Helene Schmid 1803 zu einem Armenhaus umgebaut. (Heute steht an seiner Stelle das Caritas-Altenheim.) Das Heiliggeistspital ist wegen der Zeitläufte teilweise zweckentfremdet: Es dient nicht mehr Pfründnern als Bleibe, sondern in diesen Kriegsjahren teil- und zeitweise auch als Militärlazarett. Seine Wohnräume und Ställe braucht man notwendig bei den ständigen Einquartierungen. Als 1803 die Franzosen plündern, entsteht ein Schaden fürs Spital von 1272 Gulden, für die Pfründner von 564 Gulden. Auch das Kapuzinerkloster hinter der Kirche am Stadtplatz wird aufgehoben – oder wie Unterholzer voll Feingefühl sagt: „Man eröffnete den PP. Kapuzinern ihre Entbehrlichkeit." Kloster und Kirche werden 1802 gesperrt und – weil man nichts besseres damit anzufangen weiß – in den nächsten 13 Jahren abwechselnd als Schrannenhalle, Heumagazin, Truppenquartier, Lazarett und Soldatengefängnis verwendet.

Im ganzen trifft also des gewesenen Stiftsverwalters Beschreibung durchaus zu: „Hier verwüstet man Kirchen und Türme, die noch vor 20 Jahren gestanden. An deren Stelle sieht man jetzt Gärten und Wohnungen, dort Häuser in Städel, dort Städel in Häuser verwandelt." Und zu allem Überfluß hat sich Mühldorf drei Tage nach dem Reichsdeputationshauptschluß doch noch ein „Feuerwerk"

Der bayerische Staatsminister Graf von Montgelas

geleistet: Am 28. Februar 1803 brennen auf der Wies nahezu 20 Gebäude, darunter zehn Wohnhäuser nieder.

Mühldorf und Napoleon

Als dann nach kurzer, nicht ganz dreijähriger Friedenszeit der Dritte Koalitionskrieg beginnt, steht Bayern auf Napoleons Seite. Anfang September 1805 rücken die Österreicher in Mühldorf ein, ziehen sich aber bald darauf wieder zurück, nicht ohne die Innbrücke abzubrechen. Als Ende Oktober die Franzosen den Fluß überqueren wollen, stauen sich ihre Truppen in und um die Stadt. Es sollen an die 40 000 Mann gewesen sein, die zwei Tage lang warten, bis ein neuer Übergang erstellt ist. Ein großer Teil kampiert mit Mann und Roß und Wagen an offenen Feuern auf dem Stadtplatz und unter den Bögen. Für die Mühldorfer Bevölkerung sind Bedrängnis und Plackerei nicht geringer als bei der letzten Heimsuchung. Am 29. Oktober 1805 ist der Kaiser Napoleon selber da. In Begleitung zweier Mühldorfer, des Färbers Stark und des Fischers Nagel, erkundet er die weitere Umgebung. Er übernachtet im Gaiglschen „Gasthaus zum Schwan" (Stadtplatz 46) und bricht am nächsten Vormittag nach Braunau auf. Ihm folgt ein Heerwurm, der drei Tage lang nicht abreißt und in seinem Anhang wüste Haufen zwielichtigen Gesindels nach sich zieht, die die Gegend wochenlang verunsichern. Die Gegenbewegung folgt erst im Jahr darauf, 1806, als Truppen des Marschalls Davoust auf dem Rückmarsch ein halbes Jahr in Mühldorf einquartiert sind, bis sie im Feldzug gegen Preußen eingesetzt werden.

Nun bleibt es drei Jahre ruhig. Im Friedensjahr 1807 erfährt das Mühldorfer Stadtbild eine merkliche Veränderung: Der 33 Meter hohe Voitturm wird abgebrochen. Er war in den letzten 20 Jahren nicht einmal mehr zum „Schießen gegen die Donnerwetter" wie früher benutzt worden. Die meisten seiner „Quaterstuck" finden wohl beim Bau der Neuöttinger Innbrücke Verwendung. 1809 ficht Österreich einen neuen Krieg gegen den Korsen und das mit ihm verbündete Bayern aus. Diesmal brechen bayerische Chevaulegers die Brücke rechtzeitig ab, bevor Mitte April die Österreicher kommen. Diese gelangen aber anderwärts über den Fluß, und nach eiliger Reparatur hindert nichts mehr ihren Vormarsch nach München. Dem Landgericht Mühldorf werden außer Quartierlasten erhebliche Lebensmittellieferungen auferlegt. Der Landrichter Ruland begibt sich zum österreichischen General Hiller nach Winhöring, wohl um eine Ermäßigung und die Freilassung der beiden verhafteten Mühldorfer, die 1805 Napoleon begleitet hatten, zu erreichen. Einen Tag später, am 13. April, ist er tot; ob von eigener Hand oder von den Österreichern erschossen, bleibt ungeklärt. Im einen wie im anderen Fall ist als Motiv der Vorwurf der Spionage wahrscheinlich. Als die Österreicher Ende April sich wieder zurückziehen müssen,

117

Der Gedenkstein an der Winhöringer Friedhofsmauer nennt irrtümlich den 14. April 1809 als Todestag von Landrichter Ruland. Auf der Gedenktafel am Mühldorfer Stadtplatz (Haus Nr. 48) steht 30. April, ausgebessert in 13. April, jenem Datum, das sich aus den Akten ergibt

brechen sie – wie sollten sie anders – die Innbrücke ab, und Napoleon muß am 26. und 27. April wieder hier im „Gasthaus Schwan" Quartier nehmen, bis seine Armee auf einer unterhalb Ecksberg geschlagenen Schiffbrücke über den Fluß geht und den Vormarsch über Burghausen fortsetzen kann.

Mutatio rerum

Von jetzt an verschont der Krieg die kleine Stadt am Inn, und die Mühldorfer machen sich ans Aufräumen; der Stadt werden ihre Mauern zu eng. 1809 bricht man das Altöttinger Tor wegen seiner zu schmalen Durchfahrt ab und baut es um die Hälfte niedriger und weniger wehrhaft wieder auf. Im gleichen Jahr werden der „Turm auf der Wiesstätte" niedergerissen und ein großer Teil der Stadtmauer demoliert, auch die seit langem baufällige Peterskirche wird beseitigt. Als man sich mit dem Gedanken trägt, im leerstehenden ehemaligen Kapuzinerkloster, eine Fronfeste, das Gefängnis also, einzurichten, erhebt sich Widerspruch. Schließlich wird aus der Kapuzinerkirche eine „Frauenkirche", nachdem man das Gnadenbild hierher übertragen hat. Dieses hing vorher in der „Marienkirche am Platze", einem spätgotischen dreijochigen Bau mit steilem Dach und Barockzwiebelturm, der mitten auf dem Stadtplatz stand. Jetzt wird er abgerissen, nachdem er seit zwölf Jahren als „überflüssig" gesperrt war. Das Leprosenhaus jenseits des Inn, das Spital für die Aussätzigen am Sauloch, wird 1811 ebenfalls abgetragen. In diesem und im folgenden Jahr wird der alte Dechanthof, der Pfarrhof von St. Nikolaus, „durch die vielen Quartiere zur Spelunken herabgesunken, wieder in dermaligen Zustand versetzt". Den leerstehenden ehemaligen Getreidekasten des Kollegiatsstifts (das heutige Lodronhaus) baut man 1813 zur Fronfeste um, und im gleichen Jahr errichtet man eine neue, schöne Bogenbrücke über den Inn auf zwei starken steinernen Pfeilern und meint, sie würde ewig halten.

Bilanz

Im August 1813 rückt dann doch noch einmal ein bayerisches Korps unter General Wrede über Mühldorf an die Grenze zwischen Simbach und Burghausen. Im Oktober hört man, daß die Entscheidung in einer großen Völkerschlacht bei Leipzig gefallen ist; Bayern hat vorher rechtzeitig die Fronten gewechselt und sich auf die Seite der Gegner Napoleons geschlagen. Für die Mühldorfer ist das nach all den turbulenten Kriegsjahren nur noch wie fernes Wetterleuchten und verhallendes Donnergrollen. Was ist ihnen auch geblieben von der großen, weltbewegenden Zeit? Zwei Ge-

Erwin Speckbacher: Altöttinger Tor, 1988

denktafeln – eine für den erschossenen Landrichter, eine für den zweimaligen Besuch des Kaisers Napoleon –, ein Franzosenfriedhof, in dem auch bayerische und österreichische Soldaten begraben liegen, und sicher auch die Trauer um gefallene Angehörige; schließlich auch noch die Erinnerung daran, daß man – falls man nicht übertrieben hat – in all den langen Kriegsjahren an die anderthalb Millionen Soldaten im Quartier gehabt und verpflegt und außerdem 200 000 Gulden Schaden an Kontributionen, Brandschatzung und ruinierten Gebäuden erlitten hat. – C'est la guerre!

Vom Wiener Kongreß zur Märzrevolution 1815–1848

Die Restauration

Nach den Befreiungskriegen gegen Napoleon einigten sich die europäischen Mächte beim Wiener Kongreß 1814/15 auf eine Ordnung, die den Frieden in Europa bis zur Jahrhundertmitte sicherte. Grundlage dieses Systems war freilich das alte konservativ-monarchistische Prinzip, das die neuen liberalen und nationalen Bewegungen unterdrückte. Weil sie die früheren Zustände wiederherstellte, nennt man diese Epoche die „Restauration". Der Gegensatz zwischen altem Staatsverständnis und neuem Freiheitsstreben führte schließlich im März 1848 zur Revolution, weswegen man den Zeitraum vorher auch „Vormärz" heißt. Da das Bürgertum, von der politischen Entwicklung enttäuscht, sich mehr und mehr in die Privatsphäre zurückzog, um dort einen besonderen Lebensstil zu kultivieren, nennt man diese Zeit (nach einer Spottfigur) auch das „Biedermeier".

In Mühldorf steht in dieser Epoche die Anhänglichkeit an den König und das angestammte Herrscherhaus außer jedem Zweifel. Man begeht hier 1824 das 25jährige Regierungsjubiläum Max I. Joseph mit Hochamt, Prozession, Zapfenstreich und nächtlicher Beleuchtung. Als der Monarch – vom Volk als „Vater Max" betrauert – ein Jahr später an einem trüben Novembertag stirbt, hält man ihm auch in Mühldorf ein feierliches Requiem und vereidigt die Bürgermiliz auf seinen Nachfolger, König Ludwig I. Mit bajuwarischer Festesfreude dagegen inszenieren die Mühldorfer den Gedenktag ihrer 25jährigen Zugehörigkeit zu Bayern: Dieser 2. Dezember 1827 beginnt mit einer Reveille, wird fortgesetzt mit einem feierlichen Hochamt in St. Nikolaus und gipfelt in einem Diner im „Gasthof zum Schwan", an dem neben den Spitzen der Behörden auch die kleinstädtische Prominenz teilnimmt. Der feierliche Tag schließt wiederum mit dem abendlichen Zapfenstreich.

Militär-Sachen

Ob das militärische Spektakel nun von der Bürgermiliz oder der Landwehr dargeboten wurde, ist nicht überliefert. Auf alle Fälle gibt es beide Formationen in Mühldorf. Zur Landwehr gehören alle gedienten männlichen Einwohner bis zum 48. Lebensjahr, sofern sie nicht dem stehenden Heer angehörten. Sie wird in Abständen immer wieder einmal von höherer Stelle inspiziert, 1840 kommt zu diesem Zweck sogar der Herzog Max, der „Zithermaxl" und Sissy-Vater, in seiner Eigenschaft als bayerischer General. Bei der Bürgermiliz scheint es recht kommod zugegangen zu sein. Als ihr Hauptmann, der Apotheker Felix Gebhardt, der seit einem Jahr auch Bürgermeister ist, seine Truppe an einem verregneten Sonntag im Mai 1845 zu lange exerzieren läßt, zettelt sein Oberleutnant Weinmeyer eine Rebellion an. Leider erfährt man nicht, wie die Sache ausgegangen ist. Die im selben Jahr beim Bierkeller des Johann Scheid eröffnete neue Schießstätte hat beiden militärischen Formationen, Bürgermiliz und Landwehr, gedient. Übrigens gibt es seit dem Frühjahr 1842 einen „Verein für vormals ausgediente bayerische Soldaten", der sich auch die würdige Gestaltung des sogenannten Franzosenfriedhofs angelegen sein läßt.

Vom Griechenlandabenteuer Ludwigs I. bekommt Mühldorf nur am Rande etwas mit. 1832 schickte der König seinen siebzehnjährigen Sohn als künftigen König in das gerade von 400jähriger Türkenherrschaft befreite Griechenland. Diesen Basileus Otthonos von Hellas begleiten als „Entwicklungshelfer" Beamte und Soldaten aus Bayern. Das „Bayerische Expeditions- und Hilfskorps" marschiert abteilungsweise nach Triest, um dort eingeschifft zu werden. Etliche von ihnen mögen auch in Mühldorf das Lied angestimmt haben: „Jetzt fahren wir ins Griechenland, ade! Die Kerschlein blühen weiß und rot, ade, das Griechenland ist unser Tod, o weh!" Am 17. und 18. Januar 1833 hat ihnen nämlich „der Weingastgeb Riedl dahier 45 Gedecke á 6 Gulden und lauter Schampagnier" auf den Tisch gestellt. Und gegen Ende dieses Jahres, am 18. November, werden vom Stadtpfarrer Philipp Stemplinger „in der Pfarrkirche 19 Paar Griechenlandsoldaten kopuliert, noch mehr aber auf dem Lande in unserem Bezirke". Ob viele von denen, die hier gefeiert haben, wieder zurückgekehrt sind, weiß man nicht. Das am Ende fehlgeschlagene Unternehmen hat Ludwig I. fast seine ganze Privatschatulle, an die zwei Millionen Gulden, und viele Soldaten das Leben gekostet. Die meisten erlagen dem Klima und fürchterlichen Seuchen, die anderen fielen im Kampf gegen Palikaren und Maniaten – Partisanen, würde man heute sagen.

Kleinstadt – Biedermeier

Ansonsten verlaufen in dieser Biedermeierzeit die Tage idyllisch-beschaulich, wenigstens was die gestandenen Bürger und die Herren Beamten betrifft; den rund 400 Dienstboten (i. J. 1834) und ihrem Anhang mag es wohl anders vorgekommen sein. Die bessere Gesellschaft Mühldorfs pflegt das gesellige Leben auf ihre Weise: Man unternimmt im Winter eine Schlittenpartie, wie etwa am 16. Februar 1829, als 52 Schlitten (wovon 17 zweispännig) mit vier Vorreitern, 29 Kutschern und sechs Musikanten sich auf eine „Schlittage" nach Kraiburg begeben, um dort in zwei Gasthäusern einzukehren und sich zu vergnügen. Respekt vor den beiden Wirten, die zusammen auf einen Schlag 157 Personen und 73 Pferde versorgen konnten! Natürlich bleiben bei einer so groß aufgezogenen Lustbarkeit Eifersüchteleien wegen der Fahr-, Sitz- und Tischordnung nicht aus.

121

Oder man feiert ein großes Maifest wie am 1. Mai 1838, das der Lehrer Reiter nach einigen Jahren Pause wieder ins Leben ruft. Man macht Musik, führt dann ein Theaterstück mit dem rührseligen Titel „Proben kindlicher Liebe" auf und zieht schließlich mit der Schuljugend in den Garten des Weingastgebs Riedl nahe der Innbrücke, um sie dort zu bewirten. Auch die Liedertafel scheint rührig gewesen zu sein. Wir hören von einem großen Sängerfest im August 1845 und dem Stiftungsfest im Mai 1848. Sonst war die Abwechslung im ständig gleichen Lauf der Tage wohl nicht groß.

Es sei denn, daß jemand vom Leben zum Tode befördert wurde. So fand am 23. April 1827 auf der Richtstätte beim Bonimeier (in der Nähe der Mößlinger Eisenbahnunterführung) „die Hinrichtung mit dem Schwerte eines dahier wegen Raubmordes prozessierten Taglöhnersohnes vom Spannergütl bei Neumarkt statt und mußte der Scharfrichter dreimal hauen. Es waren viele Leute gegenwärtig." Das war die letzte öffentliche Hinrichtung in Mühldorf. Schon 1832 stellte man einen Schmiedgesellen, der bei Altmühldorf einen Mord begangen hatte, bloß noch an den Pranger und sperrte ihn dann lebenslänglich ins Zuchthaus.

1831 geht die Cholera durchs Land, und im September 1844 breitet sich das „Frieselfieber" aus. Beidemale ist Mühldorf anscheinend glimpflich davongekommen: Im ersten Fall wird berichtet, daß ein zehnstündiges Gebet zur Abwendung der Seuche gehalten wurde, nichts aber von Todesopfern. Die andere Epidemie rafft in der Umgebung zahlreiche Menschen dahin, in der Stadt kommt es aber nur zu fünf oder sechs gut verlaufenden Erkrankungen.

Beständiger Wandel

Diese Zeitspanne zwischen Wiener Kongreß und Märzrevolution ist in Mühldorf alles andere als „restaurativ", wenn man den Begriff in einem anderen als dem politischen Sinn versteht: Man reißt ein und bricht ab. 1824 muß der äußere Stadtturm beim Münchener Tor neben dem Feilenhauerhaus dranglauben. Zwei Jahre später wölbt man die beiden alten Pferdeschwemmen auf dem Stadtplatz ein (die eine war hinter dem Hochbrunnen aufs Altöttinger Tor zu, die andere etwa vor der heutigen Hausnummer 34) und verwendet sie als „Wasserreserven" für die Feuerwehr. Im November 1827 wird der Hochbrunnen am Stadtplatz nach Jahren wieder in Gang gesetzt; er hat ein neues Druckwerk bekommen. Im gleichen Jahr wird das äußere Tor, die ehemalige Zollstätte (wohl das Bergtor der Katharinenvorstadt), abgebrochen. Wieder ein Jahr später beseitigt man ein ganzes Ensemble zwischen Münchener Tor und Stadtgraben: die alten Fleischbänke und die Werkstätten der Schlosser und Sporrer. An seiner Stelle wird dort ein neues städtisches Schlachthaus samt Fleischbank gebaut. Als nächstes beginnt man 1835 mit der Trockenlegung des alten Stadtgrabens. Die Arbeiten an diesem übelriechenden und unhygienischen Teil der alten Befestigungsanlage dauern drei Jahre und kosten 9 000 Gulden. Als nützlich erweist sich auch der Aufkauf des alten „Berchtesgadener Kastens" durch die Stadt (heute Stadtplatz 84), in dem vor der Säkularisation die Naturalabgaben der Bauern für das dortige Stift aufbewahrt wurden. Jetzt bringt man dort die Feuerspritzen unter, die bisher den Rathausdurchgang beengten, und die anderen Löschgeräte, die auf verschiedene Häuser der Stadt verteilt waren.

Hermann Maillinger: Mühldorfer Brunnenbuberl

Es scheint, als würde zu dieser Zeit den Mühldorfern auch bewußt, welches Schmuckstück einer Innstadt sie — trotz allem Einreißen — noch besitzen. Es etabliert sich nämlich 1838 der Verschönerungsverein, dem auf Anhieb 60 Bürger beitreten. Er bemüht sich über viele Jahrzehnte, diesem Kleinod die entsprechende Fassung zu geben. Als erstes pflanzt er um die Stadt herum eine Allee und legt unterhalb der Eichkapelle einen Wald an. 1838 malt man die Frauenkirche, das Jahr darauf die Pfarrkirche aus, und nochmals ein Jahr später bekommt der Berchtesgadener Kunstmaler Harras den Auftrag, in der Durchfahrt des Nagelschmiedturms die Schlacht bei Mühldorf von 1322 darzustellen. Einen augenfälligen und vor allem liebenswerten Schmuck erhält die Stadt, als der Advokat Benl, einer der Initiatoren auch des Verschönerungsvereins, im Juni 1839 der Stadt die Brunnenbuberln für die Wassertröge auf dem Stadtplatz und dem Katharinenplatz zum Geschenk macht. In den Wirtshäusern wird freilich darüber gemurrt, daß die Stadt das Aufstellen bezahlen soll. Diese Figuren stammen aus der Mitte des 18. Jahrhunderts und schmückten bis zur Säkularisation den Konventgarten des Augustinerchorherrnstifts Rebdorf bei Eichstätt.

Soziales

Weil nichts dauerhafter ist als ein Provisorium, ist noch 1813 das Heilig-Geist-Spital mit 40 maladen oder blessierten bayerischen Soldaten belegt. Von ihnen werden die wenigsten mehr gesund, so daß im Lauf der Zeit die Pfründner, die man zur Zeit der Kriegsdrangsale mit Kostgeld in Privatquartieren untergebracht hatte, wieder zurückkehren können. 1821 taucht nun der Plan auf, eine Krankenanstalt für arme Dienstboten aus der Stadt im Spital einzurichten. Zwei Zimmer und eine Krankenschwester, die sich auch um „aushäusige" Kranke kümmert, genügen fürs erste. Zwar treten 1830 wirtschaftliche Schwierigkeiten auf, doch kann man vier Jahre später zwei weitere Zimmer für Kranke aus dem Distrikt einrichten. Auf die Dauer jedoch bewirkt die Verquickung von Armenhaus, Altersheim und den beiden Krankenanstalten mancherlei Unzuträglichkeiten, so daß man 1849 die Insassen des Bruderhauses, die „conscribierten Armen", ins Spital umquartiert, während man im Bruderhaus die beiden Krankenanstalten unterbringt.

Gar viel gibt es am Schulwesen zu verbessern, denn die rund hundert Mühldorfer Schulkinder — sofern sie anwesend sind — unterrichtet der Lehrer Reiter allein in einem geräumigen Raum eines ehemaligen Stiftsgebäudes (heute Tuchmacherstraße 3), in dem er auch wohnt. Erst 1814 bzw. 1816 bekommt er zwei Lehrgehilfen, oder nobler: „Adstanten", bewilligt. Zugleich muß man im Rathaus einen größeren Raum freimachen, in dem die beiden Hilfslehrer ihre Klassen nebeneinander unterrichten, denn der alte Herr Lehrer weigert sich, ein unbewohntes Zimmer seiner Privatwohnung abzutreten, in dem er Möbel abgestellt hat. Er will aber damit wohl nur erreichen, daß zur Beseitigung der unerquicklichen Verhältnisse die Stadt vom Staat die „Kapuzinerrealitäten zur Herstellung eines Schul-Locales" übereignet bekommt: den Umbau des ehemaligen Kapuzinerklosters in ein Schulgebäude also. Weil der Herr Stadtpfarrer in seiner Eigenschaft als Distriktsschulinspektor ihn aber schließlich doch zwingt, das Privatzimmer abzutreten, wird erst 1820 (um)gebaut.

Von der Märzrevolution zur Reichsgründung 1848–1871

Die Märzereignisse

Das Jahr 1848 brachte Anfang März die Revolution. Ihre Triebkräfte waren überall in den deutschen Staaten liberal-demokratische und nationale Ideen und Forderungen. Die Monarchen wichen zunächst zurück und ernannten liberale Ministerien. In der Paulskirche in Frankfurt am Main begannen nach den Wahlen zu einer Verfassunggebenden Nationalversammlung die Abgeordneten mit ihren Beratungen. Eine vorläufige deutsche Zentralregierung wurde eingesetzt – allerdings ohne Machtgrundlage. Dann legte man die Grundrechte des deutschen Volkes fest, und im Frühjahr 1849 schloß man die Beratungen über die Verfassung ab. Mittlerweile aber waren – besonders in Österreich und Preußen – die alten Mächte wieder erstarkt, die jetzt die revolutionären Bewegungen mit Waffengewalt unterdrückten. So blieben Adel und Militär dort auch weiterhin die Stützen der Obrigkeit.

In Bayern lagen die Dinge etwas anders. Eine Verfassung gab es schon seit 1818, die anfänglich fortschrittlich-liberale Regierung Ludwigs I. war allerdings im Lauf der Zeit einem eher konservativen Kurs gewichen. Nun ließ der König die Erfüllung der Märzforderungen proklamieren: Ministerverantwortlichkeit, Pressefreiheit, Lehrfreiheit, Reform der Wahlordnung, Öffentlichkeit der Rechtsprechung u. a. m. Schade, daß die Entwicklung der Ereignisse durch das Auftreten einer hochstapelnden „Tänzerin", die sich Maria de los Dolores Porris y Montez, kurz Lola Montez nannte, und durch den Starrsinn eines alternden Monarchen ins Operettenhafte abglitt.

Am Ende verlor Ludwig Herz und Krone: Seine Lolita, jetzt Gräfin Landsfeld, wurde ausgebürgert, er dankte am 19. März zugunsten seines Sohnes Maximilian II. ab.

„Mühldorfer Frühling"

Mühldorf ist nicht die Landeshauptstadt, und so spiegeln sich die dortigen Ereignisse hier nur in mattem Widerschein: Am 15. März hält man „für die Constitution und die glückliche Abwendung der Gefahr" in München sinnigerweise ein Dankamt und eine Parade der Landwehr. Damit sind vermutlich die Versprechungen der königlichen Proklamation vom 6. März gemeint, für die die Münchener mit einer stürmischen Beifallskundgebung vor der Residenz danken, was das Ende der Revolution bedeutet. Es rumort nur noch ein wenig. Am 2. April, dem Tag der Vereidigung auf Max II., hängt der Mühldorfer Kaufmann Daxenberger neben weiß-blauen auch die „gesamtdeutsche" schwarz-rot-goldene Fahne heraus, und der Rechtspraktikant Kuttler hält eine Rede für Deutschlands Einheit. Zwei Tage später muß auf dem Mittefastenmarkt in Mühldorf wegen eines Tumultes die Bürgerwehr aufziehen und den ganzen Tag in der Stadt patrouillieren, denn der Landrichter Wohlwend hat – unbekannt aus welchem Grund – Waffen an die Bauern ausgegeben und wieder zurückverlangt. Bluternst wird die Sache nicht gewesen sein, denn am selben Nachmittag treiben die Bauernburschen beim Schwaigerbräu bloß ihr Gespött mit der Landwehr.

Am 24. April finden auch in Mühldorf Wahlen statt. Die Wahlberechtigten (Männer über 25, die eine direkte Steuer entrichten) haben

Wahlmänner zu bestimmen, die ihrerseits die Abgeordneten für die Frankfurter Paulskirche wählen. Offensichtlich haben die örtlichen Honoratioren ihren Einfluß geltend gemacht: Bürgermeister Gebhardt erhält 268 Stimmen, Stadtpfarrer Bauer 216, Landrichter Wohlwend 208 und Landarzt Weninger 168 Stimmen. Welche Abgeordneten die Wahlmänner dann wählen und in welche politische Richtung diese tendieren, bleibt unsicher.

Erst im Januar des folgenden Jahres zeigen sich Ansätze politischer Gruppierungen: Am 24. Januar veranstalten im Lokal Riedl am Stadtplatz Bürgermeister Gebhardt, Landrichter Wohlwend und der Assessor Kuttler eine Volksversammlung „als Zweigverein des Constitutionell-politischen Vereins in Betreff der Wünsche des Volkes". Einen Tag später tagt unter dem Patronat des Stadtpfarrers Bauer im selben Lokal eine Versammlung „als Zweigverein des Constitutionell-monarchischen religiösen Hauptvereins in München". Wenn eine grobe Vereinfachung erlaubt ist, so stehen sich hier fortschrittlich-liberale und konservative Kräfte gegenüber. Der Monarchisch-religiöse Verein hält etwas später auch eine Versammlung in Ampfing ab. Von ihr ist bekannt, daß dort Wohlwend und die Assessoren Kuttler und Sartori (wohl als Diskussionsredner) auftreten. Es scheint ihnen nicht gut bekommen zu sein: Wohlwend geht bald in Pension, Sartori hat Schwierigkeiten mit seiner Anstellung als Landrichter.

Am 7. Mai zieht das in Burghausen stationierte Jägerbataillon durch Mühldorf, auf dem Rückmarsch nehmen Stab und drei Kompanien für einige Zeit Quartier in der Stadt. Symbolträchtig mutet eine andere Nachricht an: Ende Mai findet in Mühldorf eine Fahnenweihe des Monarchisch-religiösen Vereins statt, während fünf Tage später der Constitutionell-politische Verein seine letzte Versammlung hält; er löst sich auf, weil die Bürger austreten, „denn die Verhältnisse, die sind nun mal nicht so".

Alt oder neu

Auch in der Architektur gefällt man sich in einer Wendung nach rückwärts, in die Gotik. 1854 setzt man dem Rathaus einen historisierenden Zinnenkranz auf und füllt die runden Lichtöffnungen des Dachgeschosses mit Fischblasenornamentik. (Erst 1939 beseitigt man diese „Zierden" wieder.) Auch die Frauenkirche scheint dem Repräsentationsbedürfnis der Mühldorfer nicht genügt zu haben. Als ehemalige Kirche eines Bettelordens trug sie nur einen Dachreiter, der 1856 durch einen – nach Standort und Proportionen – weniger gefälligen Turm ersetzt wird. An anderer Stelle aber reißt man ein: Das Inntor (dort, wo heute die Spitalgasse in die Friedhofstraße mündet) wird 1859 als zu eng abgebrochen, und das Peterstor am Ende der Bräugasse erleidet noch im selben Jahr das gleiche Schicksal. Im Jahr darauf fällt die seit langem baufällige Spitalkirche (unmittelbar an die östliche Seite des Spitals stoßend) der Spitzhacke zum Opfer.

Die Maximiliansbrücke

Doch der zunehmende Verkehr bewirkt auch Gutes: den Bau einer neuen Innbrücke! Die Benützung der alten ist im Lauf der Zeit durch Verbote immer mehr eingeschränkt worden; zuletzt durften sie – weil um 8½ cm abgesunken – nicht einmal mehr zwei Fuhrwerke zugleich befahren. Endlich wird unter

1813 erbaute man die auf steinernen Pfeilern ruhende Wiebeking'sche Bogenbrücke. Doch so schön sie sich ausnahm, so schlecht war sie gebaut. Besonders am linken Pfeiler und an den Widerlagern zeigten sich bald große Baufehler

der Leitung des königl. Bezirks-Ingenieurs Körner und unter Verwendung der bisherigen Pfeiler eine neue gedeckte hölzerne Fachwerk- oder Gatterbrücke nach dem Modell des amerikanischen Ingenieurs Howe über den Inn geschlagen. Man tauft sie – nach seiner Majestät dem König – „Maximiliansbrücke" und weiht sie am 12. Oktober 1851 ein: Alle Glocken läuten und 16 Kanonen der Landwehr schießen, während ein achtspänniger Wagen mit 180 Zentner Weizen die festlich geschmückte Brücke passiert, begleitet von einem königl. Commissair, der Geistlichkeit, dem Stadtmagistrat, den Behördenvertretern, der Schuljugend und nicht zuletzt von den Arbeitern, „mit neuen Schurzfellen und mit Hemdärmeln, das weiß-blaue Band um den Arm und ihre blanken Werkzeuge tragend. Der Tag endet mit einem fröhlichen Mahl der Arbeiter und einem Festdiner der Honoratioren". Zwischen der neuen Brücke und dem Leben der Menschen in der Stadt aber entsteht im Lauf der Jahrzehnte eine geradezu innige Bindung mit heiter-wehmütigen Gefühlen und Erinnerungen. Ihre Geschicke sind am Ende so miteinander verflochten, daß sie sich getrennt gar nicht mehr vorstellen lassen.

Neue Behörden

Im Sinn der Gewaltenteilung wurden in Bayern mit dem 1. Juli 1862 Verwaltung und Gerichtsbarkeit getrennt. Aus den bisherigen Landgerichten (älterer Ordnung) Neumarkt und Mühldorf wird als untere staatliche Verwaltungsbehörde das Bezirksamt Mühldorf gebildet. Unterste Gerichtsinstanz dagegen ist das Landgericht Mühldorf, aus dem dann 1879 das Amtsgericht wird. Bezirksamt und Landgericht befinden sich zunächst im Amtsgebäude Stadtplatz Nr. 48; im Jahr 1879 bezieht das Amtsgericht einen Neubau in der Katharinenvorstadt.
Diese Neugliederung der Behörden erstreckt sich auch auf andere Gebiete: Für den entsprechenden Dienstbereich wird 1862 ein Bezirksarzt bestellt, dem aufsichtsrechtlich zunächst auch das Veterinärwesen untersteht, das genau zehn Jahre später ausgegliedert und einem staatlichen Bezirkstierarzt unterstellt wird.
Die Beurkundungsgerichtsbarkeit wird – ebenfalls 1862 – einem neugeschaffenen Notariat übertragen. Es ist teils in angemieteten Räumen, teils in vom jeweiligen Notar gekauften Häusern untergebracht. Die Stelle eines Gerichtsvollziehers wird zur selben Zeit geschaffen. Das Rentamt hat seine Diensträume – wie schon vorher und heute noch das Finanzamt – im ehemaligen Salzburger Pflegamt und Voitgericht in der Katharinenvorstadt. Die in die Behördenstadt Mühldorf zuziehenden Beamten und ihre Familien haben sicher auch zur Entwicklung des Städtchens in politischer und gesellschaftlicher Hinsicht beigetragen. Sie würden das wahrscheinlich auch im Schulbereich gerne tun.

Schulversuche

In diesen Jahren um die Jahrhundertmitte nämlich bemüht man sich in Mühldorf, den Keim für eine höhere Schule zu entwickeln. Nach einiger Vorbereitung wird im Herbst

1847 ein „Schulbenefizium" errichtet. Durch freiwillige Spenden war ein kleines Kapital entstanden, dessen Zinsen die teilweise Besoldung eines Geistlichen ermöglichen sollen, der den Unterricht in lateinischen Vorbereitungsklassen übernimmt. Er beginnt den Unterricht 1849 mit 20 Schülern, wovon bloß zwölf ein Jahr später eine erste Prüfung ablegen mit sehr gutem Ergebnis. Auch in der Folgezeit schrumpft die Schülerzahl, und die „Lateinschule" kümmert bis 1875 so dahin. Die dann 1871 eröffnete Gewerbliche Fortbildungsschule, meist bloß „Zeichnungsschule" genannt, ist offenbar der der Mühldorfer Bevölkerungsstruktur gemäßere Schultyp und beendet den Versuch mit einer weiterführenden Schule endgültig. Zudem hat sie mit Anton Fendt einen hauptamtlichen Lehrer, der sich in den fast 40 Jahren seines Wirkens große Verdienste erwirbt, so daß ihn die Stadt bei seinem Ausscheiden zum Ehrenbürger macht. Neuerungen auf schulischem Gebiet bringt auch die Zulassung der Armen Schulschwestern durch die Regierung. Fürs erste kommen 1854 zwei Schwestern nach Mühldorf, die im renovierten ehemaligen Kapuzinerkloster, wo sie auch wohnen, die Mühldorfer Mädchen unterrichten. Daraus ergibt sich die räumliche Trennung von Mädchen- und Knabenschule. Im selben Jahr wird von der Stadt eine sogenannte Kleinkinderbewahranstalt, ein Kindergarten also, eingerichtet.

Vom Vereinsleben

Auch das Vereinsleben regt sich: 1860 treffen sich im Gasthof Himmel dreizehn Jugendliche, um einen Turnverein zu gründen. Nach längeren Bemühungen stellt der Magistrat in einer ersten Sporthilfemaßnahme den Spitalhof als Turnplatz zur Verfügung und schließlich auch noch das Holz für Turngeräte und ein Klettergerüst, mit der Auflage, armen Knaben kostenlosen Turnunterricht zu erteilen. Es vergehen aber noch 45 Jahre, bis der Verein eine eigene Turnhalle bauen kann.
Besondere Aktivität entwickelt jetzt der Ver-

schönerungsverein. Er existiert zwar schon seit 1837, doch nach dem Tod des Advokaten Benl scheint auch er entschlafen zu sein. Ende Juli 1865 gründet ihn der Kaufmann Anton Daxenberger aufs neue, 1871 bekommt er Vereinsstatuten. Alles, war in Mühldorf Rang und Namen hat, tritt bei und – wichtiger noch – zahlt Beiträge, damit die „früher kahlen Höhenzüge um die Stadt bepflanzt und anmuthige Wege von einem Sommerkeller zum anderen angelegt werden". Die Sitzungsberichte des Vereins halten rühmliche Taten fest: 1892 beispielsweise werden – vor allem in der „Anlage" über 3 000 Zierpflanzen gesteckt, 629 m Weg neu angelegt, 229 m Geländer hergestellt und vier neue Ruhebänke errichtet. Eine ständig wiederkehrende Klage betrifft die mutwillige Beschädigung der Anlagen, vor allem durch Schulkinder. Dieser Verein erwirbt auch selber Grundstücke für seine umweltbewußte Tätigkeit und macht in gelegentlichen Eingaben den Magistrat auf Möglichkeiten zur Hebung der Lebensqualität der Stadt aufmerksam.

Der Krieg von 1866

In der „großen Politik" war die Zeit nach der Märzrevolution ausgefüllt mit vornehmlich diplomatischen Bemühungen, die deutsche Frage zu lösen. Doch anders als sich das die Patrioten vorgestellt hatten, kam es zur Einigung Deutschlands. Der damalige preußische Generalstabchef Helmut von Moltke beschönigt nichts: „Es war ein im Kabinett als notwendig erkannter, längst beabsichtigter und ruhig vorbereiteter Kampf, nicht für Ländererwerb, Gebietserweiterung oder materiellen Gewinn, sondern für ein ideales Gut – Machtstellung." Mit dem Gefühl der Ohnmacht sahen die Zeitgenossen von 1866 diesen Krieg auf sich zukommen.
Den Anlaß dafür bot die Auseinandersetzung zwischen Preußen und Österreich um Schleswig-Holstein. Die Truppen der süddeutschen Staaten, die auf Grund ihrer Bündnispflicht auf der Seite Österreichs standen, waren auf

dem Kriegsschauplatz in Böhmen und an der entscheidenden Schlacht bei Königgrätz nicht beteiligt. Die bayerische Armee wurde lediglich in eine Reihe von Grenzgefechten an der Fränkischen Saale, an Tauber und Main verwickelt, die sie mit einigem Anstand verlor. Bayern zahlte 30 Millionen Gulden, trat zwei fränkische Bezirksämter ab und schloß ein geheimes Schutz- und Trutzbündnis mit Preußen.

...und seine Folgen

Das Ende der bayerischen Selbständigkeit war damit besiegelt. So versteht man es damals wahrscheinlich auch in Mühldorf. Allerdings wissen wir nur, daß es 1868 bei der Auflösung der Bürgerlandwehr und beim ersten Militärersatzgeschäft zur „Hintanhaltung von Widerspenstigkeit" gegen die Obrigkeit kommt. Schließlich muß deshalb sogar eine Eskadron Landshuter Kürassiere nach Mühldorf geschickt werden. Wahrscheinlich war es so, wie Ludwig Thoma in seiner Erzählung „Krawall" für die Stadt Dürnbuch (er meint Traunstein) berichtet: „Nämlich Anno 1867 haben wir schon das neue Militärgesetz gehabt, und es war die erste Kontrollversammlung angesagt. Das hat besonders draußen auf dem Land böses Blut gemacht. In der Stadt waren die Leute ja vernünftiger, denn man hat doch eine andere Schulbildung, und man hat seine Zeitung, aber unter den Bauernburschen ist die Rede gegangen, daß jetzt alle preußische Soldaten werden müssen. In Stockach hat der Pfarrer die Arme zum Himmel gehoben und hat gerufen, daß es wenigstens von dort oben noch weiß und blau herunterschaut." Dann erzählt er weiter, wie die Gestellungspflichtigen, benebelt von Bier und Preußenhaß, einen Tag lang ganz Dürnbuch terrorisieren und am Ende dafür hart bestraft werden. 1869 bringen – auch in Mühldorf – die Landtagswahlen den überraschenden Erfolg der neugegründeten Bayerischen Patriotenpartei, die mit ihrer absoluten Mehrheit im Februar des folgenden Jahres den Rücktritt des Fürsten Hohenlohe als Kabinettschef erzwingt, eines rückhaltlosen bismarckschen Parteigängers. In der Stadt Mühldorf wird man das Ereignis so zwiespältig beurteilt haben wie im Landtag: „Der Mann, der ein Bündnis Bayerns mit Preußen schließt, wird im Augenblick zu Tode verhaßt sein, aber ... auf weitere Sicht ... als Retter des deutschen Volkes unsterblich werden."

Der Krieg von 1870/71 und die Reichsgründung

Und so kommt es schließlich auch. Als nach der Emser Depesche im Juli 1870 der Krieg zwischen Preußen und Frankreich ausbricht, marschieren auch die bayerischen Truppen mit, und im Landtag ist es ein Abgeordneter der Patriotenpartei, der Historiker Professor Sepp, der den Sinneswandel seiner weißblauen Parteigenossen in Worte kleidet: „Gestern konnte man noch an das Weh von 1866 denken, heute ist der Zorn gegen die Welschen bei allen deutschen Männern erwacht. Wir Bayern haben an der Leipziger Schlacht nicht teilgenommen, bei der neuen Nationalschlacht wollen wir dabei sein!"
Auch der Mühldorfer Anzeiger zählt jetzt die Zahl der von bayerischen Truppen eroberten Geschütze und der erbeuteten Fahnen und nennt die Namen der von ihnen gewonnenen Schlachten: Weißenburg, Wörth, Vionville, Mars la Tour, Gravelotte, Sedan, Orleans. Man genießt wieder das Gefühl der eigenen Kraft, das sich der Erinnerung so eingeprägt, daß es noch Jahrzehnte später fast alle Wirtshausgespräche zu vorgerückter Stunde beherrscht. Die Mühldorfer Frauen aber richten ein „Spital für verwundete und erkrankte Krieger" ein, das bis April 1871 belegt ist. Zu diesem Zeitpunkt ist der Krieg längst gewonnen, der Vorfriede geschlossen und der Friedensvertrag vorbereitet.
Stark haben sich die deutschen Angelegenheiten verändert: Ludwig II. hat als Sprecher der deutschen Fürsten dem preußischen König die deutsche Kaiserkrone angeboten, und im Spiegelsaal des Schlosses von Versailles wurde das Deutsche Reich ausgerufen. Bayern hat an

129

politischer Selbständigkeit gerettet, was noch zu retten war, und sich eine Reihe von Reservatrechten ausbedungen. Dem Bayerischen Landtag war nicht recht viel mehr geblieben als eine nachträgliche Geste: die Verträge mit einer Zweidrittelmehrheit (102 zu 48 Stimmen) gutzuheißen.

Mühldorf 1871

Darüber lesen die Mühldorfer in ihrer Heimatzeitung: „Die Debatte in der Abgeordneten-Kammer über die ‚Anschlußverträge' ist beendet. Unser Bürgermeister und Landtagsabgeordneter Leiseder hat gegen die Verträge gestimmt. Trotzdem haben Rath und Stadt freudig geflaggt und der Umgebung das Ereignis durch Böllersalven verkündet. Heil Bayern in Deutschland!"

Martin Leiseder gehört also zu den bayerischen Patrioten, für deren Fraktion der Archivdirektor Dr. Jörg von der Landshuter Trausnitz im Landtag das Schlußwort spricht: „Consumatum est ... In einigen Wochen wird sich auch das bayerische Volk an den Gedanken gewöhnt haben, daß man kein Königreich zu erhalten braucht, wenn man ein Kaiserreich über sich hat." Wie dem einen die neue Kaiserkrone bloß als eine vergrößerte preußische Pickelhaube erscheint, ist sie den anderen die Erfüllung nationalen deutschen Wünschens und Wollens.

Daß es auch in der alten Stadt am Inn so ist, lassen die Ergebnisse der ersten Reichstagswahlen am 5. März 1871 vermuten: Der Pfarrer Matthäus Lugscheider aus Lohkirchen von der Bayerischen Patriotenpartei bekommt in Mühldorf 267 Stimmen, auf den Advokaten Auer aus München, den „die deutschgesinnten Männer" des Wahlkreises benannt haben, entfallen 186 Stimmen; 280 Stimmzettel werden gar nicht abgegeben, drei sind ungültig.

Eine Woche später, am 12. März, begehen die Mühldorfer ihr großes Friedensfest: In aller Frühe krachen die Böller, es folgt ein musikalischer Morgengruß; das vormittägliche Dankamt in St. Nikolaus schließt mit einem einstündigen Glockengeläut. Zur Mittagszeit ist im Rathaus der Tisch für die Armen der Stadt gedeckt, und während nachmittags schon wieder Böllersalven donnern, rüstet man sich für die Stadtbeleuchtung und für den Fackelzug zur Festansprache vor dem Bezirksamt. Die anschließende Festkneipe im Schwaigersaal dauert bis in die Nacht. Man ist sich einig, daß man den acht Söhnen der Stadt, die aus dem Feldzug nicht mehr heimgekehrt sind, ein würdiges Denkmal setzen muß. Bei den Vorschlägen hierfür sind anscheinend parteipolitische Tendenzen im Spiel: Die einen wollen eine Büste Ludwigs II. aufstellen, die anderen eine „siegende Germania". Erst 1874 einigt man sich auf den steinernen Obelisken (der, nach dem ersten Weltkrieg von zwei Löwen flankiert, bis 1960 die Stadtplatzmitte beherrscht). „Ein Defilée von 500 wackeren Kombattanten beschließt würdig die Enthüllung dieses Denkmals."

Im Kaiserreich

Patriotische Feiern schießen nach der bismarckschen Reichsgründung ziemlich ins Kraut. Damit sind mehr die verschiedenen Geburts- und Namenstage oder Hochzeitsjubiläen diverser gekrönter Häupter gemeint, weniger die großen Jahrhundertfeiern, wie 1880 das 700jährige Regierungsjubiläum des Hauses Wittelsbach oder die 100jährige Zugehörigkeit Mühldorfs zu Bayern 1902. Sie werden jeweils im August im Stil des Oktoberfestes begangen: Am historischen Festzug beteiligen sich alle Vereine, auf dem „Festplatz am rechten Innufer unterhalb der Brücke" ist eine große landwirtschaftliche Ausstellung aufgebaut, am Festschießen der Feuerschützengesellschaft beteiligen sich über 120 Schützen, turnerische Vorführungen, ein Schäfflertanz und ein Pferderennen finden statt, auch Kinderbelustigungen und einen Zirkus gibt es. Da die Feiern ein paar Tage dauern, machen die Wirte ein gutes Geschäft (auf dem viertägigen Fest von 1902 schenkt man 465 Hektoliter aus).

Auch ein Ereignis völlig gegensätzlicher Natur fördert offenbar dieses „wirklich und in sich selbst befriedigte bayerische Nationalgefühl", das sogar Bismarck imponierte: Tod und Begräbnis König Ludwigs II. Die Darstellung der Bestattungsfeierlichkeiten und der protokollarischen Einzelheiten in der Presse macht auch den Leser in der Provinz zum trauernden Mitglied einer vom Schicksal geprüften Familie. Auch in Mühldorf läuten die Kirchenglocken sechs Wochen lang mittags eine Stunde, und „die Trauergottesdienste für weiland König Ludwig II. waren von den Herren Beamten und der Bürgerschaft zahlreich besucht und gestalteten sich die Feiern umso ernster, als bei denselben auch der Veteranen-Verein, die freiwillige Feuerwehr und der katholische Gesellenverein mit umflorten Fahnen teilnahmen".

Eisenbahnknoten Mühldorf

Die stärksten und nachhaltigsten Auswirkungen hatte zwischen Reichsgründung und Erstem Weltkrieg sicher der Eisenbahnbau. Den Anfang macht im Mai 1871 die Eröffnung der Linie München–Neuötting und einen Monat später ihre Fortsetzung nach Simbach. Damit ist der Anschluß Mühldorfs an eine durchgehende Ost-West-Strecke hergestellt. In den folgenden Jahren wird eine Nord-Süd-Verbindung angestrebt und in den nächsten drei Jahrzehnten das südostbayerische Schienennetz ausgebaut. Am Ende dieser Entwicklung ist Mühldorf, dank seiner günstigen geographischen Lage, der bedeutendste Bahnknotenpunkt in diesem Raum. Hier laufen neun Bahnlinien zusammen: aus München, Simbach, Landshut, Plattling, Passau, Rosenheim, Traunstein, Freilassing und Burghausen. Das ist nicht nur ein gewaltiger verkehrstechnischer Fortschritt, sondern es wirkt sich auch in wirtschaftlicher Hinsicht günstig aus.

Der Bahnhof bringt eine neue Entwicklung

131

pflastert. Die Hauptstraße zwischen dem Münchener und dem Altöttinger Tor bekommt 1897 ein Granitpflaster.

Auf die hygienischen Verhältnisse schauen die Stadtväter auch weiterhin: 1901 wird nach dem Abbruch der Fleischbänke vor dem Münchener Tor, wo die Metzger damals das Fleisch verkaufen mußten, ein gemeindliches Schlachthaus gebaut. Im Lauf eines Jahres (1905) werden dort geschlachtet: 17 Ochsen, drei Bullen, 605 Kühe, 293 Stück Jungvieh, 1557 Kälber, 1290 Schweine, 117 Schafe, 17 Ziegen, 382 Lämmer, neun Kitze, vier Spanferkel. An der Nordseite des Torturms vorbei wird ein Fußgängerdurchgang in die Stadt geschaffen. Der Brotverkauf war übrigens seit Menschengedenken im „Brothaus", dem östlichen Gewölbe des Rathauses, konzentriert.

Auch die Wasserversorgung bringt man nun auf einen modernen Stand: Man faßt entlang des Stadtbergs über 40 Quellen zusammen auch ins Ortsbild. Zwischen ihm und der Altstadt, bald auch parallel zur Bahnlinie, entsteht ein neues Viertel, dessen Gesicht vor allem nach Altmühldorf zu von einer für die Bahnhofsnähe typischen Standortgemeinschaft geprägt ist. Schon kurz vor der Jahrhundertwende wird hier auch ein Postgebäude gebaut, die alte Expedition am Stadtplatz (Nr. 32) behält aber weiter ihre Funktion. Zu einem geschlossenen neuen Stadtteil verdichtet sich das Bahnhofsviertel aber erst nach dem Ersten Weltkrieg.

Moderne Zeiten

Auch die Altstadt, die man jetzt die „untere Stadt" zu nennen beginnt, verändert ihr Gesicht. 1874 wird der Friedhof von St. Nikolaus zur Ahamer Straße verlegt, sechs Jahre später die Gottsackerkapelle abgebrochen und 1885 der alte Friedhof ganz aufgegeben. 1874 kanalisiert man den Stadtplatz, zugleich werden dort und in einigen Gassen Gehsteige angelegt, die man mit Großhesseloher Steinen

und leitet sie über eine Pumpstation in die Häuser. Dieser Bau und die Leitungen zum Hochreservoir und zum Wasserturm, der das Bahnhofsviertel versorgt, machen große technische Schwierigkeiten, doch in den ersten Tagen des Jahres 1905 kann die Einweihung stattfinden. Die Elektrizitätsversorgung der Stadt modernisiert man ebenfalls. Hat man den Strom zunächst aus dem Elektrizitätswerk Weiding und von der Tonwarenfabrik der Brüder Mösl in der Weißgerberstraße bezogen, so baut man 1897 den alten Salzburger Haberkasten zu einem Dampfkraftwerk mit Schornstein um. Das sieht zwar abscheulich und arg anachronistisch aus, doch kann man bald auch den Bahnhof mit Strom versorgen und 1906 eine Beleuchtung der Stadt mit Bogenlampen in Betrieb nehmen. Endlich bricht man sich beim Nachhauseweg auch im nüchternen Zustand nicht mehr Arm und Bein. 1907 kauft die Stadt das Weidinger E-Werk, nochmals ein Jahr später erwirbt sie die Lohmühle und baut sie für denselben Zweck um. So haben die modernen Zeiten auch in Mühldorf Einzug gehalten.

1899 wird – unweit des Friedhofs – ein neues dreigeschoßiges Distriktskrankenhaus gebaut, das das wurmstichige enge Bruderhaus überflüssig macht. Wenig später öffnet ein wenig oberhalb des Krankenhauses die neugebaute landwirtschaftliche Winterschule ihre Pforten. Im selben Jahr muß das sogenannte „Rothe Tor" samt einem Stück Stadtmauer einer freieren Zufahrt zu den beiden neuen Gebäuden und zum Friedhof weichen. 1910 ist das neue Knabenschulhaus in der Luitpoldallee fertig, ein imposanter heller Bau mit zwei barockisierenden Giebeln auf der Frontseite. Eine Bebauung dieses Geländes, das den Verlauf des Wassergrabens der alten Stadtbefestigung bis zum Altöttinger Tor nachzeichnet, erfolgt – in der Erinnerung an verheerende Hochwasser, zuletzt 1899 – nur sehr zögernd.

Das religiöse Leben erfährt eine Aufwertung, als die Franziskaner das von der Stadt wieder instandgesetzte Klostergebäude hinter der Frauenkirche beziehen. Der feierliche Empfang zweier Patres und eines Laienbruders geschieht im August 1891 „in denkbar erhabenster Weise...unter Vorantritt dreier Knaben und weiß gekleideter Mädchen... durch den Magistrat, das Gemeindekollegium, den Kirchenrath und den Bauausschuß".

Leben mit der Geschichte

Daß die Mühldorfer in dieser Zeit – trotz aller notwendigen Modernisierung – auch etwas für die Erhaltung und die Pflege des Alten übrig haben, beeindruckt uns Heutige besonders. Damals schon versagt der Magistrat einem Mühldorfer Geschäftsmann die Genehmigung, die Arkaden vor seinem Laden zuzubauen, und die örtliche Presse unterstützt diese Entscheidung mit dem Argument, „bei allgemeinem Gebrauch würde der Typus der Stadt verschwinden". Daß eine übergeordnete Behörde schließlich doch die Genehmigung erteilt und die zitierte Befürchtung in Gang setzt, steht auf einem anderen Blatt.

Es zeugt auch von historischem Bewußtsein, daß man 1901 auf der freien Fläche der Frauenkirche das Ereignis der Mühldorfer Geschichte, die Schlacht von 1322 um die Kaiserkrone, im Gemälde verewigen läßt und im selben Jahr den „Militärgottesacker", den Franzosenfriedhof, herrichtet und mit einem neuen Kreuz versieht. Daß man beim Bau

Das im Jahr 1910 erbaute Knabenschulhaus an der Luitpoldallee diente lange Jahre auch als Berufsschule. Heute ist die Grundschule darin untergebracht

der Wasserleitungen Fundamentreste von Toren der mittelalterlichen Stadtbefestigung und Holzreste einer vermeintlichen Zugbrücke über den ehemaligen Stadtgraben findet, stößt auf größtes Interesse. Die Spekulationen über Mühldorfs Vergangenheit treiben seltsame Blüten, als 1905 im Mörtel eines Stücks Stadtmauer hinter der Frauenkirche eine römische Münze gefunden wird. Ganz Mühldorf besichtigt im selben Jahr die Kugel der zur Reparatur abgenommenen Kirchturmspitze von St. Nikolaus, in der man – neben einer Urkunde des Stiftsdekans Sumerer vom Jahr 1765 – auch zwei Einschußlöcher vom Kaliber 4 cm findet, ein „Gruß" vermutlich aus der Französenzeit. Von intaktem Tradtitionsbewußtsein zeugt schließlich die Übergabe der Räume des Nagelschmiedturms im August 1908 an den Historischen Verein zur Nutzung für ein Stadtmuseum.

Blühendes Vereinsleben

Vor allem die zahlreichen Vereine, aber auch die vielen Brauereien und Gastwirtschaften lassen vermuten, daß in dieser Prinzregentenzeit die eigentliche Heimat der meisten Mühldorfer nicht die von ihrer strengen väterlichen Hand geführte Familie war. Die Kommunikationszentren der Stadt waren sicher der Stammtisch und das Vereinslokal; hier wurde kritisiert, organisiert, politisiert. Natürlich war das Männersache; Frauen hatten nur bei besonderen Gelegenheiten, etwa bei Tanzveranstaltungen, Gartenfesten und Ausflügen, an diesem Leben teil. Da gab es, außer den schon genannten Zusammenschlüssen, die Bürgervereine „Quelle" und „Reuse", die Liedertafel und den Gesangverein „Neu-Germania", die Schützengesellschaften „Schützenlust" und „Himmel", den Veteranen- und Kriegerverein, den katholischen Gesellen- und den katholischen Arbeiterverein und schließlich eine Alpenvereinssektion und den Velozipedclub.

Um die Hebung der Viehzucht geht es dagegen dem 1903 gegründeten „Zuchtverband für Fleckvieh des Miesbach-Simmenthaler Schlages" und der 1907 entstandenen Pferdezuchtgenossenschaft. Verständlich wird, daß sie

Fritz Riethdorf: Häuser am Stadtplatz, 1980

große, sogar überregionale Bedeutung erlangen, wenn man liest, daß hier schon vor ihrer Gründung zu einem Mittefastenmarkt (1901) 200 Kühe, 149 Jungrinder, 190 Ochsen, 86 Schweine und 812 Pferde aufgetrieben wurden.

Im Ersten Weltkrieg

Vorspiel...

Die Schüsse von Sarajewo, mit denen am 28. Juni 1914 der bosnische Gymnasiast Gavrilo Princip den österreichischen Thronfolger Erzherzog Franz Ferdinand und – ungewollt – auch dessen Gemahlin tötete, waren Anlaß, nicht Ursache für den ersten Weltkrieg. Die Nachrichten über diesen Anschlag werden auch in Mühldorf eifrig besprochen. Sie lösen Empörung aus, aber von einer unmittelbaren Kriegsgefahr ist noch Mitte Juli nichts zu spüren. Die Heimatzeitung berichtet ausführlich von Einzelheiten des Attentats und von Untersuchungsergebnissen über die Verschwörung, orakelt aber auch gelegentlich, daß nun wohl bald eine Auseinandersetzung zwischen Germanen- und Slawentum bevorstehe. Als dann am 28. Juli die österreichische Kriegserklärung an Serbien im Redaktionsschaukasten ausgehängt wird, erkennt auch der Redakteur, daß der „europäische Friede in Gefahr und ein Weltbrand möglich ist".
In Mühldorf herrscht große Aufregung, als sich am 30. Juli in der Stadt das Gerücht verbreitet, die Mobilmachung sei angeordnet; der „Anzeiger" erhält jedoch auf telefonische Anfragen bei militärischen Dienststellen in Wasserburg und München einen negativen Bescheid. Als die Zeitungsredaktion am Abend desselben Tages auf Extrablättern die russische Generalmobilmachung bekanntgibt, dringen Neugierige sogar in die Betriebsräume ein, um das Neueste zu erfahren. Dabei geben sie lautstark ihren Sympathien für den Bundesgenossen Österreich-Ungarn Ausdruck. Am Tag darauf, am 31. Juli, läutet nachmittags ein Schutzmann den „Zustand drohender Kriegsgefahr" aus. „Damit geht für die Dauer des Kriegszustandes die Ausübung der Befugnisse der den Zivilstaatsministerien untergeordneten Behörden – mit Ausnahme der richterlichen und verwaltungsrichterlichen Tätigkeit – auf die Militärbefehlshaber über." Eine große Menschenmenge begleitet den Polizisten durch die ganze Stadt, es bilden sich Gruppen, die die Lage besprechen: „Man würdigt die Notwendigkeit des Geschehen und erwartet ohne Zittern das Unausbleibliche." Noch in den späten Abendstunden sind die Straßen belebt, man sieht weinende Frauen, Mütter, Schwestern.

...und Anfang

Am 1. August, einem Samstag, herrscht „lähmende Ruhe" in den Straßen. Erst am Abend bringt der Telegraph die amtliche Meldung über die befohlene Mobilmachung. Sie wird „mit kalter Resigniertheit und feierlicher Gelassenheit aufgenommen", wie der Redakteur empfindet. Die Menschenmenge, die wiederum – wie am Tag vorher – den Schutzmann beim Ausläuten der Nachricht durch die Stadt begleitet, „bricht jedesmal in donnernde Hoch- und Hurrarufe aus und zieht schließlich mit Gesang zum Kriegerdenkmal, um dort den Gefühlen vaterländischer Gesinnung Ausdruck zu verleihen. So ist gekommen die große, herrliche Zeit, die unsere Dichter so schön besingen. Sie wird sehen, daß das Volk bereit ist einzustehen mit Gut und Blut für König und Vaterland". Die überspannte Stimmung scheint noch mehrere Tage angehalten zu haben. So wird berichtet, daß die in die Kasernen Einrückenden „mit Musik und Trommelschlag zum Bahnhof geleitet werden; auch der Kriegerverein mit den Veteranen von 1866 und 1870/71 samt den Fahnen ist dabei, und es herrscht ein unbeschreiblicher Trubel".
Freilich gibt es auch Mühldorfer, die ihr Geld von der Sparkasse abheben, und andere, die Lebensmittel hamstern, was die Preise in die Höhe treibt, weil die Geschäftsleute schnell

reagieren. Der „Mühldorfer Anzeiger" berichtet außerdem, daß „die strategisch wichtige Eisenbahnbrücke bei Ehring" seit Ende Juli von zwei Eisenbahnern, später von Mühldorfer Freiwilligen mit geladenem Gewehr bewacht wird. Außerdem heißt es, daß „unsere Stadt von Spionen aller Nationen nur so wimmeln soll. Deshalb muß man fremde Personen strenger im Auge behalten". Tatsächlich werden oft Autos mit verdächtigen Personen gesichtet. Am Bahnhof wird sogar eine vermeintliche Russin verhaftet und an der Innbrücke ein anderer Verdächtiger, der aufs Rathaus eskortiert wird, aber freigelassen werden muß, nachdem Bezirksamtmann und Bürgermeister höchstselbst seine Papiere geprüft haben.

Die Furcht vor Spionage führt auch zu zahlreichen Verboten: Man darf nicht darüber sprechen, wohin Truppenteile transportiert werden, auch wenn Väter und Brüder dabei sind. Ebenso ist es der Presse untersagt, über militärische Transporte zu berichten. Die für die Öffentlichkeit bestimmten Nachrichten sollen jedoch so bald und so zahlreich wie möglich von den Zeitungen weitergegeben werden.

Es geht erstaunlich schnell: Innerhalb der ersten fünf Mobilmachungstage sind alle wehrfähigen Soldaten der Armee einberufen und Kaiser Wilhelm II. als dem Obersten Kriegsherrn unterstellt. Auch der Landsturm − die 17- bis 45jährigen, die nicht in der aktiven Armee gedient haben − wird aufgeboten. Man rechnet allgemein mit einer kurzen Kriegsdauer, wie in den früheren Feldzügen.

Kriegsalltag

Anläßlich der ersten deutschen Erfolge, die die Armee des bayerischen Kronprinzen Rupprecht zwischen Metz und den Vogesen erringt, wird die Stadt zum ersten Mal beflaggt, Turnverein, Feuerwehr und Veteranen- und Kriegerverein marschieren mit Musikkapelle und Lampions unter Absingen patriotischer Lieder vom Stadtplatz über den Bahnhof zum Kriegerdenkmal zurück. Kritische Stimmen halten allerdings solchen Jubel für verfrüht, doch auch nicht für ganz unberechtigt, weil es das erste (und einzige) Mal ist, daß die bayerischen Truppen geschlossen unter bayerischer Führung eingesetzt wurden. Als dann in den ersten Augustwochen die Siegesmeldungen gar nicht mehr abreißen, muß der „Anzeiger" darauf hinweisen, daß eine tage- und nächtelange Dauerbeflaggung zunehmend an Wirkung verliert.

Am 10. September 1914 nennt die Heimatzeitung den Namen des ersten Mühldorfer Gefallenen: Es ist der Infanterist Max Anderl von der 5. Kompanie des 15. Infanterie-Regiments, der am 27. August schwer verwundet worden war und vier Tage später im Lazarett gestorben ist. Von jetzt an werden in unregelmäßigen Abständen die sogenannten Verlustlisten der bayerischen Truppen veröffentlicht. Dort sind die Namen der Toten, Verwundeten und Vermißten ebenso aufgelistet wie in der „Ehrentafel" die Ordensverleihungen an Angehörige des bayerischen Heeres. Als diese Listen immer umfangreicher werden, nennt man nur noch die Namen der Soldaten aus dem heimischen Bezirksamt.

Das Gefühl der Solidarität ist groß: Im linken Flügel des Bezirkskrankenhauses richtet das Rote Kreuz unter der Leitung des Bezirksarztes Dr. Eisenhofer ein „Vereinslazarett" (amtlich „Reservelazarett J Mühldorf") mit 40 Betten ein. Als Mitte Dezember 1914, ungeduldig erwartet, die ersten 28 Verwundeten aus den Gefechten bei Lodz eintreffen, ergeht eine erste Aufforderung an die Mühldorfer Bevölkerung, bei deren Verpflegung mitzuhelfen; auch später sind immer wieder Bett- und Verbandszeug, Wäsche, Lebensmittel und Geld vonnöten. Auf diese Weise werden hier bis zum Februar 1919 genau 1 080 Verwundete versorgt.

Auch die Mühldorfer Vereine wollen das ihre tun. Der Feuerschützenverein hat eine Stärkung der allgemeinen Wehrbereitschaft im Auge, als er von Mitte August ab zu sonntagnachmittäglichen Schießübungen („auch für Nichtmitglieder!") aufruft. Der Turnverein wendet sich an die männliche Bevölkerung, seiner gerade gegründeten „Landwehrriege" beizutreten. Deren Ziel ist es, „als Vorbereitung auf den Militärdienst durch drei Übungen pro Woche den Körper zu stählen". Ab 1915 werden regelmäßig Gefechtsübungen abgehalten.

Kriegswirtschaft

Die wirtschaftlichen Verhältnisse ändern sich schnell und grundlegend. Auf einen Krieg ist Deutschland nicht vorbereitet, man hat keine Vorratswirtschaft betrieben und glaubt zunächst, eine zentrale Bewirtschaftung sei bei kurzer Kriegsdauer nicht nötig. Noch Ende August 1914 berichtet die „Bayerische Staatszeitung" unter der Überschrift „Deutschland kennt keine Not", daß die Ernährung gesichert sei, weil die diesjährige Getreideernte den Bedarf bei weitem übersteige; dasselbe treffe für die Kartoffelernte zu, an Heu und Futtermitteln sei ebenfalls kein Mangel. Trotzdem finden noch im Jahr 1914 – und dann in Abständen immer wieder – Erhebungen für eine Getreide- und Mehlvorratsstatistik statt, ebenso regelmäßige Viehzählungen. Sie dienen als Grundlage für die notwendigen Versorgungsmaßnahmen. Ab Oktober 1914 muß in der Zeitung in Abständen immer wieder daran erinnert werden, daß das Anbieten von Weißbrot in allen Wirtschaften, Gasthäusern und Hotels verboten ist.

Gegen Ende 1914 ist jedem deutlich, daß der Krieg länger dauern wird, als die meisten gedacht haben. Deshalb beginnt man im Frühjahr 1915 mit der Rationierung der Lebensmittel. Die Versorgung der Bevölkerung ist nun (neben zentralen Reichs- und Landesstellen) im wesentlichen Aufgabe des Kommunalverbandes, den der Bezirksamtmann leitet. Die Gemeinden des Bezirks sind in diesem Erzeuger- und Verbraucherverband zur Selbstversorgung zusammengeschlossen. Was über den Eigenverbrauch hinaus erzeugt wird, führt man an Bedarfsstellen ab; Bedarfsgüter werden über Zentralstellen angefordert.

Das Gebäude der Walzmühle ist ein markantes Bauwerk im Bahnhofsviertel

Ab März 1915 werden Brotkarten, ab April Fleischkarten ausgegeben. Dazu kommen ab April 1916 die Milch- und Butter-, ab Mai 1916 die Zucker- und ab Juli 1916 die Eierkarte. Jetzt kann es sich der „Mühldorfer Anzeiger" nicht verkneifen zu kalauern: „Jedem bloß ein Ei, auch dem Schweppermann keine zwei." Die tägliche Milchration beträgt zunächst für Erwachsene $^1/_4$ l, für Jugendliche bis 16 Jahren $^1/_2$ l und 1 l für Kranke und Kinder unter zwei Jahren.

Schon bald wird deutlich, daß es auch an Textilien fehlt. Die erste große Wollsammlung findet im Januar 1915 statt, weitere folgen in regelmäßigen Abständen. Ab November 1915 sind alle Bestände an tierischen und pflanzlichen Spinnstoffen zu melden, und am 1. August 1916 wird die Kleiderkarte eingeführt. Papier und Zündhölzer sind schon seit einem Jahr knapp. Haushaltsgegenstände aus Kupfer, Messing und Nickel werden Ende des Jahres 1915 für Heereszwecke gesammelt, später sogar beschlagnahmt. Weil Petroleum und Kerzen knapp sind, geht man zur Karbidbeleuchtung über. Bei den häufigen Kleider-, Wäsche- und Altmaterialsammlungen tun sich besonders die Schulen, aber auch Vereine hervor. Immer wieder werden für die Soldaten „Liebesgaben" gesammelt und aus besonderen Anlässen „Opfertage" eingerichtet.

Den Krieg finanziert man nicht durch Steuererhöhungen, sondern durch Anleihen. Im

September 1914 werden die Bürger – aber auch Banken, Gesellschaften, Institute usw. – zum ersten Mal aufgerufen, „Kriegsanleihe zu zeichnen", d.h. als Besitzer von Kapitalvermögen oder als Sparer „vom Staat zu billigem Kurs Wertpapiere von hervorragender Sicherheit mit ausgezeichneter Verzinsung von 5 % zu erwerben." Im Lauf des Krieges werden solche Kriegsanleihen neunmal aufgelegt und der Bevölkerung mit großem Propagandaaufwand angeboten; ihr Kauf wird vor allem als vaterländische Pflicht zur siegreichen Beendigung des Krieges dargestellt. Mit dem gleichen Argument wird auch die Bevölkerung Mühldorfs im September 1914 zum ersten Mal – und später immer wieder und dringlicher – aufgefordert, zur „Kräftigung der finanziellen Kriegsbereitschaft" die noch aus Friedenstagen in privater Hand befindlichen Goldmünzen den staatlichen Kassen zuzuführen. Die damit aufgefüllten Goldbestände der Reichsbank dienen der Finanzierung kriegswichtiger Einfuhren und zum Teil auch der Deckung des erhöhten Notenumlaufs. Die inflatorische Entwicklung freilich wird dadurch nicht verhindert, bloß verlangsamt.

Der weitere Verlauf

Nach dem fehlgeschlagenen Versuch, die französische Front bei Verdun aus den Angeln zu heben, wurde im Lauf des Jahres 1916 deutlich, daß die Hoffnung gering ist, im Westen einen kriegsentscheidenden Erfolg zu erringen. Das Vertrauen in die eigene Unüberwindlichkeit begann langsam zu schwinden.
Es ist jetzt sogar öffentlich davon die Rede, daß Soldaten ihren Angehörigen raten, keine Anleihen mehr zu zeichnen, damit der Krieg früher beendet wird, denn gewinnen könne man ihn ja ohnehin nicht mehr. Dem tritt der „Anzeiger" entgegen, indem er Appelle hochrangiger Männer aus der zivilen und militärischen Führungsriege Bayerns und des Reiches abdruckt. Sie sind sich alle darin einig, daß der Krieg gar nicht verloren werden kann, wenn auch die Heimat ihre Pflicht tut.

Als 1916 zwei neue Kriegsgegner auf den Plan treten, wird das auch in der Mühldorfer Presse nach dem Motto: „Viel Feind', viel Ehr'" abgetan. Mit der Niederwerfung Rumäniens können neue Siege gemeldet und – wegen des Erdöls – wirtschaftliche Vorteile in Aussicht gestellt werden. Der Kriegseintritt Italiens dagegen wird bagatellisiert mit dem Satz „die braunen Maronihändler fallen nicht ins Gewicht" und dem Vorschlag, Makkaroni künftig „Dreibundnudeln" zu nennen. Der vermeintliche Verrat des ehemaligen Bundesgenossen wird immer wieder mit saftig-volkstümlichen Wendungen kommentiert.
In dieser „Zeit voll Blut und Eisen", in der Kirchweihfeste und weltliche Lustbarkeiten untersagt sind, bilden patriotische Feiern, z. B. zum 70. Geburtstag des Generalfeldmarschalls v. Hindenburg oder Geburts- und Namenstage der verschiedenen Majestäten, willkommene Gelegenheit, mit dem Aufmarsch der Ortsvereine, pseudomilitärischem Gepränge, Ansprachen und Gottesdiensten das Volk im vaterländischen Sinn zu beeinflussen. Und das Verslein paßt jedesmal: „Zeichnet eifrig Kriegsanleihe, dann erhält für alle Fälle erst der Tag die rechte Weihe!"

Hungerjahre

Die Blockade Deutschlands durch die Alliierten und deren Einfluß auf die Neutralen kommt nach den ersten Kriegsjahren voll zur Wirkung. Obwohl man längst von einer mehr improvisierten Rationierung zur Zwangswirtschaft übergegangen ist, versagt im Winter 1916/17 die Versorgung der Bevölkerung in den Großstädten. Doch auch in der Provinz gibt es in diesem „Hungerwinter" ernsthafte Schwierigkeiten, so daß es den Bauern verboten wird, Runkelrüben zu verfüttern, weil sie wegen der Kartoffelknappheit für die menschliche Ernährung gebraucht werden. Es fehlt auch andernorts: In diesem Rübenwinter ist der Kohlenmangel so groß, daß ab Februar Schulen, Theater, Konzertsäle und Kinos geschlossen werden müssen. In der Mühldorfer

Öffentlichkeit wälzt man phantastische Pläne, dem Mangel mit der Förderung von Erdgas zwischen der Kreisstadt und Marktl oder mit dem Abbau von Braunkohle zwischen Gars und Wasserburg zu beheben. Mitte April 1917 wird eine neue Bekleidungsordnung veröffentlicht mit Listen für die verschiedenen Geschlechter und Altersstufen, die einen Mindestbedarf an Kleidungsstücken nennen, über den hinaus es keinen Bezugsschein gibt.

Schon seit Januar dieses Jahres gibt es in Mühldorf eine dem Stellvertretenden Generalkommando unterstellte Wirtschaftsstelle zur Förderung der heimischen Landwirtschaft. Sie ist für die Bezirksämter Mühldorf, Altötting, Wasserburg und Eggenfelden zuständig und wird von einem sog. Wirtschaftsoffizier (Leutnant Reichenberger) geleitet. Als amtliche Sachverständige unterstützen ihn zwei Gutsbesitzer, ein Gutsverwalter und ein Bürgermeister aus dem Amtsbezirk. Diese Stelle beschafft, verteilt und beaufsichtigt die nötigen Arbeitskräfte (Kriegsgefangene, Hilfsdienstpflichtige, zurückgestellte, beurlaubte oder abkommandierte Heeresangehörige, Frauen, Schuljugend usw.). Auch für die Verteilung der Pferde und die restlose Nutzung der Anbaufläche ist der Wirtschaftsoffizier verantwortlich. Es kommt sogar vor, daß im Zusammenwirken mit dem Bezirksamt, dem Kommunalverband und der Polizeibehörde bei säumigen Ablieferern Hof- und Stallkontrollen durchgeführt werden. Zugleich wird in der Presse und in Versammlungen ständig an das Gewissen und den Patriotismus der Bauern appelliert. Angesichts der allgemeinen Not sei das Zurückhalten von Lebensmitteln ebenso wie das Hamstern ein Verbrechen an den Mitmenschen und ein Verrat am Vaterland. „Stadt und Land, Hand in Hand" heißt im Herbst 1917 der Wahlspruch einer Kampagne für die Landwirte über die Lebensmittelversorgung, für die sich vor allem viele Lehrer und Ortspfarrer zur Verfügung stellen. Aber trotz aller Maßnahmen verschlechtert sich bei vielen Bauern die Ablieferungsmoral, und der Schleichhandel nimmt zu. Da hilft es auch nichts, wenn einzelne Fälle in der Zeitung publik gemacht werden: die Beschlagnahme eines Lieferwagens mit einem frisch geschlachteten Rind, die Entdeckung eines versandbereiten Fasses mit Schweinefleisch, Schmalz und Geflügel, die Wegnahme von Rucksäcken, Pappschachteln, Leder- und Holzkoffern mit Eiern, Butter und anderen Lebensmitteln. Ein Witzbold kennzeichnet in einer Zuschrift an den „Mühldorfer Anzeiger" die Situation: „Wer hamstert, kommt ins Zuchthaus, wer nicht hamstert, kommt ins Narrenhaus, wer bloß auf Marken lebt, endet im Leichenhaus." Auch organisatorische Mängel sind offensichtlich: Immer wieder wird die Klage laut, daß es nicht einmal so viel Brot, Fett und Fleisch gibt, als dem Verbraucher auf seine Lebensmittelmarken zusteht. Wie groß der Mangel am Notwendigsten ist, zeigt die Tatsache, daß das Brot, das schon seit 1915 mit Kartoffeln und Kleie gestreckt wurde, neuerdings mit Rinderblut vermengt wird („sehr nahrhaft!") und daß es im alten Distriktskrankenhaus eine Obstkernsammelstelle für die Ölgewinnung gibt.

Dem Ende zu

Es ist erstaunlich, daß in diesem Jahr 1917 vom Verlauf der Revolution in Rußland und vom Kriegseintritt der USA verhältnismäßig wenig Aufhebens gemacht wird. Auch der Friedensschluß von Brest-Litowsk, der den unseligen Zweifrontenkrieg beendet, findet verhältnismäßig wenig Beachtung. So gewinnt man den Eindruck, daß die Mühldorfer – und wohl nicht nur diese – so schwer an den Sorgen des Kriegsalltags trugen, daß das Interesse vor allem der Sicherung der eigenen Existenz galt und der Blick nur noch die allernächste Zeit erfaßte. Und die ist trübe genug: Die wöchentliche Fleischmenge war ständig reduziert und am 13. Mai 1918 auf 200 g pro Person festgesetzt worden. Im Sommer und Herbst dieses Jahres müssen wiederholt fleischlose Wochen eingeschoben werden. Die wöchentliche Fettzuteilung pro Kopf beträgt

139

schon seit Januar 1918 62 $^1/_2$ g. In der zweiten Oktoberwoche grassiert die Spanische Grippe, die in den Städten zahlreiche Todesopfer, einige auch in Mühldorf fordert. Man hört und liest jetzt vom Zusammenbruch der Türkei, der Kapitulation Bulgariens und der Auflösung der Habsburger Monarchie. Trotzdem kommt das Kriegsende überraschend.

Revolution 1918 ...

Im Spätherbst 1918 war die allgemeine Lage besonders kritisch geworden. Die militärische Überlegenheit der Gegner im Westen zwang die Oberste Heeresleitung, die Politiker zum überstürzten Abschluß eines Waffenstillstands zu drängen. Der Krieg war zu Ende: 148 Mühldorfer sind gefallen, zwei vermißt.
In Mühldorf ist man der Zeit bereits um Wochen voraus: Mitte Oktober laufen Gerüchte durch die Stadt, Kaiser und König hätten abgedankt, der Waffenstillstand sei abgeschlossen, Urlauber bräuchten nicht mehr zu ihren Truppenteilen zurück. Das dementiert der „Mühldorfer Anzeiger" und gibt die Parole aus: „Aushalten, durchhalten, Maul halten!" Die allgemeine Unsicherheit nimmt jedoch bald zu, jetzt steht auf einmal im „Anzeiger": „Eine neue Zeit bricht an. Da das habsburgische Haus lichterloh brennt und die Flammen kräftig auf unseren Dachstuhl herüberschlagen, kann es nicht schaden, wenn man bei uns die brennbaren, feuergefährlichen Dinge hinwegräumt, selbst wenn sie durch Tradition und Gewohnheit einen ehrwürdigen Nimbus gewonnen haben, und ohne Rücksicht darauf, ob ein Thrönchen und ein Krönchen dabei ist."
Am 7. November begann man in München mit dem Wegräumen: Die Revolution war da. Nach der Ausrufung des Freistaats Bayern bildete ein Arbeiter- und Soldatenrat (AuS) aus Mitgliedern der USPD (Unabhängigen Sozialdemokratischen Partei) und der SPD eine Regierung mit Kurt Eisner als Ministerpräsident. König Ludwig III. floh.
Die Nachrichten aus München „werden in Mühldorf lebhaft besprochen, unkontrollierbare Gerüchte der verschiedensten Art durchschwirren die Stadt, und eine gewisse Erregung macht sich breit." Im Pionier-Heerespark zwischen Bahnhof und Altmühldorf, wo 2000 Soldaten auf ihre Demobilisierung warten, kommt es am 9. November zur Aufstellung eines Soldatenrats. Am Tag darauf konstituiert sich auf einer Versammlung im Jägerwirtssaal ein „Volksrat" unter dem Vorsitz von Herrmann. Mit je zwei Mitgliedern aus Arbeiter- und Bauernschaft, Bürger- und Beamtenstand ist er paritätisch zusammengesetzt. Er appelliert an die Bevölkerung, sich seinen Anordnungen zu fügen, und sieht seine Aufgabe vor allem in der Aufrechterhaltung der öffentlichen Ordnung und der Lebensmittelversorgung. Am 11. November erscheint der Volksrat im Rathaus und erklärt Magistrat und Gemeindekollegium für aufgelöst. Bürgermeister Fischer weist das zurück, erklärt sich jedoch bereit, Anträge des Volksrats – wenn möglich – zu berücksichtigen. Das findet endlich zwei Wochen später die Zustimmung auch der Magistratsräte und wird bestätigt durch die amtlichen Richtlinien der Regierung über die Funktion der AuS-Räte: Sie haben keine Vollzugsgewalt, können jedoch Vorschläge und Anregungen einbringen und Auskunft verlangen. Am 24. November wird der Mühldorfer Volksrat umgebildet: Arbeiter, Landwirte und Bürger stellen je fünf Vertreter, Beamte und Angestellte miteinander nur drei. Auf dieser Basis scheint man in Mühldorf miteinander ausgekommen zu sein, bis die Dinge in München in Bewegung gerieten.

...und Räteherrschaft 1919

Dort ist am 21. Februar 1919 Kurt Eisner auf dem Weg zum Landtag ermordet worden, wo er seine und der USPD katastrophale Niederlage in den vorangegangenen Wahlen (er erhielt drei von 188 Sitzen) hätte eingestehen müssen. Nun geht es ohne Gewalt wohl nicht mehr ab. Die neue SPD-Regierung Hoffmann mußte nach Bamberg ausweichen, und in

25. IV. 19.
Die "rote Garde" besetzt Mühldorf

München wurde am 7. April die Räterepublik ausgerufen, die bald vollends in eine bolschewistische Diktatur umschlug. In Mühldorf zwingen Ende März aufgebrachte Arbeiter mit Protestversammlung und Demonstrationszug den Bürgermeister Franz Xaver Fischer zur Rücknahme seiner Äußerung, die Vertreter des Volksrats seien im Magistrat nur geduldet. Darauf tritt Fischer zurück, obwohl mehrere Arbeiterräte ihr Bedauern über den Vorfall ausdrücken und Magistrat und Gemeindebevollmächtigte ihn umzustimmen versuchen. Er war 41 Jahre in der Kommunalpolitik tätig gewesen: als Schriftführer und Vorstand des Gemeindekollegiums, als Magistratsmitglied und als Stadtkämmerer. 19 Jahre lang war er Bürgermeister. Während seiner Amtszeit wurden die Elektrizitätswerke Lohmühle und Weiding angekauft, die Wasserleitung verlegt und das Knabenschulhaus errichtet. Als während des Krieges die meisten städtischen Beamten einrücken mußten, bewältigte er fast die ganze Verwaltungsarbeit allein. Noch am 10. April 1919 ernannte man ihn zum Ehrenbürger. Fischers Amtsgeschäfte führt nun zunächst der Beigeordnete Bertle.

Am Abend des 25. April wird Mühldorf von 80 (?) Münchener Rotgardisten ohne Gegenwehr besetzt. Der Belagerungszustand wird ausgerufen, mehrere Mühldorfer Bürger und der Arbeiterführer Herrmann werden verhaftet. Rathaus und Bahnhof sind durch je ein MG gesichert, ebenso der Gasthof „Himmel", wo das Hauptquartier der Spartakisten eingerichtet wird. Am nächsten Tag trifft Verstärkung aus München in doppelter Anzahl ein, und es findet eine Aufklärungsversammlung im Himmelsaal statt, die recht tumultuarisch verlaufen zu sein scheint: Der Vorsitzende des Mühldorfer Arbeiterrats, Herrmann, macht den Versuch zurückzutreten, wird aber von Mitgliedern des Bauernbundes daran gehindert. Er tut es aber schließlich doch, als nach einer Rede des Spartakistenführers Ganz neue

141

Leute in den Mühldorfer AuS-Rat gewählt werden und die alten Kräfte ausscheiden. Eine tags darauf erneut einberufene Volksversammlung, die zunächst verboten, nach der Verhaftung von Geiseln aber erlaubt wird, findet kaum mehr Teilnehmer, obwohl Plonner, der neue Vorsitzende, dort die Neutralität des neuen Arbeiterrates verkündet. Die Ereignisse zeigen, daß die Mühldorfer Arbeiterschaft nahezu geschlossen hinter der legitimen Regierung Hoffmann steht – trotz der Spartakisten in der Stadt.

Am 30. April überrumpeln um 4 Uhr morgens elf Angehörige des „Freiwilligenkorps Chiemgau" unter Führung des Leutnants Niedermeier (eines gebürtigen Mühldorfers; er ist Lehrer in Reichenhall) und des Vizewachtmeisters Gumler 30 Spartakisten in den Gasthäusern „Himmel" und „Schwan", die gefangen abtransportiert werden. Als noch am Vormittag Verstärkung am Bahnhof eintrifft, ist Mühldorf fest in der Hand der „Weißen", die jetzt vier Mühldorfer verhaften, die man beschuldigt, sie hätten vor sechs Tagen die Spartakisten gerufen. Magistrat und Gemeindekollegium erklären strengste Neutralität der Bürger- und Arbeiterschaft, und der dankbare Magistrat ruft sogar zu einer Geldsammlung auf, um die Befreier mit klingender Münze belohnen zu können. Der Arbeiterrat fungiert jetzt wieder in seiner alten Zusammensetzung vom 24. November 1918. Man erläßt einen wortgewaltigen Aufruf zur Gründung einer Mühldorfer Heimwehr: „In Verfolgung des Gedankens, die Ruhe und Ordnung des Landes zu gewährleisten und den [!] Besitztum des Einzelnen vor räuberischen Überfällen einer entgleisten Menschenklasse zu schützen, geht man nun auch in hiesiger Stadt daran, dem Gedanken einer Einwohnerwehr eine lebende Gestalt zu geben".

Im Juni 1919 finden Gemeindewahlen statt. Den ersten Bürgermeister, Rechtsanwalt Hans Heß, und die Hälfte des 20köpfigen Stadtrats stellt die SPD, der zweite Bürgermeister heißt Herrmann.

In der Weimarer Republik von 1919–1932

Schwere Zeiten

Die Weimarer Republik hatte es von Anfang an mit schier unlösbaren Problemen zu tun, die durch die Niederlage und den Diktatfrieden von Versailles bedingt waren und miteinander in mehrfacher Wechselwirkung standen. Da war der wirtschaftliche Komplex: eine sich immer mehr beschleunigende Geldentwertung und Reparationszahlungen in unbestimmter Höhe; in ihrem Gefolge Arbeitslosigkeit, Armut, Not und Verzweiflung. Da war der politische Sektor: schmerzliche Gebietsverluste, besetzte Gebiete, eine Bedrohung der Ostgrenze und nicht zuletzt die ablehnende Haltung weiter Kreise gegenüber einer Demokratie, die als von den Siegern aufgezwungen empfunden wurde. Und da waren schließlich noch die psychologischen Faktoren: der Schock für das Nationalbewußtsein nach der unvermittelt eingestandenen Niederlage und der erzwungenen Anerkennung der deutschen Alleinschuld am Krieg; die Flucht aus der bitteren Wirklichkeit in frommen Selbstbetrug (so etwa die Dolchstoßlegende). Dazu kamen vielfältige soziale Wirkungen durch Entwaffnung und Reduzierung der Armee und die Rückkehr der Soldaten ins bürgerliche Leben. So stand am Anfang der Republik ein offensichtliches Defizit an Staatsgesinnung, nämlich

eine im besten Fall indifferente, oft aber ablehnende Haltung der Mehrheit der Bürger.
Unter diesen Vorzeichen beginnen auch in Mühldorf die zwanziger Jahre, und die erste Nummer des „Mühldorfer Anzeigers" im Jahr 1920 wirkt programmatisch: Nach drei Doppelseiten mit Neujahrsglückwünschen der einheimischen Geschäftswelt trägt der Leitartikel die balkendicke Überschrift: „Vor einer Katastrophe in der Lebensmittelversorgung!" Es fehlt nach vier Jahren Krieg und dem ersten turbulenten Friedensjahr wohl an allem. Immer wieder ergehen in der Lokalpresse Aufrufe an die Landwirte, doch ihrer Ablieferungspflicht nachzukommen, ständig berichtet die Zeitung von erwischten Hamsterern aus den Städten, und nicht selten werden Lebensmittelschieber größeren Formats dingfest gemacht.

Zu dieser Zeit, im Frühjahr 1920, findet in Mühldorf die „wunderbare Brotvermehrung" statt, die die Leute nicht satter, sondern nur noch empörter macht. Auf Grund eines Versprechens des Bayerischen Landwirtschaftsministers Wutzlhofer vor den Wahlen setzt der Kommunalverband Mühldorf die Brotration von 200 g pro Kopf und Tag auf 400 g hinauf und läßt die entsprechenden Brotkarten drucken. Als das vom Ernährungsamt unterbunden wird, rumort es in der Stadt und auf einer flammenden Protestversammlung im Himmelsaal, auf der sich der Unmut vor allem gegen das Bezirksamt unter Oberregierungsrat Speth richtet.

Unter solchen Umständen erstaunt es nicht, daß es auch mit der Gesundheit der Bevölkerung nicht zum besten steht: Zu Sommerbeginn 1920 kommt es in Mühldorf zu einer Ruhrepidemie, die fünf Todesopfer fordert; im Krankenhaus wird eine eigene Abteilung eingerichtet, und der Stadtrat erläßt Vorschriften, um einer weiteren Ausbreitung vorzubeugen.

Die Ernährungslage wird in diesem ersten Jahr freilich nicht besser; im Gegenteil: in der letzten August- und ersten Septemberhälfte regnet es wochenlang, und gegen Ende September wird von neuen Wolkenbrüchen und Unwettern auch in unserem Gebiet berichtet. Nicht nur steht überall das Hochwasser, die Voraussagen für Ernte und Lebensmittelversorgung sind denkbar ungünstig.

Es fehlt auch anderweitig: Immer wieder werden Klagen über die große Wohnungsnot laut, im „Mühldorfer Anzeiger" werden sogar Naturalien für die Vermittlung einer Schlafstelle angeboten. Zwar wird im März 1920 die Gemeinnützige Baugenossenschaft gegründet, doch macht der fortschreitende Zerfall der Währung Baumaßnahmen größeren Stils fast unmöglich.

Parteipolitische Anfänge

Schon im Dezember 1918 bemühten sich die Parteien um die Gunst des Wählers, der dann seine Stimme am 12. Januar 1919 für die Deutsche Nationalversammlung abgab.

Die über Jahre stärkste politische Kraft in Bayern, die Bayerische Volkspartei, war noch im November 1918 in Regensburg als Bayerische Variante des Zentrums gegründet worden. Als betont föderalistisch löste sie schon Mitte Januar 1919 ihre Fraktionsgemeinschaft mit dieser Partei. Sie wandte sich vorwiegend an die katholischen Bürger aller Schichten und forderte die Lösung der politischen Probleme nach christlichen Prinzipien. Die überwiegend katholische Bevölkerung Mühldorfs sieht während der Weimarer Republik ihre politischen Interessen am besten durch die BVP vertreten.

Aus konservativen Gruppierungen hatte sich Mitte November 1918 die Bayerische Mittelpartei gebildet, aus der 1920 die Deutschnationale Volkspartei (DNVP) hervorging. Sie vertrat Industrie und Großgrundbesitz, fand aber wegen ihrer restaurativen, betont nationalen Haltung auch im Bürgertum Anhänger. In Mühldorf hatte sie ihre beste Zeit im Jahr 1924, erreichte aber nie einen gewichtigen Stimmenanteil.

Kurze Zeit nach Kriegsende hatten sich in Bayern Teile der alten Nationalliberalen Par-

Die Abbildungen zeigen das künstlerisch gestaltete Notgeld der Stadt Mühldorf (jeweils Vorder- und Rückseite). Die Notgeldscheine wurden nach dem Ersten Weltkrieg von Ländern, Provinzen und Städten herausgegeben, da durch das Einschmelzen der Kupfer- und Nickelmünzen Mangel an Kleingeld bestand

tei und der früheren Fortschrittlichen Volkspartei zu einer Gesamtpartei zusammengeschlossen, die einen weltanschaulichen und politischen Liberalismus vertrat. Diese Demokratische Volkspartei (DVP) war eine bayerische Ausgabe der Deutschen Demokratischen Partei (DDP), die sich ab 1930 Deutsche Staatspartei nennt. Nur bei den Wahlen zur Nationalversammlung erreichen die Liberalen in Mühldorf ein achtbares Ergebnis, bei allen folgenden Landtags- und Reichstagswahlen bleiben sie hier ohne Bedeutung.

Anders die sozialistischen Parteien: Sie konnten auch in der Kreisstadt meistens einen beachtlichen Stimmenanteil verbuchen. In der Sozialdemokratischen Partei (SPD, zeitweise MSPD = Mehrheitssozialisten genannt) sammelten sich die gemäßigten Sozialisten, die zur Zusammenarbeit mit den bürgerlichen Parteien auf demokratischer Basis bereit waren.

Die USPD (Unabhängige Sozialdemokratische Partei) war eine radikale Partei, ihre Mitglieder schlossen sich später der KPD, teilweise auch der SPD an. Die Kommunistische Partei (KPD), zur Diktatur des Proletariats entschlossen und in ihrer Zielsetzung stark von Sowjetrußland abhängig, lehnte als revolutionäre Partei die Weimarer Republik kompromißlos ab.

Bei den Wahlen zum Bayerischen Landtag 1919 hat die USPD (Eisners Partei) in Mühldorf eine einzige Stimme bekommen, bei den Wahlen zur Nationalversammlung geht sie leer aus, während die SPD aus beiden Wahlen als stärkste Partei überhaupt hervorgeht und sogar die BVP überrundet. Doch schon bei den Wahlen des Jahres 1920 gibt es einen beträchtlichen Linksruck in der sozialistischen Wählerschaft: Es fallen beidemale mehr Wählerstimmen auf die USPD als auf die Mehrheitssozialisten. Eine Ortsgruppe der Unabhängigen trat erstmals im April dieses Jahres an die Mühldorfer Öffentlichkeit. Sie ist äußerst aktiv und verfügt zunächst über eine breite Basis unter den Eisenbahnern. Die Versammlungen von USPD und KPD haben starken Zulauf, vor allem von den in der Umgebung stationierten Arbeitern des Innkanalbaus. Die Radikalisierung der organisierten Mühldorfer Arbeiterschaft wird in den Wahlergebnissen des Jahres 1924 noch augenfälliger: Es gibt bei den Reichstagswahlen im April wie auch bei den Landtagswahlen im Mai fast doppelt so viele Stimmzettel für USPD bzw. KPD wie für die SPD. Zum Jahresende, bei den Reichstagswahlen im Dezember, kehrt sich das Stimmenverhältnis wieder um. Erst mit Beginn der Weltwirtschaftskrise gewinnt die KPD auch in Mühldorf wieder Boden.

Vergeblich sucht man in den ersten Jahren der Republik in Mühldorf Wählergruppen, die der Rechten zuzuordnen sind. Zwar gibt es seit den Tagen der Räterepublik auch hier eine bewaffnete Einwohnerwehr, um deren Organisation sich – trotz Versailles – ein Oberleutnant der Reichswehr kümmert, doch scheint der Zulauf nicht sehr stark gewesen zu sein, und als Frankreich und England am 8. Juni 1921 ultimativ die Entwaffnung und Auflösung der Einwohnerwehren im ganzen Reich fordern und die Reichsregierung diesem Druck nachgibt, tritt sie zumindest öffentlich nicht mehr in Erscheinung. Es ist – wohl auch für Mühldorf – mehr als wahrscheinlich, daß sich Teile dieser Einwohnerwehr in späteren völkischen Wehrverbänden, etwa dem „Bund Oberland", wiederfinden.

Die ehemaligen Kriegsgegner sind freilich der Ausbreitung eines deutschen Nationalismus selber förderlich. So lodert die Empörung, als im April 1922 französische Offiziere in Altötting eintreffen, um zu kontrollieren, ob man nicht geheime Polizeitruppen unterhält. Noch heftiger sind die Emotionen, als eine italienische Kommission in Mühldorf erscheint, um in Erfüllung der Versailler Bestimmungen hier einen Viehtransport zu übernehmen. Sie erachtet nicht einmal die Hälfte des aus Südostbayern angelieferten Viehs für abnahmewürdig. Erstaunte Reaktionen der Bauern werden von den Italienern abgetan mit dem Satz: „Die Herren sind wir."

Die Inflation und ihre Folgen

Die Inflation begann nun zu galoppieren, und die wirtschaftliche Lage wurde immer noch schlechter. Der Wechselkurs des Dollars möge das verdeutlichen: Betrug sein Vorkriegskurs (1. Juli 1914) 4,20 Mark, so war er am 2. Januar 1920 bereits aufs Zehnfache (41,96 Mark) geklettert. Doch das Karussell begann sich erst zu drehen: August 1921: 75 M; Dezember 1921: 184 M; Januar 1922: 200 M; August 1922: 7 000 M; Dezember 1922: 10 000 M. Es sollte aber noch viel schlimmer kommen.

Anfang Januar 1923, als der Dollar bereits auf 18 000 M steht, stellte die alliierte Reparationskommission in Paris eine vorsätzliche Vernachlässigung der deutschen Lieferungen von Telegrafenstangen und Kohle fest. Deshalb besetzten ab 11. Januar 1923 französische und belgische Truppen das Ruhrgebiet. Darauf antwortet die Reichsregierung mit dem Aufruf zum passiven Widerstand. Es kam zur völligen Einstellung der Sachleistungen, zu Streiks, Arbeitsniederlegungen, Entlassungen, Ausweisungen, Verhaftungen, blutigen Zusammenstößen, Sabotageanschlägen und sogar zu Erschießungen.

In Mühldorf finden zu dieser Zeit – wie allerorts – Protestversammlungen und Kundgebungen statt. Bürgermeister Heß hält Mitte Januar vor dem Kriegerdenkmal auf dem weiß-blau mit Trauerflor beflaggten Stadtplatz „eine tiefempfundene Ansprache, in der ehrliche Entrüstung und beleidigte deutsche Ehre loderte", wie der Redakteur der Lokalpresse zu formulieren weiß. Solidarische Hilfsaktionen werden in der Folgezeit ins Leben gerufen: Es wird von Geldsammlungen und Sachspenden zugunsten der Bevölkerung des Ruhrgebiets berichtet. Die Hilfsbereitschaft scheint so groß gewesen zu sein, daß sie sogar Schwindler als Ruhrflüchtlinge durch Sammlungen von Haus zu Haus für sich zu nutzen versuchten. Was schlimmer ist: Es fehlt an Kohle und Strom. Auch in Mühldorf muß der Zugverkehr reduziert werden, die Zeitungen werden dünner und erscheinen in zeitlichen Abständen, die Stadt liegt in nächtlichem Dunkel.

Der Währungszusammenbruch aber beschleunigte sich durch den passiven Widerstand. Im Mai 1923 war der Dollar 160000 M wert, im August eine Million, am 9. Oktober 1,2 Milliarden, am 22. Oktober 40 Milliarden und am 1. November 130 Milliarden Mark. Mitte November 1923 erreichte er die Rekordmarke: 4,2 Billionen (4 200 000 000 000) Mark. Das Wirtschaftsleben war durch die Inflation so zerrüttet, daß im August 1923 dem neuen Reichskanzler Stresemann gar keine andere Möglichkeit blieb, als den passiven Widerstand einzustellen. Das um so mehr, als in Sachsen und Thüringen linksradikale Regierungen sich gegen das Reich stellten und im Westen Separatisten, durch die französische Besatzungsmacht offen unterstützt, versuchten, Rheinland und Pfalz vom Reich zu lösen. Zugleich verhängte der Reichskanzler den Ausnahmezustand und unterwarf damit die Landesregierungen den Weisungen der Reichsregierung.

Auf dem Weg zur Feldherrnhalle

Doch die bayerische Regierung wollte sich nicht von Berlin gängeln lassen und setzte den ehemaligen bayerischen Ministerpräsidenten von Kahr als Generalstaatskommissar mit diktatorischen Vollmachten ein. In München war die Lage besonders undurchsichtig. Dort hatten sich seit einiger Zeit mehrere nationale Organisationen und vaterländische Wehrverbände zu einer Arbeitsgemeinschaft zusammengefunden, „Kampfbund" genannt. Dazu gehörten vor allem der „Bund Oberland", mit einem Kern von Leuten aus dem ehemaligen gleichnamigen Freikorps, das geholfen hatte, in München die Räteherrschaft niederzuschlagen, und die Sturmabteilung (SA) des Münchener Parteiführers Hitler, dessen Ziel es war, durch einen Marsch nach Berlin die Reichsregierung zu stürzen, wie es ein Jahr vorher Mussolini in Italien vorexerziert hatte.

Auch in Mühldorf ist der „Bund Oberland" aktiv. Hier wird am 17. Juni 1923 die Weihe der Fahne des Bezirks Mühldorf dieses Bundes ganz groß aufgezogen. Sie führt bereits ein Hakenkreuz. Hierzu sind mehrere Ortsgruppen aus Oberbayern und Österreich und neben Veteranenvereinen auch verschiedene vaterländische Verbände erschienen, darunter Einheiten des Stahlhelms und der SA. Die Festansprachen auf der Rennbahn halten der Vorsitzende des „Oberland", Dr. Weber (in Zivil Lehrer an der veterinärmedizinischen Fakultät der Universität München), Höllerer von der NSDAP-Zentrale in München und ein österreichischer Offizier. Der ganze Festakt mit Weckruf, Begrüßung, Messe und Standkonzert gipfelt in einem Vorbeimarsch auf dem Stadtplatz. Die Mühldorfer Vereine haben – mit Ausnahme des Veteranenvereins – trotz Einladung nicht teilgenommen, die SPD hatte sich bemüht, die Feier zu vereiteln, eine halbe Hundertschaft der Landespolizei war anwesend. Nur wenige – meist jugendliche Elemente – äußerten sich abfällig, berichtet der „Mühldorfer Anzeiger".

Als nun die Reichsregierung die in München herausgegebene nationalsozialistische Zeitung „Völkischer Beobachter" verbot, als sich zuerst die bayerische Regierung, dann aber auch der Befehlshaber der bayerischen Reichswehrdivision, General von Lossow, weigerte, das Verbot auszuführen, war der offene Konflikt da. Jetzt wollte Kahr einlenken, Hitler aber wollte ihn zwingen, den Putsch gegen Berlin zu wagen. So kam es zur Szene im Bürgerbräukeller, wo Hitler mit vorgehaltener Pistole Kahr und Lossow zu gemeinsamem Handeln nötigte, und am nächsten Tag, dem 9. November, als die beiden gegen ihn Front machten, zu einem verzweifelten Demonstrationszug, der die Öffentlichkeit mitreißen und Polizei und Reichswehr überrumpeln sollte. Er ist im nachhinein zum „Marsch zur Feldherrnhalle" hochstilisiert worden.

„Oberland" und „Deutscher Block"

Ob daran die Mühldorfer Gruppe des „Bundes Oberland" beteiligt war, läßt sich nicht sagen. Als nämlich der „Mühldorfer Anzeiger" die Anordnung von Kahrs veröffentlicht, NSDAP, Bund Oberland und andere Organisationen seien aufgelöst und ihre Führer festzunehmen, antwortet die Mühldorfer Oberlandgruppe mit folgender Darstellung: Sie habe in der Nacht vom 8. auf den 9. November den Befehl erhalten, nach München zu kommen und sei um 4 Uhr morgens nach Rücksprache mit der Notpolizeiführung und nach Verständigung des Bezirksamts abgerückt. In München habe sie die Anordnungen des Generalstaatskommissars befolgt und sei an keiner Demonstration und an keinem Kampf gegen die Regierung beteiligt gewesen. Das dürfte aber nicht zutreffen, denn nach 1933 gibt es ein paar Mühldorfer, die den „Blutorden" tragen, also beim Marsch zur Feldherrnhalle dabei waren.

Zwei Tage nach dem Putschversuch werden in Mühldorf drei Kommunistenführer verhaftet, von denen sich einer mit Waffengewalt widersetzt. Ob das mit den Münchener Ereignissen zu tun hat, läßt sich nicht sagen; eigentlich hatten ja nicht die Kommunisten geputscht.

Am 22. Februar 1924 etabliert sich in Mühldorf der „Völkische Block". Die lokale Presse hält das in einem langen Artikel mit folgendem (hier gekürztem) Inhalt fest: „Die Völkische Bewegung als Erbe der nationalsozialistischen Partei hat jetzt auch in Mühldorf Fuß gefaßt. Es hat sich eine Ortsgruppe gebildet. Der Versammlungsbesuch war nicht besonders zahlreich, vertreten waren vor allem jüngere Kreise und Mitglieder des ehemaligen ‚Bundes Oberland'. Bürgerschaft und Geschäftswelt zeigen sich uninteressiert. Das Referat des Dipl.-Ing. Hämrich aus Rosenheim führte ein Parteiprogramm in elf Punkten aus: es enthielt die schärfste Kampfansage an die Juden. Initiator der Gründungsversammlung war der Bezirkstierarzt Dr. Boehme."

Genau einen Monat später, am 23. März, inszeniert der Völkische Block eine „Deutsche Feier", die so stark besucht ist, daß viele keinen Platz mehr bekommen. Die Rede hält der ehemalige (1921–22) bayerische Justizminister Dr. Roth, wegen seiner rhetorischen Aggressivität der „böse Christian" genannt, am Vorstandstisch sitzen der alte General Aechter, der anstelle des inhaftierten Dr. Weber jetzt den „Bund Oberland" führt, und der Oberlandführer von Salzburg. Schneidige Marschmusik wird gespielt, und es werden Filme aus der deutschen Glanzzeit vor dem Krieg gezeigt. „Mit frenetischem Beifall und lebhaften Heilrufen wurde die Mitteilung aufgenommen, daß sich in den Reihen der Gäste der Mann befindet, der seinerzeit [am 9. Januar 1924] den bekannten Verräter Heinz Orbis [den Anführer der Separatisten in der Pfalz] in Pirmasens [beim Essen im „Wittelsbacher Hof"] erschossen hat" berichtet der Redakteur des „Mühldorfer Anzeigers" und fährt fort: „Der Deutsche Block hat einen weiten Kreis aufmerksam gemacht und neue erfolgreiche Wege der politischen Propaganda beschritten." Und das ist wohl nicht einmal ironisch gemeint.

Er tut das auch weiterhin, denn schon am 1. April findet sich eine ganzseitige Anzeige in der lokalen Mühldorfer Presse, die neben Angriffen auf die anderen Parteien einen Aufruf zu einer Protestkundgebung enthält, falls Hitler verurteilt wird, der wegen seines Putschversuches in München vor Gericht steht. Diese Versammlung wird später von der Regierung verboten, als Hitler zu fünf Jahren Festungshaft verurteilt wird. Nur neun Monate davon muß er in Landsberg verbringen, dann wird er freigelassen. Die Propagandatätigkeit des Völkischen Blocks intensiviert sich in den ersten Aprilwochen mit Versammlungen in Neumarkt, Buchbach, Schwindegg, Tüßling und Kraiburg, mit einer ganzseitigen Werbeanzeige im „Mühldorfer Anzeiger" und mit einem „Deutschen Tag" in Kraiburg, den die dortige Ortsgruppe aufzieht. Die Aktivitäten gipfeln gegen Ende des Monats in einer Bismarckfeier in Mühldorf, die – wie der Redakteur bemerkt – „in Wirklichkeit eine geschickt angelegte Propaganda- und Wahlagitationsversammlung war". Dieses Mal war der Besuch schwächer, es waren auch die angekündigten Redner ausgeblieben. So sprachen nur die schon bekannten Dr. Hämrich und Dr. Boehme.

Mit dem Bau des Innkanals wurde 1919 begonnen. Bis zu seiner Fertigstellung 1924 fanden Tausende von Arbeitern Beschäftigung

Wirtschaftliche und politische Stabilisierung

Nach den schweren Erschütterungen, die im Herbst 1923 ihren Höhepunkt erreicht hatten, gelang es im darauffolgenden halben Jahrzehnt, Staat und Wirtschaft allmählich zu festigen. Seit der Einführung der Rentenmark im November 1923 stabilisierte sich die Währung, und die Wirtschaft entwickelte sich – auch mit amerikanischer Hilfe – zu neuer Blüte.

Doch es blieben genügend Probleme: Die Reparationszahlungen waren drückend und noch immer nicht in Höhe und Dauer endgültig festgelegt. Auch die entscheidenden außenpolitischen Fragen harrten einer Lösung: Das Verhältnis zu Frankreich war gespannt, zu England eher distanziert und die Beziehungen zu den Nachbarn im Osten unsicher. Die Grenzziehung durch den Versailler Vertrag und die Weigerung der Polen und Tschechen, etwas für die Entspannung und zur Gleichberechtigung der deutschen Minderheiten zu tun, erschwerten die Lage.

Einer Lösung dieser Probleme kam der Reichskanzler und später langjährige Außenminister Gustav Stresemann nahe: In den Verträgen von Locarno (1925) wurde, zum erstenmal unter gleichberechtigter Beteiligung der Deutschen, die derzeitige Grenze zwischen Deutschland, Frankreich und Belgien bestätigt und von England und Italien garantiert. Eine Festschreibung der deutschen Grenzen mit Polen und der ČSR wurde wegen des polnischen „Korridors" und der Minderheitenfrage vermieden, jedoch vereinbarte man, daß niemals eine gewaltsame Änderung beabsichtigt sei, was bedeutete, daß das Deutsche Reich eine Revision seiner Ostgrenzen allein auf friedlichem Weg anstrebe.

Locarno war nicht nur ein großer Schritt auf dem Weg zur Sicherheit des Friedens in Europa, es brachte in der Folge auch die Aufnahme des Deutschen Reiches in den Völkerbund als gleichberechtigtes Vollmitglied, ferner die Räumung des Ruhrgebiets, schließlich die Aussicht auf eine vorzeitige Räumung der noch besetzten Zonen des Rheinlands. Und es ging auch Stresemanns Rechnung auf, daß eine solche Außenpolitik sich innenpolitisch günstig auswirken müsse. Am Ende dieser Entwicklung stand der Plan des Amerikaners Young (1929) zur Lösung der Reparationsfrage, ein Abkommen, das freilich wegen der im Oktober 1929 ausbrechenden Weltwirtschaftskrise keine Bedeutung mehr erlangte.

Politisches Leben in Mühldorf

Die zunehmende Stabilisierung des Reiches zwischen 1924 und 1928 spiegelt sich auch in den Mühldorfer Wahlergebnissen dieser Zeit wider. Noch in den Wahlen im April und im Mai 1924 – wenige Monate nach dem Ende der Inflation – ist der Stimmenanteil der radikalen Linken noch ganz beträchtlich (KPD 19,23% bzw. 17,95%); er sinkt jedoch schon im Dezember desselben Jahres um die Hälfte. Ganz ähnlich sind die Verhältnisse bei den Parteien der extremen Rechten: Noch im April 1924 kommt der „Völkische Block", das Auffangbecken der seit Hitlers Putschversuch verbotenen NSDAP, in Mühldorf auf mehr als ein Fünftel sämtlicher abgegebener Stimmen, um schon im Mai kräftig und im Dezember des gleichen Jahres haushoch an Stimmen einzubüßen (nur noch 2,91% der abgegebenen Stimmen). Dabei dürfte ein Großteil der Wähler ins deutschnationale Lager (8,65%) abgewandert sein. Diese Tendenz des Abbröckelns der extremistischen Parteien setzt sich auch in Mühldorf bei den Landtags- und Reichstagswahlen des Jahres 1928 fort. Hierbei zeigt sich eine Zunahme des Wählerpotentials der SPD (Reichstagswahl 1928: 27,59%) – wie oben festgestellt: bei gleichzeitiger Abnahme der Stimmen für die KPD. Führend bleibt in der Stadt über all die Jahre die BVP, wenngleich die Verbesserung der außenpolitischen Situation und der wirtschaftliche Aufschwung 1928 von den Wählern wohl eher den bürgerlichen Mittelparteien zugute geschrieben wird, wie deren Stimmenanteil zeigt.

Überhaupt sind die politischen Aktivitäten während dieser Zeit nicht sehr groß, man begeht vor allem Gedenktage: Für den 27. Juni, den Vorabend des zehnten Jahrestages der Unterzeichnung des Vertrages von Versailles, ruft Bürgermeister Heß zu einer Volkskundgebung auf, die sich vor allem gegen den Artikel 231 richtet, der die einseitige Kriegsschuld Deutschlands feststellt. Die Beteiligung ist mäßig: Es kommen nur ein paar hundert Teilnehmer. Am 11. August, als sich das Inkrafttreten der Weimarer Verfassung zum zehnten Mal jährt, findet eine Verfassungsfeier statt. Hierzu ist der Landtagsabgeordnete Dr. Högner (SPD) aus München als Redner erschienen, von der örtlichen Prominenz aber nur der Bürgermeister Heß und je ein Regierungsrat des Bezirks- und Landwirtschaftsamtes. Auch die Teilnahme der Bevölkerung hält sich in Grenzen, so daß der Chronist tadelnd anmerkt: „Der Mehrzahl mangelte wohl das Verständnis für die Bedeutung des Tages für jeden Staatsbürger."

Im letzten dieser Jahre zwischen 1924 und 1929, die eine Stabilisierung der politischen Verhältnisse brachten, nahm das Deutsche Reich den Plan des Amerikaners Young zur Lösung der Reparationsfrage an. Dagegen wollten im Herbst 1929 NSDAP und Deutschnationale einen Volksentscheid herbeiführen. Das belebt das politische Leben auch in Mühldorf. Es finden Parteiversammlungen statt, auch eine gemeinsame von NSDAP und DNVP, auf der die Notwendigkeit einer Ablehnung dieses Plans begründet wird. Ein Diskussionsredner der KPD stimmt der Argumentation der beiden rechten Parteien sogar zu, wohl in der Meinung, um dieser Republik alle erdenklichen Schwierigkeiten zu machen, müsse man sogar mit dem Todfeind paktieren. Trotzdem bringt der Volksentscheid im Dezember 1929 eine schmerzliche Niederlage der Rechten; in Mühldorf beispielsweise haben sich ganze 24 Wähler in die Liste für das Volksbegehren eingetragen. Das werden wohl Mitglieder der NSDAP gewesen sein, denn seit 1. September 1929 gibt es nach mehreren vergeblichen Anläufen in Mühldorf eine Ortsgruppe der NSDAP. Sie wurde von den Brüdern Karl und Wolfgang Doerfler zusammen mit dem evangelischen Vikar Gollwitzer und sieben weiteren Gründungsmitgliedern ins Leben gerufen. Daneben gibt es in Mühldorf – so wie in einigen Orten der Umgebung – einen kleinen SA-Trupp von etwas mehr als zehn Mann. Sie sind im SA-Sturm 19/4 unter Sturmführer Fichtl zusammengeschlossen. Dazu gesellen sich ein Jahr später fünf Hitlerjungen.

Die Mühldorfer Gemeindewahlen im Dezember bringen außer dem Verlust der beiden Mandate für die KPD keine Überraschungen: Es bleibt ebenso bei den elf Stadträten für die Wirtschaftliche Vereinigung wie bei den vier Sitzen für die SPD; die Beamten und Angestellten bekommen mit fünf Mandaten zwei mehr als bisher. Zwei Tage später wählt der

Stadtrat den neuen Bürgermeister; es ist der alte, nämlich Justizrat Heß (SPD); Zweiter Bürgermeister wird Bäckermeister Franz Xaver Sax (BVP/Wirtschaftliche Vereinigung). Vor der Bühne eines auch politisch kleinstädtisch-geruhsamen Lebens schließt sich der Vorhang drei Tage vor Silvester 1929: Die ein Vierteljahr vorher gegründete Ortsgruppe Mühldorf der NSDAP hält im Himmelsaal eine „Deutsche Weihnachtsfeier". Aufgeboten sind dazu neben einem Landtagsabgeordneten der Partei aus München, der die Weihnachtsansprache hält, ein Hofopernsänger und eine Konzertsängerin; außerdem macht der Spielmannszug der Landshuter SA Musik, weil die Feier sinnigerweise zugleich der Mitgliederwerbung für die SA dient.

Die Weltwirtschaftskrise

Am 24. Oktober 1929, dem „Schwarzen Freitag", brach in der Wallstreet in New York die Börse zusammen: Große Mengen Aktien wurden auf den Markt geworfen, die Kurse stürzten, Banken und Sparkassen wurden in den Strudel gezogen. Die USA gerieten in eine schwere Wirtschaftskrise, die zur weltweiten Katastrophe wurde, als die amerikanischen Kredite im Ausland zurückgezogen wurden. Das traf die deutsche Wirtschaft besonders hart.

Da die Große Koalition, die zu dieser Zeit die Regierung stellte, sich nicht auf Maßnahmen zur Überwindung der Krise einigen konnte, trat die Reichsregierung im März

1924 wurde das Kriegerdenkmal auf dem Stadtplatz um die Steinbalustrade und die beiden Löwen erweitert

1930 zurück. Der vom Reichspräsidenten Hindenburg mit der Regierung betraute Kanzler Heinrich Brüning versuchte der Schwierigkeiten Herr zu werden durch Steuererhöhungen, Gehaltskürzungen und Lohnstopp, Kürzung der Öffentlichen Ausgaben, Kreditdrosselung und Preissenkungen, durch unpopuläre Maßnahmen also, die alle Parteien der Rechten und Linken ablehnten. Nun machte der Reichspräsident von seinem Notverordnungsrecht Gebrauch und setzte die entsprechenden Gesetze durch. Als die Mehrheit des Reichstages auch dagegen stimmte, blieb nur dessen Auflösung, in der Hoffnung, Neuwahlen würden eine günstigere Zusammensetzung bringen. Doch es kam ganz anders: Im September 1930 erreichte die NSDAP (statt bisher zwölf) 107 Mandate, die KPD (bisher 54) erhielt 77 Sitze. Um so mehr brauchte der Kanzler jetzt das Notverordnungsrecht des Präsidenten, um, getragen von seinem Vertrauen und toleriert von der SPD, auch ohne Zustimmung des Parlaments handlungsfähig zu bleiben. Damit begann die Aushöhlung des parlamentarisch-demokratischen Systems.

Notzeiten

Auch für unsere Stadt sind mit 1930 und 1931 durch die Weltwirtschaftskrise böse Jahre gekommen. Im „Anzeiger" häufen sich die Klagen über die schlechten Verhältnisse, und die Mühldorfer haben anscheinend weder Geld noch Lebensfreude mehr: Seit Januar 1930 finden „wegen der schlechten wirtschaftlichen Lage" in den Gastwirtschaften nicht einmal mehr Faschingsvergnügungen statt. In seinem Rückblick Ende des Jahres 1931 sagt es der Zweite Bürgermeister Sax (Erster Bürgermeister Heß war Anfang November plötzlich verstorben) ganz deutlich: Auch das abgelaufene Jahr war ein großes Notjahr. Der Schuldenstand der Stadt ist groß, sie hat Schwierigkeiten, allen finanziellen Verpflichtungen nachzukommen, und es ist schwer, die nötigen Mittel für die Erwerbslosen aufzubringen. Die Einführung von Notsteuern wird nicht zu umgehen sein. Trotzdem wurde alles getan, Arbeitsbeschaffungsmaßnahmen in der Stadt durchzuführen: Die Straßenregulierung in Bahnhof-, Hindenburgstraße und am Bahnhofvorplatz wurde im Dezember 1930 abgeschlossen; im Jahre 1931 wurden Stadtplatz und Ledererstraße kanalisiert, die Innstraße wurde erweitert, der Stadtberg geteert und die Wasserleitung in der Münchener Straße verlängert; schließlich wurde auch die Rennbahn eingefriedet.

Schon ab September 1931 gibt die Stadt Essensscheine für die rund 150 Erwerbslosen aus, die (mit ihren Familien) von der städtischen Fürsorge leben. Sie können sich dafür mittags und abends ein Essen im Gasthaus Reiter holen.

In Anbetracht dieser wirtschaftlichen Misere sind die Mühldorfer Wahlergebnisse noch recht moderat. Zwar kommt es auch hier, wie überall in Deutschland, im September 1930 zu einem großen Wahlerfolg der NSDAP (13,9% der abgegebenen Stimmen), doch bleibt das Ergebnis noch ein gutes Stück (4,6 Prozentpunkte) hinter dem Wahlergebnis für das Reich zurück. Einigen Stimmengewinn (2,4 Prozentpunkte) verzeichnet in Mühldorf die KPD. Kräftig zugelegt hat der Bauernbund mit 14,5% der abgegebenen Simmen, die SPD erzielt 23,4%, und die BVP bleibt mit 34,5% die stärkste Partei.

Hitler in Mühldorf

Der Wahlerfolg treibt Hitler zu einem gewaltigen Propagandafeldzug. Er benützt Auto und Flugzeug, reist von Stadt zu Stadt, spricht in Massenversammlungen, auch in kleineren Orten. So hält er, „stürmisch begrüßt von seinen Anhängern", die im weißen Hemd erschienen sind, weil der Marsch im Braunhemd durch die Stadt verboten worden war, am 22. Juni 1931 auf der Mühldorfer Rennbahn eine Rede vor 5 000 Zuhörern. Davon sind 2 000 SA- und SS-Männer, alle von auswärts. Wohl ihretwegen sind zwei Hundertschaften Landespolizei anwesend, ebensoviele stehen in

151

Reserve. In Mühldorf gibt es zu dieser Zeit 108 eingeschriebene Parteigenossen und 28 Mitglieder der Hitlerjugend. Möglicherweise nach dieser Rede gründet Frau Gollwitzer eine Ortsgruppe der NS-Frauenschaft – deren Ausbau und Organisation ab 1934 Frau Loske vorantreiben wird. Zur gleichen Zeit ruft der kaufmännische Angestellte Wilhelm Fichtl aus Garching a. d. Alz hier eine selbständige SA-Einheit ins Leben. Die vielen auswärtigen Besucher sind in Privatquartieren auf Bauernhöfen, in Gaststätten und auf der Rennbahn untergebracht. Die Veranstaltung hat der evangelische Vikar Hans Gollwitzer organisiert. Der Mühldorfer Kreisleiter Karl Doerfler, Inhaber eines Elektrogeschäfts, kann außer Hitler auch den Stabschef der SA, Ernst Röhm, und den Gauleiter von München-Oberbayern, Adolf Wagner, begrüßen. Die zweistündige Rede „wird mit großem Pathos und großer Geste gehalten. Die Zukunft wird zu beweisen haben, in wieweit all die vielgestaltigen versprochenen Erwartungen und die Befürchtungen sich erfüllen." Kaum einer unter den Zuhörern, der seine Worte kritisch aufgenommen, der Zeit gehabt oder sich genommen hätte, nachzudenken; kaum einem ist bewußt geworden, daß er keine Argumente, sondern Versprechungen, Behauptungen, Drohungen gehört hat.

Nebenbei bemerkt macht sich nicht nur Hitler die Motorisierung zunutze, auch die Reichspost beginnt mit der „Verkraftung", soll heißen: der Motorisierung ihres Betriebs. Aus diesem Anlaß fährt der Postillion ein letztes Mal nach Oberneukirchen. Das mutet schon die Zeitgenossen an wie ein Abschiednehmen von längst vergangenen Tagen. Es ist wohl auch so: 740 Motorräder, 250 Personenkraftwagen, 50 Lastkraftwagen und zehn Traktoren gibt es zu dieser Zeit im Bezirk.

1932 – Jahr der Wahlen…

Das Jahr 1932 wurde, was die große Politik betrifft, ein turbulentes Jahr: Brünings Maßnahmen griffen nicht, die Wirtschaftskrise verschärfte sich, die Not der bald über sechs Millionen Arbeitslosen erhöhte sich noch, besonders durch eine radikale Kürzung der Stempelgelder. So brachte dieses Jahr den Sturz Brünings, zwei weitere „kurzlebige" Reichskanzler (v. Papen, v. Schleicher) und insgesamt fünf Wahlen: zwei Gänge für die Wahl eines neuen Reichspräsidenten, eine Landtags- und gleich zwei Reichstagswahlen. Die meist knapp aufeinanderfolgenden Termine führten überall zu einer Verschärfung des ohnehin harten Wahlkampfes und in den Großstädten vor dem Hintergrund wirtschaftlicher Not zu bürgerkriegsähnlichen Zuständen.

In Mühldorf beginnt das Jahr 1932 mit der einstimmigen Wahl des Stadtoberinspektors Leo Mulfinger zum Ersten Bürgermeister. Er verfügt als Mühldorfs leitender Kommunalbeamter seit 1919 nicht nur über einige Meriten, sondern auch über große Erfahrung in der Verwaltung, und so weiß er, daß schwierige Aufgaben auf ihn warten. Er nennt sie in seiner Antrittsrede: „Nur bei größter Sparsamkeit wird es der Stadt gelingen, ihre Schuldenlast zu verzinsen und zu tilgen und ihre Pflichten gegenüber den vielen hilfsbedürftigen Mitbürgern zu erfüllen. Das sind Aufgaben von solcher Wucht, daß daneben kaum andere gelöst werden können."

…auch in Mühldorf

Auch in Mühldorf wird dieses Jahr 1932 zum Jahr des Wahlkampfes. Weil Hindenburg diesmal der Kandidat der gemäßigten Linken und der Mitte für das Amt des Reichspräsidenten ist, bildet sich in unserer Stadt eine überparteiliche Wählervereinigung, die vor beiden Wahlgängen in gut besuchten Volkskundgebungen mit Eifer seine Wahl betreibt. Auf Hindenburg fallen in Mühldorf jedesmal über 75% der Wählerstimmen. Bei der Landtags- und den beiden Reichstagswahlen veranstaltet jede Partei ihre eigenen Kundgebungen.

Etwas anderer Wahlkampfmethoden befleißigen sich in Mühldorf die Radikalen, die KPD und die NSDAP. Sie erproben diese offen-

Ergebnisse der Reichstagswahlen 1920—1933 in der Stadt Mühldorf

	Dt. Nat. Vslg. 19. 1. 1919	6. 6. 1920	4. 5. 1924	7. 12. 1924	20. 5. 1928	19. 9. 1930	31. 7. 1932	6. 11. 1932	5. 3. 1933
NSDAP	–	–	Völk. Block 361 15,8%	Völk. Block 75 2,9%	77 2,7%	466 13,9%	696 20,1% Freih. ns. Mittelstandsbewgg. 1	559 16,2%	1456 35,5%
DNVP	–	Mittelpartei 32 1,2%	105 4,6%	208 8,7%	54 1,9%	27 0,8%	77 2,2%	129 3,7%	Kampffront Schw.-weiß-rot 239 5,8%
DVP	National- liberale P. 7 0,3%	–	16 0,7%	40 1,6%	68 2,4%	25 0,8%	27 0,8%	38 1,1%	22 0,6%
				Wirtsch.-Part. d. dt. Mittelstd. 25 1,0%	Reichsp. d. dt. Mittelstd. 281 10,0%		Wirtschafts- Part. 132 3,8%	Reichsp. d. dt. Mittelstd. 129 3,7%	
Mittelstands- Partei	6 0,3%		5 0,2%	Bay. Bauern- und Mit- telst.- 161 Bund 6,2%	Bay. Bauern- und Mit- telst.- 262 Bund 9,3%	71 2,1%	Bay. Bauern- und Mittelst.- 32 Bund 0,9%	49 0,2%	53 0,9%
Bay. Bauern- bund	66 2,9%	119 4,5%	58 2,5%			485 14,5%			
BPV	873 38,0%	1368 52,1%	1021 44,7% Zentr. 24 1,1%	1149 44,6%	867 30,7%	1156 34,5%	1439 41,5%	1378 39,9%	1329 32,4%
DDP (ab 1930: Dt. Staatspartei)	354 15,4%	137 5,2%	Dt. Block (= DDP + Dt. Bauernbd.) 24 1,1%	47 1,8%	128 4,5%	32 1,0%	10 0,3%	6 0,2%	3 0,1%
SPD	989 43,1%	433 16,5%	227 9,9%	582 22,6%	778 27,6%	783 23,4%	680 19,6%	644 18,6%	727 17,7%
USPD	–	493 18,8%	21 0,9%	2 0,1%					
KPD		42 1,6%	410 17,9%	241 9,3%	151 5,4%	218 6,5%	343 9,9%	501 14,5%	283 6,9%
Sonstige			Bay. Gast- gewerbe 10 Häusserbd. 1 Rep. Partei 1	Aufwertungs- u. Sparer- Partei 49	103 Christl. Soz. Partei 17 Aufwertungs.-P. 12 Bay. P. geg. Berliner Zentralismus 9 Völk. Arb. Gemschft. 8 Dt. Haus- u. Grd.Bes.P. 2 Christl. Volksdienst 3 Block d. Infl. Geschäd. – Kons. Volkspartei	28 – – – 6 3 – 51	Soz.Arb.P. 13 Dt. Haus- u. Grd.Bes.P. 4 Christl. Volkdienst 4 NS Klein- rentner 3 Volksrecht.P.2 Arb.u.Bauern- Partei 1	Christl. Soz. Volksdienst 9 VolksrechtP. 5 Handw.-, Han- del- u. Gew.- Treibende 3 Enteign. Mittelstand 1 Radikaler Mittelstand 6 0,2%	Christl. Soz. Volksdienst 5
Gesamt	2295	2624	2282	2579	2820	3351	3464		

Angabe der %-Zahlen für jede Partei im Verhältnis zur Gesamtzahl der abgegebenen Stimmen.

sichtlich zunächst bei den Präsidentenwahlen und behalten sie dann als wirksam bei. Beispielsweise werden auf stillgelegten Schornsteinen in Bahnhofsnähe mehrmals nachts große rote Fahnen mit Wahlparolen und Sowjetstern gehißt, deren Entfernung mehrere Tage und schließlich einen Kaminkehrermeister braucht; aber tags darauf flattern sie schon wieder im Wind. Im November besetzen Mitglieder der KPD den Vorplatz des Rathaussaals anläßlich einer öffentlichen Stadtratssitzung. Sie verlangen Einlaß, und als zwanzig von ihnen zugelassen werden, ergreift ihr Anführer Wimmer das Wort und fordert die Erfüllung der Forderungen der Erwerbslosen nach Ermäßigung der Licht-, Wasser- und Heimgärtengebühren. Bürgermeister Mulfinger erklärt sich bereit, mit drei Vertretern der Arbeitslosen an anderem Ort und zu anderer Zeit zu verhandeln, und verlangt die Räumung des

Saals. Nachdem die Polizei den KP-Sprecher abgeführt hat, räumen seine Anhänger unter Drohungen wie „Aufhängen!", „Plündern!" das Rathaus. Öfters erscheint hier auch die „Rote Post" mit aggressiven Artikeln, etwa unter der Überschrift „Arbeiterkinder dürfen verfaulen", mit Angriffen gegen Bürgermeister, Bezirksamtmann und Bezirksarzt.

Die Mühldorfer NSDAP unter ihrem Ortsgruppenleiter Breitschaft hält mehr Kundgebungen als die anderen Parteien, vor allem ganz gezielt in sämtlichen größeren Orten der Umgebung, wofür sie zur gleichen Zeit fünf Redner aufbietet. Unter diesen finden sich auch namhafte Leute wie z. B. der Gauleiter Forster von Danzig und der General Ritter von Epp, der letzte Kommandeur des königl. bayerischen Leibregiments und des nach ihm benannten Freikorps aus dem Jahr 1919. Für eine ganz andere Zielgruppe hält die Partei eigene „Arbeiterversammlungen" ab, auf denen natürlich andere Redner sprechen, etwa ein inzwischen „konvertierter" ehemaliger Minister der seinerzeitigen Räteregierung. Auch Hitler spricht wieder in Mühldorf, nicht in persona, sondern in einer zweistündigen Tonfilmschau, in der verschiedene seiner Reden zusammengeschnitten und von schönen Landschaftsaufnahmen („HJ in den Bergen", „Der freiwillige Arbeitsdienst") umrahmt sind. Wie stark diese Veranstaltungen besucht werden, sagt der Berichterstatter nicht, doch muß er bei wiederholt mäßigem Besuch der Versammlungen der BVP tadelnd bemerken, daß deren Anhänger zwar faule Versammlungsbesucher, dafür aber fleißige Wähler sind.

Ob die Mühldorfer nun bei fünfmaligen Wahlkämpfen in diesem Jahr 1932 abgestumpft oder ob die politischen Leidenschaften mit ihnen durchgegangen sind, läßt sich nicht eindeutig sagen. Es wird von abgerissenen Plakaten, entfernten oder in den Inn geworfenen Wahltafeln, auch von eingeworfenen Fensterscheiben bei politischen Gegnern berichtet; auch heißt es im „Anzeiger" einmal: „Es haben sich in Mühldorf in den letzten Stunden (vor der Wahl) Dinge ereignet, über die man – gelinde gesagt – erstaunt sein mußte." Auf der anderen Seite wird mehrmals gesagt, daß der Wahlkampf von einer Papierflut begleitet gewesen, daß er aber ruhiger als erwartet verlaufen sei.

Wahlergebnisse

In den beiden Reichstagswahlen dieses Jahres 1932 gewannen in Deutschland die Rechten und die Linken weiter an Stimmen: Juli: NSDAP 37,8%, DNVP 5,9%, KPD 14,3%; November: NSDAP 33,6%, DNVP 8,7%, KPD 17,1%). Das bedeutete, daß die beiden extremistischen Flügel im Reichstag, die die demokratische Ordnung beseitigen wollten, miteinander auf 58,0 bzw. 59,4% der Reichtagsmandate kamen. Solche Ergebnisse entsprachen einer radikalisierten Wählerschaft, die sich nach Krieg, Inflation und Wirtschaftskrise in einer neuerlichen unverschuldeten katastrophalen Existenznot sah.

In Mühldorf gehen die Uhren etwas anders: Stärkste Partei bleibt die BVP mit 41,5% der abgegebenen Stimmen im Juli und 39,9% im November 1932. Die NSDAP kommt auf 20,1% bzw. 16,2%; die DNVP erreicht 2,2% und 3,7%. Der Stimmenanteil der KPD liegt bei denselben Wahlen bei 9,9% und 14,5%. Die SPD ist in Mühldorf mit 19,6% im Juli auf den dritten Platz zurückgefallen, aber im November 1932 mit 18,6% doch wieder stärker als die NSDAP. Der Rest – etwa 7% – verteilt sich auf rund zehn Parteien. Alles in allem bleibt anzumerken, daß in Mühldorf bereits ein Drittel der Wählerstimmen auf die Parteien fällt, deren Ziel die Beseitigung des Staates in seiner jetzigen Form ist. Die wirtschaftliche Situation ist der geeignete Nährboden für ein solches Wahlverhalten. Anzufügen ist noch, daß nicht alle NS-Wähler als überzeugte Nationalsozialisten im Sinne des Parteiprogramms gesehen werden können. Es waren unter ihnen viele, die nicht „programmatisch" dachten, sondern in ihrer Not den Verheißungen einer besseren Zukunft Glauben schenkten, und auch die bisher politisch Gleichgülti-

Ergebnisse der Landtagswahlen 1919–1932 in der Stadt Mühldorf

	12.1.1919	6.6.1920	6.4.1924	20.5.1928	25.4.1932
NSDAP	–	–	Völkischer Block 598 21,8% Nationale Rechte 19 0,7%	60 2,2%	706 20,4%
DNVP	–	Bay. Mittelpartei 54 1,7%	4 0,15%	61 2,3%	49 1,4%
DVP	–			41 1,5%	
Reichspartei d. dt. Mittelstandes (Wirtsch. Partei)	–	–	2 0,1%	265 9,8%	Dt. Volkspartei- u. Wirtschaftspartei 402 11,7%
BVP	861 33,6%	1330 42,5%	1142 41,7%	862 31,8%	1319 38,1%
DDP (ab 1930: Dt. Staatspartei)	580 22,6%	193 6,2%	Dt. Block (= DDP und Bauernbund) 27 1,0%	147 5,2%	
Bauernbund	211 8,5%	129 4,1%	Bauern- und Mittelstandsbund 56 2,0%	Bay. Bauern- und Mittelstands-Partei 261 9,6%	Bay. Bauern- und Mittelstands-Partei 70 2,0%
SPD	900 35,1%	433 13,8%	298 10,9%	723 26,7%	603 17,4%
USPD	1	444 14,2%			
KPD		50 1,6%	527 19,2%	146 5,2%	299 8,6%
Sonstige			Beamtengruppe Krafol 62 Beamtenpartei 8	Christl. soz. Reichsp. 91 Aufwertungspartei 16 Bay. Partei gegen Berliner Zentralismus 12 Völk. Arbeitsgemeinsch. 9 Dt. Haus- u. Grundbes.-Partei 8 Block d. Inflat.-Geschäd. 3 Christl. Volksdienst 2	Soz. Arbeiterpartei 10 Christl. Volksdienst 6
Gesamt	2562	3133	2741	2707	3464

gen, die nach einer gezielten Wahlpropaganda Hitler ihre Stimme gaben.

Ende 1932 gibt es in Mühldorf mit seinen rund 7 000 Einwohnern 492 Arbeitslose. Rechnet man eine Familie zu vier Personen, dann leben in der Stadt rund 2 000 Menschen von der Öffentlichen Fürsorge. Deshalb reicht die frühere „Armenspeisung" im Franziskanerkloster nicht mehr aus, bei der pro Woche bis zu zwölf Zentner Brot und 250 Liter Suppe verteilt werden. Die Mittel hierfür sind durch Sammlungen und Spenden aufgebracht worden. Nun richtet die Stadt im „Riedlhaus" am Stadtplatz eine Volksküche ein. Dort bekommen Erwerbslose, Sozialrentner, Arbeitsinvaliden und Armenunterstützungsempfänger für 15 Pfennig ein nahrhaftes Essen: Suppe, Fleisch, Gemüse und Brot.

Das Jahr 1933

An der Macht

Am 30. Januar 1933 ernennt der Reichspräsident Hitler zum Reichskanzler. Er war nun Chef eines Koalitionskabinetts, in dem neben neun konservativen Ministern nur noch zwei Nationalsozialisten sitzen. Um dem Schicksal seiner Vorgänger zu entgehen, vor allem aber um die uneingeschränkte Macht zu erlangen, strebte Hitler ein Ermächtigungsgesetz an, das der Regierung die Vollmacht geben sollte,

Gesetze (Notverordnungen) allein und ohne Mitwirkung einer anderen staatlichen Institution zu erlassen. Da vom gegenwärtigen Reichstag auf Grund des Stimmenverhältnisses eine solche Ermächtigung nicht erwartet werden konnte, wurden Neuwahlen für den 5. März 1933 ausgeschrieben.

Jetzt setzt – auch in Mühldorf – noch einmal der Wahlkampf mit aller Macht ein. Alle Parteien halten ihre Kundgebungen; sie sind jetzt anscheinend stärker besucht als in den zwanziger Jahren. Man weiß, um was es geht; das zeigen schon die Wahlparolen: Die SPD-Veranstaltung im „Himmelsaal" steht unter dem Motto: „Der Entscheidungskampf..." und die Parole der NS-Kundgebung ein paar Tage später am selben Ort fordert unverhohlen: „Alle Macht dem Kanzler!"

„Schutz von Volk und Staat"

Eine bedeutsame Rolle in diesem Wahlkampf spielte – neben der Tatsache, daß die Nationalsozialisten außer dem preußischen auch über das Reichsinnenministerium verfügten –, vor allem der Brand des Reichstagsgebäudes in Berlin. Denn schon einen Tag nach diesem Ereignis, am 28. Februar, erließ der Reichspräsident eine Verordnung „zum Schutz von Volk und Staat". Sie setzte die Grundrechte außer Kraft und diente dem Schein nach zur Abwehr kommunistischer Aktionen, war aber gegen jeden anwendbar.

Auch der „Mühldorfer Anzeiger" läßt sich blenden und poltert: „Zur Beruhigung der Öffentlichkeit und zur Warnung der betreffenden Kreise: Jetzt wird reiner Tisch gemacht mit Volksaufwieglern!" Einen Tag vor der Wahl läuft in Mühldorf mit Unterstützung eines auswärtigen Detachements der Landespolizei eine Polizeiaktion gegen die örtliche KPD: Haussuchungen werden durchgeführt, die Wahlplakate dieser Partei beseitigt, ein Versammlungsverbot für die KP wird verhängt, ebenso für die Eisenbahner; und vor der Wohnung des KPD-Ortsvorsitzenden Wimmer in der Siedlung wird der Fahnenmast beseitigt.

Neuwahlen

Die Wahl vom 5. März brachte trotz Verhaftung und Verfolgung politischer Gegner Hitler nicht die angestrebte absolute Mehrheit im Reich: Die NSDAP kam auf 43,9%, die DNVP auf 8% der Sitze im Reichstag. Die 12,5% der KPD wurden acht Tage später für ungültig erklärt. Damit hatte man eine satte Mehrheit.

Die Mühldorfer Wahlergebnisse kommentiert der „Anzeiger" mit den Worten: „Das Gesamtbild im Reich überträgt sich auf Mühldorf. Die NSDAP zeigt einen imposanten Aufstieg, in der Stadt ist sie sogar stärker als die BVP." Und so sieht in Mühldorf das Ergebnis in Prozent der abgegebenen Stimmen aus: NSDAP 35,4%, Kampfbund Schwarz-Weiß-Rot (DNVP) 5,8%, BVP 32,4%, SPD 17,7%, KPD 6,9%. Hinzuzufügen ist, daß diese Ergebnisse – was NSDAP und KPD betrifft – doch noch beträchtlich hinter denen für das Reich zurückbleiben.

Im Gleichschritt

Die Agitation der Nationalsozialisten geht freilich auch nach der Wahl ungehemmt weiter. So marschiert eine Abteilung von ihnen über den Stadtplatz vor das Bezirksamt, und während ihr Anführer eine kurze Ansprache hält, wird vom ersten Stock aus eine Hakenkreuzfahne gehißt. Doch nur eine kleine Schar Neugieriger hat davon Notiz genommen. Nachts wird die Fahne von Doppelposten bewacht, und SA-Männer mit Karabinern patrouillieren durch die Straßen Mühldorfs.

Als am 9. März der General Ritter von Epp als NS-Kommissar für Bayern eingesetzt wird, erfolgen auch in Mühldorf die ersten Verhaftungen: Zwei KP-Funktionäre und der Führer des sozialdemokratischen Reichsbanners, des Gegenstücks zur SA, werden in „Schutzhaft" genommen. Gleichzeitige Haussuchungen fördern allerdings nichts Belastendes zutage, so daß man wenigstens den SPD-Mann wieder freilassen muß. Die beiden anderen bleiben länger in Haft. Am 20. März wird der Sturmführer Fichtl von Garching, im Zivilberuf kaufmännischer Angestellter der Stickstoffwerke Hart an der Alz, als Sonderkommissar beim Bezirksamt Mühldorf – beschönigend: als Verbindungsmann zwischen SA-Führung und Verwaltungsbehörde – eingesetzt; im Klartext: Er wird zum Aufpasser über das Bezirksamt unter dem Oberregierungsrat Speth bestellt. Erst ein Jahr später, nachdem dieses Amt einen neuen Chef hat, verläßt er diesen Posten.

Tag von Potsdam

Am 21. März fand die erste Sitzung des neuen Reichstags statt. Man hatte sie – schon um den Gegensatz von Weimar zu betonen – in die Potsdamer Garnisonkirche verlegt. Es war jener Staatsakt, der – um mit Hitler zu sprechen – „die Vermählung vollziehen soll zwischen den Symbolen der alten Größe und der jungen Kraft". Das Foto vom „Händedruck zwischen dem jungen Volkskanzler und dem alten kaiserlichen Feldmarschall" wurde in Millionen Exemplaren verbreitet.

Auch in Mühldorf ist an diesem Tag Feiertag, und die Stadt ist voll Fahnen. Man sieht auf dem Stadtplatz überwiegend Weiß und Blau, die öffentlichen Gebäude haben teils weiß-blau, teils schwarz-weiß-rot geflaggt, dazwischen hängen auch Hakenkreuzfahnen. Vormittags marschiert eine SA-Einheit auf, dann werden Hakenkreuz- und schwarz-weiß-rote Fahnen am Kriegerdenkmal und auf dem Münchener Torturm aufgezogen. Darauf ist Gottesdienst für die Schulen und die Vertreter der Behörden, anschließend eine Feier in der Festhalle. Die Rede hält der stellvertretende Kreisleiter Held, ein Studienrat der Realschule. Nachmittags werden in feierlicher Form an die Hitlerjugend Wimpel übergeben. Der Tag klingt mit einem abendlichen Fackelzug und einem Festkonzert im Himmelsaal aus. Dazwischen sprechen General von Epp (übers Radio), Kreisleiter Doerfler und Bürgermeister Mulfinger. Die Teilnahme ist groß,

schon weil alle Vereine eingeladen sind, mindestens zwanzig sind vertreten.

Die Ehrenbürger

Erstaunlich ist nun, wie beflissen sich der Stadtrat schon einen Tag später verhält. In dieser Sitzung fehlen die vier SPD-Stadträte; der Berichterstatter meint treuherzig, sie seien wohl beruflich verhindert. Alle anderen Stadträte und Bürgermeister Mulfinger sind anwesend, ebenfalls anwesend ist eine Formation der SA. Es liegt ein Antrag der Kreisleitung der NSDAP vor, dem Reichskanzler Hitler das Ehrenbürgerrecht zu verleihen. Der Verwaltungsausschuß der Stadt hat diesen Antrag noch erweitert – wohl um eine konservative Komponente hinzuzufügen, wenn man schon nicht nein sagen kann und will – und möchte auch den Reichspräsidenten Hindenburg zum Ehrenbürger machen. Einer der Stadträte

157

setzt noch eins drauf und beantragt – da es eine Hindenburgstraße schon seit 1917 gibt – den Bahnhofsvorplatz und die Friedrich-Ebert-Straße in Adolf-Hitler-Straße umzubenennen. Der Stadtrat erhebt die Anträge einstimmig zum Beschluß. (Später wird der Stadtplatz in Adolf-Hitler-Platz umgetauft.)

Ermächtigungsgesetz

Am 24. März 1933 nahm der Reichstag in Berlin nach Täuschung und mit Zustimmung des Zentrums und der BVP das Ermächtigungsgesetz an; dagegen stimmte nur die SPD. Dieses Gesetz war auf vier Jahre befristet, es wird später zweimal stillschweigend verlängert. Jetzt konnte die Regierung Gesetze erlassen, die sogar von der Verfassung abwichen, die Gegenzeichnung durch den Reichspräsidenten entfiel. Das heißt, daß sich das Parlament selbst ausgeschaltet hat, und dies bedeutet auch das Ende der Legislative und jedes Kontrollorgans. Von den 931 Gesetzen, die bis 1945 in Kraft traten, wurden auf diese Weise 921 von der Regierung erlassen. (Sieben wurden vom „Großdeutschen Reichstag" einstimmig beschlossen, drei waren Notverordnungen.)

„Gleichschaltung"

Was die Nationalsozialistische Geschichtsschreibung später „Nationale Revolution" nennen wird, war die ungehemmte Aneignung der absoluten Gewalt durch die NSDAP. Dieser Prozeß verlief rasch, umfassend und automatisch und ließ sich am treffendsten mit einer Metapher aus der Elektrotechnik bezeichnen: Das „Gesetz der Gleichschaltung der Länder mit dem Reich" erging im März und April 1933, d. h. die Landtage wurden entsprechend dem Ergebnis der Reichstagswahl vom 5. März umgebildet. Ein Jahr später waren sie überhaupt überflüssig und wurden aufgelöst. Seit 30. April 1933 sorgten Reichsstatthalter mit weitreichenden Befugnissen für linientreues Verhalten der Länder. Am 1. Dezember wurde durch Gesetz die „Einheit von Partei und Staat" gesichert. KPD und SPD wurden im Mai und Juni als volks- und staatsfeindlich verboten, und im Juni und Juli lösten sich alle Parteien – als letzte der Koalitionspartner Hitlers, die DNVP – selbst auf, so daß schon am 14. Juli 1933 ein Gesetz bestimmen konnte: „In Deutschland besteht als einzige politische Partei die NSDAP". Die Gewerkschaften durften noch den 1. Mai erleben und wurden einen Tag später aufgehoben und durch die Deutsche Arbeitsfront (DAF) ersetzt, eine Einheitsorganisation von Arbeitgebern und Arbeitnehmern. Auch alle kulturellen Institutionen und die noch existierenden Verbände und Vereine wurden nach dem Führerprinzip umgeformt und zur Verbreitung der NS-Ideologie benutzt.

Umbildung des Stadtrats

Der Mühldorfer Stadtrat wird zunächst am 22. April 1933 nach dem Reichtagswahlergebnis umgebildet; auf die NSDAP entfallen sechs Sitze, die BVP bekommt fünf, die SPD muß mit drei Sitzen zufrieden sein, und der Kampfbund Schwarz-Weiß-Rot erhält ein Mandat. Drei Tage darauf findet die erste Sitzung statt. Sie beginnt „mit einem feierlichen Aufzug der NS-Stadtratsfraktion in Uniform. Zum ersten Mal zeigt sich die NSDAP mit führender Stärke", wie der Berichterstatter des „Anzeigers" zu melden weiß. An dem Spektakel nehmen auch SA, SS, HJ und BDM teil, und eine große Menschenmenge versammelt sich auf dem Stadtplatz und im Sitzungssaal. Auf dieser Sitzung wird Leo Mulfinger zum Ersten und das NSDAP-Mitglied Karl Bachmeier, Kaufmann von Beruf, zum Zweiten Bürgermeister gewählt. Es klingt so, als sei der Chronist erleichtert, als er abschließend feststellen kann: „Damit haben die Gerüchte ihr Ende, die die Gemüter sehr beschäftigten." Noch stehen den sechs Nationalsozialisten im Stadtrat neun, besser acht Vertreter anderer politischer Couleur gegenüber. Aber das bleibt nicht mehr lange so: Nicht einmal drei Wochen später, am 17. Mai, noch vor dem Verbot ihrer Partei, tritt die SPD-Fraktion aus dem Stadtrat aus, ihre Sitze werden gar nicht mehr besetzt. Zwei Tage danach wird einer der ehemaligen SPD-Stadträte vom NS-Kreisleiter beschuldigt, er habe Gelder der Arbeiterbank bei sich zu Hause gehabt; diese Angabe muß aber bald mit der Erklärung zurückgenommen werden, es habe sich um ein Mißverständnis bei der telefonischen Übermittlung gehandelt.

Am 28. Juni werden die Stadträte der BVP im Mühldorfer Stadtrat für drei Tage in Haft genommen. Ihnen wird vorgeworfen, sie stünden mit dem Dollfuß-Regime in Österreich in engstem Kontakt und seien deshalb mitverantwortlich für das Verbot der NSDAP in der Alpenrepublik. Die Stadtratsmandate der BVP erledigen sich, nachdem diese Partei sich am 4. Juli selbst auflöst. Und wieder wird der Vorwurf der Unterschlagung laut. Diesmal richtet er sich gegen den ehemaligen Ortsvorsitzenden der BVP, den früheren Zweiten Bürgermeister Engelbert Rieder, dem die NS-Kreisleitung vorwirft, er habe als Verwalter des Mühldorfer Krankenhauses in die eigene Tasche gewirtschaftet. Wenn man dann liest, daß der Bezirkstag noch vor kurzem (anläßlich einer Inspektion) voll des Lobes über Rieders Tätigkeit war und wie nun die NS-Funktionäre über die immer noch weiterlebende BVP-Gesinnung in der Altbayerischen Verlagsanstaltung wettern, deren Geschäftsführer Rieder war und der frühere BVP-Generalsekretär jetzt ist, dann kann man sich schon einen Reim darauf machen.

Der NS-Stadtrat

Am 20. Juli ist der Stadtrat wieder komplett — Ordnung muß sein: Er besteht jetzt aus 15 Nationalsozialisten. Der Erste Bürgermeister heißt (noch) Leo Mulfinger. Er hat am 1. Juli in der Zeitung öffentlich bekanntgegeben, daß er „seinen Eintritt in die NSDAP vollzogen hat, weil die nationale Erhebung ... von einem Bürgermeister mehr fordert als die Abgabe einer Loyalitätserklärung". Einen Tag vorher hat der Bezirkshauptmann, Oberregierungsrat Späth, wissen lassen, daß er leider im November aus dem Amt scheiden muß. Zweiter Bürgermeister wird Fritz Schwägerl; er hat am 26. Mai die Nachfolge Karl Doerflers als Kreisleiter der NSDAP angetreten, der jetzt — vermutlich für die „Gleichschaltung" — beim Bayerischen Rundfunk tätig ist. 1936 wirkt Karl Doerfler bei der Ausrichtung der Olympischen Spiele mit und kommt 1938 in den Stab des SS-Hauptamtes; 1943 ist er Mitglied des Volksgerichtshofs. Auch in Mühldorf findet im Jahr 1933 „der Kampf um die Einheit des Volkes", besser gesagt um die geistige Gleichschaltung aller, statt. Er richtet sich gegen alle Andersdenkenden, oder — um im Jargon der Zeit zu sprechen — „gegen Miesmacher und Nörgler" — so der Titel der regelmäßig auch in Mühldorf stattfindenden Massenversammlungen.

Totale Propaganda

Eine besondere Bedeutung fällt bei der Herstellung der Einheit der Presse zu. Deshalb bekommt der Redakteur des „Mühldorfer Anzeigers" ab August 1933 als Hauptschriftleiter den Kreispressewart Georg Klopfer vor die Nase gesetzt. Er garantiert die politische Linientreue, der bisherige Redakteur ist nur

* Mühldorf, 13. Juli. (Obacht! Alles hört mit!) Heute abends um 8 Uhr tritt bekanntlich der Deutsche Reichstag zusammen, um eine Erklärung der Reichsregierung entgegenzunehmen. Die Rede des Führers wird auf alle deutschen Sender übertragen und es ist auch in allen Orten Vorsorge getroffen, daß alle Volksgenossen sich diese Rede anhören können. In Mühldorf wird die Rede öffentlich auf dem Stadtplatz durch Großlautsprecher übertragen. In den Familien werden sich Bekannte und Verwandte zusammenfinden, um gemeinsam die Rede zu hören, wenn der eine Teil nicht im Besitze eines Rundfunkgerätes ist. Auch auf dem Lande wird in allen Orten dafür gesorgt, daß die Rede angehört werden kann. In den Gasthäusern steht der Rundfunk allen zur Verfügung oder es werden Lautsprecheranlagen eingebaut. Wir machen noch einmal auf die große Bedeutung der heutigen Rede sowie auf die allgemein durchgeführte Gelegenheit der Uebertragung aufmerksam. — Die für heute abends angesetzte Versammlung der NS.-Volkswohlfahrt findet nicht statt.

„Mühldorfer Anzeiger" vom 13. Juli 1934

Die Kreisleitung, das sogenannte Braune Haus, wurde 1934/35 erbaut. Nach Kriegsende nahm es die amerikanische Militärregierung in Besitz. Nach mehreren Erweiterungsbauten dient das Gebäude nun als Landratsamt

noch für Lokales und Inserate zuständig. Das Blatt nennt sich jetzt im Untertitel „Amtliches Organ der NSDAP Kreisleitung Mühldorf" und etwas später – nicht ganz so direkt – „Tageszeitung für alle Stände mit nationaler Einstellung". Im lokalen Teil findet sich jetzt eine Spalte mit der Überschrift „Schwarzes Brett" und einem Hakenkreuz. Dort werden täglich alle Veranstaltungen der Partei, ihrer Gliederungen und angeschlossenen Verbände bekanntgegeben. Im Lauf der Zeit kommen alle 25 Sachgebietsleiter der Kreisgeschäftsstelle der NSDAP zu Wort.

Zum Wesen des totalitären Staates gehört es, den einzelnen auch in seiner Freizeit zu erfassen, um ihn ständig und intensiv beeinflussen und einem ideologisch ausgerichteten Kollektiv einfügen zu können. Deshalb wird in den ersten Monaten nach der Machtergreifung – auch in Mühldorf – eine Reihe von Vereinen aufgelöst, von den „Naturfreunden" über den „Freien Sportverein" bis zur „Arbeiter-Sänger-Runde". Man wundert sich, welch seltsame Blüten das Bestreben einzelner Volksgenossen treibt, sich als besonders überzeugte Anhänger Hitlers zu profilieren. Mit zwiespältigem Gefühl liest man von der „Hitlertaufe des Sohnes Adolf" eines hiesigen SA-Führers am 20. April oder von der „nationalsozialistischen Beerdigung" einer alten Parteigenossin, beide kirchliche Akte unter Teilnahme der entsprechenden NS-Gliederungen mit zugehörigem Parteiritual. Als ob das Jahr nicht schon genügend offizielle Festtage aufweise, die einen propagandistischen Stillstand gar nicht aufkommen lassen: 30. Januar: Tag der Machtergreifung; Mitte März: Heldengedenktag; 20. April: Führers Geburtstag; 1. Mai: Nationaler Feiertag; 2. Maisonntag: Muttertag mit Mütterkreuzverleihung; Sommersonnwende; Anfang September: Reichsparteitag; Erntedankfest; 9. November: Marsch zur Feldherrnhalle; Wintersonnwende; Volks- (später Kriegs-)weihnacht.

Doch nicht nur der Holzhammer überzeugt schließlich, auch die Methode der Einschüchterung wirkt, oder um Hitler zu zitieren: „[Propaganda] hat sich auf wenig zu beschränken und dieses ewig zu wiederholen" und „In der ewig gleichmäßigen Anwendung von Gewalt allein liegt die allererste Voraussetzung zum Erfolge" („Mein Kampf"). In Anwendung dieser Maxime werden in Mühldorf im ersten Halbjahr nach der Machtergreifung 19 Regimegegner in „Schutzhaft" genommen, einer flieht ins Ausland. (Dieses Wort bedeutet in seltsamer Verkehrung des Begriffs eine Inhaftierung, „um den Häftling den Übergriffen seiner Umgebung zu schützen".) Der allgemeinen Verunsicherung dienen wohl auch Überraschungsmaßnahmen, wie die plötzliche Kontrolle des Kraftfahrverkehrs auf den Durchgangsstraßen und der Reisenden im Bahnhof Mühldorf im Juli 1933 durch Polizei-, Bahnpolizei- und Hilfspolizeieinheiten (SA, SS). Auf Anordnung der Gestapo werden Staatsfeinde gesucht und illegales Schriftmaterial wird beschlagnahmt.

Antisemitische Maßnahmen

Maßnahmen gegen jüdische Geschäftsleute setzen, wie überall im Reich, so auch in Mühldorf schon frühzeitig ein. Am 28. März verliest der Kreisleiter auf dem Stadtplatz eine Boykotterklärung gegen jüdische Geschäfte. Davon betroffen sind in unserer Stadt die Brüder Siegfried und Hermann Hellmann, schon vor 1914 Pferdehändler in der Bahnhofstraße, und der Herren-Spezialgeschäftsinhaber Fritz Michaelis, seit 1931 hier ansässig. Gegen die ersteren richtet sich ein vom „Mühldorfer Anzeiger" verbreiteter Appell an die Landwirte, nicht mehr bei jüdischen Viehhändlern zu kaufen, und vor der Tür des Michaelis stehen SA-Männer Posten. Zu diesen wirtschaftlichen Boykottmaßnahmen kommen in der Folgezeit die gesellschaftliche Isolierung und die politische Entmündigung der Betroffenen. Der Leitartikel der Silvester-Nummer des „Mühldorfer Anzeigers" von 1933 faßt die Geschehnisse im ersten Jahr des Dritten Reiches in Worte zusammen, die wohl anders gemeint waren, als wir sie heute verstehen: „Ein eigenes Gefühl überkommt uns, wenn wir heute auf die... Ereignisse... dieses Jahres zurückblicken. Wie aus einer anderen Welt erscheinen uns die Geschehnisse..."

Die Jahre 1934–1939

Arbeitsbeschaffung

Schon am 22. März 1934 kann der „Mühldorfer Anzeiger" melden, daß es auch im Bezirk Mühldorf keine Arbeitslosen mehr gibt. Dieser staunenswerte Erfolg auf dem Hintergrund eines wirtschaftlichen Aufschwungs in Deutschland hatte verschiedene Ursachen: Eine allgemeine Erholung der Weltwirtschaft; die neue Auffassung, daß Arbeit Kapital schafft und nicht umgekehrt, und ihre Umsetzung in die Praxis; eine außergewöhnliche Schuldenpolitik („Mefo-Wechsel"; Verschuldung des Reiches 1938: 42 Milliarden Reichsmark); ein Wirtschaftssystem mit diktierten Preisen und Löhnen; den Entzug grundlegender Rechte wie Koalitions-, Streikrecht, Freizügigkeit; die Möglichkeiten eines totalitären Regimes, Menschen zu manipulieren und sich ihrer Energien rücksichtslos zu bedienen usw.
In Mühldorf geschieht das meiste im Wohnungsbau. 1933 werden fünf Doppelhäuser in der Hartgassensiedlung erstellt, weitere neun Doppelhäuser in der Lohmühle von der Stadt gebaut. 1934/35 errichtet die NSDAP das „Haus der Nationalsozialisten", auch „Braunes Haus" genannt, in dem sämtliche Dienststellen der Kreisleitung Platz haben; es ist mit seinen beiden Nebengebäuden später in den Neubau des Landratsamtes einbezogen worden. Das ganze Jahr 1937 arbeitet man an einem propagandistisch groß aufgemachten Projekt in der oberen Stadt: Wer Zeit hat, schaufelt „freiwillig" an Wasserbecken, die dort als Reservoir entstehen sollen. In der sogenannten Horst-Wessel-Siedlung, zwischen Mößlinger und Äußerer Neumarkter Straße, stehen zum Jahresende 1937 bereits 21 Siedlungshäuser, weitere 15 sind im Bau. Im Mai 1938 wird jenseits des Inn bei Starkheim das Jugenderholungsheim der NSV fertiggestellt; das Gebäude beherbergt heute die Fachakademie für Sozialpädagogik.

Juden in Mühldorf

Zu antisemitischen Maßnahmen kommt es in diesen Jahren auch in Mühldorf, sie sind vielleicht nicht so heftig wie andernorts, es gibt hier ja auch nur zwei jüdische Familen.
Im Herrenbekleidungsgeschäft Michaelis am unteren Stadtplatz werden Ende Mai 1935 – noch bevor die Nürnberger Gesetze eine Eskalation des Antisemitismus bewirken – die beiden großen Schaufenster durch Steinwürfe zertrümmert und die restlichen Fenster mit Ölfarbe beschmiert. Diese Aktion lehnt der „Anzeiger" und mit ihm die NS-Kreisleitung ab; es gibt subtilere Methoden: So erscheint in den ersten Januartagen 1936 ein Artikel in der Zeitung, der einen Mühldorfer Geschäftsmann anprangert, der Arbeitsanzüge als Weihnachtsgeschenk für seine Belegschaft „beim Juden kaufte". Solche Methoden sind auf Dauer wirksam: Am 9. April 1937 kann der „Mühldorfer Anzeiger" unter der Schlagzeile „Endlich!" triumphierend berichten: „Der Jude Michaelis hat sein Konfektionsgeschäft aufgegeben dank der Diszipliniertheit der Volksgenossen" (die ihn boykottierten). Es hatte nichts genutzt, daß in den letzten

161

Zeitungsinseraten dieser Firma unter dem Namen Michaelis zu lesen stand: „Frontkämpfer und Unteroffizier, Inhaber des Eisernen Kreuzes 2. Klasse und des Verwundetenabzeichens." – Das Geschäft ging bald in die Hände arischer Mühldorfer Geschäftsleute über.

Die andere jüdische Familie, die Brüder Hellmann, hielten ein Jahr länger aus, obwohl sie sogar vom „Stürmer" (am 1. Oktober 1936), dem antisemitischen Hetzblatt des „Frankenführers" Julius Streicher, aufs Korn genommen wurden. Im Stürmerkasten in der Bahnhofstraße war eine unmißverständliche Warnung vor Geschäften mit den beiden Pferdehändlern zu lesen. Schon vorher hatte der „Anzeiger" gegen die jüdischen Händler auf dem Mühldorfer Viehmarkt geschimpft. Vom nächtlichen Pogrom des 9. November 1938 in Deutschland, der beschönigend so genannten „Reichskristallnacht", berichtet auch die lokale Presse ausführlich, es findet sich aber dort kein Hinweis auf entsprechende antijüdische Aktionen in Mühldorf. Fest steht aber, daß die Brüder Hellmann am 10. November verhaftet wurden und daß kurz vor Weihnachten die Arisierung auch dieser Firma beginnt.

Große Ereignisse

Während der Jahre 1934 bis 1939 fällt oft nur ein Widerschein der großen Ereignisse in die Kleinstadt Mühldorf.

Als Hindenburg am 2. August 1934 stirbt, legt die Stadt Trauerbeflaggung an, und der Stadtrat hält eine Trauersitzung. Welche Macht nun dem Reichskanzler Hitler zufällt mit der Übernahme des Amtes des Reichspräsidenten und mit der eiligen Vereidigung der Wehrmacht auf seine Person, wird nicht vielen Mühldorfern klar geworden sein. Um so weniger, als Hitlers weitere Maßnahmen den Versailler Vertrag Stück für Stück entwerten. Die Entscheidung des Saarlandes (mehr als 90%), zu Deutschland zurückzukehren, wird auch hier am 15. Januar 1935 mit Kundgebung und nächtlichem Fackelzug auf dem Stadtplatz in einen Sieg des Regimes umgemünzt. Die Einführung der Allgemeinen Wehrpflicht verkündet ein Extrablatt des „Mühldorfer Anzeigers" am 16. März 1935. Die Nachricht wird „als befreiend und erlösend empfunden, und ihre Aufnahme ist eine ungeteilt freudige". Fast dieselben Worte werden beim Einmarsch deutscher Truppen ins entmilitarisierte Rheinland am 7. März 1936 verwendet.

Hitler in Mühldorf

Und die Begeisterung der Mühldorfer ist groß, als Hitler beim Anschluß Österreichs am 12. März 1938 in ihre Stadt kommt. Er schlägt im Zentralschulhaus für zwei Stunden sein Quartier auf, wo er vom Bürgermeister und den örtlichen Parteigrößen begrüßt wird. Nach dem Essen im Hotel Dinhuber fährt er über Braunau nach Linz weiter. In Mühldorf überwiegt die Freude über die Erfüllung einer alten Sehnsucht der deutschen nationalstaatlichen Geschichte alles andere; auch bei der Angliederung der sudetendeutschen Gebiete nach der Münchener Konferenz (29. September 1938) ist das der Fall. Daß der Zweck die Mittel heiligt, gilt wohl auch in Mühldorf als ausgemachte Sache.

Die Volksgemeinschaft

Daß solche handgreiflichen Erfolge die Zahl derer vermehren, die aus Überzeugung sich

Omnibus mit Propagandaaufschrift anläßlich der Volksabstimmung nach dem Anschluß Österreichs am 13. März 1938

der Führung bereitwillig unterstellen, liegt auf der Hand. Die anderen kann man ja mit psychischem Druck soweit bringen. Deshalb ruft Bürgermeister Mulfinger Ende November 1936 alle Mühldorfer Männer zwischen 18 und 25 Jahren, die noch in keiner Gliederung der NSDAP sind, in den Huberbräu „zu einem letzten Appell an ihr Gewissen". Die meisten, wenn auch nicht alle, sind gekommen und hören sich die Rede des Sturmbannführers Zierhut an, der, wie die Lokalzeitung berichtet, „fanatisch leidenschaftlich in den Saal hineinwuchtet und phrasenlos Satz um Satz hinstellt". Ob diese Ansprache gewirkt hat, sagt der Berichterstatter leider nicht.

Der Propagandaapparat läuft während der Jahre bis zum Krieg – und auch danach noch – auf vollen Touren, auch in Mühldorf. Hier finden zum Beispiel allein im Jahr 1934 dreizehn große politische Veranstaltungen statt. Zum Teil sind es Massenkundgebungen für alle Volksgenossen („Kampf gegen Arbeitslosigkeit", 8. April; „Großkampftag gegen Nörgler und Miesmacher", 18. Juni), oder es sind berufsspezifische Tagungen (der Deutschen Arbeitsfront, 28. Januar; des Reichsbundes Deutscher Beamter, 11. Juli; des NS-Lehrerbundes, 14. Juli; der NS-Bauernschaft, 19. August; des Deutschen Handwerks, 28. Oktober); schließlich gibt es noch eine Anzahl von Veranstaltungen der Parteiorganisationen (Amtswalter der NSDAP, 18. Januar; Amtswalter der NS-Frauenschaft, 15. Februar; des SA-Sturmbanns, 30. April; des NS Deutschen Frontkämpferbundes, 16. Mai; des BDM-Obergaus, 30. Juni; der HJ-Bannführung, 6. September). Fast noch enger ist das Netz der Veranstaltungen auf den jährlichen „Kreistagen". Beispielsweise werden für den, der am 13. und 14. Juni in Mühldorf stattfindet, folgende Zielgruppen in Einzelveranstaltungen angesprochen: Dienststellenleiter,

163

Presse und Propaganda, Jugend, Frauen, Kraft durch Freude, Handel, Handwerk, Energie und Verkehr, Berufserziehung und Betriebsführung, Volksgesundheit, Heimstätten, Bau-Steine-Erden, Schulen, Reichsluftschutzbund, Altherren, Reichsbund für Leibesübungen, Rotkreuz und Reichskolonialbund. Außerdem gibt es alle Jahre wieder „flächendeckende" Veranstaltungen wie etwa am 25. und 26. März 1939, als im Kreis Mühldorf nicht weniger als 53 Volksversammlungen mit 27 Gaurednern abgehalten werden, oder Ende März 1937, als 37 Versammlungen nur für Frauen stattfinden. Zählt man nun noch alle Veranstaltungen auf Gauebene und die obligatorischen politischen Feier- und Gedenktage hinzu, von denen an anderer Stelle schon die Rede war, kann man verstehen, daß eine schier pausenlose Propaganda schließlich doch die beabsichtigte Wirkung erzielte. Und es kommt einem der Flüsterwitz aus dem Dritten Reich in den Sinn, dessen Pointe lautet, daß infolge der vielen Verpflichtungen eine Normalfamilie eigentlich nur noch einmal im Jahr vollständig versammelt ist: auf dem Reichsparteitag in Nürnberg.

Die Kirchen

Bald nach seiner Machtübernahme faßte Hitler unter dem Schlagwort der „Entkonfessionalisierung des öffentlichen Lebens" zwei Ziele ins Auge: die Ausschaltung des politischen Katholizismus durch eine Übereinkunft mit dem Vatikan und die Zusammenfassung der evangelischen Landeskirchen in einer straffen zentralen Organisation, in einer deutschen Reichskirche.

Das erste Ziel war mit dem Reichskonkordat vom 20. Juli 1933 erstaunlich schnell erreicht. Es bewirkte neben einem beachtlichen Prestigegewinn im Ausland vor allem die Beruhigung großer Teile der katholischen Bevölkerung in Deutschland, obwohl das Konkordat Hitler die Ausschaltung von Zentrum/BVP und der christlichen Gewerkschaften zugestand. Trotzdem verstieß Hitler gegen die

Fahnenschmuck auf dem Stadtplatz zum Kreistag 1939

Vereinbarungen: Er behinderte das katholische Schulwesen, das Leben der Ordensgemeinschaften, der Jugendorganisationen und der Caritas, er engte zunehmend das religiöse Schrifttum und die kirchliche Presse ein. Dem offenen Ausbruch des Konflikts kennzeichnete aber erst im März 1937 die päpstliche Enzyklika „Mit brennender Sorge". Der Kriegsausbruch 1939 brachte zunächst eine äußerliche Beendigung der Auseinandersetzungen.

In den geschilderten Rahmen fügt sich auch in Mühldorf das Verhältnis zwischen katholischer Kirche und NSDAP. Zunächst versucht die Partei propagandistische Lorbeeren zu pflücken, etwa indem sie im Juli 1935 den Beschluß des NS-Stadtrats, die Frauenkirche samt Fresko auf Kosten der Stadt zu renovieren, als „NS-Christentum der Tat" bejubelt (was immer das heißen soll) und die rhetorische Frage stellt, worin denn die angebliche Kirchenfeindlichkeit und das Neuheidentum der Nationalsozialisten bestünden. Es hat aber wohl immer wieder Reibereien gegeben, wie die beiderseitigen Reaktionen vermuten lassen: Als 1935 der Franziskanerpater Ignaz Schötz versetzt wird („er hat Mühldorf vor dem Zorn der Bevölkerung verlassen müssen"), der im Religionsunterricht der Berufsschule kein Blatt vor den Mund genommen und damit „Unruhe unter Schüler und Eltern getragen" hatte, benutzt man die Gelegenheit für einen bösen Artikel gegen ihn und die katholische Kirche mit kräftigen Seitenhieben gegen verschiedene Pfarrer der Umgebung. Noch deutlicher wird die Gegnerschaft, als im Oktober 1935 der schrittweise Abbau der klösterlichen Lehrkäfte an den öffentlichen Volksschulen angekündigt wird. Er ist im Februar 1937 abgeschlossen, als der Bezirksschulrat Pg. Pietsch bekanntgibt, daß die Leitung der Mädchenschule in der gemeinsamen Leitung der Mühldorfer Volksschulen aufgegangen ist. Zu einem deutlichen offenen Schlagabtausch kommt es im Zusammenhang mit den Ereignissen der „Reichskristallnacht" im Jahr 1938. Nachdem die gelenkte Presse von „spontanen judenfeindlichen Kundgebungen im ganzen Reich" berichtet hat, überschwemmt eine Welle von Propagandaveranstaltungen das Land. Allein im Mühldorfer Kreisgebiet finden innerhalb von ein paar Tagen 53 Kundgebungen mit 27 Gau- und zwei Kreisrednern statt. Sie richten sich alle „gegen das Weltjudentum und seine schwarzen und roten Bundesgenossen". Dagegen wendet sich das Münchner Ordinariat in einem Schreiben an Gauleiter Adolf Wagner, worin der simplifizierende Titel kritisiert und auf die Gefahr der Aufreizung zu Tätlichkeiten hingewiesen wird. Daß zur Verhütung von möglichen „spontanen" Übergriffen polizeiliche Vorkehrungen vom Ordinariat vorgeschlagen werden, empfindet die Gauleitung als ausgesprochene Provokation.

Schon 1933 hatte Hitler als evangelischen Reichsbischof den Wehrkreis-Pfarrer Ludwig Müller eingesetzt, der die „Deutschen Christen" repräsentierte, den NS-hörigen Teil der evangelischen Kirche. Das war der Versuch, eine evangelische Staatskirche entstehen zu lassen. Dagegen stellte sich der „Pfarrer-Notbund", aus dem sich etwas später die „Bekennende Kirche" entwickelte. Sie stellte in aller Deutlichkeit fest: „Die unter der Parole ‚Ein Staat – ein Volk – eine Kirche' vom Reichsbischof erstrebte Nationalkirche bedeutet, daß das Evangelium außer Kraft gesetzt und die Botschaft der Kirche an die Mächte dieser Welt ausgeliefert wird." Diese Aussage charakterisiert am besten den Gegensatz zwischen dem NS-freundlichen und dem parteifeindlichen Flügel der ev.-lutherischen Kirche.

Anfang 1934 ordnete Reichsbischof Müller die Eingliederung der bayerischen Landeskirche in seine Reichskirche an. Mit der einstweiligen Verwaltung des Bischofssitzes in München wird am 15. Oktober als geistlicher Kommissar das (nicht gewählte, sondern im September 1933 eingesetzte) Mitglied der Landessynode Pfarrer Hans Gollwitzer aus Mühldorf betraut.

Der „Fall Gollwitzer"

Er war – nach dem Studium der Theologie in Erlangen – 1922 nach Mühldorf gekommen, als hier ein Exponiertes Vikariat errichtet wurde. Am Krieg hatte er als Freiwilliger, zuletzt als Kompanieführer teilgenommen; er war zweimal verwundet und mit dem Eisernen Kreuz ausgezeichnet worden.

1931 wurde er der erste Stadtpfarrer in der neuen evangelischen Pfarrei. Der Bau der Kirche und der Erwerb eines Pfarrhauses für die ev.-lutherische Gemeinde waren sein Werk. Er kommt früh mit deutsch-völkischen Strömungen in Berührung und gehört 1929 zu den Gründungsmitgliedern der Mühldorfer Ortsgruppe der NSDAP. Er ist in den nächsten Jahren als Organisations-, Propaganda- und Kassenleiter der Ortsgruppe und des Kreises Mühldorf tätig, außerdem als Schulungsleiter der Ortsgruppe. Nach 1933 „beschränkte" er sich auf die Funktionen eines Geschäftsführers im Organisations- und Personalamt der Kreisleitung und eines Schulungsleiters der Mühldorfer NS-Ortsgruppe II. Außerdem führt er hier das Amt für Volkswohlfahrt.

Bereits einen Tag nach seiner Berufung durch den Reichsbischof wird Hans Gollwitzer – er ist jetzt 38 Jahre alt – Ehrenbürger der Stadt Mühldorf. Die Begründung kann man der lokalen Presse entnehmen: „Der evangelische Bischof Altbayerns Hans Gollwitzer ist Ehrenbürger der Stadt Mühldorf… um der Dankbarkeit für sein segensreiches Wirken… und der

165

stolzen Freude der Stadt über die hohe Berufung Ausdruck zu verleihen."

Doch haben sich die Dinge anders entwickelt, als man dachte: Die Bekennende Kirche konnte ihre Position innerhalb der protestantischen Gemeinden im Reich rasch stärken, und der Versuch, wesentliche Teile der evangelischen Kirche abzusplittern und für eine Deutsch-Christliche Nationalkirche zu gewinnen, mußte als gescheitert angesehen werden. Schon am 6. November, drei Wochen nach Berufung und Ehrenbürgerwürde, kann man im „Mühldorfer Anzeiger" lesen, Pfarrer Gollwitzer habe auf einem Gemeindeabend seine Zuhörer „über die Ereignisse der letzten Woche in der Evangelischen Kirche aufgeklärt". Man erfährt zwar keine weiteren Einzelheiten, doch wird erwähnt, daß „Reichsbischof Müller den geistlichen Kommissar für Bayern [also Gollwitzer] zurückgezogen hat, um die Rechtslage zu klären". Gollwitzer ist jetzt wieder Pfarrer in Mühldorf, und am 13. Juli 1935 liest man im „Anzeiger" folgende Notiz: „Entgegen anders lautenden Gerüchten wird ausdrücklich festgestellt, daß der hiesige evangelische Pfarrer, Parteigenosse Gollwitzer, der dem Herrn Reichsbischof untersteht, nach wie vor sein Amt bekleidet. Verwaltungsmaßnahmen untergeordneter evangelischer kirchlicher Stellen haben darauf weiter keinen Einfluß, zumal auch der Kirchenvorstand als die berufene gesetzliche Vertretung der Gemeinde Herrn Stadtpfarrer Gollwitzer erst dieser Tage seines einmütigen Vertrauens versichert hat."

Das ist wohl so zu verstehen, daß Gollwitzer sein Amt als evangelischer Stadtpfarrer nicht mehr unangefochten ausübt. Seither scheint er eine andere Tätigkeit angestrebt zu haben.

1937: Erster Spatenstich für die Horst-Wessel-Siedlung (zwischen Mößlinger Straße und Neumarkter Straße)

Bürgermeister Gollwitzer

Am 26. Februar 1937 ist es soweit. Kreisleiter Schwaegerl schlägt in nichtöffentlicher Sitzung den NS-Ratsherren vor, Parteigenossen Hans Gollwitzer zum Bürgermeister zu berufen. „Der Vorschlag findet die vollste Zustimmung und ist von der Regierung von Oberbayern bereits bestätigt." Die Feier des Ereignisses wird mit Lautsprechern auf den Stadtplatz übertragen, Parteigliederungen und angeschlossene Vereine marschieren vor dem Rathaus auf, drei Fanfaren blasen den Türmerruf aus „Lohengrin", und nach der Übergabe des Amtes findet ein Vorbeimarsch statt.

Gollwitzers erste Amtshandlung ist die Verleihung des Titels „Städtischer Amtmann" an seinen Vorgänger Leo Mulfinger. Dessen Berufung steht § 42 DGO entgegen, wonach besoldete Beamte des Staates nicht auch Bürgermeister sein können. Mulfingers Verdienste würdigt der Kreisleiter der NSDAP, wobei er betont, daß Mulfinger erst ab 1933 seine Kraft habe voll entwickeln können, und er stellt ganz besonders heraus, daß das Finanzwesen der Stadt inzwischen gesund sei. Jedoch auch der neue Bürgermeister proklamiert äußerste Sparsamkeit, denn die Schulden der Stadt betragen 1,3 Millionen Mark; beim Amtsantritt des alten Bürgermeisters waren es 1,5 Millionen.

In Mulfingers Amtszeit fiel eine ganze Reihe von Maßnahmen: Das Rohrleitungsnetz der Wasserversorgung wurde verlängert, das Isenkraftwerk durch den Einbau eines dritten Maschinensatzes auf volle Leistung gebracht, neue Straßen wurden angelegt und alte erweitert. Außerdem hat man die Kanalisation in der oberen und unteren Stadt weiter ausgebaut und die Katharinenvorstadt gepflastert. Neue Grünanlagen und Alleen verschönern die Stadt. Eine Volksbücherei wurde ins Leben gerufen. Auch für den Unterhalt und den Ausbau städtischer Gebäude, vor allem des Rathauses, wurde gesorgt; hier wurde die Stadtkämmerei eingebaut (und der unschöne Zinnenkranz an der Fassade beseitigt). Das meiste aber geschah für das Siedlungswesen: 28 Siedlungshäuser wurden gebaut, für 21 sind die Vorarbeiten bis zum Baubeginn gediehen. Nicht zuletzt hatte man 1921 mit dem Mittelschulverein die Realschule gegründet, die trotz aller Schwierigkeiten mittlerweile zu einer der größten städtischen Anstalten Bayerns geworden ist. Ihr war sogar ein Schülerheim angegliedert worden.

Im Zweiten Weltkrieg

Der Weg in den Krieg

Nach dem Anschluß Österreichs im März und der Angliederung des Sudetenlands im September 1938 zeigte sich bald, daß Hitler — weit über die Revision des Versailler Vertrags hinaus — eine imperialistische Eroberungspolitik verfolgte. Es ging ihm nicht — wie bisher beteuert — um die Verwirklichung des Selbstbestimmungsrechts der Völker. Denn unter Mißachtung dieses Rechts für das tschechische Volk und unter militärischer Drohung erpreßte Hitler vom tschechischen Staatspräsidenten Hacha das Abkommen vom 15. März 1939, mit dem das „Protektorat Böhmen und Mähren" Bestandteil des Großdeutschen Reiches wurde. Einen Tag vorher hatte sich die Slowakei unter deutschem Druck zum souveränen Staat erklärt. Nun konnte man annehmen, daß bald Polen an die Reihe kommen und daß die Westmächte dann nicht tatenlos zusehen würden. Um fürs erste die Sowjetunion aus dem Spiel zu halten, schloß Hitler mit diesem ideologischen Todfeind einen Pakt, in dessen geheimem Zusatzprotokoll die Teilung Polens vereinbart und die beiderseitigen Interessensphären abgesteckt wurden.

Erste Reaktionen

Statt des angekündigten „Reichsparteitags des Friedens" begann Anfang September 1939 der Krieg. Die Bevölkerung nimmt ihn als unvermeidlich hin; für Begeisterung ist kein Raum, zu nah ist noch die Erinnerung an den Ersten

Weltkrieg und seine Folgen. Das Leben ändert sich für alle. Viele Männer werden jetzt eingezogen, andere auf Antrag ihrer Dienststellen oder Firmen als unabkömmlich vom Wehrdienst freigestellt. In Mühldorf scheint man nicht mit allen solchen „uk-Stellungen" einverstanden gewesen zu sein, sonst hätte man nicht schon in der dritten Kriegswoche im „Anzeiger" einen längeren Artikel lesen können mit der Überschrift: „Daß Sie noch nicht draußen sind?" Indem der Verfasser die Einberufungspraxis rechtfertigt, besänftigt er offensichtlich berechtigte Empörung.

Die verwaisten Arbeitsplätze der Soldaten müssen besetzt werden, von jetzt an verrichten dienstverpflichtete Hausfrauen, Arbeitsmaiden, Pflichtjahrmädel auch Männerarbeiten. Dazu kommen im weiteren Kriegsverlauf zunehmend Kriegsgefangene und aus den besetzten Ländern zwangsevakuierte Arbeiter(innen), zunächst vor allem aus Polen, ab 1941 aus Rußland und der Ukraine.

Auch Bürgermeister Gollwitzer eilt zu den Fahnen, von Mitte Oktober bis Ende August ist er als Hauptmann im Westen; später ist er als Major auch in Rußland. Kreisleiter Schwaegerl ist zwischen Frankreich- und Balkanfeldzug Soldat.

Die Kriegswirtschaft

Schon am 31. August 1939, einen Tag vor Kriegsbeginn, klärt der „Mühldorfer Anzeiger" darüber auf, welche Verbrauchsgüter künftig der Bezugsscheinpflicht unterliegen, und bereits am 23. September werden in Mühldorf die ersten Lebensmittelkarten ausgegeben. Sie machen den Volksgenossen zum Normalverbraucher. Die Gasthäuser bieten – natürlich gegen Lebensmittelmarken – nur noch eine beschränkte Anzahl von Gerichten an. Außerdem müssen sie fleischlose Tage einhalten und an zwei Sonntagen im Monat einen Kriegseintopf anbieten. Wer einen landwirtschaftlichen oder Lebensmittelbetrieb hat, bekommt als „Selbstversorger" eine besonders magere Lebensmittelkarte. Das gilt auch für alle anderen Lebensmittelerzeuger, wie etwa Kleintierzüchter oder Imker. Kinder, werdende und stillende Mütter, Schwer- und Schwerstarbeiter haben eigene Lebensmittelkarten. Für besondere Anlässe, etwa Hochzeiten, gibt es Sonderzuteilungen. 1942 wird die Raucherkarte eingeführt, von jetzt an blühen Tabakpflanzen in heimischen Gärten, und die verschiedensten Fermentierungsmethoden werden erprobt. Die Reichskleiderkarte gibt es schon ab November 1939; sie zählt fürs Jahr 100 Punkte, die in bestimmten Zeitabständen gültig werden. Die einzelnen Textilien haben ihren besonderen Punktwert. Ihre Auswahl ist beschränkt, im Verlauf des Krieges werden sie immer knapper. Schuhe gibt es bei Nachweis besonderer Dringlichkeit nur auf Bezugsschein. Deshalb propagiert die Mühldorfer HJ schon im Sommer 1943 das Barfußgehen – auch in die Schule – als besonders gesund. Wichtige Ämter sind jetzt das Ernährungsamt für die Groß- und Kleinverteilung der Lebensmittel und das Wirtschaftsamt für die Zuteilung aller anderen Verbrauchs- und Wirtschaftsgüter. Das Wirtschaftsamt ist im westlichen Nebengebäude des „Braunen Hauses", das Ernährungsamt im alten Klostergebäude hinter der Frauenkirche untergebracht. Ernährungsamt und Kreisbauernschaft arbeiten zusammen bei der Festlegung des jährlichen Ablieferungssolls für die Landgemeinden, in denen wiederum ein Ausschuß die „Betriebsumlage" für den einzelnen Erzeuger festschreibt. In zahlreichen Versammlungen mobilisieren Partei, Landwirtschaftsamt und Kreisbauernschaft die alljährliche „Erzeugungsschlacht" im Mühldorfer Kreisgebiet. Doch bei aller ausgeklügelten Organisation: Wer nur von seinen Lebensmittelkarten leben muß und weder Rückhalt auf dem flachen Land noch etwas zum Tauschen hat, ist arm dran.

Geeignete Kraftfahrzeuge werden von KFZ-Beschaffungskommissionen „eingezogen". Sie werden auf Tarnfarben umgespritzt, anerkannt kriegswichtige Fahrzeuge im Zivilbereich werden mit einem roten Winkel gekennzeichnet. Doch auch für sie ist die Kraftstoffzuteilung äußerst knapp. Der sparsame „Holzgaser", der mit Sägemehl zufrieden ist, muß den Treibstoffmangel ausgleichen helfen. Sogar die Benützung des Fahrrads, das ab Mitte 1940 nur noch gegen Bezugschein zu erhalten ist, soll auf den beruflichen Gebrauch beschränkt bleiben, denn es gibt keine Reifen.

Der Luftschutz

Luftschutz- und Verdunkelungsübungen wurden bereits in den Jahren vor dem Krieg immer wieder abgehalten. Schon damals war die Zusammenarbeit zwischen Reichsluftschutzbund, Feuerwehr, Technischer Nothilfe, Rotem Kreuz, Polizei und Parteidienststellen geübt worden. Auch jetzt werden wieder die Speicher entrümpelt, sollen an den Dachbodenaufgängen Gefäße mit Wasser und Sand, Handspritzen und Feuerpatschen stehen, müssen in den Kellern Pickel, Schaufeln, Lampen und Hausapotheken bereitgehalten werden. Im „Anzeiger" stehen schon in den ersten Kriegstagen Anordnungen des Luftgaukommandos VII und des Reichsluftschutzbundes zum Ausbau häuslicher Luftschutzräume.

Die Mühldorfer scheinen sich aber in den ersten Kriegsjahren verhältnismäßig sicher gefühlt und auf die großen Sammelschutzräume verlassen zu haben. Das sind die alten Bierkeller in der Anlage: der Schwaigerkeller, der Krankenhauskeller (unterhalb der Landwirtschaftsschule), der Ahamer Keller (bei der Eichkapelle) und der Daxenbergerkeller (im gleichnamigen Garten am Innufer); dann in der Stadt die Luftschutzkeller im Hause Viola und in der Mädchenschule. Gut sichtbare Wegweiser zu den Schutzräumen werden schon vier Wochen nach Kriegsbeginn überall in der Stadt angebracht. Spätestens als im Oktober 1942 Volksgasmasken an die Bevölkerung ausgegeben werden, ist jedem klar, daß in diesem Krieg auch die Heimat zur Front werden kann.

Seit Kriegsbeginn ist auch Mühldorf vom Einbruch der Nacht an stockfinster. Es darf weder eine Straßenbeleuchtung brennen, noch in

Heldenehrung 1940 am Kriegerdenkmal auf dem Stadtplatz

den Häusern Licht gemacht werden, bevor die Verdunkelung (meist kräftiges schwarzes Papier auf Holzrahmen) montiert ist: Eine lästige Arbeit, an die man sich nur unter mehrmaliger Androhung von Strafen gewöhnt. Die Scheinwerfer der Autos und Motorräder, auch der Fahrräder, sind bis auf einen schmalen Lichtschlitz so abgedunkelt, daß bei niedriger Geschwindigkeit noch ein Minimum an Orientierung möglich ist. Für die Überwachung der Einhaltung der Vorschriften sind Luftschutzwarte und die Polizei zuständig.

Die Medien

Der Wunsch nach Information ist verständlicherweise groß. Den vom Propagandaministerium gesteuerten Medien Presse und Rundfunk mißtraut man zunehmend, als die Zeit der deutschen Siege vorbei ist. Die Heimatzeitung berichtet im lokalen Teil vor allem, wer als Soldat Auszeichnungen bekommen hat, wer befördert wurde und – wer gefallen ist. Der erste Mühldorfer, der „für Führer, Volk und Vaterland den Heldentod starb" – wie die stereotype Formel in den Todesanzeigen hieß – war der Gefreite Wolfgang Jaitner, der 25jährig im Polenfeldzug bei Przemysl fiel und im Zivilberuf Angestellter der Kreissparkasse war. Er bleibt nicht der einzige. In der Zeit der Blitzkriege, vor dem Rußlandkrieg also, halten sich die deutschen Verluste in

169

Grenzen. Beim Gefallenenappell nach dem Frankreichfeldzug am 21.Juni 1940 vor dem Kriegerdenkmal auf dem Mühldorfer Stadtplatz werden unter Trommelwirbel die Namen von 16 Gefallenen verlesen.

Mit Beginn des Krieges gegen die Sowjetunion häufen sich die Todesanzeigen in der Zeitung. Nun hat der Ortsgruppenleiter die Pflicht, den Angehörigen die amtliche Gefallenen- oder Vermißtennachricht zu überbringen. „Dabei", wünscht Gauleiter Adolf Wagner, „ist kein Beileid oder Mitleid auszusprechen, sondern darauf hinzuweisen, daß die Familie stolz sein müsse auf ihren Angehörigen, der sein Leben für die Zukunft unseres Volkes gab und deshalb nie vergessen werden wird." Wer nun seine Zeitung liest und den großdeutschen Rundfunk hört, verfällt nur zu leicht der Phrase vom „sicheren Endsieg". Wer aber heimlich ausländische Sender abhört, dem wird spätestens ab 1943 deutlich, daß sich das Blatt gewendet hat. Er läuft allerdings Gefahr, erwischt und streng bestraft zu werden. Auch im „Mühldorfer Anzeiger" steht immer wieder, daß Sondergerichte wegen des genannten Delikts über „Rundfunkverbrecher" schwere Strafen verhängten.

Propaganda, Propaganda

Auch in unserem Kreis läuft die Propagandamaschinerie mit erstaunlicher Perfektion den ganzen Krieg hindurch auf Hochtouren – bis in die letzten Tage. Alle Jahre erfaßt ein mehrtägiger „Kreistag" mit zahlreichen Veranstaltungen auch den letzten Volksgenossen in irgendeiner Weise. Und Jahr für Jahr ist es außerdem mindestens eine große Versammlungswelle, die auch bis ins letzte Dorf hinausschwappt: 1939 beispielsweise sprechen im November 19 Redner in 49 Kundgebungen über das Thema: „Wer sind die Drahtzieher im europäischen Krieg?", 1940 finden im gleichen Monat 25 Großkundgebungen im Kreisgebiet statt. 1941 laufen im Januar und im Oktober in je 16 Gemeinden Veranstaltungen. Diesmal heißen die Themen: „Unser Glaube – der Sieg" und „Das Recht zur Neuordnung Europas". Die Liste läßt sich fortsetzen bis hin zu den Aufmunterungsreden, die Bürgermeister Gollwitzer in jedem Wehrmachtsurlaub hält.

Natürlich steht auch das Kino im Dienst der Propaganda. Die „Deutsche Wochenschau" läßt im Vorprogramm allwöchentlich 20 Millionen Filmbesucher die Erfolge der deutschen Truppen miterleben. Im Hauptprogramm gibt es neben Musik-, Tanz-, Abenteuer-, Lustspiel- und klassischen Liebesfilmen, die in einer heilen Welt die bedrückende Wirklichkeit vergessen lassen, auch Filme mit eindeutig politischer Tendenz: „…reitet für Deutschland", „Stukas", „Pour le mérite", „Kampfgeschwader Lützow" und noch deutlicher: „Ohm Krüger", „Der ewige Jude", „Jud Süß".

Ein Volk von Sammlern

Mangelerscheinungen treten seit Anfang des Krieges in vielen Bereichen auf. Die zahlreichen Sammlungen, für die vor allem die Jugend eingespannt wird, schaffen kaum Abhilfe. Im Frühjahr 1940 wird in Mühldorf zu einer großen Metallsammlung aufgerufen, im Oktober sollen die Kartoffelferien nicht nur für die Nachlese auf den abgeernteten Äckern genutzt werden, auch Kastanien und Heilkräuter sind abzuliefern. Im Sommer 1941 findet im ganzen Reich eine große Spinnstoffsammlung statt, im Dezember folgt eine Flaschensammlung. Als der früh und mit extremen Kältegraden hereinbrechende Winter die deutschen Soldaten an der Ostfront unvorbereitet trifft, wird im Dezember 1941 zu einer großen Sammelaktion für Wollsachen, Pelze, Schi und Schuhe aufgerufen.

Manches, von dem sich die Mühldorfer in gutem Gauben an die Notwendigkeit des „Volksopfers" schweren Herzens trennen, wird infolge organisatorischer Schwierigkeiten seinem Zweck zu spät oder gar nicht zugeführt. Sammlungen aller Art wiederholen sich in den folgenden Kriegsjahren: Für fünf Kilogramm in der Sammelstelle abgelieferter Knochen be-

Heraus mit den Skiern!

Die Feststellungen bei den Sammelstellen ergeben, daß sich mancher von seinen Skiern noch nicht trennen konnte. Beherzigen wir den Aufruf des Führers, die Aufrufe der Weltmeister im Skisport Christl Kranz, Gustl Berauer und den des Reichssportführers, welcher schließt:

„Wer seine Ski noch nicht den Soldaten gegeben hat, tut das jetzt, und zwar ohne jede Ausnahme und sofort."

6.1.42   Kreisleitung Mühldorf.

kommt man einen Bezugschein für ein Stück Kernseife, und alle paar Wochen hört man am Samstag den auf eine Marschmelodie gesungenen Heischespruch der Hitlerjungen auf der Straße: „Eisen, Knochen, Lumpen und Papier, alles sammeln wir!"

Die Wende

Im Winter 1942/43, als die 6. deutsche Armee in Stalingrad vernichtet wird und zur selben Zeit das deutsche Afrika-Korps in eine aussichtslose Lage gerät, ist der Wendepunkt des Kriegsverlaufs erreicht. Das ahnen wohl auch die Mühldorfer, denn in dem von Landrat Dr. Beinhardt, einem Alt-PG, und Kreisleiter Schwaegerl erstellten allmonatlichen Bericht für die Regierung von Oberbayern wird die Stimmungslage für Januar folgendermaßen gekennzeichnet: „Der Berichtsmonat stand unter dem Wort Stalingrad ... [Dieses Ereignis und seine Folgen] ... haben zweifellos ... einen seit Kriegsbeginn noch nicht festgestellten Tiefpunkt der Stimmung und in weiten Kreisen Niedergeschlagenheit und Besorgnis herbeigeführt ... Ein Teil der Volksgenossen [hält] es für unmöglich, die Sowjets entscheidend auf dem Schlachtfeld zu schlagen. Einhellig ist aber auch ... die Auffassung ..., daß ... die Folgen einer militärischen Niederlage unausdenkbar wären und daß Deutschland im Falle des Kriegsverlustes endgültig vernichtet würde." Der letzte Satz macht deutlich, warum man bis zur letzten Minute weitermachte. Der Monatsbericht referiert dann über die Besprechung, die am 1. Februar zwischen Kreisleiter, Landräten, Bürgermeistern, dem Arbeitsamt, der DAF, dem Kreiswirtschaftsberater und den Handwerksmeistern im Kreis Mühldorf-Altötting stattgefunden hat. Es wurde die Frage erörtert, wie man die angekündigten Maßnahmen zur Führung des totalen Krieges am wirksamsten durchführen könne. Nach dem Hinweis, daß der Bezirk Mühldorf den höchsten Ausländer-Prozentsatz von allen bayerischen Arbeitsämtern hat, wird vorgeschlagen, den Personalstand der Industrie- und Rüstungsbetriebe nach schärfsten Grundsätzen zu prüfen. Man nimmt an, daß 30% der Arbeitskräfte in diesem Bereich für Wehrmacht und Landwirtschaft freigemacht werden können, ohne daß die industrielle Arbeitsleistung sinken darf. Auch eine härtere Haltung gegenüber Kriegsgefangenen und ausländischen Arbeitskräften wird empfohlen, da diese, vor allem in der Landwirtschaft, zu gut behandelt und verpflegt würden. Schuld daran sei die Kirche, „die offen und versteckt, jedenfalls aber ständig ... die Grundsätze der Gleichheit aller Menschen und der Nächstenliebe in Wort und Tat predigt."

Ausländische Arbeitskräfte

Offiziell ist jede Verbrüderung zwischen Gefangenen und Fremdarbeitern und der einheimischen Bevölkerung verboten. Doch hat der Umgang mit den Franzosen, besonders wenn sie beim Arbeitgeber untergebracht sind, nicht selten fast familiäre Züge. Zu den Ostarbeitern dagegen, die an ihrer Kleidung deutlich sichtbare Erkennungszeichen tragen müssen, hält man weitgehend Distanz. Allzu naher Umgang mit ihnen, besonders weiblicher Wesen, wird mit großer Strenge bestraft. Die Heimatzeitung berichtet − schon zur Abschreckung − mehrmals über solche Fälle mit voller Namensnennung.

Die Jugend

Je länger der Krieg dauert, desto mehr nützt das Regime die Begeisterungsfähigkeit der Jugend aus. Ab 1942 leisten die Mühldorfer Oberschüler in den großen Ferien Erntehilfe, sowohl auf private Initiative, worüber eine Bestätigung vorzulegen ist, als auch klassenweise, doch unter Regie der HJ, beim Hopfenzupfen in Wolnzach in der Holledau. Besonders Schüler, die in einer NS-Jugendorganisation einen Rang bekleiden, fungieren als Mannschaftsführer in den Kinderlandverschickkungs(KLV)-Lagern der NSV, beispielsweise in Heldenstein und Annabrunn. Dort sind schulpflichtige Kinder zu betreuen, die ohne ihre Eltern aus besonders bombengefährdeten Großstädten in sichere ländliche Gebiete evakuiert wurden. 1943 werden auch Mühldorfer Oberschüler der Jahrgänge 1926 und 1927 als Luftwaffenhelfer eingesetzt; ein Teil von ihnen ist in Töging stationiert.

Sie haben an ihrem Standort behelfsmäßigen Unterricht und tun die übrige Zeit militärischen Dienst bei der Flak. Die Reifeprüfung an der Mühldorfer Oberschule legen im selben Jahr nur noch zwei, im Jahr darauf sechs Mädchen ab; die gleichaltrigen männlichen Klassenkameraden sind alle eingezogen. Im Jahr 1944 ist bei den Flakhelfern der Jahrgang 1928 an der Reihe, nun aber auch die Lehrlinge, der Jahrgang 1929 macht inzwischen eine vormilitärische Ausbildung im Wehrertüchtigungslager mit.

Nicht nur die männliche Jugend ist zum totalen Kriegseinsatz kommandiert. Immer mehr Frauen übernehmen bei Bahn, Post usw. bisherige Männerberufe; mehrere junge Mühldorferinnen tragen die Uniform der Luftwaffen- oder Wehrmachtshelferin.

„Durchhalten"

Weil die Engpässe auf allen Gebieten immer spürbarer werden (sogar Strom und Wasser werden zeitweise rationiert) und weil sich auch die militärische Lage zusehends verschlechtert, werden die Durchhalteparolen immer massiver. Großkundgebungen und Parteiversammlungen versuchen, den erlahmenden Widerstandsgeist immer wieder aufzurütteln, etwa nach dem Motto „Durch Not wächst Kraft", das die Redner Ende Oktober 1944 in 24 Gemeinden des Kreises beschwören. Die Presse tut das ihre, besonders wenn sie berichten kann, daß Mühldorfer hohe Auszeichnungen bekommen haben, wie etwa der Oberleutnant Sepp Thurnhuber oder der Oberstleutnant Anton Glasl das Ritterkreuz. Als der „Mühldorfer Anzeiger" Mitte Oktober 1944 neben zahlreicher werdenden Gefallenenanzeigen die Bekanntmachung veröffentlichen muß: „Trauerkleidung besteht nach einer neuen Anordnung bei Männern aus einem Trauerflor sowie schwarzer Krawatte, bei Frauen aus einem Paar schwarzer Strümpfe; hierfür ist ein Bezugschein nötig" – da kann das Ende wohl nicht mehr weit sein.

In derselben Woche (am geschichtsträchtigen Jahrestag der Völkerschlacht bei Leipzig!) wird der Mühldorfer Volkssturm aufgerufen, das letze Aufgebot der Jahrgänge bis 1884. „Bekleidung und Ausrüstung sind selber mitzubringen." Dieses ungenügend bewaffnete und unzulänglich ausgerüstete Häuflein überalteter oder kriegsversehrter Männer soll den „Endkampf" mit einer weit überlegenen hochtechnisierten Armee ausfechten. Es kommt aber gottlob nicht mehr zum Einsatz. Am 26. Februar 1945 verspricht die Führerproklamation zum 25. Jahrestag der Verkündung des Parteiprogramms: „Noch in diesem Jahr tritt die Wende ein." Doch der Krieg klopft schon an Mühldorfs Tore.

Bomben auf Mühldorf

Am 16. März 1945, einem Freitag, rasen zum ersten Mal, aus allen Bordwaffen feuernd, Tiefflieger über den Mühldorfer Bahnhof. Die Schäden sind nicht groß, doch ein Lokführer wird getötet. Am Wochenende bleibt es ruhig. Am Montag darauf, es ist der Josefi-Feiertag, der 19. März, meldet der Luftwarndienst 700 amerikanische Maschinen, darunter 250 „Fliegende Festungen", umschwirrt vom Jagdschutz, im Anflug auf unseren Raum. Es ist soweit. Die Mühldorfer hasten in ihre Keller oder in die großen Sammelschutzräume an den Hängen. Ab 11.40 Uhr wirft Welle auf Welle ihre Ladung ab. Fast drei Stunden lang prasseln etwa 6 000 Bomben verschiedenen Kalibers auf die alte Innstadt nieder, etwa 3 500 davon fallen aufs Bahngelände. Die Zerstörungen sind so verheerend, daß es Tage dauert, bis man einen Überblick hat: 119 Mühldorfer sind tot; es sind 63 Frauen und Mädchen, 29 Schüler(innen) und 27 Männer. Mehrere hundert Menschen sind verletzt, über 300 hat man bis zum Abend im Krankenhaus versorgt, wo die Ärzte an drei OP-Tischen arbeiten.

Hilfe kommt verhältnismäßig schnell und von überall: aus den Nachbarorten, aus Altötting, Burghausen und München; es helfen Rotes Kreuz, Feuerwehr, Luftschutz, Technische Nothilfe, Wehrmachtsangehörige, Volkssturm, Parteigliederungen, OT, Fremdarbeiter, Kriegsgefangene und – Männer aus dem KZ Mettenheim.

Das Inferno

Das Bahngelände ist von Bombenkratern übersät, das Betriebswerk ausgeschaltet, die Gleisanlagen sind nahezu zerstört, Stellwerke und Außenanlagen vernichtet. Fast 50 Lokomotiven und etwa 2 800 Wagen sind ausgebrannt. Das Bahnhofsviertel ist schwer getroffen, besonders schlimm sind die Zerstörungen zwischen Mühlen- und Münchener Straße; dort brennen Lagerhaus und Walzmühle. Aber auch die Häuser am Hang und der Altstadtrand werden getroffen; eine Trichterspur zieht sich von den Innauen bis zum Bahnhoffußweg. Dort findet man unter den Trümmern der Kreissparkasse 22 Tote. Die Straßen der oberen Stadt sind unpassierbar, weil von Bomben aufgerissen. Die Wasserversorgung leckt an 200 Stellen, die Kanalisation ist mindestens 50mal unterbrochen. 114 Gebäude sind ganz, 309 schwer zerstört, viele andere mehr oder weniger stark in Mitleidenschaft gezogen. 40% des Mühldorfer Wohnraumes existieren nicht mehr. Die Bewohner finden in den Dörfern der Umgebung Unterschlupf, und wer von den übrigen Mühldorfern kann, zieht ebenfalls aufs Land.

Am 22. und am 26. März werden die Toten begraben, in einem Trauerakt mit Fahnen, Uniformen, Trauermusik, Ehrensalven und – dem unermeßlichen Schmerz der Angehörigen. Bürgermeister Gollwitzer schließt seine Ansprache mit den pathetischen Worten: „Noch nach Jahrzehnten werden unsere Kindeskinder, wenn sie an der Gedenkstätte dieser Toten stehen, stolz sein, daß sie ihres Blutes sind."

Die Angriffe aber gehen weiter: Am 5. April beschießen Tiefflieger OT-Gebäude bei Mettenheim und Anlagen der DS-Chemie in Wald bei Pürten mit Bordwaffen, und am 11. April laden Bomber ihre todbringende Fracht über dem Rüstungsgelände ab. 200 Menschen, meist Fremdarbeiter, sterben dieses Mal, 50% der Werksanlagen sind „stillgelegt". Vier Tage später fallen Tiefflieger über einen Lazarettzug in Neumarkt-St. Veit her; es werden elf Tote und 23 Schwerverletzte gezählt.

An Hitlers Geburtstag, am 20. April, erfolgt der zweite Angriff auf Mühldorf. Kurz nach 12 Uhr öffnen drei oder vier Wellen von Bombenflugzeugen ihre Schächte über dem Bahnhof und der Stadt. Getroffen werden diesmal der östliche Teil des Bahnhofsgeländes und der nordöstliche Teil der Stadt, das

Aufnahme vom 24. April 1945, vier Tage nach dem zweiten Luftangriff auf Mühldorf, fotografiert von einem alliierten Aufklärungsflugzeug. Das Bild zeigt die nach den Bombenangriffen schwer verwüstete obere Stadt mit dem Bahnhofsgelände und dem Innkanal

Gelände zwischen Hartgassensiedlung und Töginger Straße bis in die Nähe des Wasserturms. Eine Bombenreihe läuft über Stadtwall und Weißgerberstraße bis vor den Hochbrunnen auf dem Stadtplatz. Doch es fallen auch Bomben auf Annabrunn und Flossing, wo schlecht getarnte Wehrmachtsfahrzeuge stehen. Dieser Angriff tötet „nur" 15 Zivilisten und neun KZ-Insassen aus Mettenheim, die zu Aufräumungsarbeiten eingesetzt sind.

Dieses Lager Mettenheim wird schon am 25. April geräumt, an die 4 000 Gefangene werden in Güterwaggons gepfercht und nach Tutzing tansportiert, wo sie von den Amerikanern befreit werden; noch kurz vorher sterben bei einem Angriff mit Bordwaffen 250 KZler. Ein weiterer Tieffliegerangriff zerstört einen Tag später den Flugplatz Mettenheim mit 150 wegen Spritmangels dort abgestellten deutschen Flugzeugen.

Die letzten Tage

Am 28. April ist Bürgermeister Gollwitzer klar, daß in ein paar Tagen die amerikanischen Panzer in Mühldorf sind. Er setzt einen Aufruf auf die erste Seite der letzten Nummer des „Mühldorfer Anzeigers", in der er für die nächsten Tage zu Ruhe und Besonnenheit mahnt und zu Ordnung, Pflichterfüllung und gegenseitiger Hilfe auffordert.

Am gleichen 28. April ruft die „Freiheitsaktion Bayern", eine Widerstandsgruppe des Hauptmanns Gerngroß, über den Rundfunk zum Aufstand. Sie fordert, alle NS-Funktionäre festzunehmen, jede Verteidigung zu verhindern und mit den US-Truppen Verbindung aufzunehmen. In Mühldorf sind mehrere Männer zum Handeln entschlossen, als in München die Freiheitsaktion überwältigt wird. In Altötting hat man schon gehandelt, Landrat Josef Kehrer hat die braunen Funktionäre verhaften lassen. Der hochdekorierte Oberstleutnant Kaehne aus dem Neuöttinger Offizierslazarett aber dringt ins Landratsamt vor und fordert vom Landrat eine Aussprache, die damit endet, daß Kehrer tödlich verletzt wird.

(Der Offizier wird später aussagen, der Landrat habe sich selbst erschossen.) Daraufhin werden die NS-Führer freigelassen, die nun Kreisleiter Schwaegerl von Mühldorf alarmieren, dem seit Januar 1942 auch der Kreis Altötting unterstellt ist. Dieser gibt telefonisch Verhaftungsbefehle durch und organisiert ein SS-Kommando, das fünf Altöttinger Regimegegner im Hof des dortigen Landratsamtes durch Genickschuß liquidiert.

Am selben Tag, an dem Hitler in Berlin in seinem Bunker unter der Reichskanzlei Selbstmord begeht, am 30. April 1945, hinterläßt ein Zug des Grauens seine blutige Spur in einigen Orten um Mühldorf. Es sind Häftlinge aus dem oberpfälzischen KZ Flossenbürg, die von Regensburg kommen und nach Süden weitergetrieben werden. Wer vor Erschöpfung zusammenbricht, wird erschossen.

Zur selben Zeit bemüht sich Bürgermeister Gollwitzer in Verhandlungen, bei denen er anscheinend seinen militärischen Rang ausspielt, die örtlichen Befehlshaber davon zu überzeugen, daß die befohlene Sprengung sämtlicher Brücken und Bahnunterführungen unsinnig ist. Er erreicht schließlich die Zusage, daß an der alten hölzernen Maximiliansbrücke nur eine Scheinladung angebracht wird und auch die anderen Objekte unzerstört bleiben. Andere Offiziere widerrufen zwar später diese Abmachung, der Kampfkommandant Mühldorfs aber verspricht dem Bürgermeister, die Stadt nicht verteidigen zu lassen.

Die Amerikaner besetzten Mühldorf

Am 2. Mai ist es soweit: Von Ampfing über Altmühldorf kommend, rasselt die Spitze der US-Army den Stadtberg hinunter, zwängt sich durch den Nagelschmiedturm und durchfährt sichernd den weiten Mühldorfer Stadtplatz. Als der erster Panzer gerade das Altöttinger Tor hinter sich gelassen hat und auf eine Sperre in Höhe des Lankessaales zurollt, fliegt mit Donnergetöse die gute alte Maximiliansbrücke samt Nepomuk und Florian in die Luft.

175

Auf dem Stadtplatz stauen sich jetzt Shermanpanzer, Jeeps, Trucks des 47. Tankerbataillons der 14. US-Division, und mittendrin steht – unbeachtet und mit einer weißen Fahne in der Hand – Bürgermeister Gollwitzer, der die Stadt „ordnungsgemäß" übergeben will – was nicht mehr nötig ist. Die übrige Parteiprominenz ist geflüchtet. (Kreisleiter Schwaegerl wirft sich später in Regensburg vor einen Zug.)

Die ersten Tage

Weil die Soldaten Hunger haben und frieren – sie kommen aus einem der südlichsten Staaten der USA, aus Mississippi, machen sie sich auf dem Stadtplatz Feuer. Sie schleppen Brennbares aus den Häusern, erwärmen sich und ihre C-Rationen. Die alten Häuser haben dasselbe Bild vor 140 Jahren schon einmal gesehen, an jenem 27. Oktober 1805, als die Österreicher auf ihrem Rückzug die Innbrücke abgebrochen hatten und Tausende von französischen Soldaten mit ihren Pferden auf dem Stadtplatz biwakierten. Hunderte von Feuern loderten damals auf dem Platz und in den Gassen.
Die Amis wissen Besseres zu tun. Sie machen Jagd auf Souvenirs – man könnte es auch anders sagen. Sie bevorzugen Uhren oder auch Wertvolleres, wie z. B. die silberne Amtskette des Bürgermeisters. Fast unbemerkt bleibt im allgemeinen Trubel, daß sich inzwischen ein Artillerieduell zwischen US-Panzern an der Eichkapelle und einer deutschen Infanteriegeschützabteilung am Waldrand bei Flossing entwickelt hat. Es dauert nicht lange und richtet gottlob keinen Schaden an.
Die schlimmen Tage für die Bevökerung kommen erst noch: Tausende von Fremdarbeitern (im Landkreis gibt es 14 000), ehemaligen Kriegsgefangenen, KZ-Insassen und sogar einige versprengte Kosaken der Wlassow-Armee, die Tage zuvor noch auf deutscher Seite gestanden haben, plündern drei Tage lang die Stadt, vornehmlich die Geschäftshäuser am Stadtplatz und die ehemaligen Wehrmachtslager in der Turnhalle und in Annabrunn. Das flache Land wird längere Zeit noch von bewaffneten Banden terrorisiert, die mit ihren Schußwaffen schnell bei der Hand sind; auch dabei gibt es noch Tote. Es herrscht das absolute Chaos, es ist der totale Zusammenbruch.

„...und neues Leben..."

In den folgenden Tagen bemühen sich Captain Spivak, der in Mühldorf die US-Militärregierung verkörpert, und der von ihm als Bürgermeister eingesetzte Autohändler Scheidl mit seinem provisorischen Stadtrat, ein Mindestmaß an Ordnung herzustellen. Das scheint schier unmöglich. Wo soll man all die Menschen in der zerbombten Stadt unterbringen: die Mühldorfer, die vom Land zurückdrängen; die Flüchtlinge, deren Strom in den nächsten Wochen erst noch anschwellen wird; die vielen tausend ehemaligen Häftlinge und Displaced Persons (DPs), wie die Fremdarbeiter jetzt heißen; und nicht zuletzt die amerikanischen Truppen und die vielen Besatzungsbehörden, die täglich mehr zu werden scheinen. Und womit sollen die Menschen ernährt, womit gekleidet werden? Vorrang haben (auf Anordnung der Besatzungsmacht) auf jeden Fall die zahlreichen ehemaligen KZ-Insassen und die vielen DPs. Bei einer auf den Tag umgerechneten Nahrungsmittelmenge von 10 g Fleisch, 5 g Fett, 150 g Brot, 4 g Käse, 8 g Nährmittel, 9 g Zucker und 4 g Kaffee-Ersatz ist es verständlich, daß Bürgermeister Scheidl an alle Mühldorfer appelliert, sparsam zu wirtschaften, das kleinste nutzbare Fleckchen Erde mit Gemüse und Kartoffeln zu bebauen und Kleintiere zu halten.
Wer soll schließlich die Aufräumungsarbeiten in der Stadt weiterführen, wer das Kriegsmaterial von den Straßen räumen, wer den Wiederaufbau der zerbombten Viertel und des Bahngeländes anpacken? Ein wahres Organisationsgenie scheint Mühldorf in Stadtrat und Stadtbaumeister Gruber erstanden zu sein. Er schafft Dinge herbei, die es eigentlich schon

Nach Sprengung der Maximiliansbrücke erfüllte sechs Jahre lang eine Notbrücke der Amerikaner recht und schlecht ihren Dienst. Sie war nur einspurig befahrbar, so daß der Verkehr von Posten geregelt werden mußte. — Die neue Brücke wurde am 6. November 1952 eingeweiht

lange nicht mehr gibt: eine Baumaschine, riesige Mengen Baumaterial, Hunderte von Zimmereinrichtungen, ja sogar Baracken und Behelfsheime. Weil er dabei höchst unbürokratisch vorgeht, verwarnen ihn die Amerikaner zunächst und sperren ihn dann in die Fronfeste in der Tuchmacherstraße, was seinem Tatendrang auch keinen Abbruch tut; er war ja schon im März 1933 unter den ersten gewesen, die die Nazis damals verhafteten.
Seit 13. Mai hat Mühldorf auch wieder einen Landrat. Die Militärregierung hat den Rechtsanwalt Dr. Mayer eingesetzt und ihm zugleich Behörden wie Post, Bahn, Forst- und Finanzamt und andere Dienststellen zugeteilt.

Ein schlimmes Erbe

Die Haltung der Amerikaner versteift sich, als sie im Mai von der Existenz des KZ-Friedhofs am Kronprinzstein im Mühldorfer Hart erfahren. Dort sind 2 249 Leichen von Häftlingen der KZ-Außenstelle Mettenheim des Konzentrationslagers Dachau begraben. Zu ihrer Exhumierung beordern die Amerikaner ehemalige Mühldorfer Nazis. Die Toten werden in Gedenkstätten in Burghausen, Kraiburg, Neumarkt und Mühldorf umgebettet; hier sind es 480. Als es bei der ersten Totenfeier vor offenen Särgen zu Tätlichkeiten von DPs gegen die Mühldorfer Bevölkerung kommt und schon deshalb ihre Teilnahme bei der zweiten

Bekanntmachung
Auf Befehl der Militärregierung:

Die Gesamt-Bevölkerung von Mühldorf und Umgebung hat sich von Dienstag, den 19. Juni, bis einschließlich Freitag, den 22. Juni 1945, täglich abends von 7—7.15 Uhr auf dem Friedhof zur Ehrung der Opfer der KZ-Lager einzufinden. Die Lehrer werden angewiesen, die Schulpflichtigen von 12 Jahren aufwärts um 18.45 Uhr vor der Gemüsehalle zu sammeln und geschlossen auf den Friedhof zu führen.

Nichtbefolgung dieses Befehles wird bestraft.
Mühldorf, den 18. Juni 1945.
Der Bürgermeister: Scheibl.

gering ist, ordnet Major Charles E. Vickerman voll Verbitterung ein Defilee der Bevölkerung vor den Särgen an vier aufeinanderfolgenden Abenden an. Hierbei ist die Begräbnisstätte von Panzern umstellt, und Flugzeuge dröhnen drüber hin. Am 23. Juni schließlich findet der letzte Trauerakt statt. Tausende von Mühldorfern stehen auch diesmal wieder vor den geöffneten Särgen mit den exhumierten Leichen.
In der zweiten Hälfte des Jahres 1945 stabilisiert sich das Leben in Mühldorf ein wenig. Als Symbol dafür mag die einspurige Behelfsbrücke der Amerikaner gelten, die jetzt die beiden Ufer über die stehengebliebenen Pfeiler verbindet und Drehscheibe des gesamten Verkehrs ist. Der allerdings beschränkt sich einstweilen auf die amerikanischen Militärfahrzeuge, die ab und an einen Zivilisten zusteigen lassen; ein intaktes Fahrrad ist zu dieser Zeit Goldes wert.

Schwarzmarkt

Doch der Hunger ist groß, und die Zuteilung von Fleisch, Brot, Fett und anderen Nahrungsmitteln erreicht in mancher Zuteilungsperiode nicht einmal das Existenzminimum. Im November wird die Kleiderkarte abgeschafft und damit für die Textilien das Prinzip einer möglichst gerechten Verteilung der Mangelwaren aufgegeben. Doch hat der Schwarze Markt schon lange die Geldwirtschaft durch den Tauschhandel ersetzt („Zigarettenwährung"). Hamsterer aus den großen Städten überschwemmen jetzt das Land und bieten die letzten Habseligkeiten für Eier, Butter und Schinken. Sie hängen wie Trauben an den wenigen Zügen, die wieder verkehren. Für die kalte Jahreszeit bleibt im wesentlichen die Brennholzversorgung aus den heimischen Wäldern. Glücklich, wer außer der forstamtlichen Zuteilung sich noch Leseholz verschaffen kann — mit amtlichem Berechtigungsschein, versteht sich.
Im Herbst öffnen Kindergärten und die Schulen wieder ihre Pforten: zuerst in den unteren

Klassen, dann in den höheren. Es mangelt aber an allem: Es gibt kaum ausgebildete Lehrer, die meisten waren Parteigenossen und dürfen nicht unterrichten. Es fehlt an Räumen und Heizmaterial, an Büchern, Heften, Schreibzeug, Papier sowie an Schuhen und Kleidung für die Kinder. In diesem Jahr 1945 kommen in Mühldorf 70 Schüler auf einen Lehrer, in den Landgemeinden ist das Mißverhältnis noch krasser. Da wird es fast als willkommene Abwechslung empfunden, wenn „Arbeitsschulkinder" zu Aufräumungsarbeiten und zum Kartoffelkäfersuchen eingesetzt werden – wenn man nicht so großen Hunger hätte!

Mühldorfer Hausfrauen stehen Schlange vor der Kohlenhandlung K. Leiseder. In den Jahren 1945 bis 1948 war dies ein alltägliches Bild vor vielen Geschäften

Entnazifizierung

Einem Prozeß besonderer Art war die Bevölkerung von Anfang an unterworfen: der Ausschaltung von Nazismus und Militarismus. Da die Amerikaner zunächst selber bestimmen, es aber bald einem Prüfungsausschuß überlassen, wer als „Ehemaliger" zu gelten hat, sind Verdächtigungen und Denunziationen an der Tagesordnung. Besonders böses Blut macht es, daß viele Fremde eine scheinbar blütenweiße Weste haben, bloß weil niemand deren Herkunft und Vergangenheit kennt. Gerade sie aber gelangen in einflußreiche Positionen, was sich um so schlechter auswirkt, als sich die Entnazifizierung von einem Ausschaltungs- zu einem Bestrafungsinstrumentarium zu wandeln beginnt.

Fazit

Nichts ist mehr so, wie es früher war. Zuviel ist zerstört, nicht nur materielle Dinge, nicht nur Wohnungen und Häuser, Fabriken, Straßen und Brücken. Weihnachten steht vor der Tür. Niemand hat etwas zum Verschenken, alle hungern und frieren. Die Flüchtlinge aber haben nicht einmal mehr eine Heimat, statt eines Vaterlandes gibt es vier Besatzungszonen. Das Schlimmste jedoch: Außer den 134 Mühldorfer Opfern der Fliegerangriffe sind 424 Mühldorfer gefallen, 67 vermißt: Väter, Männer, Söhne, Brüder.

Und doch ertönen am Heiligen Abend vor der Christmette vom alten Nagelschmiedturm nach langen Jahren wieder Bläserchoräle in die Nacht: „O du fröhliche", und „Stille Nacht, heilige Nacht". Es ist Friede.

Hans Rudolf Spagl

Neubeginn nach 1945

Zu den wichtigsten Informationen, die Aufschluß über die Zeit nach Kriegsende 1945 geben, gehören die ersten Blätter des „Mühldorfer Anzeigers". Sie enthielten Anordnungen und Hinweise der Militärregierung und der Kommunalbehörden. Das erste Blatt des „Anzeigers" erschien bereits am 8.Mai 1945 im Mühldorfer Druck- und Verlagshaus D. Geiger und zählt damit zu den allerersten Zeitungen, die nach der Besetzung Deutschlands im Mai 1945 überhaupt erscheinen konnten.

Bildmaterial ist aus der ersten Nachkriegszeit nur sehr spärlich vorhanden. Fotoapparate mußten abgeliefert werden, und Fotomaterial war auch für dienstliche Zwecke bis 1948 kaum zu bekommen. Dagegen sind uns Augenzeugenberichte aus den Jahren 1944 bis 1949 erhalten, die in zwei Fortsetzungsfolgen der beiden Mühldorfer Tageszeitungen fünf bzw. zehn Jahre nach Kriegsende erschienen sind. Auch gibt es Gesprächsnotizen des 1945 eingesetzten Landrats Dr. Karl Mayer mit den jeweiligen Militärgouverneuren von Mühldorf aus der Zeit bis Ende März 1946. Neben den „Amtlichen Bekanntmachungen" lassen diese knapp gefaßten Bemerkungen die Schwierigkeiten in der ersten Nachkriegszeit wohl am besten erkennen. An einigen Beispielen sei dies deutlich gemacht:

18.5.1945: Das Dienstsiegel kann nach Entfernung des Hoheitsabzeichens (Hakenkreuzadler) weiterverwendet werden. Es soll eine Zeitung für die Bevölkerung angeschlagen werden. – Die Polen beschuldigen die Bauern meist zu unrecht, um irgendwelche Vorteile zu erreichen.

23.5.1945: Den Ärzten soll Treibstoff zur Verfügung gestellt werden für die Fahrten zu Patienten auf dem Lande. – Es soll ein Kurierdienst eingerichtet werden, um den Gemeinden Informationen erteilen zu können.

24.5.1945: Es wurde Beschwerde geführt gegenüber Übergriffen amerikanischer Truppen bei Hausdurchsuchungen.

26.5.1945: Zement darf vorläufig nur für den Bau von Brücken verwendet werden. – Die Kräutersammlung darf von der Schuljugend vorgenommen werden.

30.5.1945: Wie weit darf man reisen? – Man kann sich mit einem gültigen Lichtbildausweis in den Kreisen Altötting, Wasserburg und Erding bewegen.

1.6.1945: In der Russenbaracke in Mühldorf befindet sich noch eine Anzahl von Nähmaschinen. Der Landrat bat, sie herausbringen zu dürfen, um sie dem Innungsmeister zur weiteren Bestimmung zu übergeben. Dieses wurde bis jetzt nicht erreicht. – Die Ausgehbeschränkung hat sich geändert von 21 bis 6 Uhr auf 21.30 bis 5 Uhr.

12.6.1945: Zur Frage der Öffnung der Kreissparkasse lehnt die Mil.-Regierung Herrn Z. ab, bis ein fähiger Mann (auch nicht Parteigenosse) die Geschäfte übernimmt. – In der Frage, ob die deutsche Zivilbevölkerung nach 5 Uhr das städtische Schwimmbad benutzen darf, ist noch keine Entscheidung getroffen.

19.6.1945: Ein Ruhetag für Gasthäuser soll in Zukunft nicht mehr bestehen.

21.6.1945: Alle Deutschen sind arbeitseinsatzpflichtig. Wenn sie jetzt wegen ihrer früheren Parteizugehörigkeit nicht mehr dieselbe Stel-

181

Mühldorfer Anzeiger

Verantwortlicher Schriftleiter: Georg Tauschhuber, Mühldorf am Inn
Druck und Verlag der D. Geigerschen Buch- und Akzidenzdruckerei, Mühldorf am Inn — Telefon 311

Nr. 102   Freitag, 11. Mai 1945   75. Jahrgang

Bekanntmachung

Es ist leider notwendig, die Bevölkerung der Stadt Mühldorf und der gesamten Umgebung noch einmal darauf hinzuweisen, daß nach der Verordnung I der alliierten Militärregierung

jede Entwendung (Plünderung) von Lebensmitteln, Futtermitteln und Waren aller Art bei Todesstrafe verboten ist.

Ich bitte die Bevölkerung in Stadt und Land, diese Verordnung der Militärregierung am Rathause genau zu lesen und sich jeder unrechtmäßigen Handlung im wohlverstandenen eigenen Interesse zu enthalten.

Mühldorf, 11. Mai 1945.

Der Bürgermeister: Scheidl.

---

lung bekommen können, sind sie verpflichtet, in der Landwirtschaft mitzuhelfen. — Irgendwelche Überfälle auf Zivilpersonen von seiten amerikanischer Truppen müssen innerhalb 24 Stunden unter Angabe der Wagennummer bei der betreffenden örtlichen amerikanischen Kommandantur gemeldet werden. Spätere Meldungen sind zwecklos.

25. 6. 1945: Alle Kindergärten sollen eröffnet werden für Kinder bis zu sechs Jahren. Ein Bericht muß eingereicht werden über alle offenen Kindergärten und die Fragebögen der leitenden Personen dieser Kindergärten. — Schullehrer und andere Leute, die zur Zeit ohne Beschäftigung sind, sollen eingesetzt werden, um die Straßen wieder instand zu setzen. — Alle Deutschen aus anderen Teilen müssen in der gleichen Weise behandelt werden, wie die hiesige Bevölkerung.

29. 6. 1945: Für Leutnant Killy sollen wir einen Bericht über alle Pfarrer in dem Landkreis anfertigen.

30. 6. 1945: Major Vickerman wünscht am Montag eine Liste über alle Versammlungen, die hier im Landkreis regelmäßig stattfinden. — Am Montag, 2. 7. 1945, möchten früh um 9 Uhr zwei Laufboten bei der Militär-Regierung sein mit ausgefüllten Fragebogen, um für die neue Militär-Regierung zu arbeiten.

5. 7. 1945: Am Sonnabend, 7. 7. 1945, soll in ganz Mühldorf wieder der Telephondienst aufgenommen werden. — In der nächsten Zeit sollen die Berichte über Parteimitglieder auch vom ganzen Landkreis eingehen.

10. 7. 1945: Von morgen, Mittwoch, 11. 7. 1945, an dürfen Fahrräder keine Reichsstraßen mehr benützen (von Mühldorf–München und Mühldorf–Altötting). Im ganzen Landkreis soll die Eintragung der Fahrräder auf die Kennkarte in der gleichen Weise erfolgen wie es bereits in Mühldorf geschehen ist.

10. 7. 1945: Befugnis wird Ihnen oder Ihrem Vertreter erteilt, den Bauern, welche Geflügel haben und von Füchsen belästigt sind, zu gestatten, Fuchsfallen aufzustellen auf ihren Grundstücken oder in den Gebäuden. — Es wird von der Militär-Regierung verlangt, daß alle Pfarrhöfe, Schulen und Banken, Postbüros, Telegraphenbüros, große Industrieunternehmen, Apotheken und andere Ämter, die für den öffentlichen Dienst arbeiten und nicht gestört werden sollen, „Off limits"-Schilder bekommen sollen.

16. 7. 1945: Böllerschüsse sind in Zukunft ver-

OFFICIAL-GAZETTE
No. 7 for the Landkreis Mühldorf August 17th 1945
Amtliche Bekanntmachungen
Druck und Verlag der Buch- und Akzidenzdruckerei D. Geiger, Mühldorf am Inn — Fernruf 311

Freitag, den 17. August 1945

boten und fallen unter das Gesetz der Ablieferung aller Schußwaffen und der dazugehörigen Munition.

19.7.1945: Brauereien rechnen im allgemeinen nicht unter lebensmittelerzeugende Betriebe, für die nächste Woche zählen sie aber noch darunter, sie dürfen nächste Woche weiterarbeiten. – Wir baten erneut darum, die Polizeistunde während der Erntezeit zu erweitern, und zwar von 4 Uhr morgens bis 10 Uhr abends.

13.8.1945: Wir baten darum, daß die Wagen für Herrn Leutnant Smith, Herrn Bauer und Dr. Strauch in Zukunft mit amerikanischem Benzin fahren, da von uns aus dieses Benzin nicht in der Treibstoffanforderung berücksichtigt wurde. – Es muß ein genauer Bericht über den Benzinverbrauch im Monat Juli 1945 eingereicht werden, zu welchen Zwecken das Benzin verbraucht wurde und wie groß die Menge ist, die noch übriggeblieben ist. – Um den 20. August herum soll in der Stadt Mühldorf der Kindergarten wieder eröffnet werden. Noch vor diesem Termin sollen die Klosterschwestern, die diesen Kindergarten leiten werden, zu Leutnant Smith kommen. – Es sollen so schnell wie möglich unsere Ziegeleien arbeiten mit den Kohlen der geschlossenen Brauereien.

15.8.1945: Es soll vom Landrat aus veranlaßt werden, daß alle Bewohner der benachbarten Gemeinden in Mühldorf beim Wiederaufbau der Stadt helfen müssen. Auch die Bewohner des ganzen Landkreises müssen helfen. Später wird für Transportmittel der arbeitenden Personen gesorgt werden. – In Mühldorf müssen so schnell wie möglich alle Straßen gereinigt werden. Morgen, Mittwoch, ist gesetzlicher Feiertag, doch muß in der Stadt Mühldorf die Straßenreinigung durchgeführt werden. – Für welche Lastwagen ist es noch möglich, daß sie auf Holzgas umgestellt werden?"

Doch bis zur Normalisierung des menschlichen Zusammenlebens war noch ein langer Weg, wie sich an einigen wenigen Beispielen aus Gesellschaft und Politik der Nachkriegszeit zeigen läßt:

Fraternisation

Die amerikanischen Besatzungssoldaten waren gehalten, eine über ein notwendiges Maß hinausgehende Verständigung oder gar Verbrüderung (= Fraterniastion) zu vermeiden. Andererseits gab es natürlich bald Kontakte zwischen den Soldaten und Teilen der deutschen Bevölkerung. Über Freundschaften mit deutschen Mädchen und Frauen berichtete sogar eine Soldatenzeitung des in Töging stationierten Tankerbataillons Nr. 25 im August 1945. An der Außentüre der Mühldorfer Pfarrkirche St. Nikolaus hefteten Unbekannte ein anzügliches Gedicht, das die Hinwendung einiger Mühldorferinnen zu „Ami's" aufs Korn nahm. Die Suche nach den deutschen „Missetätern" blieb erfolglos.

Eine Heirat zwischen amerikanischen Soldaten und deutschen Frauen war in der ersten Nachkriegszeit kaum möglich. Die amerikanischen Behörden machten hier erhebliche Schwierigkeiten. Erst als sich das Verhältnis zwischen dem Ostblock und dem Westen abzukühlen begann, kamen sich Deutsche und Westalliierte näher.

Heimatvertriebene

Die Eingliederung der aus ihrer Heimat im Osten vertriebenen Deutschen stellte auch die Stadt und den Landkreis Mühldorf vor große Probleme. Im Juli 1946 sollten etwa 3000 Flüchtlinge, vorwiegend aus dem Sudetenland, in Mühldorf und der Umgebung aufgenommen werden. Ein Unterkommen in der Stadt selbst war schon wegen der Bombenzerstörungen äußerst schwierig. Als Notunterkünfte standen zunächst Barackenlager zur Verfügung, die noch während des Krieges errichtet worden waren, zum Beispiel in Mettenheim, unterhalb Ecksberg das Grümerlager oder die gelegentlich als „Negersiedlung" benannten Baracken an der Töginger Straße in Mühldorf beim heutigen Bauhof.

Vor allem in den Anfangszeiten des Jahres 1946, als die Ausweisungswelle besonders stark einsetzte, fanden die Vertriebenen in der neuen Heimat nur wenig Aufnahmebereitschaft oder gar Zuneigung. Ein Aufruf des Flüchtlingskommissars von Mühldorf vom 11. Juli 1946 spricht die schwierige Lage an: „In den vor den Toren der Stadt Mühldorf liegenden Flüchtlingslagern befinden sich rund 3000 Personen, die auf die Zuweisung in Privatquartiere im Landkreis Mühldorf seit Wochen warten.

Laut der mir übertragenen Aufgabe muß ich nunmehr dafür sorgen, daß diese Flüchtlinge aus den Lagern heraus und in Einzelquartieren untergebracht werden. Es ist bekannt, daß die Bereitstellung von Wohnraum für eine so hohe Zahl von Menschen außerordentliche Härten mit sich bringen wird. Das Amt der Militärregierung für Bayern hat beanstandet, daß die Räumung der Wohnungen von Nationalsozialisten nicht schnell und umfassend genug vor sich geht, um den äußerst großen Bedarf an Wohnraum zu decken…Dieser soge-

Grümerlager bei Ecksberg

nannte politische Wohnraum reicht jedoch keineswegs aus, um eine Zahl von 3000 Flüchtlingen unterzubringen. Auch die übrige Bevölkerung muß den Anteil an dieser Einquartierung tragen. Daß es hierbei nicht ohne zum Teil harte Einschränkungen abgeht, dürfte jedem verständigen Menschen klar sein. Außerordentliche Umstände und Notzeiten verlangen gebieterisch auch außerordentliche Lösungen. Ich appelliere daher an die gesamte Bevölkerung, in wahrhaft christlicher Gesinnung den unglücklichen Flüchtlingen, die zum Großteil zu dem Verlust der Heimat auch den Verlust von Hab und Gut zu beklagen haben, zu helfen...Ein großer Teil der Bevölkerung ist in anerkennenswertem Verständnis den Maßnahmen hinsichtlich der Flüchtlingsfürsorge entgegengekommen und versucht das harte Los der Unglücklichen zu mildern. Es sind aber auch eine Reihe von Fällen aufzuzeigen, die von einem absoluten Unverständnis für die Not unserer Zeit zeugen, Vorfälle, die beweisen, daß es bei manchen Leuten in unserem Landkreis durchaus an dem seelischen Verständnis für Flüchtlingsbetreuung fehlt..."

Wohnungsnot

„An der Spitze der brennenden Probleme, deren Bewältigung zu Beginn des Jahres 1946 zu den kommunalen Aufgaben gehören, steht der Wohnraummangel. Er ist durch Bombenverwüstungen, Evakuierungen aus Norddeutschland, durch den anhaltenden Zustrom von Ostflüchtlingen und durch Ausfall der von der Besatzungsmacht und UNRRA beanspruchten Gebäude bedingt. Mehr als 140 Mühldorfer Familien wohnen seit 1945 in den Dörfern des Landkreises und versuchen, in die Stadt zurückzukehren. Die von der Militärregierung angeordnete Raumeinschränkung für ehemalige Parteigenossen stößt auf Einsprüche, Widerstand und auf Schwierigkeiten, die in gegenseitigen Denunziationen gipfeln", schreiben die „Mühldorfer Nachrichten".

Bewirtschaftung

Im Laufe des Jahres 1945 waren die Vorräte weitgehend aufgebraucht. Es setzte ein erheblicher Mangel an Nahrungsmitteln und Gegenständen des täglichen Bedarfs ein. In den nächsten Monaten wurde die Zuteilung an Lebensmitteln immer stärker reduziert. In vielen Fällen reichten die Mengen, die an „Normalverbraucher" ausgegeben werden durften, nicht mehr aus. Neben den Lebensmitteln waren es vor allem Rauchwaren und hier wiederum Zigaretten, die nur mehr in geringem Umfang verfügbar waren und alsbald zu einer zweiten „Währung" wurden. Besonders die „Ami-Zigaretten" beherrschten als wichtige Tauschobjekte einen riesigen schwarzen Markt. Dieser beschäftigte Deutsche ebenso wie Ausländer, Besatzungssoldaten ebenso wie ehemalige Kriegsgefangene. Für viele Arbeitslose war es eine Ersatzbeschäftigung.

Der Anbau von Tabak kam groß in Mode, auch in Mühldorfer Heimgärten. Jeder Selbstversorger hatte aber Tabaksteuer zu entrichten, wenn er mehr als 15 Pflanzen zur Ernte brachte.

An die Einwohnerschaft von Mühldorf!

Die Versorgung der Stadt in den nächsten Monaten zwingt zu äußersten Einschränkungen und Sparmaßnahmen. Sie ist nur zu bewerkstelligen, wenn jeder Haushalt die größtmöglichste Ausnutzung seiner eigenen Reserven anstrebt.

Ich bitte die Bevölkerung, in größtmöglichstem Maße

zur Selbstversorgung mit Gemüse und Kartoffeln

beizutragen.

Bebaut jedes Fleckchen Garten, benutzt jedes Fleckchen Erde, um euch so weit als möglich selbst einzudecken. Denkt daran, daß Zuteilungen in nächster Zeit unmöglich sind.

Der Bürgermeister der Stadt Mühldorf: Scheidl.

Verkehr auf Straße und Schiene

Nach Kriegsende blieb der Kraftfahrzeugverkehr auf Fahrten der Besatzung und einiger Spitzenkräfte der Zivilverwaltung beschränkt. Die Fahrerlaubnis für einen Kraftwagen wurde sonst nur in Ausnahmefällen erteilt. Der Bezug von Treibstoff und Bereifungen unterlag einer strengen Zuteilung. Hoch im Kurs standen Holzgaser-Autos, vor allem Lieferwagen, die mitunter bis Anfang der fünfziger Jahre ihren Dienst versahen.

In den Tagen nach der Besetzung mußten nicht nur alle Motorfahrzeuge abgeliefert werden, sondern auch Fahrräder. Auf dem Gelände der Mühldorfer Rennbahn waren requirierte Fahrräder zu einem Haufen zusammengetragen und an ehemalige Häftlinge und Kriegsgefangene verteilt worden. Wegen der permanenten Diebereien gerade von Fahrrädern mußte jeder Fahrradhalter einen Besitzausweis vorweisen können.

Im Herbst 1945 richtete das Mühldorfer Omnibusunternehmen Sumser wieder Verkehrsverbindungen zu den Nachbarorten in beschränktem Umfang ein.

Post und Bahn waren nach 1945 nicht nur durch materielle Schäden, sondern auch durch personelle Schwierigkeiten betroffen, wie sie durch Fachkräftemangel oder Entlassungen durch Entnazifizierung allgemein waren.

Dabei war gerade in Mühldorf der materielle Notstand durch die Bombenzerstörungen der Bahnanlagen in den letzten Kriegswochen besonders groß. Und doch war es die Eisenbahn, welche den Hauptanteil der Verkehrslast zu tragen hatte. Der Bahnbetrieb konnte in Mühldorf zunächst nur auf einigen Gleisen weitergeführt werden. Es verkehrten nur jene Züge, welche den notwendigsten Bedarf deckten. Die in den letzten Kriegstagen gesprengte Ehringer Eisenbahnbrücke war erst ab 27. Mai 1946 wieder befahrbar.

Doch auch der Bahnhof in Mühldorf wurde schrittweise neu aufgebaut und gewann bald wieder seine frühere Bedeutung. Die Eisenbahnstrecke München–Mühldorf und weiter ins niederbayerische Gebiet wurde bald berühmt als besonders ergiebige „Hamsterstrecke". Von 1946 bis 1948 waren diese Züge meist überbesetzt. Viele Großstadtbewohner versuchten, sich im bäuerlichen Umland Nahrungsmittel im Tauschhandel zu beschaffen.

Die Wiederaufnahme des Postbetriebs nach Ende des Krieges war mit erheblichen Notmaßnahmen verbunden. Auch in Mühldorf, wie anderswo, standen keine kursgültigen Postwertzeichen zur Verfügung. Briefmarken mit Hitlerkopf oder anderen Motiven aus der Zeit des Dritten Reiches waren sofort verboten worden.

Als postamtliche Zeichen einer ordnungsgemäßen Portoentrichtung dienten behelfsmäßige Gummistempel, wie „Gebühr bezahlt". Eine Bezugsmöglichkeit von Gummistempeln auch für die Post bestand 1945 noch nicht wieder.

Wegen der prekären Verkehrsverhältnisse dauerte die Laufzeit eines Briefes überaus lange. Ein Einschreibbrief zwischen Mühldorf und München war über vier Tage unterwegs.

Der Fernsprechverkehr mußte zum Teil neu aufgebaut werden. Anfangs, im Juli 1945, bekamen nur wenige lebenswichtige Betriebe und Dienststellen die Erlaubnis zum Einrichten eines Telefonanschlusses.

Entnazifizierung

Bald nach Kriegsende wurden die höheren Funktionäre von Partei, Staat und Verwaltung verhaftet und in Internierungslager gebracht. Dies besorgte zunächst die Besatzungsmacht, später ging die Entnazifizierung in deutsche Hände über. Als rechtlicher Rahmen dazu wurde das „Gesetz zur Befreiung von Nationalsozialismus und Militarismus" vom 5. März 1946 erlassen. Im ersten Eifer wurde seitens der Militärregierungen zur Denunziation aufgerufen, wie folgende Bekanntmachung zeigt: „Auf Anweisung des Direktors der Militärregierung, Herrn Captain Forys, habe ich folgendes bekannt zu geben: Die Militärregierung wendet sich an die Bevölkerung zur Mithilfe bei der vollständigen Entnazifizierung des

Hans Prähofer: Heimkehrer 1945

Landkreises Mühldorf. Zu diesem Zwecke ist es notwendig, daß die Bevölkerung entsprechende Angaben über solche Personen macht, die sich durch Förderung der Partei, sei es als Parteimitglied oder Nichtparteimitglied, besonders hervorgetan oder sich Vorteile gesichert haben, jedoch bis heute von der Militärregierung nicht erfaßt worden sind. Eventuelle Angaben sind versehen mit Namen und voller Anschrift einzureichen, desgleichen ist anzugeben, aus welcher Quelle die Angaben stammen. Die Mitteilungen sind persönlich bei der Mil.-Reg. abzugeben. Falsche Angaben werden jedoch durch das Militär-Gericht bestraft. Mühldorf, den 21. März 1946.

      Der Landrat: I. V.: Dr. Jauer"

Bald gewann aber die Besatzungsmacht die Einsicht, daß dies nicht der richtige Weg zur Klärung der Frage nach den Schuldigen sein konnte. Alle Deutschen über 18 Jahre mußten einen Fragebogen mit 131 Fragen beantworten. Diese Fragen richteten sich auf Zugehörigkeit und Tätigkeit bei NS-Organisationen sowie auf die Laufbahn in der Wehrmacht, der Waffen-SS oder in sonstigen Diensten des Regimes.

Für weniger Belastete oder für „Mitläufer", aber auch für „Nichtbetroffene", waren örtliche Spruchkammern zuständig. In Mühldorf wurde eine solche im Anwesen Töginger Straße 15 eingerichtet. Die Spruchkammerverhandlungen waren öffentlich und wurden in der Tageszeitung ausführlich behandelt.

Die nach Urteil der Spruchkammern unbelasteten oder nicht betroffenen Frauen und Männer erhielten entsprechende Ausweiskarten, deren Vorlage bei Eingaben oder Gesuchen sehr wichtig sein konnten.

Die Vorgänge um die Entnazifizierungen waren, wie auch an anderen Orten, zum Teil äußerst umstritten. Verschiedene Spruchkammerverfahren und Urteile der Mühldorfer Spruchkammer sorgten im Januar 1947 weit über die Innstadt hinaus für großes Aufsehen. Der Bayerische Staatsminister für Sonderaufgaben, Alfred Loritz, nahm sich persönlich um diesen Fall Mühldorf an und ließ den Spruchkammervorsitzenden und den Ankläger absetzen. Dieses Vorkommnis war Beispiel dafür, mit welchen Schwierigkeiten die Spruchkammerverfahren behaftet waren. Minister Loritz, eine der umstrittensten Figuren der Bayerischen Nachkriegszeit, wurde seinerseits aus dem Amt entfernt und tauchte sogar einige Zeit unter. Der Mühldorfer Ankläger, August Kolb, wurde im Frühjahr 1948 wieder als Rechtsbeistand zugelassen und damit rehabilitiert.

Die Art und Weise, wie die Entnazifizierung organisiert und abgewickelt wurde, wird aus heutiger Sicht als wesentlicher Grund dafür angesehen, daß die Diskussion über Verantwortung und Schuld der Deutschen im NS-Regime von Anfang an belastet war.

Zu den allerersten Maßnahmen der Entnazifizierung gehörte aber die Umbenennung von Straßen und Plätzen im Oktober 1945.

Schließlich mußten im Zuge der Entmilitarisierung am 28. November 1946 auch die Straßennamen in der sogenannten Kriegersiedlung zwischen Eichkapellen- und Töginger Straße durch Stadtratsbeschluß umbenannt werden: An die Stelle berühmter Kriegshelden und Schlachten der Ersten Weltkriegs traten die Namen ehemaliger Salzburger Landesherrn und anderer bekannter Kirchenmänner der Mühldorfer Vergangenheit.

Aufbruch zur Demokratie

Die ersten Kommunalwahlen in Mühldorf nach dem Krieg unter demokratischen Vorzei-

---

Jeder lese es, jeden geht es an

Vor einigen Wochen wurde in einer Veröffentlichung auf das häßliche Treiben einiger Denunzianten hingewiesen. Leider ist in der Zwischenzeit keine Besserung eingetreten; Es scheint Leute zu geben, die ihre Aufgabe darin sehen, ihre Mitbürger anzuschwärzen. Das ist einfacher als zu arbeiten und zuzupacken und die betreffenden versprechen sich persönliche Vorteile. Diese unsauberen Subjekte trifft nicht nur unsere eigene Verachtung, sondern auch die Verachtung des einstigen Gegners. Es ergeht deshalb an jeden Einzelnen die dringende Bitte, im Interesse seines persönlichen Ansehens und im Interesse der Gemeinschaft künftig jede Zuträgerei zu unterlassen.

Bekanntmachung

Betrifft: Umbenennung von Plätzen und Straßen.

Die Namen folgender Straßen und Plätze werden geändert:
1. Adolf-Hitler-Platz   jetzt Stadtplatz
2. Dietrich-Eckart-Straße   jetzt Grillstraße
3. Horst-Wessel-Siedlung   jetzt Siedlung an der Mößlingerstraße
4. Göringstraße   jetzt Harthäuselstraße
5. Horst-Wessel-Straße   jetzt Xaver-Rambold-Straße
6. Herbert-Norkus-Weg   jetzt Friedrich-Neumeyer-Weg.

Mühldorf, den 19. Oktober 1945.

Der Bürgermeister: Scheidl.

---

chen fanden Ende Januar 1946 statt. Auf der Stadtratssitzung vom 10. Mai 1946 wird Franz Mühlbauer für den zurückgetretenen Anton Scheidl zum Ersten Bürgermeister, Bäckermeister Josef Boch zum Stellvertreter gewählt.

1946 ist die CSU mit 54,6%, die SPD mit 40,2% und die KPD mit 5,2% vertreten. Bei den nächsten Kommunalwahlen am 25. April 1948 gibt es fünf Parteien: Die CSU ist mit 31% hinter die SPD mit 39% gerutscht, da die inzwischen gegründete Bayernpartei aus dem Bauern- und Mittelstand beachtliche 19,5% eringen konnte. Die FDP hat 7% erreicht, und die KPD fällt auf 3,5% zurück. Sitzverteilung im Mühldorfer Stadtrat 1948: SPD sieben, CSU fünf, Bayernpartei drei, die FDP einen. KPD und Deutscher Block kamen nicht zum Zuge. Während im Landkreis die Flüchtlingsgemeinschaft ein beachtliches Gewicht bekam, hatte die unter dem schillernden Politiker Alfred Loritz agierende WAV (Wirtschaftliche Aufbauvereinigung) schlagartig an Bedeutung verloren.

Schule und Erziehung

Schon vor Kriegsende war der Schulbetrieb durch Lehrermangel, häufige Unterbrechungen durch Luftwarnungen und Flakhelferdienste der oberen Klassen stark behindert. Mit dem Zusammenbruch kam der Unterricht ganz zum Erliegen. Außerdem durfte eine beachtliche Zahl von Lehrkräften in den Jahren 1945–47 wegen der Zugehörigkeit zu Organisationen der Partei keinen Schuldienst mehr ausüben. Um den Lehrbetrieb einigermaßen aufrechterhalten zu können, wurden Aushilfskräfte am Unterricht beteiligt. Die Schulbücher aus der Zeit des Dritten Reichs konnten nicht mehr verwendet werden, man mußte auf Schulbücher aus der Zeit vor 1933 zurückgreifen. Der Mangel an Heizmaterial ließ zudem viele Unterrichtstage in den Wintermonaten ausfallen. In allen Unterrichtsstufen wurde eine Umerziehung zum demokratischen Denken versucht.

Bekanntmachung

Betreff: Ausbildung als Ersatzlehrkraft an den Volksschulen im Landkreis Mühldorf.

1. Personen, die über pädagogische Kenntnisse verfügen und die bereits in einem pädagogischen Beruf, z. B. dem der Kindergärtnerin, tätig waren, werden als Ersatzlehrkräfte für den Dienst an den Volksschulen im Landkreis kurzfristig ausgebildet.

2. Die Bewerbungsgesuche sind im Bezirksschulamt Mühldorf, Oberschule, einzureichen. Ihnen ist beizufügen:
a) ein eigenhändig geschriebener Lebenslauf,
b) in doppelter Ausfertigung (ein Original, 1 Zweitschrift) der von der Militärregierung ausgegebene Fragebogen.

Mühldorf, den 17. Oktober 1945.

Bezirksschulamt Mühldorf

Kultureller Wiederbeginn

Das kulturelle Leben in Mühldorf und im Landkreis kam nach Kriegsende naturgemäß nur mühsam wieder in Fahrt. Jeder war zunächst mit sich und seiner Existenzsicherung beschäftigt. Und doch fehlte es nicht an einzelnen Bemühungen, in der politischen und geistigen Verwirrung der Zeit wieder kulturelle Orientierungspunkte zu suchen und zu finden.

Trotz der Verstimmung der Besatzungsmächte über das NS-Regime und der Neigung weiter Kreise der Alliierten, die Schuld an den Untaten des Dritten Reiches dem ganzen Volk anzulasten, gab es andererseits Bemühungen der Amerikaner, auch in Mühldorf gesellschaftliche Kontakte zur deutschen Bevölkerung anzubahnen.

Neben den sprachlichen Problemen waren aber doch vielfältige Vorbehalte seitens der Deutschen zu verzeichnen, und es dauerte viele Monate, bis die „Ami-Kultur" wenigstens einem Teil der deutschen Bevölkerung annehmbar erschien.

Filme machten hier den Anfang. Aber auch amerikanische Schlager wurden bald als „Ohrwürmer" populär. Und der im Dritten Reich verpönte Jazz fand zunehmend Liebhaber. Das Rote Kreuz veranstaltete im Dezember 1945 in der Frauenkirche ein Wohltätigkeitskonzert, und im gleichen Monat konnte sogar eine Tanzschule auf sich aufmerksam machen – allerdings nach vorheriger Genehmigung durch die Militärregierung.

Kino und Film

Neben dem Rundfunk waren Kino- und Filmvorführungen die bestimmenden und vermittelnden Medien der Zeit. Der Betrieb in den Mühldorfer Kammerspielen wurde schon im Laufe des Jahres 1945 aufgenommen, zunächst ausschließlich für US-Soldaten, bald aber auch zur Vorführung von Filmen, welche die deutsche Bevölkerung „umerziehen" sollten. Neben verschiedenen amerikanischen Filmen kamen Filmberichte über die Greuel der NS-Zeit zur Aufführung, als erstes der Film „Todesmühlen", der über die Konzentrationslager und die Massenvernichtungen berichtete. Der Besuch dieses Films war für die deutsche Bevölkerung obligatorisch.

Der Andrang zu den Filmen wurde im Laufe der Zeit so groß, daß sogar ein viertes Lichtspieltheater in Mühldorf entstand, nämlich die „Schauburg", die im Mai 1949 eröffnet wurde. Daneben bestanden die Kammerlichtspiele an der Luitpoldallee, die Mühldorfer Lichtspiele in der Fragnergasse (neben Kornkasten) und das Capitol am Bahnhof in der Sedanstraße.

Festlichkeiten und Fasching – trotz trauriger Zeiten

In den ersten Nachkriegsmonaten dachte natürlich niemand an Festlichkeiten oder Vergnügungsveranstaltungen größerer Art. Überdies waren „Tanzlustbarkeiten" nur mit Genehmigung der Militärregierung erlaubt, und doch kam es bereits im Februar 1946 wieder zu kleineren privaten Feiern, bei denen ganz einfach das Überleben gefeiert wurde.

Eine größere zivile Tanzveranstaltung mit beschränkter Ausgangszeit fand in Mühldorf im Frühjahr 1946 statt. Es war ein Wohltätigkeitsball, veranstaltet vom Deutschen und Ungarischen Roten Kreuz im Café Kalchgruber (heute Kaufhaus Schmederer, am Stadtplatz). Der Maler und Schriftsteller Hans Prähofer hat über dieses denkwürdige Mühldorfer Ereignis in seinem Buch „Wie es war" und in einem Hörbild für den Bayerischen Rundfunk berichtet.

Allen Versorgungsnöten zum Trotz stürzte man sich aber 1947/48 bereits wieder in turbulente Faschingsvergnügen. Alkoholika und Zigaretten lieferte dazu vorwiegend der Schwarze Markt. Die Mühldorfer Nachrichten berichteten am 27.Januar 1948: „In Mühldorf wird beinahe an allen Tagen der Woche getanzt: Man feiert Fasching. Zehn Bälle in der Woche sind keine Seltenheit. Vom kleinsten Angestellten, vom jüngsten Lehrmädel bis zum Regierungsbeamten – alles tanzt, feiert

Fasching. Daneben Hausbälle mit und ohne Masken. Kürzlich veranstalteten sogar die Schüler und Schülerinnen der 6. und 7. Klasse einer höheren Lehranstalt eine Art Faschingsball, und wir wären gar nicht so sehr überrascht, nächstens die Säuglinge beim Faschingsball anzutreffen ... Böse Zungen behaupten sogar, es gäbe Leute, die vom Ball direkt in die Kirche marschieren: Der Tanz ins Himmelreich! Seltsam: Man hungert, friert, Tausende haben kein richtiges Dach über dem Kopfe, schleichen in Lumpen gehüllt daher, bestürmen die Wirtschaftsämter um Schuhbezugsscheine, und auf der anderen Seite zerreißt man das letzte Paar beim Tanz bis in den grauen Morgen.

Wir sind wirklich keine Mucker und Spielverderber, gönnen der Jugend ihr Faschingsvergnügen, aber die Art, wie in diesem Jahre Fasching gefeiert wird, geht doch über die bekannte Hutschnur, so meinen wir. Vor dem Kriege war die Tanzlust der Mühldorfer mit sechs bis acht Bällen zufriedengestellt. Heute hat sich diese Zahl verdreifacht! Warum? Einige Veranstalter und jene, die am liebsten an jedem Tag einen Hausball in Szene setzen möchten, sind die Nutznießer dieses Faschingstaumels. Geschäft – Geschäft ist die Parole. Nun, die Mühldorfer werden in den Alltag zurückfinden, wenn auch der Aschermittwoch in diesem Jahr für manche ein ganz besonders nüchternes Gesicht zeigen wird."

Auch die Tradition der Mühldorfer Volksfeste lebte mit dem Jahr 1949 wieder auf. Am 15. November beschäftigte sich ein Kulturausschuß unter Bürgermeister Mühlbauer mit Plänen für ein großes Volks- und Heimatfest für das nächste Jahr. Das Fest sollte sich über neun Tage erstrecken. Vorgesehen waren: Modenschau und Festzug, Kunstausstellung und Musikveranstaltungen; Bauernverein, Tierzucht, Jäger und Fischer sollten zum Gelingen beitragen, ebenso waren Trabrennen und Motorradrennen eingeplant. Neben der Gewerbehalle, die später dem Stadtsaal weichen mußte, sollten zum erstenmal wieder Volksfestbuden auf dem Platz an der Altöttinger Straße stehen. Einen Samstag wollte man als „Tag der Heimatvertriebenen und Kriegsopfer" begehen. Die festlichen Tage im September 1950 leiteten schließlich aus der traurigen Nachkriegszeit auch nach außen hin in die bessere Zeit der fünfziger Jahre über.

Wiederaufleben der Vereine

Unmittelbar nach Kriegsende war die Neugründung von Vereinen, aber auch ihre Neubelebung durch Bestimmungen der Besatzungsmächte ziemlich erschwert. Auch hier durften nur Funktionäre ohne NS-Vergangenheit in Erscheinung treten. Eine Normalisierung des Vereinslebens setzte dann mit der Währungsreform 1948 ein, als sich die wirtschaftlichen Grundbedürfnisse der Bevölkerung auch in Mühldorf verbesserten.

Wiedererstehendes Musikleben

Für das Musikleben in Mühldorf mußte man sich nach dem Zusammenbruch 1945 erst wieder neu zusammenfinden. Dem traditionsreichen Mühldorfer Sängerbund, damals geleitet von Gauchormeister Josef Spörkl, schloß sich eine größere Gruppe aktiver Laienmusiker an. Unter der musikalischen Leitung von Theo Polz entstand das „Sängerbund-Orchester Mühldorf" als eigenständige Vereinigung. Wesentlichen Anteil am Aufleben der Musikpflege in Mühldorf hatten dabei die aus dem Sudetenland und anderen deutschen Ostgebieten vertriebenen Neubürger. Unvergessen als Gesangssolist ist Dr. Erich Mendl, der mit seinem mächtigen Baß die damaligen Musikdarbietungen wesentlich bereicherte. 1960 trennten sich Sängerbund und Orchester. Die Pflege der Chor- und Orchestermusik aber war wieder in Schwung gekommen und konnte sich von Jahr zu Jahr deutlich steigern.

Während ein Unterhaltungsorchester, das unter Konzertmeister Gerhard Mankowski 1949 beachtliche Erfolge erzielte, nur kurzen Bestand hatte, konnte die Blasmusik an die Tradition der Städtischen Kapelle der Kriegs- und Vorkriegsjahre mit Musikmeister „Papa Rauh" wieder anknüpfen. Dem rührigen Organisator Martin Klingl ist es zu verdanken, daß sich nach 1950 trotz erheblicher Schwierigkeiten eine Stadt- und Jugendkapelle bilden konnte, die bei vielen Festlichkeiten ihren Mann stellte. Im Ortsteil Altmühldorf war schon 1863 eine Blaskapelle ins Leben gerufen worden, die auf musikalisch hohem Niveau bis heute zum festen kulturellen Bestandteil der Altmühldorfer Gemeinde gehört.

Bildende Kunst

Was die Bildende Kunst betrifft, so konnte man sich in Mühldorf auf keine besondere Künstlertradition vergangener Jahrzehnte stützen. Vielmehr sind es einzelne Namen, die um 1945 auf sich aufmerksam machten:

Hermann Maillinger († 1973), seit 1935 Kunsterzieher in Mühldorf, war ein gesuchter Künstler bei der Ausgestaltung von öffentlichen und privaten Bauten. Als Freskomaler restaurierte er eine Reihe von Wandgemälden in Kirchen der Umgebung, wie etwa in Rattenkirchen. Bemerkenswert sind die von ihm entworfenen und ausgeführten Glasfenster, zum Beispiel in St. Pius und in der Kapelle des Kreiskrankenhauses Mühldorf. Sie zeichnen sich durch eine geglückte Verbindung von gegenständlicher und abstrakter Darstellung aus und durch betonte Farbakzente.

Schon in den 30er Jahren erlangte Josef Pachmayr († 1970) mit ansprechenden naturalistischen und romantisierenden Landschafts- und Städtebildern einige überörtliche Bedeutung, freilich auch mit „schönen und starken" Figuren im Geschmack der „Großdeutschen" Zeit. Die meisten seiner Bilder entstanden zwischen 1935 und 1960.

Siegfried Stöber († 1986) pflegte einen eigenwilligen und unverkennbaren Malstil. Seine meist deckenden und kräftigen Pastellfarben weisen trotz dichter Atmosphäre eine feine, verträumte Stimmung auf. Viele seiner Motive stammen aus der Innstadt und der näheren Umgebung, besonders des Isentals. Sie fassen den Augenblick und vermitteln doch eine zeitlose Wirkung.

Die erste größere Kunstausstellung nach dem Krieg fand im Dezember 1946 im Rathaus statt. Sogar ein bebilderter Katalog wurde erstellt, eine für damalige Verhältnisse beinahe unerhörte Leistung. Bürgermeister Franz Mühlbauer schrieb das Grußwort. Unter den Künstlern, vor allem aus der Wasserburger Kunstgemeinde, findet sich auch der Name Hans Prähofer.

Im Jahr 1949 kam es zu einer „Notgemeinschaft Bildender Künstler". Eine Reihe von Malern und Bildhauern gründete eine Vereinigung, welche die Lage der Künstler in der Stadt während der schweren Nachkriegszeit verbessern sollte. Diese Gemeinschaft gab sich den Namen „Das Boot" und führte am 3. Mai 1949 eine große Ausstellung durch. Unter den

127 Exponaten befanden sich Bildhauerarbeiten von Engelbert und Gregor Hein. Auch Hans Prähofer war als Maler und Grafiker vertreten. Die Künstlergemeinschaft „Das Boot" hatte freilich nur kurzen Bestand.

Der heute in München lebende Maler und Schriftsteller Hans Prähofer verbrachte einen großen Teil seiner Jugend in Mühldorf. Seine ersten Bilder und Zeichnungen entstanden um 1945. Sie lassen die Bedrängnis dieser schweren Zeit ebenso erkennen wie einen lebensbetonten, schwungvollen Optimismus. Eine Begegnung mit Alfred Kubin, dem großen Zeichner aus Zwickledt in Oberösterreich, hat Prähofer in seiner Strichführung wohl nur bestätigt. Sein Kunstschaffen reicht vom Blumenaquarell über kräftige gegenständliche Landschaftsbilder bis zu virtuoser Farbkeramik und Gestaltung von Freilandobjekten oder Brunnenanlagen. Viele seiner Arbeiten hängen in Mühldorfer Wohnstuben und Amtszimmern. Eine besonders beachtenswerte Arbeit ist die in Farbe gestaltete Glasfassade in der Aussegnungshalle des Friedhofs von Mühldorf-Nord. Das Fenster galt lange Zeit als größte bildhafte Darstellung seiner Art in Deutschland (102 m^2) und zeigt Christus als Symbol der Auferstehung nach dem Tod.

Prähofer tritt aber nicht nur als Maler und Bildhauer in Erscheinung. Große Beachtung verdient auch seine literarische Arbeit, die durch lebendige, plastische und bildhafte Form beeindruckt. Sein autobiographischer Roman „Die Drachenschaukel" stellt die Innstadt in den Mittelpunkt des Geschehens. Das Buch gibt das Erleben des Autors während der bewegten Zeit zwischen 1931 und 1947 in mitreißender und dichter Atmosphäre wieder.

Ein authentischer Bericht über die Ereignisse bei Kriegsende in und um Mühldorf, in dem er seine Erinnerungen in überaus fesselnder Weise vorstellt, erschien 1986 unter dem Titel „Wie es war – Kriegsende und Neubeginn in Mühldorf".

Theaterspiel

Theater- und andere Bühnenaufführungen kamen im Krieg weitgehend zum Erliegen. Als erste versuchte die Volksbühne wieder einen Neubeginn. Die Laienspielgruppe erntete reiche Publikumserfolge und dies bei unzureichenden äußeren Verhältnissen. Gespielt wurde im Himmelsaal in der Katharinenvorstadt, im Huberbräu an der Fragnergasse oder im Lankessaal (Turmbräugarten). Auch Gastspiele der „Rosenheimer Bühne" fanden großen Zuspruch.

Trotz der schwierigen Zeit im Frühjahr 1948 wurde sogar ein neuer und angemessener Theaterbau gefordert, worüber man im Stadtrat und in der Öffentlichkeit heftig diskutierte. Schließlich gab man sich mit dem neuen Kinoraum in den Kammerspielen an der Luitpoldallee zufrieden, wo Anfang der fünfziger Jahre sogar das Münchener Residenztheater einige Male Gastvorstellungen gab.

Das Mühldorfer Heimatmuseum

1948 wurde das Museum im Nagelschmiedturm wieder neu eingerichtet. Die musealen Bestände, die sich seit der Jahrhundertwende mehr oder weniger geordnet angesammelt hatten, waren nach dem Ersten Weltkrieg in diesen Turm gekommen. Der damalige Mühldorfer Heimatforscher Friedrich Anton Neumeyer hatte sich hier große Verdienste erworben. Leider hatten die Bestände durch den Zweiten Weltkrieg große Einbußen erlitten.

Keine Geringeren als der unvergessene Professor Benno Hubensteiner († 1985) und Dr. Anton Legner, seit langem Leiter des Schnütgenmuseums in Köln, hatten nach Kriegsende die Neuordnung der Bestände vorgenommen. Die Betreuung des Museums selbst lag in den Händen von Willi Greiner, der mit Umsicht die Führungen in den engen Räumen des Turms auf sich nahm. Auch der spätere Kreisheimatpfleger Alois Oelmeier versuchte das Museum besuchenswert zu erhalten, was in diesen Zeiten mit Schwierigkeiten verbunden war.

Der immer dichter werdende Verkehr durch das Münchener Tor und der dadurch noch mehr erschwerte Zugang zu den Räumen des Turms machten eine Verlegung der musealen Objekte notwendig. Sie konnten 1975 im ehemaligen Salzburger Kasten und späteren Amtsgerichtsgefängnis an der Tuchmacherstraße eine neue Bleibe finden. Die musealen Schätze der Stadt machen einen wesentlichen Teil der Ausstellungsstücke in diesem Kreisheimatmuseum aus, das als „Lodronhaus" zugleich an die Salzburger Zugehörigkeit der Innstadt Mühldorf erinnert.

Neubeginn beim Sport

Nach dem Krieg kam der Sportbetrieb im allgemeinen erst langsam wieder in Schwung. Die Schwierigkeiten lagen dabei auf sehr verschiedenen Ebenen, von der völlig unzureichenden Zuteilung an Lebensmitteln über den Mangel an Sportgeräten bis hin zur Behinderung des Vereinslebens durch Entnazifizierung, wobei — zumindest vorübergehend — Funktionäre ausgeschaltet waren.

Als erste Sportart konnte sich Fußball wieder in Szene setzen. Die ersten Spiele der „Reichsbahnsportgemeinschaft", die sich als „Fußballsportverein" Mühldorf fortsetzte, fanden bereits am 5. September 1945 auf dem TSV-Platz statt — natürlich nur mit Genehmigung durch die Militärregierung. In der Bekanntgabe durch Bürgermeister Anton Scheidl konnte man lesen: „Mit diesen beiden Spielen wird die durch den Krieg und den Zusammenbruch des nationalsozialistischen Regimes bedingte Pause im Sportbetrieb beendet. Die demokratische Jugend ist gewillt, auch im Sportbetrieb eine bessere Zukunft unserer Heimat herbeizuführen."

Die Mühldorfer Fußballer waren in den Jahren 1946/49 recht erfolgreich und gehörten im ostoberbayerischen Raum damals zur Spitze. Was den Rennsport betrifft, so hatte Mühldorf eine reiche Tradition, besonders bei Sandbahnrennen. Die 1000-Meter-Bahn war schon um 1930 Austragungsort berühmter Rennen. Im Pressebericht über das Pfingstrennen vom Mai 1947 heißt es: „... daß trotz Ernährungskrise, trotz Elend und bitterster Not

---

ANNOUNCEMENT

Subject: Football-Match.

The youth of the RSG Mühldorf plays against the youth of the FSV Töging next Sunday at 2 o'clock in the afternoon. After that the first crew of the RSG Mühldorf makes a friendship-play with the FSV Töging.

There play:

Bathen – Dechant – Hinterbichler – Stadler – Popp
Maier – Grandl – Binder – Koppenwallner
Danninger – Spagl

The matches are at the gymnasium.

Admission-fee for adults 50 Pf, for youth 20 Pf.

The sum total will be given to the international Red-Cross.

These two matches will finish the rest of the sport-time, caused by the war and the breakdown of the Nazi-reign. The democratic youth wants to create a better future for our home-country, also in the sports.

Mühldorf, September 5th 1945.

The Mayor
Scheidl

Bekanntgabe

Betrifft: Fußball.

Die Jugend der RSG Mühldorf spielt am kommenden Sonntag, nachmittags 2 Uhr, gegen die Jugend des FSV Töging.

Die erste Mannschaft des RSG Mühldorf tritt anschließend gegen den FSV Töging zu einem Freundschaftsspiel an.

Aufstellung:

Bathen — Dechant — Hinterbichler — Stadler — Popp — Maier — Grandl — Binder — Koppenwallner — Danninger — Spagl

Die Spiele finden auf dem Platz des Turnvereins Mühldorf (bei der Turnhalle) statt.

Eintritt für Erwachsene 50 Pf., für Jugendliche 20 Pf.

Der gesamte Betrag wird dem Internationalen Roten Kreuz zur Verfügung gestellt.

Mit diesen beiden Spielen wird die durch den Krieg und den Zusammenbruch des nationalsozialistischen Regimes bedingte Pause im Sportbetrieb beendet. Die demokratische Jugend ist gewillt, auch im Sportbetrieb eine bessere Zukunft unserer Heimat herbeizuführen.

Mühldorf, den 5. September 1945.

Der Bürgermeister
Scheidl

weitester Bevölkerungskreise der Sport im allgemeinen und der Motorsport im besonderen bereits heute im Begriff steht, die furchtbaren Folgen des Hitler-Krieges zu überwinden."
1948 im Mai waren es gar 35000 Zuschauer, die das Motorradrennen besuchten. Der Weltmeisterfahrer Schorsch Maier, ein gebürtiger Mühldorfer, und der ebenfalls international bekannte Sepp Giggenbach hatten wesentlich dazu beigetragen, die Begeisterung für den Motorsport in Mühldorf wach zu halten. So wurde auch nach dem Krieg der Motorsportclub Mühldorf im ADAC einer der führenden Vereine in der Innstadt.

Einer großen Beliebtheit erfreuten sich in den Jahren 1948–1952 die sogenannten Seifenkistl-Rennen. Jugendliche bastelten sich autoähnliche Gefährte, mit denen es mit oft beachtlicher Geschwindigkeit bergab ging. Der Stadtberg in Mühldorf wurde wiederholt zur Rennstrecke. Der Besuch und die Begeisterung waren groß.

Josef Steinbichler

Die Ehrenbürger der Stadt Mühldorf

Das Ehrenbürgerrecht ist die höchste Auszeichnung, die eine Kommune zu vergeben hat. Mühldorf hat, im Vergleich zu anderen Städten ähnlicher Größe, bisher nur wenigen das Ehrenbürgerrecht verliehen. Eine Beschränkung bei der Vergabe dieses Titels ist von Vorteil und unterstreicht nur dessen Einmaligkeit.

Im Artikel 16 der Gemeindeordnung für den Freistaat Bayern heißt es, daß Persönlichkeiten, die sich um die Gemeinde besonders verdient gemacht haben, zu Ehrenbürgern ernannt werden können. Es ist also nicht möglich, allgemeine Verdienste um „Volk und Staat" zu honorieren. Die Begründung bei der Vergabe des Ehrenbürgerrechts an Paul von Hindenburg und Adolf Hitler am 21. März 1933 lautete ähnlich; aber die Verleihung des Ehrenbürgerrechts an beide muß als Zeichen der damaligen Zeit gesehen werden und sollte heute nicht zu hoch bewertet werden.

Die Gemeinde entscheidet nach freiem Ermessen, eine Verleihung ist also eine Angelegenheit des eigenen Wirkungskreises. Der Beliehene braucht nicht unbedingt Bürger der Gemeinde zu sein; einige der folgenden Beispiele zeigen das. Besondere Rechtswirkungen sind mit dem Ehrenbürgerrecht nicht verbunden.

Den Mühldorfer Ehenbürgern hat die Stadt zusätzlich mit der Benennung von Straßen ein bleibendes Denkmal gesetzt.

Karl Kaerner

Karl Kaerner wurde am 26. Juli 1804 in Kusel/Pfalz geboren. Nachdem er den Besuch des Gymnasiums aus finanziellen Gründen abbrechen mußte, arbeitete er drei Jahre als Drechsler. Mit Unterstützung eines Verwandten konnte Kaerner ab 1823 das Polytechnische Institut in Berlin besuchen. Im Juni 1828 bestand er die Prüfung für den Staatsbaudienst.

Im Jahr 1848 kam Karl Kaerner als Vorstand der Bauinspektion nach Rosenheim. Von dort aus leitete er den Neubau der Mühldorfer Innbrücke, die am 12. Oktober 1851 dem Verkehr übergeben werden konnte.

Die Stadt Mühldorf dankte Karl Kaerner für seine hervorragende Leistung beim Bau der Innbrücke durch die Ernennung zum Ehrenbürger am 14. Februar 1852.

Im Jahr 1857 wurde Kaerners Tätigkeit bei der Bauinspektion Rosenheim mit der Ernennung zum Ritter 1. Klasse des Kgl. Verdienstordens vom Heiligen Michael gewürdigt.

Am 30. September 1869 starb Kaerner in München.

Gustav von Schlör

Gustav von Schlör wurde am 4. April 1820 in Vilseck/Oberpfalz geboren. Nach Besuch des Gymnasiums und der Universität, wo er Rechtswissenschaft studierte, ging von Schlör als Praktikant an das Münchener Stadtgericht. 1848 wählte man von Schlör als Abgeordneten der nördlichen Oberpfalz in das erste deutsche Parlament, und von 1852 bis 1855 in den Bayerischen Landtag, wo er in Eisenbahnfragen eine Autorität war. Am 30. Juli 1866 erfolgte Schlörs Ernennung zum Handelsminister. Das Handelsministerium hatte sich da-

Gustav von Schlör

Georg von Orterer

mals vorwiegend mit Eisenbahnfragen zu befassen.
Während seiner Amtszeit als Handelsminister setzte Schlör sich ganz besonders für den Bau der geplanten Eisenbahnlinien Rosenheim–Mühldorf–Vilshofen und somit für die Schaffung des Eisenbahnknotenpunktes Mühldorf ein. Der Ausbau des Knotens Mühldorf war 1910 mit dem Bau der Strecke Mühldorf–Traunstein beendet. Wenn auch nicht sofort die Tragweite der Bestimmungen des Handelsministers, Mühldorf als Eisenbahnknotenpunkt zu wählen, in ihrem vollen Umfang erkannt wurde, so bleibt es trotzdem ein Verdienst Gustav von Schlörs, die Grundlagen geschaffen zu haben. Die Stadt Mühldorf ernannte ihn am 30. Mai 1871 zum Ehrenbürger.
Am 25. September 1883 starb Gustav von Schlör in München.

Georg von Orterer

Georg von Orterer wurde am 30. Oktober 1849 in Wörth bei Erding geboren. Nach seiner Gymnasialzeit studierte er in München Altklassische Philologie und Sprachvergleichung. Weitere Stationen seiner beruflichen Laufbahn waren: 1875 Lehrer am Gymnasium Schweinfurt, 1876 Studienlehrer am Ludwigsgymnasium München, 1886 Professor in Freising, 1892 Gymnasialrektor in Eichstätt, 1902 Rektor des Luitpoldgymnasiums in München. Georg von Orterer starb am 5. Oktober 1916 in München.
Für Mühldorf wichtig wurde von Orterer nicht als Lehrer, sondern als Politiker. Im Jahr 1881 begann seine öffentliche Laufbahn als Mitglied des oberbayerischen Landrates. In den Jahren 1884 bis 1892 war er Mitglied des Deutschen Reichstags und 1899 wurde von Orterer Präsident des Bayerischen Landtags, wo er sich auch Verkehrsfragen widmete.
Als Mühldorf von den Bestrebungen Burghausens erfuhr, ebenfalls einen Gleisanschluß zu bekommen, versuchte der Stadtrat alles, um die neu zu erbauende Linie in Mühldorf ihren Anfang nehmen zu lassen. Die Stadt gewann von Orterer für ihre Pläne. Nachdem sie als

Anton Fent

Franz Xaver Fischer

Ausgangsort der neuen Strecke den Sieg davontrug, dankte sie Georg von Orterer mit der Verleihung der Ehrenbürgerrechte am 4. Juni 1894. Am 9. August 1897 konnte die Bahnlinie Mühldorf–Altötting–Burghausen eröffnet werden.

Anton Fent

Anton Fent wurde am 25. Dezember 1840 in Roggenburg bei Ulm geboren. Nach Beendigung seiner Studien fand er zuerst an verschiedenen Orten Anstellung als Hilfslehrer und wurde dann in Kraiburg fest angestellt. Von dort berief ihn die Stadt Mühldorf am 16. Oktober 1873 als Reallehrer und Schulleiter an ihre Fortbildungsschule. Diese stand damals noch am Anfang ihrer Entwicklung. Der neue Leiter hat nahezu vierzig Jahre lang seine ganze Arbeitskraft, seine reichen Kenntnisse und großen Fähigkeiten eingesetzt, um der heranwachsenden Jugend eine möglichst gründliche Ausbildung zuteil werden zu lassen. Erst im Alter von siebzig Jahren trat Fent Ende 1910 in den Ruhestand.

In Anerkennung seines vorzüglichen, überaus verdienstvollen Wirkens ernannte ihn die Stadt Mühldorf am 25. November 1910 zu ihrem Ehrenbürger.

Anton Fent starb am 23. Februar 1915 in Mühldorf.

Franz Xaver Fischer

Am 9. Januar 1851 wurde Franz Xaver Fischer als Sohn eines Nagelschmiedmeisters in München geboren. Die Gehilfenjahre im Beruf seines Vaters verbrachte er hauptsächlich in Österreich. Im Jahr 1874 kam er nach Mühldorf, wo er sich als Nagelschmiedmeister niederließ.

Schon mit 27 Jahren wurde Fischer in das Mühldorfer Gemeindekollegium gewählt, dem er neun Jahre lang angehörte. 1888 wurde er in den Magistrat gewählt, in welchem er zwölfeinhalb Jahre – zuletzt dreieinhalb Jahre

197

als ehrenamtlicher Stadtkämmerer – wirkte.
Im Jahr 1900 wählte man Franz Xaver Fischer zum Bürgermeister der Stadt Mühldorf. Neunzehn Jahre lang wurde er in diesem Amt immer wieder bestätigt. Während seiner Amtszeit wurde der Ankauf und Ausbau der Elektrizitätswerke Lohmühle und Weiding durchgeführt, die Wasserleitung verlegt und das Knabenschulhaus gebaut.
In den Kriegsjahren mußte Fischer fast die gesamte Verwaltungsarbeit allein bewältigen. Er tat dies, obwohl seinem Geschäft dadurch Verluste entstanden. Aus Altersgründen legte er im März 1919 sein Amt nieder.
Durch Beschluß der beiden städtischen Kollegien wurde Franz Xaver Fischer am 10. April 1919 zum Ehrenbürger ernannt.
Am 9. Januar 1940 starb Fischer in Mühldorf im Alter von 89 Jahren.

Leo Mulfinger

Am 26. Dezember 1882 wurde Leo Mulfinger in Marktbreit in Unterfranken geboren.
Am 1. Juni 1919 übernahm er als Stadtsekretär die Geschäftsleitung der Stadtverwaltung Mühldorf. Im Jahr darauf wurde er zum Obersekretär befördert, 1922 zum Oberinspektor und 1937 zum Stadtamtmann ernannt.
1921 hat Mulfinger den Mittelschulverein ins Leben gerufen, dem es zu verdanken war, daß Mühldorf eine Realschule erhielt. Mulfinger strebte dazu den Bau eines neuen Schulhauses an und setzte sich für die Errichtung des Schülerheimes ein. Während seiner Amtszeit entwickelte sich Mühldorf in raschem Tempo. Eine Siedlung nach der anderen wuchs am Rande der Stadt aus dem Boden, von Mulfingers Plänen bestimmt und meist von ihm selbst vermessen.
Im Januar 1932 wurde Leo Mulfinger an die Spitze der Stadt berufen. Neben seinem bisherigen Amt war er nun über fünf Jahre als Bürgermeister tätig. Als ihn die neue Gemeindeordnung veranlaßte, zwischen den beiden Ämtern zu wählen, entschied er sich für die Verwaltung.

Leo Mulfinger

Anläßlich seines siebzigsten Geburtstages hielt der Mühldorfer Stadtrat am 27. Dezember 1952 zu Ehren Leo Mulfingers eine öffentliche Festsitzung, bei der ihm die Würde eines Ehrenbürgers verliehen wurde.
Am 27. September 1958 starb Leo Mulfinger in Mühldorf.

Hans Gollwitzer

Hans Gollwitzer wurde am 13. Januar 1896 als Sohn eines Stadtsekretärs in Erding geboren. Er studierte in Erlangen Theologie und meldete sich mit 17 Jahren freiwillig zur Wehrmacht. 1922 kam Gollwitzer nach Mühldorf. 1937 wurde er zum ehrenamtlichen Bürgermeister gewählt und ein Jahr darauf zum berufsmäßigen Ersten Bürgermeister berufen. Den Zweiten Weltkrieg machte Gollwitzer als Bataillonskommandeur in Rußland und Frankreich mit. Gollwitzer ist es zu verdanken, daß Mühldorf am 2. Mai 1945 von den Amerikanern nicht beschossen wurde; er übergab vor dem Rathaus, mit einem weißen Tuch in der Hand, Mühldorf als offene Stadt und ließ sie entgegen den Anordnungen nicht verteidigen.

Wie viele seiner Amtskollegen wurde er im Mai 1945 seines Postens enthoben. Bei der Bürgermeisterwahl 1952 berief ihn die Mühldorfer Bevölkerung wieder zum ehrenamtlichen Bürgermeister.

Seit seiner Pensionierung im Jahr 1966 versah Gollwitzer als ehrenamtlicher Verwalter die Stadtbücherei und das Stadtarchiv. Eine Bezahlung für seine Tätigkeit lehnte er ab.

In Würdigung seiner Verdienste und in Anerkennung seiner vorbildlichen und uneigennützigen Tätigkeit für die Stadt Mühldorf wurde Altbürgermeister Hans Gollwitzer am 14. Januar 1971 zum Ehrenbürger ernannt.

Hans Gollwitzer starb am 24. März 1979 in Mühldorf.

Josef Klapfenberger

Josef Klapfenberger wurde am 25. Juni 1905 in Edling bei Trostberg als Bauerssohn geboren. Nach seiner Gymnasialzeit in Scheyern und Freising besuchte er die Theologische Hochschule in Freising; 1932 erfolgte seine Weihe zum Priester.

Am 14. Februar 1950 kam Josef Klapfenberger als Stadtpfarrer nach Mühldorf St. Nikolaus. Seine enorme Arbeitsleistung innerhalb und außerhalb des seelsorgerischen Bereiches war der Anlaß, ihm am 12. Juni 1975 die Ehrenbürgerwürde zu verleihen.

Besonders hervorgehoben hat Bürgermeister Federer beim Festakt zur Überreichung des Ehrenbürgerbriefes folgende Aktivitäten von Stadtpfarrer Klapfenberger: vollständige Restaurierung der Katharinenkirche im Jahr 1956, Anschaffung von neuen Betstühlen für

Hans Gollwitzer

Josef Klapfenberger

die Nikolauskirche im Jahr 1960, drei Jahre später Erneuerung des Kirchendaches sowie Neubau des Pfarrheimes im Jahr 1966. Ein Jahr darauf erfolgte der Neubau des Kindergartens und ein weiteres Jahr später der Bau des Altenheimes. In den Jahren 1974 und 1975 wurde auf Betreiben von Stadtpfarrer Josef Klapfenberger die Nikolauskirche von Grund auf renoviert.

Nur wenige Monate nach der Übergabe der Pfarrei an seinen Amtsnachfolger starb Geistlicher Rat Josef Klapfenberger am 13. Oktober 1980 im Alter von 75 Jahren.

Klaus Stenzel: Katharinenvorstadt, 1988

Hans Rudolf Spagl

Kunst und Kunsthandwerk in Mühldorf (13.–16. Jahrhundert)

In der Geschichte einer Stadt nehmen künstlerische Gestaltungen einen wichtigen Rang ein, sei es in der Architektur, in der bildenden Kunst oder im künstlerischen Handwerk.
In den heute noch erhaltenen Kunstwerken spiegeln sich so die kulturellen Bemühungen vergangener Zeiten wider, und es werden Verbindungen einzelner Kulturkreise untereinander deutlich. Als besonderes Ausdrucksmittel menschlichen Geistes vermittelt gerade die Kunst das Lebensgefühl und die Lebensart der jeweiligen Zeit.
Viele künstlerische Arbeiten und auch Aufzeichnungen darüber gingen durch Kriege und andere widrige Ereignisse verloren oder sind noch nicht wiederentdeckt. Mühldorf hat durch Stadtbrände und im besonderen bei der politischen Auflösung des Fürstbistums Salzburg mitten in den Wirren der Napoleonischen Zeit große Einbußen erlitten. Man kann davon ausgehen, daß sich aus den künstlerisch besonders produktiven Glanzzeiten Mühldorfs, wie etwa der um 1500, nur mehr ein kleiner Teil der ursprünglichen Kunstwerke erhalten hat.
Die nachfolgende Beschreibung der künstlerischen Besonderheiten in Mühldorf gilt sowohl den in der Stadt ansässigen Künstlern mit ihren Arbeiten als auch den künstlerischen Objekten, soweit diese heute zum festen örtlichen Bestand gehören.
Beim handwerklich hergestellten Gegenstand wird dem künstlerischen Bereich jener Teil der Arbeit zugeordnet, der über den rein funktionellen Gebrauchszweck hinaus als besondere Verzierung sichtbar gemacht ist. Handwerkliche Technik und künstlerische Ausführung gehören deshalb eng zusammen.

Das 13. und 14. Jahrhundert

Die ältesten kunstgeschichtlichen Spuren im heutigen Mühldorfer Stadtbereich gehen ins 13. Jahrhundert zurück. In dieser Zeit der beginnenden Gotik weisen Bauwerke und künstlerische Arbeiten noch weithin romanische Stilelemente auf. Maßgebend für das Kunstschaffen ist dabei die christliche Lebenskultur zwischen Donau und Alpen. Die damalige Kunst müssen wir deshalb auch vornehmlich in Kirchen oder Klosteranlagen suchen.
Die Pfarrkirche von St. Nikolaus in Mühldorf ist nach dem großen Stadtbrand von 1285 grundlegend neu errichtet worden. Sie weist in ihrem ältesten Teil, dem Turmbereich, romanisch-frühgotische Architekturteile auf und zeitlich damit übereinstimmende bildhafte Ausschmückungen.
Das romanische Portal, durch das man aus der Vorhalle in das Kircheninnere gelangt, zeigte ursprünglich deutliche Parallelen zur Salzburger Kirchenkunst auf (St. Peter, Franziskanerkirche). Das Portal ist jedoch im Laufe der Zeit stark verändert worden. Ein besonderer Eingriff war dabei die Verblendung des Eingangs nach dem Einsturz der Kirche 1768. Weitgehend verloren gingen dabei die alten, romanischen Kapitelle, wie man bei Umbauten im Jahr 1899 festgestellt hat. Das Portal in der heutigen Form geht auf die Restaurierung von 1932 zurück. Anstelle der zerstörten ursprünglichen Kapitelle reihte man auf die Säulen in Sandstein gehauene Tierkreissymbole. In die Mitte des Tympanons wurde der runde Schlußstein aus dem früheren gotischen Kirchengewölbe eingefügt, ein schönes Flachrelief des hl. Nikolaus um 1440,

Eingangsportal zur Pfarrkirche St. Nikolaus

das von zwei knieenden Engeln gehalten wird. Auch wenn die Eingangsarchitektur wegen der fehlenden Einheitlichkeit zwangsläufig als Notlösung erscheinen mag, so vermittelt das Portal im ganzen doch christliche Symbolkraft und Tradition.

An der linken nördlichen Innenwand der Vorhalle – über dem Eingang zur Bäckerkapelle – kamen bei der großen Renovierung im Jahr 1975 romanische Wandmalereien zutage, die auf das letzte Viertel des 13. Jahrhunderts zurückgehen. Unter späterem Verputz und oftmaliger Übertünchung haben sich Reste dieser ursprünglich reichen Ausmalung in die Gegenwart herübergerettet, leider sehr stark beschädigt. Nach der Beschreibung durch Martin Lechner handelt es sich um Darstellungen aus dem Marterzyklus der hl. Margarete. Der kundige Blick des Fachmanns erkennt im ersten Feld des Freskenbandes eine Hirten- oder Gerichtsszene, das zweite Bild ist nicht mehr zu bestimmen. Daran schließt sich eine Gefängnisszene an. An der Bildbasis der nächsten Darstellung findet sich ein drachenförmiges Unwesen; darüber rechts ein Kopf mit Heiligenschein unter schützender Hand. Davon wiederum getrennt steht ein stilisierter Baum, daneben dieselbe nimbische Heiligengestalt mit markanten Parallelfalten, diesmal halb entkleidet an einem Y-förmigen Baum gebunden und von zwei Knechten der Marter unterworfen. Im letzten Feld ist eine Enthauptungsszene zu erkennen und dazu die Heimholung der Animula, der Seele der Hingerichteten, als verkleinerte, schwebende Gestalt der Heiligen. Wegen des schlechten Erhaltungszustandes sind die Bilder im Detail schwer erkennbar. Die ikonographische Beschreibung ist aber in jedem Falle schlüssig. Lechner datiert die Fresken ins letzte Viertel des 13. Jahrhunderts. Sie weisen retardierende Momente auf, d. h. sie halten an zeitlich vorhergehenden Stilformen und Bildgestaltungen fest.

Diese romanischen Wandbilder sind nach Lechner „der überraschendste und schwerwiegendste Fund, der im Zuge der Kirchenrenovierung gemacht wurde". Vergleichbare Fresken aus dieser Zeit um 1285 kennt man auch in der weiteren Umgebung Mühldorfs bisher nicht.

Aus der großen Produktion von Wandbildern des 13. Jahrhunderts sind vielerorts meist nur Fragmente erhalten geblieben und dies oft nur in verfälschtem Zustand. Die Mühldorfer Fresken besitzen deshalb eine besondere Bedeutung für die mittelalterliche Wandmalerei im südostbayerischen Raum. Der stilkundliche Vergleich läßt darauf schließen, daß der Maler mit Sicherheit aus dem bayerisch-salzburgischen Kunstkreis gekommen ist und entsprechende Vorbilder verwertet hat.

Eine bemerkenswerte Architektur aus dieser frühen Zeit zeigt auch die Decke der Vorhalle: Zwei der tragenden Kreuzrippen werden von Kragsteinen gestützt, ausgebildet als fratzenhafte Rundköpfe.

Besonders harmonisch erscheinen die Klangarkaden der Glockenstube unter der barocken Haube des Turms. Die Säulen dieser Arkaden wurden 1899 nach originalem Vorbild neu eingefügt.

Die imponierende Größe der 1285 wiederaufgebauten Nikolauskirche und der reiche Freskenschmuck finden ihren Grund in der damaligen Bedeutung Mühldorfs als Handelsplatz und als Stützpunkt der weltlichen und zugleich geistlichen Metropole Salzburg. Wie schon an anderer Stelle erwähnt, lassen sich neben der Nikolauskirche schon im 13. Jahrhundert noch mindestens drei weitere Gotteshäuser nachweisen, was wiederum auf einen ergiebigen gesicherten Boden für künstlerische und handwerkliche Arbeiten schließen läßt.

Auch die Katharinenkirche geht in ihren unteren Bauteilen in die frühgotische Zeit zurück. Ein teilweise erhaltenes Fresko aus den Jahren um 1300 finden wir dort an der Südseite des Innenraums in einer romanisch-gotischen Fensterlaibung. Es ist ein breit und kräftig gestalteter Zweig mit Blättern und Früchten, wohl der symbolträchtige Feigenbaum.

Über die Baumeister, Maler oder Bildhauer, die mit den Arbeiten für die Mühldorfer Kirchen betraut waren, gibt es bis heute keine Hinweise. Für Künstler und Handwerker des 13. und 14. Jahrhunderts ist Mühldorf aber ohne Zweifel ein Ort gewesen, in dem es viel zu tun gab. So wird 1423 ein Dreikönigsaltar in der „Frauenkirche auf dem Platze" urkundlich erwähnt; auch dies ein Hinweis auf reges künstlerisches Schaffen in der Zeit um 1400. Ein besonders interessanter Bau in der Stadt ist die Johanniskapelle nördlich neben der Pfarrkirche St. Nikolaus auf dem ehemaligen Friedhof der Stadt. Urkundlich ist nachgewiesen, daß die Kapelle um die Mitte des 14. Jahrhunderts von der Mühldorfer Kürschnerzeche errichtet wurde, deren Schutzpatron Johannes der Täufer ist. Im frühgotischen Bau schwingt noch stark romanisches Empfinden nach. 1450 wurde die Rundkapelle durch einen kleinen gotischen Chorraum mit Türmchen erweitert, was der Kapelle die malerische, unverwechselbare Architektur gibt. Freilich ist als Folge der Renovierung im Jahr 1875 vor allem das Äußere der Kapelle in neuromanischem Zeitgeschmack verändert und ergänzt worden. Der Eingang in der bestehenden Form und der glatte Verputz über den Tuffquadern sowie das bunte, gemusterte Schieferdach sind heute wesentlich bestimmende Elemente.

Der Innenraum der Kapelle muß ursprünglich ringsum mit Fresken ausgestattet gewesen sein, wie ein Augenzeugenbericht aus dem vorigen Jahrhundert besagt. Es seien „reiche Spuren einer früheren völligen Bemalung"

Romanisch-gotisches Fenster in der Katharinenkirche

Fresken aus dem 15. Jahrhundert in der Johanneskapelle

vorhanden gewesen. Eine Geburt Christi und eine Anbetung durch die Heiligen Drei Könige werden erwähnt, „wohl noch romanische Malereien, indem über Steifheit und Herbe der Gestalten geklagt, Großartigkeit des Ganzen, gute Zeichnung der Haare, Pferde und Gewänder aber anerkannt wird." Auch die heute wieder freiliegenden gemalten Apostelleuchter sind in diesem Bericht schon aufgezählt.

Bei der jüngsten Renovierung von 1975 kamen neben den genannten kreuzförmigen Leuchtern auch Reste anderer Malereien wieder zum Vorschein. Links über dem Eingang ist ein Turm zu erkennen, im Fenster eine weibliche Person; größer davor eine gekrönte Frauengestalt mit einem Drachen und ein Lanzenreiter, der auf die Gruppe zureitet. Viel spricht dafür, daß dieses Fresko beim Anbau des Chorraums an die Kapelle um 1450 entstanden ist und eine Szene aus der Vita der hl. Margarete darstellt, jedoch noch in der Bildgestaltung früherer Jahrzehnte.

Zwischen den flachen, rechteckigen Rippen des spitzen Kuppelgewölbes ist eine reiche ornamentale Renaissance-Bemalung mit Engelsgestalten freigelegt, die aus der zweiten Hälfte des 16. Jahrhunderts stammen dürfte.

Der Altar im Chorraum der Kapelle stellt ein treffliches Beispiel für ein neugotisches Schnitzwerk dar. Nach Schober hat ihn der Münchener Bildhauer Sigl, ein gebürtiger Mühldorfer, gefertigt. Der Altar wurde Johannes dem Täufer geweiht.

Im Hauptraum steht seit 1960 eine genaue Kopie der Weyarner Pieta von Ignaz Günther. Sie kommt aus der Altmühldorfer Bildschnitzer-Werkstatt Hein.

Die Kapelle ist heute Gedächtnisstätte für die im Weltkrieg Gefallenen.

Tafelbild mit der Kreuzigung Christi (um 1420) im Chorraum der Altmühldorfer Pfarrkirche

Die ersten Jahrzehnte des 15. Jahrhunderts

Ein kunstgeschichtlich besonders bedeutendes Werk, das weit über den lokalen Bereich hinaus bekannt ist, befindet sich in der Kirche St. Laurentius in Altmühldorf. Es ist dies das Tafelbild mit der Darstellung der Kreuzigung Christi im Chorraum der Kirche. Es gilt als Hauptwerk der gotischen Malerei des Salzburger Kunstkreises und besitzt europäischen Rang. Die Entstehung der Tafel wird heute in die Jahre 1420 bis 1425 eingeordnet. Von der künstlerischen Auffassung her steht das Bild in unmittelbarer Beziehung zur böhmischen Malerei, etwa der Kunst des Meisters von Wittingau. Aber auch die Bilder von Giotto und Altichiero in Padua müssen dem Meister der Altmühldorfer Kreuzigung bekannt gewesen sein. Eine der spezifischen Eigenheiten der Salzburger Malerei dieser Periode, nämlich die vollendete Gestaltung durch Zusammenführung verschiedener Einflußberei-

Pfarrkirche St. Laurentius in Altmühldorf

che, vor allem Böhmen und Italien, ist im Altmühldorfer Bild meisterlich verwirklicht worden.

Die Kreuzigungsszene ist auf goldfarbigem Hintergrund gemalt. Die verwendete Tempera ist mit Öl übergangen und ergänzt worden. Dadurch ergab sich eine dezente Leuchtkraft und eine ausdrucksvolle Darstellung der besonders feingliedrig gehaltenen Figuren. Links vom Betrachter aus verharrt die Gruppe um Maria in theatralischer Trauer, rechts neben dem Kreuz zeigt der Hauptmann auf Christus, wobei er sich an den graubärtigen Josef von Arimathaia wendet und die Worte spricht: „vere ilius [es muß heißen filius] dei iste erat", die auf einem Schriftband über dem Hauptmann erscheinen. Eine Anzahl von Nebenfiguren vervollständigen die Versammlung unter dem Kreuz. Vier Engel fangen das die Menschheit erlösende Blut Christi auf, eine ikonographisch geläufige Darstellung in Kreuzigungsbildern der damaligen Zeit.

Das Bild regt zur Frage nach einer eigenständigen Malerwerkstatt in Mühldorf des frühen 15. Jahrhunderts an. Immerhin ist eine relativ große Zahl von Malwerken der gleichen stilistischen Form wie das Altmühldorfer Bild in der nächsten Umgebung der Innstadt nachweisbar: Eine Predellatafel aus Ebing und ein Kreuzigungsbild aus Mößling (beide heute im Diözesanmuseum Freising), eine Altarmalerei in St. Veit bei Neumarkt und ein Fresko in der Kirche von Bergham bei Polling. Dieses Berghamer Wandbild ist gleichzeitig eines der ältesten im Landkreis Mühldorf.

An Bildhauerarbeiten aus dem 14. Jahrhundert hat sich nur ein einziges Objekt erhalten, nämlich ein in Holz geschnitztes und bemaltes Vesperbild. Es befindet sich seit jeher im Mühldorfer Museumsbestand und soll aus dem

Ölbergrelief aus Sandstein, um 1430, in der St. Nikolauskirche

Heilige Katharina, Ende 15. Jahrhundert, in der Kirche St. Laurentius Altmühldorf

bäuerlichen Umland kommen. Die im ganzen einfache Schnitzarbeit wirkt durch ihren romanisch-mystischen Ausdruck. Besonders interessant ist der klein gearbeitete Körper Christi. Ikonographisch wird hier die Rückkehr in den Schoß der Gottesmutter angedeutet.

Von hoher Qualität präsentiert sich in der Pfarrkirche St. Nikolaus ein in Stein gehauenes Hochrelief, eine Ölbergszene. Sie befand sich früher an der nördlichen Außenseite der Kirche, gehörte also zum dort angelegten Friedhof. Heute ist das Relief in die Mauer links am Chorbogen eingefügt. Es gilt als eine der frühesten Darstellungen seiner Art in Südbayern und wird in die Jahre 1430–1440 eingeordnet. Das an der rechten unteren Ecke angebrachte Steinmetzzeichen ließ sich bisher nicht näher bestimmen.

Neben einem anderen, allerdings weniger gut erhaltenen Sandsteinrelief, das ebenfalls eine Ölbergszene zeigt und das heute an der westlichen Innenwand der Johanniskapelle eingelassen ist, haben sich in der Innstadt selbst keine weiteren Bildhauerarbeiten aus der ersten Hälfte des 15. Jahrhunderts erhalten.

Im Zusammenhang mit der Überlegung nach der in der damaligen Zeit mehrfach nachgewiesenen Mühldorfer Schnitzer-Werkstatt ist auf die doch recht hohe Zahl an sogenannten schönen Madonnen des weichen Salzburger Stils in der nahen Umgebung der Stadt hinzuweisen. Ranoldsberg, Pürten, Winhöring, Taufkirchen-Lafering sind hier zu nennen oder die Pietà von Lohkirchen. Auch an angrenzende niederbayerische Kirchen ist dabei zu denken, wo sich entsprechende Figuren befinden.

Daß Werkstätten von Schnitzern, Bildhauern und anderen Handwerkern mit künstlerischem Rang schon in den ersten Jahrzehnten des 15. Jahrhunderts in Mühldorf bestanden haben, steht fest. Urkundlich genannte Namen geben dafür den Hinweis.

So werden 1436 ein Maler Jobst und die Goldschmiede Lindl und Hans vermerkt, 1430 ein Goldschmied Endorfer und der Schnitzer-Meister Hans aus Mühldorf, der für das Kloster St. Peter in Salzburg tätig war.

Ob und wieweit die Mühldorfer Werkstätten gegenüber Salzburg eine deutliche Eigenständigkeit besaßen, müßten gesonderte Studien zeigen. Spätestens aber zum Ende des 15. Jahrhunderts gewinnen in Mühldorf ansässige Künstler ein deutlicheres Profil. Diese Erkenntnis ist vor allem der Arbeit von Isolde Hausberger-Lübbeke über den „Meister von Mühldorf", Wilhelm Pätzsold, sowie Volker Liedke zu verdanken, der mit neueren archivalischen Erkundungen und stilkundlichen Forschungen zu überaus bemerkenswerten Ergebnissen gelangt ist.

Daß sich gerade in den Jahren vor und nach 1500 in Mühldorf eine besonders große künstlerische Aktivität entfaltete, dafür können mehrere Gründe genannt werden. Schon zum Ende des 15. Jahrhunderts setzte eine rege Bautätigkeit ein, die auch in unserer Gegend neue Kirchen entstehen ließ und zu deren Ausstattung natürlich Schnitzer, Maler und andere Handwerker viel beschäftigt wurden.

Vermehrte Aufträge, gerade für die Mühldorfer Werkstätten, mußten sich mit dem Beginn und dem schlagartigen Zuspruch der Altöttinger Wallfahrt ab 1489 ergeben. Daß hier z. B. die Werkstatt des Malers Wilhelm Pätzsold wesentlich profitierte, beweisen die Mirakelbilder im Umgang der Altöttinger Gnadenkapelle oder das Fresco in der dortigen Michaelskirche.

Als Kunstförderer für den Mühldorfer Bereich traten natürlich immer wieder die Salzburger Landesherren in Erscheinung. In der Zeit der Spätgotik waren dies vor allem Bernhard von Rohr (bis 1482) und Matthäus Lang von Wellenburg. Enge Verbindungen zu Mühldorf unterhielten damals auch die Bischöfe Schachner von Passau und Ebner von Chiemsee. Auch Rupprecht Hirschauer, Propst und Hofrichter, hat sich, seinem Wappenbild in der Altmühldorfer Kirche zufolge, als Stifter betätigt.

Eine besonders wichtige Rolle für die künstlerische Tätigkeit in Mühldorf aber ist Degenhard Pfeffinger von Salmannskirchen zuzuschreiben. Hierüber wird im nächsten Beitrag näheres ausgeführt.

Die Mühldorfer Gottvaterfigur

Die monumentale Schnitzfigur eines thronenden Gottvaters, die sich heute im Kreisheimatmuseum Mühldorf befindet, gilt als bemerkenswertes Kunstwerk des 16. Jahrhunderts. Freilich bedürfte die Figur eines höheren Standplatzes, den sie zweifellos auch ursprünglich innegehabt hat.

Über eine Zuordnung zu einem der bekannteren Bildhauern des 16. Jahrhunderts oder zu einem stilistisch eingegrenzten, bestimmten Werkstattbereich sind die Kunsthistoriker freilich noch zu keinem Schluß gekommen.

Am ausführlichsten mit der Figur hat sich bisher Heinrich Decker befaßt. In einer Studie

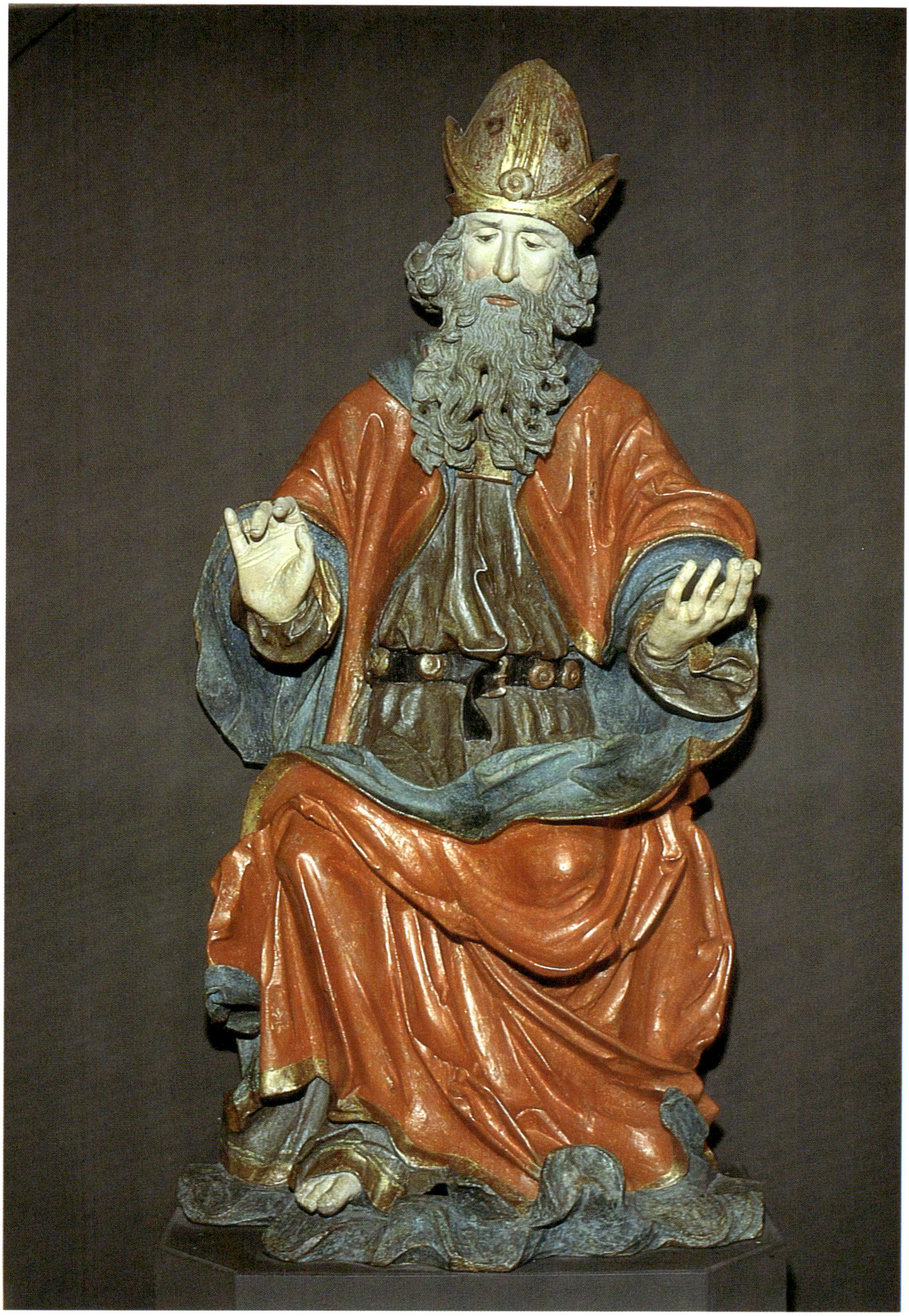

beschreibt er den Mühldorfer Gottvater als ein „Meisterwerk der Renaissanceplastik" und geradezu enthusiastisch als „eine der geistig bedeutsamsten, der formal reifsten Schöpfungen eines deutschen Zeitgenossen Michelangelos, ein Werk von tragischem, fast drohendem Ernst und richterlicher Würde..." Und weiter: „Diese imposante Gestalt steht am Anfang der Entwicklungsreihe manieristischer Plastik, die in Deutschland um 1515 in den Schöpfungen des oberrheinischen Meisters HL, um 1600 in den ekstatischen Gebilden des Oldenburgers Ludwig Münstermann gipfelte..."

Decker setzt die Figur aber deutlich ab von den manieristischen Spätwerken Hans Leinbergers und anderen altbaierischen und österreichischen Bildhauern, wie auch z. B. Matthäus Krinis. Vielmehr weist er sie einem „aus Salzburger Kunsttradition emporgewachsenen Meister" zu, der als „Haupt einer ansehnlichen Mühldorfer Bildhauerwerkstatt der Jahre um 1520 der um 1480 geborenen Künstlergeneration" angehört hätte.

Den manieristischen Charakter der Gottvaterfigur kann man durchaus nachvollziehen, doch erscheint die von Heinrich Decker angenommene Entstehungszeit um 1525 weniger schlüssig. Eher wird man heute dazu neigen, die Arbeit nicht vor 1540/50 zu datieren.

Was die Funktion der Gottvaterfigur betrifft, so dürfte sie weniger von einer Marienkrönung stammen als von einem Gnadenstuhl. Entsprechende Einschnitte in den Gewandfalten und auch die Haltung der Hände lassen dies ohne Zweifel erkennen.

Trotz aller noch offenen Fragen um die künstlerische Einordnung der beeindruckenden Plastik haben wir es beim Mühldorfer Gottvater zweifellos mit einem Werk zu tun, dem eine überörtliche Bedeutung zukommt.

Daß die Figur aus der 1393 erbauten und 1815 abgebrochenen Marienkirche auf dem Stadtplatz stammt, wird in früheren Stadtbeschreibungen berichtet. Eine urkundliche Quelle dafür ist aber nicht genannt. Die eingehende Erforschung des historischen und künstlerischen Umfelds der Schnitzfigur wäre allein wegen deren Qualität überaus wünschenswert.

Volker Liedke

Matthäus Krinis und Wilhelm Pätzsold, zwei bedeutende Mühldorfer Meister vom Anfang des 16. Jahrhunderts

Mühldorf, katholische Pfarrkirche St. Nikolaus, Ausschnitt des Epitaphs für Wilhelm Pätzsold († 1521) mit Darstellung des Malers und dessen Wappenschild

In der bayerischen Kunstgeschichte nimmt Mühldorf mit seinen bedeutenden Maler- und Bildhauerwerkstätten des 15. und 16. Jahrhunderts sehr zu Unrecht noch keinen ihr gebührenden Platz ein. Dies liegt vor allem daran, daß bislang die zum Glück noch reichlich vorhandenen archivalischen Quellen im dortigen Stadtarchiv sowie im Bayerischen Hauptstaatsarchiv München noch nicht erschöpfend ausgewertet wurden und man deswegen offenbar nicht erkannte, daß beispielsweise der Bildschnitzer Matthäus Krinis, dem man bisher fälschlich die Ausführung der kunstvoll geschnitzten Reliefs an den Portalflügeln der Altöttinger Stiftskirche zuschrieb, in Mühldorf seine Werkstätte besaß. Am 7. November 1511 erhielt er dort das Bürgerrecht. Der diesbezügliche Eintrag im Bürgerbuch lautet: „Item an Freitag vor Martini im XI jare sind burger worden Matheus Krinis, schnitzer, porgen Martein [Rumler], maler, und Lucas Nyes, maler."

Auch Wilhelm Pätzsold, der in der Kunstgeschichte unter dem Notnamen „Meister von Mühldorf" bekannt gemacht wurde, war der Geburt nach kein bayerisches Landeskind, sondern stammte, wie eingehende Nachforschungen ergaben, aus Heldburg in Thüringen.

Der Bildschnitzer Matthäus Krinis und der Maler Wilhelm Pätzsold bestimmten für fast ein Jahrzehnt das künstlerische Geschehen in und im weiten Umkreis von Mühldorf.

Aber auch in anderen Städten, wie etwa in München, Landshut, Wasserburg, Burghausen und Braunau saßen zu jener Zeit tüchtige

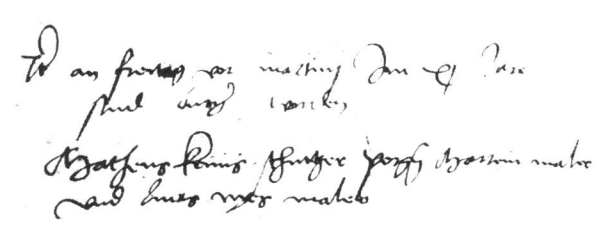

Bürgerrecht für Matthäus Krinis, 1511

211

Salmannskirchen, katholische Kirche, Epitaph für den kursächsischen Geh. Rat Degenhart Pfeffinger († 1519)

Meister, die den großen Bedarf an Tafelbildern und Schnitzfiguren für die Altäre der Kirchen decken konnten. Es wäre wohl sicher nicht richtig, wenn wir das Kunstgeschehen in Mühldorf lediglich unter dem Aspekt dieser beiden bedeutenden Meister und den von ihnen geschaffenen Werken sehen und würdigen wollten, denn es gibt wichtige Vorstufen dazu, die hier kurz der Erwähnung bedürfen.

Die Mühldorfer Malerwerkstätten des 15. Jahrhunderts

In Mühldorf, dem wichtigen Handelsplatz des Erzstifts Salzburg, kam es, durch die günstige geographische Lage bedingt, wohl schon frühzeitig zur Ausbildung eines kleinen künstlerischen Zentrums. Bereits in der ersten Hälfte des 15. Jahrhunderts muß es in der Stadt mindestens zwei Malerwerkstätten gleichzeitig gegeben haben.

Im Jahr 1434 wird eine „Diemut die alte Malerin" erwähnt. Daneben erscheinen in den archivalischen Quellen ein Meister Jobst (urk. 1441–1461), ein Meister Thomas (Bürgerrecht 1448), ferner ein Ulrich Greymolt (Bürgerrecht 1449), ein Meister Sigmund (Bürgerrecht 1455) sowie ein Hanns Kanfil (urk. 1465 – † nach 1497). Abgesehen von rein handwerklichen Arbeiten für die städtische Verwaltung erfahren wir jedoch leider nichts über ihre Tätigkeit. Eine gewisse künstlerische Bedeutung dürfte hingegen dem Maler Hanns Reyser zukommen, der hier von 1472 bis zu seinem Tod im Jahr 1505 ansässig und tätig war. Seine Grabplatte, die sich früher an der Maria-Eich-Kapelle in Mühldorf befand, ist seit der letzten Restaurierung leider verschollen. Es wäre noch zu erwähnen, daß ein Meister Caspar 1463 das Bürgerrecht erlangte; er findet in den Archivalien des Mühldorfer Stadtarchivs 1497 letztmals Erwähnung.

Degenhart Pfeffinger

Mit der kunstgeschichtlichen Entwicklung Mühldorfs im zweiten Jahrzehnt des 16. Jahrhunderts ist die Person Degenhart Pfeffingers eng verbunden. Rekapitulieren wir hier kurz, was wir über den Lebensweg dieses aus altbairischem Adel stammenden Mannes wissen: Degenhart Pfeffinger wurde im Jahr 1471 als Sohn des Gentiflor Pfeffinger, Hofmeister Herzog Ludwigs des Reichen in Landshut, und seiner Gemahlin Magdalena Huber von Wildenheim geboren. Wiguleus Hund, der große Genealoge des altbairischen Adels, schreibt über ihn im dritten Teil seines „Stammenbuchs": „Degenhart [Pfeffinger], der letzte dieses Namens, war Herzog Georgen Gemahl [= Hedwig], Truchseß zu Burghausen 4 Jahr lang; kam danach mit Herr Sigemunden von Leining [= Laiming] an Herzog Friedrich Churfürsten zu Sachsen Dienst, mit dem sie beide zum gelobten Lande gezogen, wurden

zu Ritter geschlagen, und brachten Hrn. Degenharten viele Heiligthümer gegen Salbernkirchen [= Salmannskirchen] 1493. Er war Herzog Friedrichs innerster Camerer und geheimer Rath viele Jahre, in großen Gnaden, verliehe ihm ein Schloß, Waldsachsen genannt, nahe bey Koburg [= Coburg] Anno 1507, ward in hohen Legationen zum Pabst und andern Potentaten geschickt […].
Auf Absterben seines Vaters empfing er das Erb=Marschalkamt von Herzog Georg in Baiern 1503 […]. Er hat St. Johanniskirchen zu Salbernkirchen aus dem Grunde von Neuen erbauen lassen, und nicht allein mit obgemeldeten großen Heiligthümern, sondern auch mit viel köstlichen Ornaten, silbernen Kleinodien und Bildern geziert, so daselbst noch vorhanden sind. Am Schloß Salbernkirchen hat er viel gebaut, auch von Herzog Wilhelmen und Ludwigen in Baiern das Schloß Zangenberg [= Zangberg] mit einer Zugehörung erkaufft Anno 1514, haben die von Dachsberg auf sein Absterben geerbt. Zu Wittenberg hat er bey allen Heiligen eine große Stiftung gethan, laut des Stiftungsbriefes 1508.
Seine Hausfrau war Frau Erntraut von Seiboltsdorf, hat keine Kinder bey ihr. Er starb zu Frankfurt auf dem Wahltag, als Kaiser Karl zum römischen König erwählt wurde den 3 July 1519, allda ihm der Churfürst zu Sachsen bei den Parfüßern im Chor ein schönes Marmorsteinenes Epitaphium in die Wand setzen lassen. Die Dachsberger, so mit ihm Geschwister Kinder von der Mutter, erbten Zangenberg, und Hans Herzheimer, so auch seine Geschwisterte Kinder mit ihm war vom Vater, erbet Salbernkirchen, wie dann beiderseits Erben solche noch auf diese Stunde inne haben."
Es bliebe in diesem Zusammenhang noch zu erwähnen, daß Degenhart Pfeffingers Schwestern Äbtissinnen waren, und zwar Regina im Kloster Nonnberg in Salzburg und Ursula im Kloster Frauenchiemsee.
Hans Herzheimer ließ Degenhart Pfeffinger im Jahr 1524 in der Kirche zu Salmannskirchen ein prächtiges Epitaph setzen, von dem

Das Wappen Degenhart Pfeffingers im Salmannskircher Heiltumsbuch (Stadtarchiv Mühldorf)

aber heute nur mehr die Mittelplatte mit dem Relief des Verstorbenen erhalten ist. Dieses Grabmal weist ihn als den Inhaber vieler hoher Auszeichnungen aus. Das über dem Kopf des Ritters angebrachte Ehrenzeichen bezieht sich so auf den Orden vom Heiligen Grab, den er zusammen mit dem Ritterschlag in Jerusalem erhielt. Weitere Insignien weisen darauf hin, daß Degenhart Pfeffinger auch Träger des cyprischen Schwertordens sowie des aragonischen Kannenordens war.
Der Erbmarschall wird auf seinem Epitaph in voller Rüstung dargestellt. Mit übereinandergelegten Händen steht er breitbeinig in einer flachen Rundbogennische. Den schweren Helm hat er abgesetzt. Er trägt dafür eine modische Netzhaube, wie sie in der Zeit um 1520 gerne von Männern vornehmen Standes getragen wurde. Das ausdrucksvolle Gesicht

Degenhart Pfeffinger und seine Gemahlin, Ausschnitt aus dem Stammbaum des Adelsgeschlechts (Bayerisches Nationalmuseum, München)

mit den stark hervortretenden Backenknochen steigert den Eindruck von geballter Kraft, die von der ganzen Gestalt ausgeht. Das früher sicher monumental wirkende Grabmal vermeidet mit Geschick jede kleinteilige Form und unnütze Verspieltheit. Das Epitaph, das in der altbairischen Sepulkralskulptur völlig isoliert steht, dürfte wohl von einem Mühldorfer Bildschnitzer ausgeführt worden sein.

Degenhart Pfeffinger war nicht nur ein in diplomatischen Missionen besonders geschickter Mann, sondern auch ein ausgezeichneter Kenner der schönen Künste. Für Kurfürst Friedrich von Sachsen vermittelte er zahlreiche Aufträge an Künstler und Kunsthandwerker. Mit seinem Fürsten teilte Pfeffinger dabei die Leidenschaft im Sammeln von Kunstwerken und heilbringenden Reliquien. Letztere ließ Friedrich der Weise eines Tages in einem Heiltumsbuch zusammenstellen, das dann 1509 im Druck erschien. Der damals am Wittenberger Hof tätige Maler Lukas Cranach d. Ä. lieferte dabei die Entwürfe zu den Holzschnitten, mit denen dieser Band illustriert wurde. Daß der vielbeschäftigte Meister natürlich nicht alle Bildvorlagen selbst zeichnete, ist mit großer Wahrscheinlichkeit anzunehmen. Es wäre gut denkbar, daß er sich dabei der Mitarbeit von tüchtigen Gesellen seiner Werkstatt, wie das damals bei der Ausführung größerer Aufträge üblich war, versicherte.

Der Maler Wilhelm Pätzsold

Einer dieser Gesellen, der auch wohl verschiedene Vorlagen zu den Holzschnitten des Heiltumsbuches lieferte, dürfte der aus Heldburg in Thüringen stammende Wilhelm Pätzsold gewesen sein. Das fertige Werk muß bei Degenhart Pfeffinger einen tiefen Eindruck hinterlassen haben, denn nun regte sich auch bei ihm der Wunsch, seine eigene Sammlung an Reliquien in ähnlicher Form darstellen zu lassen, wenngleich dabei sicher von Anfang an nur an ein handschriftliches Exemplar und nicht auch an eine Ausführung im Druck gedacht war. Daß der Hofmaler Lucas Cranach d. Ä. natürlich nicht selbst nach Salmannskirchen im − von Wittenberg aus gesehen − fernen Bayernland reisen wollte, um dort im Schloß und in der Kirche die gesammelten Heiltümer zu zeichnen, versteht sich wohl von selbst. Anscheinend empfahl er jedoch für diese Arbeit einen seiner Malergesellen. Und so begab sich dann eines Tages Wilhelm Pätzsold auf seine lange Reise nach Salmannskirchen. Nach seiner Ankunft dürfte er in der Zeit um 1509/10 für mehrere Monate als Gast Degenhart Pfeffingers mit größter Sorgfalt und Genauigkeit alle Reliquien katalogisiert und in einem eigenen Band, der sich glücklicherweise noch erhalten hat und heute im Stadtarchiv Mühldorf aufbewahrt wird, zusammengestellt haben.

Der Ruf von Wilhelm Pätzsolds besonderer künstlerischer Befähigung muß sich alsbald in Mühldorf und seiner Umgebung verbreitet haben. Als dann im nahen Ecksberg für die dortige spätgotische Salvatorkirche ein kleiner Flügelaltar für den Chor dieses Gotteshauses benötigt wurde, wandte man sich an ihn. Dieser Auftrag könnte für Pätzsold ein wichtiger Grund gewesen sein, in der unweit von Salmannskirchen gelegenen Stadt Mühldorf um das Bürger- und das Meisterrecht nachzusuchen. Seine Bitte fand offensichtlich bei Bürgermeister und Rat Gehör. Am 14. März 1511 erlangte Wilhelm Pätzsold das Bürgerrecht und wohl auch noch in demselben Jahr das Meisterrecht.

Der Ecksberger Passionsaltar wurde von Wilhelm Pätzsold, wie eine diesbezügliche Datierung an der Predella ausweist, im Jahr 1511 fertiggestellt. Er wurde in späterer Zeit leider, wie so viele andere mittelalterliche Altäre,

Altmühldorf, Passionsaltar von 1511

Altmühldorf, katholische Pfarrkirche, Predella des Passionsaltars, Ausschnitt mit der Grablegung Christi

215

Altmühldorf, Passionsaltar, Tafelgemälde der Gefangennahme Christi und Christus vor Kaiphas

zerstört. Im Jahr 1854 befanden sich die bemalten Teile in der Pfarrkirche von Altmühldorf, kehrten aber 1876 wieder nach Ecksberg zurück, wo auch noch die Schreinfigur eines St. Salvator erhalten geblieben ist. Im Jahr 1906 stellte man aus den Altarflügeln und der Predella einen neuen Altar zusammen und übertrug diesen wiederum nach Altmühldorf. Im südlichen Seitenschiff steht heute das rekonstruierte Retabel. Anstatt des St. Salvator – die Figur verblieb in Ecksberg – finden sich nunmehr im Schrein des Altars die Figuren der Heiligen Petrus und Paulus, die im Jahr 1908 von der Kirchenverwaltung St. Peter in Westerndorf-St. Peter bei Rosenheim angekauft worden waren.

Die Altarflügel des Passionsaltars bringen Szenen aus dem Leiden Christi, und zwar an seinen Außenseiten folgende Darstellungen:

    Einzug Christi in Jerusalem

    Gefangennahme

    Ölberg

    Christus vor Kaiphas

Die Innenseiten der Altarflügel, die den Gläubigen früher zu den Festtagen gezeigt wurden, schmücken dagegen Gemälde mit weiteren Stationen vom Kreuzestod Christi:

    Geißelung Christi

    Kreuztragung

    Ecce Homo

    Kreuzigung

Die Predella stellt hingegen die Beweinung Christi dar.

Wilhelm Pätzsold ist auch die 1513 datierte

Federzeichnung der Verkündigung, 1514
(E. B. Crocker Art Gallery, Sacramento, USA)

Tuschpinselzeichnung eines Drachenkampfs des hl. Georg (Universitätsbibliothek Erlangen, Graphische Sammlung) zuzuschreiben. Noch bemerkenswerter ist jedoch eine von dem Meister im Jahr 1514 ausgeführte Federzeichnung der Verkündigung (E. B. Crocker Art Gallery, Sacramento, California, USA). Das Blatt weist als Signatur ein durchstrichenes „W" auf. Isolde Hausberger beschreibt es in ihrer Dissertation über den „Meister von Mühldorf" mit folgenden Worten:

„Die Figuren der Maria und des Verkündigungsengels befinden sich in einer perspektivisch konstruierten Architektur, die Teil eines größeren Gebäudes ist. Der Fluchtpunkt liegt sehr tief, wodurch die stürzenden Linien der Balkendecke des rechten Raumteils hervorgerufen werden. In diesem nach rechts in die Tiefe führenden Raum sitzt die relativ kleine Maria. Links von ihr öffnet sich der Raum mit einer von einer balusterartigen Säule gestützten Arkade in einen weiteren Raum. Durch diese Arkade tritt der Engel, den Arm segnend erhoben und über sein Haupt auf Maria weisend. Über ihm im Arkadenbogen erscheint in Wolken die Taube des Heiligen Geistes, von ihr führen Strahlen auf Maria. Der inhaltliche und formale Bezug des Engels und der Strahlen, auf denen die Taube herabschwebt, wird intensiviert durch die Fluchtlinien der Architektur und den Lichteinfall von links. Links öffnet sich der nach vorne durch eine überschnittene Arkade begrenzte Raum mit Fenstern und einem Tor, wo eine Landschaft zu sehen ist. Die Kompositionsweise mit dem starken Tiefenzug nach rechts ist typisch für den Meister von Mühldorf […]."

Ausschnitt aus dem Blatt der Verkündigung mit dem Meisterzeichen Wilhelm Pätzsolds

Im Jahr 1515, anläßlich der Vermählung Degenhart Pfeffingers mit Ehrentraud von Seyboldtsdorf, ließ dieser ein Stammbuch seines Geschlechts ausführen (Bayer. Hauptstaatsarchiv, München). In Verbindung dazu ist auch der gemalte Stammbaum der Pfeffinger (Bayerisches Nationalmuseum, München) zu sehen. Wilhelm Pätzsold, dem dieser Auftrag zuteil wurde, hat ihn in der Form eines Klapptriptychons ausgeführt und im Jahr 1516 vollendet.

Die Ahnenreihe beginnt im Jahre 1217 mit Wernher Pfeffinger und läßt die Halbfiguren der Ahnen aus Blattkelchen entwachsen. Die männlichen Vorfahren sind dabei durch den Weinstock als Stammbaum verbunden. Die Ahnenreihe stellt sich als bunt gemischte, feudale Gesellschaft dar, mit reicher Kostümierung in der Zeit vor 1500. Die einzelnen Paare sind einander zugewandt und tragen Schriftbänder mit ihren Namen. Die Gesichter der dargestellten Personen zeigen die für den Meister von Mühldorf typischen, eigenartig vergröberten Formen. Degenhart Pfeffinger steht am rechten äußersten Rand, als letzter seines Stammes, zusammen mit seiner Frau, Ehrentraud von Seyboldtsdorf.

In diesem Zusammenhang wäre natürlich auch auf ein Gemälde Degenhart Pfeffingers (Mühldorf, Privatbesitz) hinzuweisen, das den stilistischen Merkmalen zufolge eindeutig dem Landshuter Hofmaler Hans Wertinger zuzuschreiben ist. Dieser Meister hat wohl auch die Glasgemälde in der St.-Anna-Kapelle zu Neuötting entworfen und ausgeführt, die Degenhart Pfeffinger mit seiner Gemahlin zeigen. Nicht unerwähnt darf schließlich auch bleiben, daß die Stadt Mühldorf zwei Flügel eines kleinen Altars besitzt, die mit den Darstellungen der Heiligen Georg und Florian versehen

Tafelgemälde mit dem hl. Sebastian (Kreisheimatmuseum Lodronhaus, Mühldorf)

Federzeichnung des Altöttinger Gnadenbilds (British Museum, London)

sind. Die wertvollen Tafelbilder werden im Sitzungssaal des Rathauses aufbewahrt.

Ein weiteres Werk des Mühldorfer Meisters kam im Jahr 1987 durch einen glücklichen Umstand in den Besitz der Stadt: Eine kleine Bildtafel mit der Darstellung eines hl. Sebastian in bürgerlicher Tracht. Das Bild ist eine Schenkung des Unternehmers Josef Schörghuber an seine Geburtsstadt Mühldorf.

Isolde Lübbeke-Hausberger, welche die Tafel im Münchener Kunsthandel entdeckte, schreibt dazu: „Es handelt sich um einen nicht vollständig erhaltenen Flügel aus dem Zusammenhang eines Flügelaltars [...]. Das Täfelchen (28,5×20 cm) befand sich vormals in einer Innsbrucker Sammlung [...]. Für welchen Ort der Altar ursprünglich geschaffen und wann er zerlegt wurde, ist bisher unbekannt. Als Entstehungszeit kommen die Jahre 1510/11 in Frage. Vergleicht man dieses Gemälde mit dem annähernd gleichzeitig entstandenen hl. Sebastian des Hans Süß von Kulmbach, einem erstrangigen Maler aus dem Umkreis Dürers, so wird deutlich, wie ähnliche Bildmuster je nach Temperament verarbeitet werden können und wie eigenständig, durchaus aktuell, der Meister von Mühldorf sich in seiner ganz auf die menschliche Gestalt konzentrierenden kraftvollen Kunst von der gleichzeitigen Malerei abhebt."

Wilhelm Pätzsold ist letztlich noch eine 1518 entstandene Federzeichnung der Altöttinger Gnadenmadonna (British Museum, London) zuzuteilen. Im Todesjahr Degenhart Pfeffingers, also 1519, zeichnete der Maler noch das Blatt mit der Anbetung der Könige (British Museum, London).

Im Rahmen dieser kleinen Studie konnte verständlicherweise nur eine kleine Auswahl der von Wilhelm Pätzsold geschaffenen und uns noch erhaltenen Werke angesprochen werden. Daß der Meister im Laufe seiner Mühldorfer Tätigkeit ziemlich viele Aufträge erhalten haben muß, läßt sich schon aus der Tatsache ableiten, daß es ihm bereits innerhalb des einen Jahrzehnts, in dem er hier in Mühldorf ansässig war, gelang, es zu einem ganz ansehnlichen Vermögen zu bringen.

Als der Maler sein Ende nahen fühlte – wahrscheinlich starb er an der Pest, die im Jahr 1521 wieder einmal besonders schlimm in Altbaiern und Österreich wütete –, verfügte er, daß aus seinem Besitz für das Heiliggeistspital in Mühldorf eine größere Summe gespendet werden sollte. Das Vermächtnis erfüllte dann sein Schwager, der seit 1520 in Mühldorf ansässige Maler und Bildschnitzer Gregor Wiener.

Ein großes Rotmarmorepitaph erinnert noch an den „Meister von Mühldorf". Es befindet sich heute an der Nordinnenwand der Vorhalle der Mühldorfer Stadtpfarrkirche St. Nikolaus. Der kunstvoll gemeißelte Gedenkstein zeigt das nach dem Holzschnitt der Kleinen Passion von Albrecht Dürer gestaltete Relief der Auferstehung mitsamt der Person des knienden Stifters. Die Arbeit wurde, wie eine diesbezügliche Inschrift an dem Epitaph be-

Mühldorf, katholische Pfarrkirche St. Nikolaus, Epitaph des Malers Wilhelm Pätzsold († 1521)

legt, im Jahr 1521, dem Todesjahr Wilhelm Pätzsolds, fertiggestellt.

Die Mühldorfer Bildschnitzerwerkstätten des 15. Jahrhunderts

Seit wann in Mühldorf eine eigene Bildschnitzerwerkstatt bestanden hat, läßt sich archivalisch nicht genau belegen. Es wäre denkbar, daß hier aber schon in der ersten Hälfte des 15. Jahrhunderts ein Maler ansässig war, der in seiner Werkstatt bei Bedarf zugleich Bildhauerarbeiten ausführte oder von einem in

Fridolfing, katholische Kirche St. Johannes, hll. Maria, Margarete und Barbara

diesem Handwerkszweig speziell ausgebildeten Bildschnitzergesellen, der bei ihm tätig war, ausführen ließ.

Der tüchtige Bildhauer Hanns Paldauf, der von 1446 bis zu Anfang des Jahres 1459 in Salzburg eine Bildschnitzerwerkstatt betrieb, stammte, wie nur wenige wissen, aus Mühldorf. Er führte beispielsweise das leider nicht mehr erhaltene Grabmal für den Salzburger Erzbischof Sigmund von Volkenstorf aus. Paldauf übersiedelte später nach Passau und überließ anscheinend seine Werkstatt dem gleichfalls aus Mühldorf stammenden Bildschnitzer Hanns Wetzl. Von diesem Meister stammt u. a. der Mauterndorfer Altar. Auch Wetzl führte zahlreiche Grabplatten aus, wovon hier nur an die kunstvoll gemeißelte Reliefplatte zum Gedenken an die Gurker Bischöfe Johann von Schallermann († 1453) und Ulrich von Sonnenberg († 1469) in der Pfarrkirche von Straßburg in Kärnten zu erinnern wäre.

Meister Jörg, der in Mühldorf in der Zeit zwischen 1467 und 1514 tätig war, scheint der erste Bildschnitzer gewesen zu sein, der sich hier vorwiegend der Ausführung von Skulpturen und Reliefs für spätgotische Schnitzaltäre widmete. In den Stadtkammerrechnungen wird er des öfteren genannt; meist handelte es sich dabei aber nur um kleinere Ausbesserungsarbeiten für Bauten im städt. Besitz.

Nach Meister Jörgs Tod um 1515 dürfte dessen Witwe die Werkstatt mit Gesellen noch etwa zwei Jahre weitergeführt haben. Diese ging dann anscheinend an den Bildschnitzer Niklas Leb über, der am 25. Dezember 1517 das Mühldorfer Bürgerrecht erlangte. Er bezog ein Haus in der Innvorstadt. Niklas Leb war wohl ein Sohn des Wasserburger Malers und Bildschnitzers Wolfgang Leb, der nach den neuesten Forschungen des Verfassers mit dem bislang unbekannten Meister des Hochaltars von Rabenden („Meister von Rabenden") gleichzusetzen ist.

Niklas Lebs Tätigkeit erstreckt sich bis in die Mitte der dreißiger Jahre des 16. Jahrhunderts. Als sein Werkstattnachfolger käme in erster Linie der Maler Sebastian Leb in Betracht, der urkundlich für die Zeit zwischen 1537 und 1549 zu belegen ist. Ein weiterer Sohn Niklas Lebs könnte der ab 1549 in Salzburg ansässige und tätige Bildhauer Leonhard Leb gewesen sein. Das Werk Niklas Lebs bedarf noch der Erforschung.

Im Jahr 1477 erhielt dann Christoph Marchinger das Mühldorfer Bürgerrecht. Bei seiner Bürgeraufnahme wird der Maler Hanns Kanfil als einer seiner beiden Bürgen bezeichnet. Marchinger bürgte seinerseits wieder im Jahr 1486 für den um das Bürgerrecht nachsuchenden Goldschmied Lienhard Schnaterpeck. In einigen Kirchen im Umland von Mühldorf finden sich in erneuerten Altären noch spätgotische Figuren, die ihren stilistischen Merkmalen zufolge in der Zeit um 1480/90 ausgeführt worden sein müssen. Dazu gehört beispiels-

Pürten, katholische Pfarrkirche, Marienkrönung, ursprünglich im Schrein des spätgotischen Choraltars

Laurentius in Altmühldorf und eine hl. Margarete in der ehemaligen Klosterkirche St. Veit in Neumarkt a. d. Rott zeigen auffallende Stilverwandtschaft.

In die für die Mühldorfer Kunstgeschichte „dunkle Zeit" zwischen 1490 und 1510 fällt so manches qualitätvolle Schnitzwerk, das sich bislang einer näheren Zuordnung entzieht. Hierzu zählt u. a. auch der frühere Pürtner Choraltar, von dem sich noch die schöne Figurengruppe einer Marienkrönung sowie die weise eine Marienstatue in der Kirche von Pietenberg bei Kraiburg. Von demselben Meister stammen offensichtlich auch die Figuren der Heiligen Maria, Margaretha und Barbara in der Kirche St. Johannes Evangelist und Johannes Baptist in Fridolfing. Auch die Schreinskulpturen der Heiligen Maria, Nikolaus und Ulrich in der Kirche zu Wurmsham (Lkr. Landshut) sowie eine hl. Katharina am nördlichen Seitenaltar der Pfarrkirche St.

Au a. Inn, ehemalige Augustinerchorherren-Stiftskirche, Epitaph für den Propst Wilhelm Helfendorfer († 1504)

Au a. Inn, ehemalige Augustinerchorherren-Stiftskirche, Epitaph für den Propst Christian Sperrer (1504–1515)

St. Salvator sowie die hll. Johannes der Täufer und Johannes der Evangelist aus dem Schrein des Salmannskircher Reliquienaltars (Diözesanmuseum, Freising)

vier Reliefs der Altarflügel mit Szenen aus dem Marienleben erhalten haben. Dem ikonographischen Programm zufolge muß es sich dabei wohl um einen Marienaltar von dem für die Zeit um 1500 üblichen Typus gehandelt haben.

Auf dem Gebiet der Sepulkralskulptur verdienen hier besonders die prachtvollen Epitaphien der Pröpste Wilhelm Helfendorfer († 1504) – ausgeführt zwischen 1483 und 1500 – und Christian Sperrer (abgesetzt 1515) – gemeißelt um 1509 – in der ehemaligen Augustinerchorherren-Stiftskirche Au, die diese schon zu ihren Lebzeiten in Auftrag gaben, Beachtung. Beide Grabdenkmäler verraten einen einheitlichen Entwurf und stammen allem Anschein nach von einem Meister, der in Mühldorf ansässig und tätig war. Beide Pröpste werden stehend dargestellt, wobei aber Christian Sperrer sein Haupt im Tod zur Seite neigt. Reich gefältelte Schriftbänder umziehen die Platten, und die einzelnen Buchstaben der Inschrift sind kunstvoll verziert. Auffallend ist auch die teilweise Verwendung von Blumen mit Stengeln für die Worttrennungen.

Der Bildschnitzer Matthäus Krinis

Eines der großen Rätsel in der bayerischen Kunstgeschichte des frühen 16. Jahrhunderts konnte, wie bereits oben angedeutet wurde, nunmehr durch den glücklichen Fund im Mühldorfer Stadtarchiv gelöst werden: Matthäus Krinis, ein bedeutender Meister der Frührenaissance im Inn-Salzach-Gebiet, erlangte im Jahr 1511 eine dauernde Bleibe in

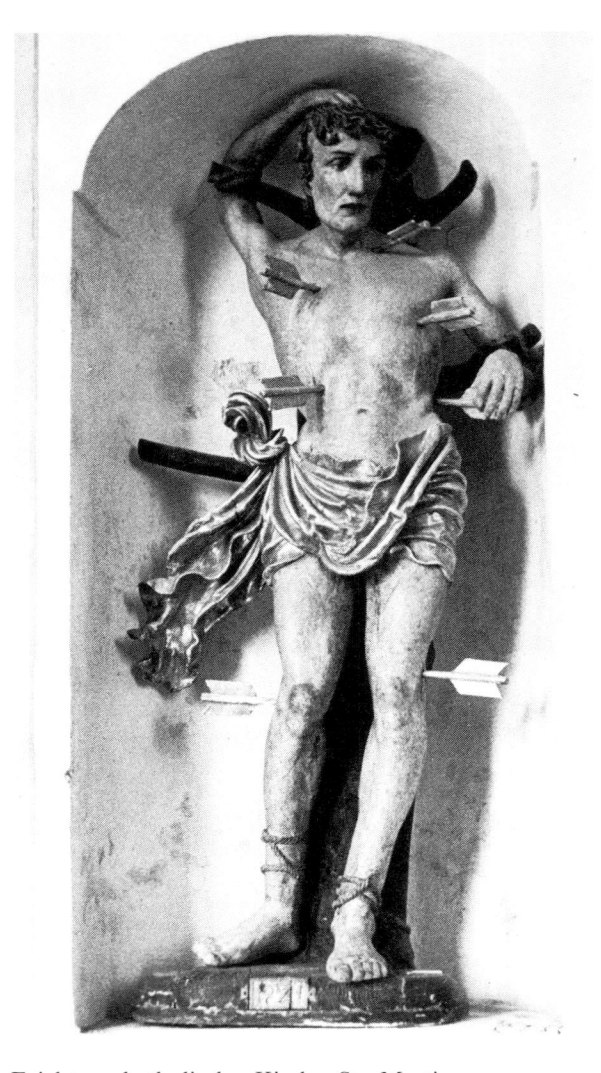

Feichten, katholische Kirche St. Martin,
hl. Sebastian, datiert 1521

Mühldorf. Nur ein knappes Jahrzehnt scheint ihm hier beschieden gewesen zu sein, doch welch qualitätvolle Werke hat er in dieser Zeit geschaffen und uns hinterlassen!
Da bei der Bürgeraufnahme vom 7. November 1511 seine Herkunft im Bürgerbuch nicht angegeben wird, sind wir hierbei auf Vermutungen angewiesen. Die Namensform Krinis ist für Altbaiern ungewöhnlich und läßt darauf schließen, daß der Meister nicht aus der Gegend von Mühldorf stammte. In Hall i. Tirol läßt sich von 1507 bis 1511 ein Goldschmied Vinzenz Crinis urkundlich nachweisen. Er könnte identisch sein mit einem gleichnamigen Goldschmied, der in Meran von 1511 bis 1521 tätig war. Ein Bruder oder naher Verwandter dürfte der in Brixen von etwa 1500 bis 1540 ansässige Heinrich Crinis gewesen sein. Nach den Forschungen von Erich Egg sollen beide aus Ulm gestammt haben.

Den ersten sicheren archivalischen Nachweis über die Tätigkeit von Matthäus Krinis in Altbaiern erfahren wir jedoch durch einen Eintrag im Rechnungsbuch von 1509/10 der Kapellenstiftungs-Administration in Altötting. Hierin wird der „Matheuß pildschniczer" oder „Matheuß Kriniß" mehrfach bei der Entlohnung von verschiedenen Arbeiten für die neuerbaute Stiftskirche genannt.

Zu den Werken, die Matthäus Krinis zwischen 1511 und seinem mutmaßlichen Todesjahr 1520 ausführte, gehören zum Beispiel wohl die Heiligen Johannes Baptist und Johannes Evangelist im früheren Reliquienaltar der Kirche St. Johannes Baptista in Salmannskirchen (jetzt Diözesanmuseum Freising) sowie die gleichfalls vortrefflich geschnitzte Stehende Muttergottes vom früheren spätgotischen Hochaltar der Pfarrkirche Mariä Himmelfahrt in Lohkirchen.

Inwieweit Matthäus Krinis sich auch mit der Ausführung von Grabdenkmälern befaßte, bedarf noch einer näheren Klärung. Es wäre denkbar, daß er vielleicht der Meister des prächtigen Rotmarmorepitaphs für Sebastian Schnepf, Propst des Augustinerchorherrenstifts Au a. Inn, war. Die schon zu Lebzeiten (um 1519) in Auftrag gegebene Platte mit dem figürlichen Relief des Verstorbenen befindet sich in der ehemaligen Klosterkirche St. Nikola in Passau, wo der Propst im Jahr 1524 starb und begraben liegt.

Nach dem frühzeitigen Tod des Bildschnitzers Matthäus Krinis, der bereits im Jahr 1520 erfolgt sein muß, übernahm offenbar der Bildschnitzer Gregor Wiener dessen florierende Werkstatt. Dieser erlangte am 20. Dezember 1520 das Mühldorfer Bürgerrecht. Für ihn bürgen wiederum − wie schon 1511 für Matthäus Krinis − die beiden Maler Martin Rumler und Lukas Nies. Gregor Wiener stammte allem Anschein nach aus einer Burghauser Ratsfamilie und dürfte dort bei dem angesehenen Bildschnitzer Georg Widerl seine Ausbildung erfahren haben.

Gregor Wiener entfaltete bis in die Mitte der vierziger Jahre des 16. Jahrhunderts eine überaus rege Tätigkeit. Von ihm selbst sowie von seinen Mitarbeitern, den Lehrjungen und Gesellen seiner Werkstatt, stammen zahlreiche Schnitzfiguren und Reliefs für Altäre in Kirchen im Umland von Mühldorf. Es sei in diesem Zusammenhang nur auf den 1521 datierten hl. Sebastian in der Kirche von Feichten bei Neumarkt-St. Veit verwiesen, außerdem auf einen St. Salvator aus der Kirche in Salmannskirchen (jetzt Diözesanmuseum, Freising), ferner auf eine figürliche Gruppe der Zwölf Apostel und das frühere Chorbogenkruzifix in der Stadtpfarrkirche zu Eggenfelden. Gregor Wiener hat aber auch zahlreiche Grabplatten und kunstvoll gemeißelte Epitaphien für den Adel an Rott und Inn ausgeführt. Es handelt sich dabei vorwiegend um eine früher von Philipp Maria Halm noch irrtümlich Matthäus Krinis zugeschriebene Werkgruppe. Hierzu gehören beispielsweise der sich früher in der Kirche von Salmannskirchen befindliche Gedenkstein Hans Herzheimers und das Epitaph des Wolfgang Marchschneider aus der Stadtpfarrkirche von Pfarrkirchen (beide jetzt im Bayerischen Nationalmuseum, München). Von besonderem ikonographischen In-

Neumarkt-St. Veit, ehemalige Klosterkirche St. Veit, hll. Wolfgang, Sigismund und Korbinian von einem Seitenaltar im südlichen Seitenschiff

teresse ist auch das querstehende, rechteckige Epitaph des Peter Niederwirt und seiner beiden Gemahlinnen an der Eggenfelder Stadt-

Eggenfelden, katholische Stadtpfarrkirche, figürliche Gruppe der Zwölf Apostel

Ecksberg, hll. Maria und Johannes der Evangelist aus einer Kreuzigungsgruppe

pfarrkirche, das unter der knienden Stifterfamilie und einem dazwischen eingefügten Misericordiabild, ein von Schlangen und Kröten benagtes Gerippe, Sinnbild der Vergänglichkeit allen menschlichen Lebens, zeigt. Hier in Eggenfelden finden sich auch noch weitere Arbeiten des Meisters Gregor Wiener, so etwa das schöne Epitaph für Hans Firher zu Plöcking († 1522), das man zum Schutz vor den Witterungseinflüssen erst vor einigen Jahren ins Innere des Gotteshauses transferierte. Die annähernd quadratische Platte bringt einen Marientod in der ikonographisch selten vorkommenden Form: Maria, an einem Betschemel kniend, haucht ihre Seele aus. Eine andere Art der Mariendarstellung weist das von Gregor Wiener gleichfalls gestaltete Epitaph für Hans Eplhauser und seine beiden Gemahlinnen in der Pfarrkirchner Stadtpfarrkirche auf. Unter dem Relief des Marientods erkennt man hier eine dreiteilige Renaissancearkade, getragen von Balustersäulchen, in die die Wappenschilde der drei Verstorbenen einbeschrieben sind.

Im Jahr 1530 entstand das Epitaph für den Propst Petrus Häckl († 1540) in der ehemaligen Klosterkirche von Au a. Inn. Es zeigt im oberen Bildfeld das Relief der Heiligen Dreifaltigkeit. Die ganze Szene wird von Balustersäulchen gerahmt. Für die Familie der Sulzberger schuf Gregor Wiener das 1533 fertiggestellte Epitaph in der Pfarrkirche zu Unterdietfurt (Lkr. Rottal-Inn). Die Stifter knien hier zu seiten des Schmerzensmannes. Die untere Bildfläche nimmt hingegen unter einem zweiteiligen Balusterbogen das Allianzwappen des adeligen Paars ein. Die acht kleinen Wappenschilde in den Eckzwickeln des Epitaphs beziehen sich hingegen auf die Ahnenprobe der beiden Verstorbenen.

Für Gregor Wiener darf schließlich noch das 1531 datierte Wappenrelief für den ab 1526 in Mühldorf amtierenden Pfleger Hanns von Trenbach in Anspruch genommen werden. Die Platte befindet sich an dem Haus Weißgerberstraße 35/37.

Zu Beginn des 16. Jahrhunderts gewann Mühldorf für ein Jahrzehnt, dank des Zuzugs zweier bedeutender Meister aus fernen Landen, dem Bildschnitzer Matthäus Krinis und dem Maler Wilhelm Pätzsold, Anschluß an die großen künstlerischen Zentren Altbaierns und des Erzstifts Salzburg. Auch der Beitrag, den der Bildschnitzer Gregor Wiener mit seinen zahlreichen kunstvoll gemeißelten Epitaphien lieferte, ist sehr beachtlich. Zwischen dem Ausgang des Mittelalters und dem Anbruch der Neuzeit war Mühldorf, wie sich nunmehr belegen läßt, zwar nur ein kleines, jedoch sicher nicht unbedeutendes Zentrum der Kunst zwischen der Donau und den Alpen. Wenngleich für Matthäus Krinis nicht mehr die Ausführung der prächtigen geschnitzten Reliefs an den Türen der Altöttinger Stiftskirche in Anspruch genommen werden darf — sie stammen vielmehr von der Hand eines tüchtigen Braunauer Bildschnitzers, der die geschnitzten Figuren und Reliefs um 1514 vollendete —, so darf der Mühldorfer Meister doch durchaus mit anderen tüchtigen Bildhauern seiner Zeit im süddeutschen Raum in einem Atemzug genannt werden. Alle überragt hat jedoch zweifellos der wohl aus Nürnberg gebürtige und von etwa 1508 bis um 1532 in Landshut tätige Bildschnitzer Hans Leinberger. Auch auf Matthäus Krinis hat er, wie die ihm zuzuschreibenden Werke belegen, seinen künstlerischen Einfluß ausgeübt.

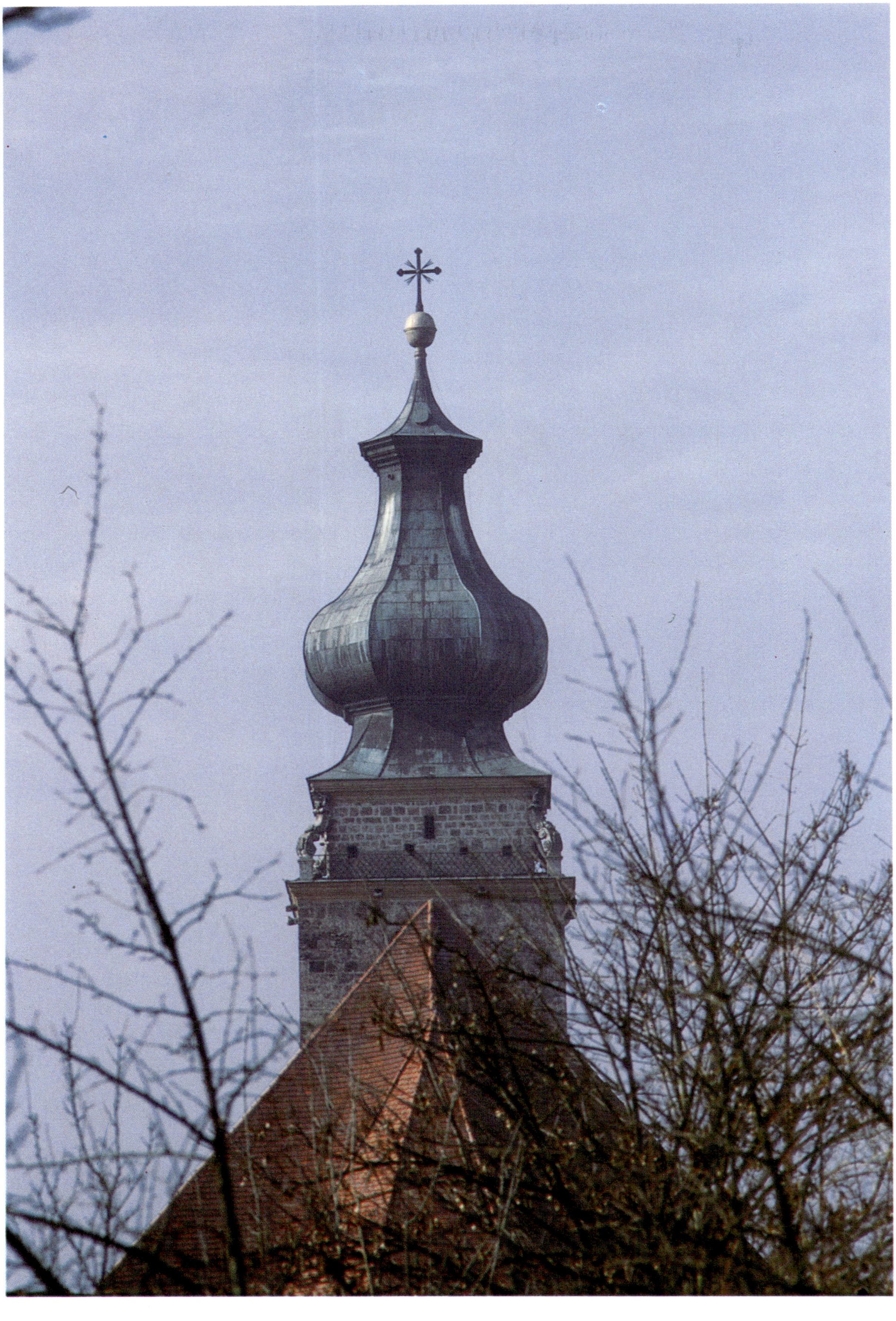

Thomas Johannes Kupferschmied

Barockes Mühldorf

Der Titel „Barockes Mühldorf" wirft zwei Fragen auf: wie sah Mühldorf zur Zeit des Barock aus und welche Hinterlassenschaften des Barock gibt es im heutigen Mühldorf? Die erste Frage läßt sich zunächst über ältere Darstellungen der Stadt beantworten, die zweite fordert auch den Einschluß der inzwischen eingemeindeten Stadtteile Altmühldorf und Mößling in die Betrachtungen.

Eine Vorstellung vom Mühldorf der frühen Neuzeit vermittelt der bekannte Stich Matthäus Merians aus seiner „Topographia Bavariae" (Druck 1644). Daneben helfen uns die Stadtansichten auf verschiedenen zeitgenössischen Darstellungen, wie z. B. zwei Votivbildern mit der hl. Ursula in der Nikolauskirche (erste Hälfte 17. Jahrhundert), auf der Spägl'schen Tafel in Ecksberg (1672), auf zwei Gemälden im Rathausfletz (17. und 18. Jahrhundert), auf einem Votivbild des J. J. Rost (1740) oder einem Altarbild des Balthasar Mang (1784), die heute im Lodron-Haus zu finden sind. Diese Aufzählung erhebt selbstverständlich keinen Anspruch auf Vollständigkeit, bezieht sich stattdessen auf öffentlich zugängliche Darstellungen.

Der Merian-Stich soll der Ausgangspunkt für einen Streifzug durch Urbanistik, Architektur, Plastik und Malerei vom Ende des 16. Jahrhunderts bis zum Ende des 18. Jahrhunderts sein. Der Blick schweift aus westlicher Richtung über die Katharinenvorstadt zum Kern der Siedlung. Mit dem Buchstaben „E" hat Merian den „Ihnfluß" bezeichnet, der der Stadt Wohlstand garantierte und die Topographie so maßgeblich beeinflußte. Auch die Barockzeit war eine Periode wirtschaftlicher Blüte und dem Salzhandel verdanken viele Kunstgüter überhaupt ihre Existenz. Vom Dreißigjährigen Krieg blieb Mühldorf dank der klugen Politik des Salzburger Erzbischofs Paris Graf Lodron verschont. Merian, der allerdings nicht immer ganz verläßlich arbeitete, zeigt uns das Musterbild einer Innstadt, die immer noch vom mittelalterlichen Gepräge mit dem Graben, der Mauer und den Türmen beherrscht wird. Die Fortifikationen fallen erst, nachdem Mühldorf 1802 Bayern zugeschlagen wird. Bis 1811 setzten z. B. noch der mächtige, 1348 gebaute Voitturm (auf dem Stich „M") und an der Wies ein Gefängnisturm Akzente, das Altöttinger Tor war noch etliche Stockwerke höher als heute („D" = „Ihntor").

In der Katharinenvorstadt bewegt sich ein schlauchförmiger Straßenzug vom heute abgebrochenen Bergtor herab vorbei an der Katharinenkirche („I") und dem Pflegschloß („G", heute: Finanzamt) durch ein weiteres Tor auf die eigentliche Siedlung zu. Feuergefährliche und „stinkende" Gewerbe, wie Brauer, Schmiede und Gerber, hatte man traditionell vor die Stadt befohlen. Das Pflegschloß, von Kardinal Matthäus Lang von Wellenburg 1539 errichtet und Symbol der Salzburger politischen Hoheit, hatte eine eigene Ummauerung mit Tor und Zugbrücke.

Nicht gekannt hat Merian selbstverständlich das heutige VdK-Haus, ein verschwiegenes, mit harmonischen Proportionen gestaltetes kubisches Rokokoschlößchen. Josef Schmid aus der Daxenberger-Familie ließ es wahrschein-

Mülldorff.

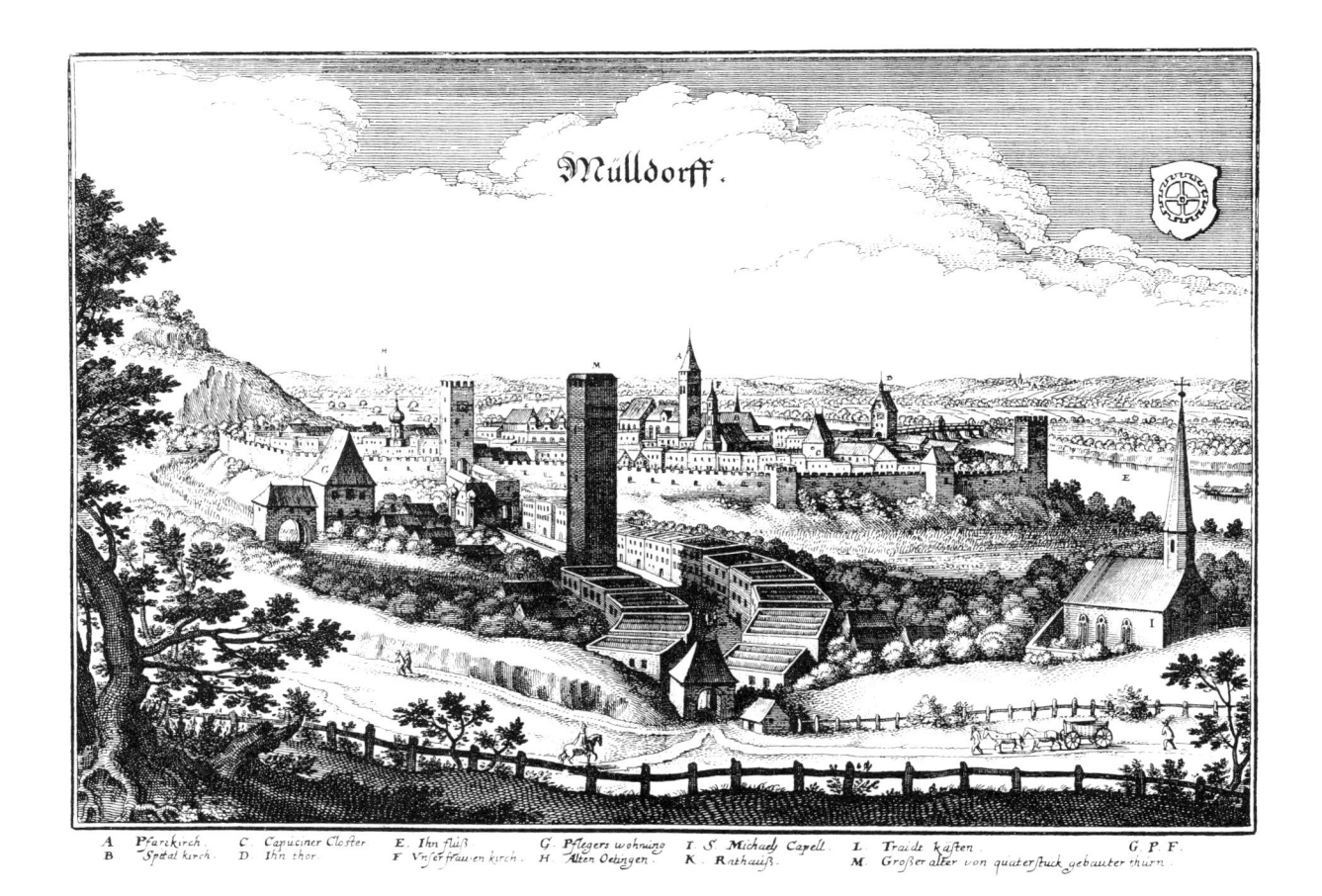

A Pfarckirch.	C Capuciner Closter	E Ihn fluß	G Pflegers wohnung	I S. Michaels Capell.	L Traidt kasten.
B Spitalkirch.	D Ihn thor	F Vnser frauen kirch.	H Alten Oetingen	K Rathauß.	M Großer alter von quaterstuck gebauter thurn.

lich in der Regierungszeit des Erzbischofs Leopold von Firmian (1727–1744) erbauen. Mit der Übernahme anspruchsvoller, herrschaftlicher Bauformen stellte er dem Selbstbewußtsein der Mühldorfer Kaufmannsgeschlechter ein beredtes Zeugnis aus.

Der Stadtkern scheint auf dem Merian-Stich in den Mauern zusammengedrängt. Das Ecksberger Bild des Wolfgang Spägl (s. u.) und eine Tafel im Rathausfletz zeigen eine barocke Fassung des Münchner Turms: abwechselnd blau und rot sind die Eckquadern hervorgehoben, da, wo jetzt im Fasching das große Narrengesicht hängt, flankieren zwei Landsknechte ein Salzburger Wappen. Von der Gottesfurcht der Einwohner erzählen die vielen Kirchen, die sich neben den Wehrtürmen gut behaupten: die Nikolauskirche („A"), die Frauenkirche („F"), die verschwundene Spitalkirche („B"), die abgebrochene alte Peterskirche im Osten der Stadt und die heute ebenfalls beseitigte Marienkirche auf dem Stadtplatz. Bis zum Jahr 1640 gab es zudem noch eine Jakobskapelle in der Nähe der Frauenkirche. 1699 wurde die Eichkapelle auf dem Hochuferrand des Inn errichtet.

Werfen wir nun einen Blick auf die Stadtanlage. Der Stich hilft uns hier wenig, aber die Vogelschau präsentiert eine Anlage, die dem Innstadtstil verpflichtet ist. Der Fluß Inn ist für die geographische Lage auf einem flachen Uferplateau verantwortlich, der Verkehrsweg Inn hat die Handelsstadt Mühldorf geprägt. Nur beim Bürgerhaus, nicht im Kirchenbau, haben sich stilistische Eigenarten ausgebildet und vom 15.–18. Jahrhundert im Bereich des Inn, der Salzach und bis hinein in den nördlichen Teil Südtirols entwickelt.

Der Organismus des Stadtgefüges wird vom Rückgrat des Stadtplatzes gestützt. Die Häuser treten nicht als Einzelbauten auf, sondern schließen sich zusammen. Außer der Hofwand gibt es meist nur eine Außenwand. Diese Fassaden nach dem Platz zu sind stets flächig gehalten, suchen den Gleichklang mit den Nachbarn und stellen die „Platzwand" her (M. E. Schuster). Eine Hausbreite umfaßt meist nur drei Fensterachsen, dafür können die Gebäude die Tiefe nutzen. An der Fassade verbergen hohe Stirnmauern das Grabendach, eine seltsame, im Vergleich zur normalen Sattelform „negative" Dachart. Das Dach spielt optisch keine Rolle. Den Schutz vor Regen übernahmen statt der üblichen vorgezogenen Dachtraufen die Laubengänge, ein anderes Merkmal des Innstadtstils.

Im Erdgeschoß der Häuser befanden sich Lagerräume oder Werkstätten, die zumindest bei Märkten auch die Lauben als Geschäftsfläche nutzten. Über eine Treppe gelangte man in den Fletz des ersten Stockes, von dem aus die Räume dieses Geschosses betretbar waren. Die Stube nahm fast die ganze Fassadenbreite ein. Auch das zweite Stockwerk diente Wohnzwecken. Ein drittes Geschoß täuscht die meist horizontal abschließende Fassade nur vor. Auf die Hofseite schauen noch heute oft hölzerne Galerien oder prächtige gemauerte Arkadengänge. Viele der ansehnlichen Bürgerhäuser hatten eigene Kapellenräume, deren Ausstattungen sich zum Teil erhalten haben. Im Lodronhaus wird zum Beispiel eine Allerseelendarstellung verwahrt, die aus dem früheren Niggl-Anwesen stammt und als Bruderschaftsbild auch an die enge Verbundenheit der zahlreichen Laienkongregationen mit dem städtischen Leben denken läßt.

Der spätgotische Treppengiebel tritt in Mühldorf nicht mehr auf. Die meisten Fassaden sind im Barock oder noch später überformt worden. Eine Besonderheit zeigt das Rathaus auf dem Merian-Stich („K"), besser zu sehen ist es auf einem Votivbild in der Nikolauskirche: der Fassadenabschluß ist deutlich dreigeteilt und betont rhythmisierend die Mitte. Die Einzelformen – vor allem gesprengte Giebel – sind typisch für das Ende des 16. und die erste Hälfte des 17. Jahrhunderts. Die barocken Hausfassaden nahmen in ihren Gliederungen deutlicher Rücksicht auf die verschiedenen Wertigkeiten und Funktionen der einzelnen Geschosse und unterscheiden sich wohltuend von der Monotonie heutigen Bauens. Ein gut erhaltenes Beispiel ist das Haus Stadtplatz 48 (Vermessungsamt). Wissend, daß höhere Gebäude nicht nur statisch, sondern auch optisch eines festen Unterbaus bedürfen, haben die Baumeister ein Sockelgeschoß durch gröberen Putz und feine Nutungen ausgebildet. Umrahmungen aus Pilastern und Verdachungen – im ersten Stockwerk dreieckige, im zweiten mit Segmentbögen – gestalten die Fenster des Wohnbereichs mit klassischen Würdemotiven. Das blinde dritte Geschoß muß mit kleinen ovalen Fenstern auskommen. Vertikal ist die Fassade in dreimal drei Achsen aufgegliedert, die Mitte zusätzlich durch einen Erker betont. Benachbart sehen wir die spätbarocke Version des Hauses Stadtplatz 44. Flache Stuckformationen und gleichartiger Dekor schließen hier die oberen Stockwerke zusammen. Die Strenge des Frühbarocks ist verloren, gewonnen die Heiterkeit des 18. Jahrhunderts. Aber die Fassade ist heute amputiert: Alte Fotos zeigen auch hier ein festes Sockelgeschoß, das, von rustizierender Nutung gegliedert, eine optisch kräftige Stütze war. Wenigstens die Laubengänge sind heute wieder geöffnet. Italienische Züge hat man im Inn-Salzach-Stil gesehen. Objektiv betrachtet bleibt die Verwandtschaft m. E. nicht nachweisbar. Bei einem Bau wie dem heutigen Rathaus verweisen wohl Größe, Fläche und Proportion auf Italien – beim Rathaus des 16./17. Jahrhunderts in der beschriebenen Gestalt hatte der Süden nichts mitzusprechen. Und auch die Charakteristika: (1.) das Grabendach, das (2.) durch die Blendmauer unsichtbar bleibt, und (3.) die Lauben haben in Italien keine Parallele.

Von angenehmster städtebaulicher Wirkung sind die vier Brunnen auf dem Stadtplatz. Der Hochbrunnen gegenüber der Frauenkirche hatte ursprünglich eine Säule mit einem darauf stehenden Mann in seiner Mitte. 1691 nahm sich der Salzburger Steinmetz Andreas Gözinger des baufälligen Brunnens an. Leider hat sich auch von seinen Bemühungen nur das Becken mit dem Wappen des Erzbischofs Johann Ernst Graf von Thun erhalten. Der Aufbau des Hochbrunnens ist heute ein Konglomerat aus einem früheren Sockel, der den Schild des Stadtpflegers Franz Joseph von Plaz trägt, einem Werkstück aus dem Prälatengarten des Klosters Seeon und neu angefertigten Teilen. Der Sockel mit dem Plaz'schen Wappen war kurioserweise das ehemalige Postament der Nepomukfigur, die heute an der Innbrücke steht. Die übrigen Brunnen besaßen ursprünglich keinen künstlerischen Schmuck. Einen ganz glücklichen Griff hat 1839 der königliche Advokat Benl getan, der die Brunnenbuberl erwerben konnte. Benl hat sie aus Eichstätt geholt. Ursprünglich stammten sie aus dem 1764 ausgeschmückten Konventgarten des Chorherrnstifts Rebdorf. Die Invention zumindest zweier Figuren stammt wohl vom Eichstätter Bildhauer J. A. Breitenauer, die Ausführung von J. J. Berg (H. Gollwitzer). Einer der Putten, mit Eule und gesenkter Fackel, bezeichnet die „Nacht" und gehörte wohl zu einem Tageszeitenzyklus, die anderen beziehen sich auf die Sphäre von Spiel, Jagd und eher weltlichen Lustbarkeiten. Auf den Kirchenbau hat der Innstadtstil, wie erwähnt, keinen Einfluß genommen, aber der Barock hat die Gotteshäuser kräftig verändert. Den ersten Rang unter ihnen nimmt St. Nikolaus ein.

Schon 1251 wird eine dem hl. Nikolaus geweihte Kirche genannt. Der älteste erhaltene Teil ist der in den Grundfesten romanische Turm. 1432–43 wurde ein neuer gotischer Chor erbaut. Das 1610 in Mühldorf errichtete Kollegiatstift war die treibende Kraft für Umgestaltungen. 1697 zählte man elf Altäre in der Kirche. Im 18. Jahrhundert wurden fünf Altäre und der Tabernakel des Hochaltars neu gebaut. 1764 vernichtete ein Sturm die Pyramidenspitze des Turmes, die knapp 200 Jahre vorher aufgesetzt worden war und auch auf dem Merian-Stich zu sehen ist („A"). Der Salzburger Wolfgang Hagenauer entwarf die neue Kuppel.

Es war die Zeit unter Erzbischof Schrattenbach und Dekan Wolfgang Summerer (1739–77), in der das Kirchengebäude die größten Veränderungen erfuhr. Einen Eindruck von Person und Persönlichkeit des Dekans, der als salzburgischer Regent in Mühldorf eine bedeutende Stellung innehatte, überlieferte Balthasar Mang 1756 in einem seiner qualitätvollsten Bilder (Lodronhaus). Summerer wünschte seine Kirche heller und leichter. Ein Gutachten bestätigte ihm, daß die Pfeiler „geschmeidiger" gemacht werden könnten. Die Ausführung des Plans erwies sich als fatal. Die Akten geben im Jahr 1768 an, daß die „Pfarrkirche S. Nicolas urplözlich eingefalln 17. Martii nach halber 10 fruhe." Das „sogenannte langhauß, samt dem Seiten-gang [war]… in einen erbarmenswürdig Steinhaufen verwandlet worden." Den Neubau gestaltete ab 1769 Franz Alois Mayr, der besonders durch seine Arbeiten für die Klöster Raitenhaslach und Baumburg bekannt ist. Die Gesamtkosten betrugen bis 1775 43548 Gulden. Die enorme Summe, zu der auch Salzburg beisteuerte, steht als Beweis für die wirtschaft-

Stiftsdekan Wolfgang Summerer

liche Blüte der Stadt. Vier Bilder von Balthasar Mang in der Kirche zeigen die gesamte Baugeschichte einschließlich des Einsturzes.

Im ausgeführten Bau gliedern Wandpfeiler das Langhaus und grenzen in der Mitte einen quadratischen, mit einer Halbkugel geschlossenen Raum aus, dem in der Längsachse „ein querrechteckiges, von böhmischen Kappen gewölbtes Joch vorangeht und ein gleiches folgt … Diese Abfolge [wird] zwischen den Wandpfeilern von entsprechend breiten, tonnenüberwölbten Seitenräumen begleitet" (K. Kreilinger). Der eingezogene, in der Substanz noch gotische Chor ist mit einer Stichkappentonne überwölbt und dreiseitig geschlossen. Das ist die technische Beschreibung nach Grund- und Aufriß. Dem Besucher vermittelt sich ein anderer Eindruck: Das erste Joch nimmt man nicht wahr, schnell tritt man aus dem Schatten der Empore in den Hauptraum.

Von hier ab kommt die bauliche Anlage unseren Sehgewohnheiten entgegen: Die Kirche wird zum zentralperspektivischen Gebilde – der Architekt verkürzte die Länge der Joche, ihre Breite nimmt ebenfalls immer mehr ab, auch die Decke senkt sich mit fortschreitender Entfernung, bis mit der Apsis der Fluchtpunkt erreicht ist.

Die Bauakten scheinen zu beweisen, daß F. A. Mayr in Mühldorf den Salzburger Hofbauverwalter Wolfgang Hagenauer als Architekt aus dem Felde schlug. Die Ähnlichkeit des Baus zur Stiftskirche in Hallein, von Hagenauer 1769–74 errichtet, läßt aber dennoch auf die Einflußnahme desselben schließen.

Im Aufriß bzw. der Innenarchitektur ist die Nähe zum Klassizismus spürbar. In Bayern war 1770 ein kurfürstliches Mandat ergangen, das „lächerliche" Zierate untersagte und „edle Simplizität" erstrebte. Für den Salzburger Bereich läßt sich ähnliches berichten. Graf Colloredo, der 1775 die Mühldorfer Kirche weihte, hielt die Unterstützung der Notleidenden für wichtiger, als die unnötige Verzierung der Kirchen. In St. Nikolaus ist der Wandaufriß ganz klar, die Pilaster sind flach aufgesetzt und wirken nicht als Pfeiler in der Wand. Das Gesims ist zurückhaltend profiliert. Es dominiert die weiße und graue Wand. Die schönen Pilasterkapitelle sind nur Applikation und Maske. Sie stehen in keiner organischen Verbindung mit dem Pilasterschaft und könnten die Funktion eines echten Kapitells – Tragen – nie erfüllen. Die sehr spärlichen Rocailleformen an der schlichten Gliederung des Außenbaus stehen als letzte Seufzer des Rokoko.

Mit den Altarbauten waren die Salzburger Steinmetzen Dobler und Högler beauftragt. Das gute Hochaltarblatt mit dem Patron St. Nikolaus stammt vom Salzburger Maler Franz Nikolaus Streicher (1738–1811), der bei J. Zoffani gelernt und das ganze Bistum beliefert hat. Die Kreuzwegstationen und die alten Retabelbilder der heute veränderten Hauptseitenaltäre (Sebastians- und Johann-Nepomuk-Altar) lieferte Balthasar Mang. Ihm zugeschrieben wird auch eine brettförmige, lange Holztafel mit Szenen der Nepomukvita. Sie ist heute im Lodronhaus ausgestellt und gibt noch einige Rätsel auf. Ihre Herkunft aus der Nikolauskirche ist zu diskutieren. Der Fußboden und die von Georg Schmidt gestalteten Wangen der Kirchenbestuhlung sowie das Chorgestühl von Josef Lesch und dem Schnitzer Johann Georg Kapfer stammen aus den 1770er Jahren und vervollständigen das homogene Erscheinungsbild des Gotteshauses.

Unsere besondere Beachtung sollte die Kanzel finden. Die Kistlerarbeit fertigte Matthias Fackler aus Dorfen, den Bildschmuck Christoph Fröhlich aus Mühldorf, der der großen Kunstgeschichte leider bisher unbekannt geblieben ist. Er hat für die Kirchen von Oberbergkirchen, Buchbach und Erharting zum Teil verlorengegangene Werke geschaffen (E. Krausen). Erst kürzlich sind darüberhinaus weitere seiner Arbeiten aus Mühldorfer Privatbesitz bekannt geworden (Immaculata, Kreuz mit schmerzhafter Muttergottes). Mit der Kanzel in Ecksberg ist uns möglicherweise ein Frühwerk Fröhlichs erhalten. Sie hat jedenfalls großen Einfluß auf die thematische und formale Gestaltung der Mühldorfer Kanzel gehabt. Ihre Reliefs und Skulpturen folgen einem strengen Programm: Die vier Evangelistensymbole an der Brüstung stehen für das Neue Testament, dessen Auslegung der Pfarrer von der Kanzel verkündet. Das Zeichen des Evangelisten Matthäus, der Mensch, ist ganz originell durch einen Puttentyp ersetzt, der mit den anderen Engelchen der Kanzel korrespondiert. Seine Hände hielten früher wohl ein aufgeschlagenes Buch. Die Reliefs der Brüstung zeigen die Personifikationen der drei christlichen Tugenden: fides (Glaube), spes (Hoffnung) und caritas (Liebe). An der Unterseite des Schalldeckels schwebt die Heilig-Geist-Taube, um dem Priester die richtige Interpretation einzugeben. Auf dem Schalldeckel ist Christus Salvator zu sehen, der präsentiert, was die Welt erlöst hat: seine Wunden und das Kreuz. Vier Putti treten erklärend hinzu. Einer hält die Gesetzestafeln für den überwundenen Alten Bund, zwei andere Flammenschwert und Waage als Ermahnung an das Gericht, der letzte die neunschwänzige Peitsche zur Erinnerung an die Leiden des Erlösers. Die Rocailleornamente der Kanzel sind nahe an Verselbständigung und Ablösung. Die Kühle des Werks in Grau, Silber und Gold kündigt den Klassizismus an, Dekor und Skulptur atmen noch das Rokoko. So steht die Kanzel kongenial zu den Fresken Martin Heigls, die für den Gesamteindruck der Kirche maßgeblich sind.

Martin Heigl (ca. 1730–1774) war „hofbefreiter" Maler in München und schuf seine Werke im ganzen ostoberbayerischen Raum, vor allem um die Zentren Aibling, Erding, Raitenhaslach und Mühldorf. Es ist nicht übertrieben zu behaupten, daß er der beste Schüler Johann Baptist Zimmermanns war. Ein maßgeblicher Anteil an der Ausführung der Spätwerke Zimmermanns (z. B. in Schloß Nymphenburg) ist Heigl zuzuerkennen. Die Ausstattung unserer Stadtpfarrkirche mit einem umfangreichen Nikolauszyklus wurde zu einem der größten Aufträge des Freskanten und nach Marienberg bei Raitenhaslach zum zweiten, späten Höhepunkt in seinem Schaffen. Zur Ausmalung, die seltene ikonographische Züge aufweist, hat sich glücklicherweise ein handschriftliches Konzept erhalten, die „Unvorgreiflichen Gedancken zur außmahlung in Fresco deß neuerbauten St. Nicolai Gotteshauß in Mildorf auß deß heilg. u. Erzbischoften zu Myra [Leben] gezogen". Der Autor, sicher ein Geistlicher, erklärt, wie die Fresken ausgeführt werden sollten: „...nit auf eine plate, einfältige arth gleich einer votiv=tafel, sondern in tüchtiger außeinand=setzung". Obwohl seine Beschreibungen bis ins Detail gehen, sei „dem Mahler seine selbstig=gute gedancken und Eintheilung anzubringen die Hand nit gesperret."

Dem „normalen" Kirchenbesucher wird es bei Betrachtung der Deckenbilder nicht möglich sein, das Thema oder den Heiligen, dessen vita behandelt wird, zu erkennen. Ein „byzantinischer Unterton" wurde in der ungewöhnlichen Ikonographie erkannt (G. M. Lechner). Erst in jüngster Zeit war es möglich, über einige seltsame Bemerkungen in den „Unvorgreiflichen Gedancken" die Quelle für das Konzept und die Ausmalung ausfindig zu machen und die Darstellungen exakter zu entschlüsseln. So kannte der Autor des Konzepts das Aussehen des Heiligen, der im 4. Jahrhundert lebte, ganz genau:

„S: Nicolaus ware klein von Statur, wohl untersetzt; hatte einen kurzen Hals, ein mageres, langes, rotlichtes angesicht, große nasenlöcher, ein kale stürn, züchtige aber lebhafte augen. dicke augenbraunn. ware grau im Barth, und Haaren. mit so ansehnlicher gravität, und natur begabt, ds er iedmaniglich sehr ehrbar erschine."

Nun hat uns Heigl einen Blick auf die Nasenlöcher des Heiligen, Gott sei Dank, erspart, wie auch die barocken Malerregeln den Verzicht auf derartige Perspektiven empfehlen. Der Freskant hat sich überhaupt erstaunlich frei vom Konzept gemacht und auf seine Erfahrung gesetzt. Die Merkwürdigkeit dieser, wie auch anderer Mitteilungen im Konzept führte aber schließlich zur Ermittlung von Antonio Beatillo da Baris „Historia della Vita, Miracoli, Traslatione e Gloria del Confessore di Christo San Nicolo il magno arcivescovo di

Mira" (zum erstenmal 1620 erschienen) als Basis der Fresken.

Sie folgen der Lebensgeschichte des hl. Nikolaus chronologisch und beginnen über der Orgelempore. Rechts sieht man die „adelichen, unfruchtbaren asiatisch gekleideten Eltern, ... [die] zu gott umb einen leibs erben seufzen..." Die Hauptszene stellt die Taufe des ihnen geschenkten Knaben vor, dessen von göttlichem Willen bestimmten Namen Engel auf einem Blatt zeigen. Die Haltung des kleinen Nikolaus spielt auf ein Wunder an, das sich kurz nach dem Empfang des Sakraments ereignete: In der gezeigten Position betend zum Herrn soll der Heilige zwei Stunden bewegungslos verharrt haben. Die Verknüpfung von zeitlich einander folgenden Geschehnissen wird auch in den übrigen Fresken zum Prinzip.

Die Kuppel zeigt einen Kranz verschiedener Szenen, der um die Glorie im Zentrum angelegt ist. In chronologischer Reihenfolge sehen wir Nikolaus „in einen grauen Mönchs habit" auf einem Schiff „da ds meer schaumet, die schüfleuth verzweyflen alle vor gefahr". Der Sturm wurde vom Teufel angefacht und vom Heiligen durch innige Gebete besiegt.

Die anschließende Szene zeigt die Rettung brennender Gebäude (vielleicht das Kloster Sion) durch auf sie geworfenes „Nicolaibrodt". Die beiden folgenden Darstellungen bilden die Hauptansicht der Kuppel in Blickrichtung zum Altar. Die zeitlich frühere spielt sich um Kaiser Konstantin ab, der sich von seinem Thron erhoben hat. Seine Gestalt steht dominierend genau in der Ost-West-Achse der Kirche. In der Pracht, die die höfische Umgebung kennzeichnet, ist die Gestalt des Heiligen schwer auszumachen. Er schreitet von links die Stufen hinauf auf den Kaiser zu. Nach Beatillos „Historia..." ist die Begrüßung des Bischofs Nikolaus durch den Kaiser auf dem Konzil von Nicäa gemeint.

Während des Konzils kam es zur Anhörung des Arius, der seine später als Irrlehre verteufelten Thesen glänzend verteidigte, was wiederum den Kirchenpatron mit unbändigem Zorn erfüllte, so daß er den Ketzer mit einer Ohrfeige niederschlug. Dem Gesetz entsprechend wurden dem Heiligen dafür die Insignien seiner Bischofswürde abgenommen und er in den Kerker geworfen. Im Gefängnis erschienen Christus und Maria, befreiten ihn, übergaben ihm ein neues Evangeliar und schmückten ihn mit einem neuen Pallium. So wurde der Bischof am nächsten Morgen gefunden und wegen des Wunders seiner erneuten, diesmal göttlichen Installation in sein Amt, sofort wieder zum Konzil zugelassen. In der Kuppel ist der Tag nach dem Gefängnisaufenthalt dargestellt, an dem es besonders durch Nikolaus gelang, mit himmlischer Hilfe Arius zu verdammen, „dessen közerische schriften untereinand geworfen, [zum] bösen feind in einen topf feur" schmoren. Der hl. Nikolaus ist ganz ruhig gezeigt, er hat quasi die himmlische Erscheinung aus dem Kerker hinter sich, die ihm den Rücken stärkt (Glorie).

Die letzte Szene der Kuppel zeigt schließlich die Zerstörung der Tempel des Apoll und der Diana, die laut Beatillo durch Nikolaus, aber quasi auf Befehl Konstantins erfolgte.

Das Fresko im Joch vor dem Chor zeigt die Letzte Ölung des hl. Nikolaus und in einer Nebenszene das Wunder des „Manna di S. Nicolo". Der tote Heilige liegt auf einem Sarkophag, aus dem beim Haupt Öl, bei den Füßen Wasser fließt.

Als Thema des Chorfreskos ist die Aufnahme des hl. Nikolaus in den Himmel gewählt, zugleich seine Wirksamkeit als Bittender für die Stadt Mühldorf und die ganze Welt dargestellt. Die Komposition ist in einer S-Kurve angelegt. Christus und Maria schreiten eine Wolkenbahn herab, um sich ihres Dieners anzunehmen. Nikolaus kniet und wird begleitet von Engeln und Engerln mit den bischöflichen Insignien. In der Erdzone sind Personifikationen der vier damals bekannten Erdteile die Schutzflehenden, deren Bitten der Heilige durch seine Gesten in den Himmel leitet, genauso wie er die göttliche Gnade nach unten vermittelt. Auf der linken Seite sind „Europa" und „Asien" in enger Verbindung gezeigt. Asien wird durch drei Gestalten mit Turban repräsentiert, deren eine einen Marschallstab hält. Daneben sitzt/lehnt ein genius loci auf/an einer Weltkugel, die eine Ansicht der Stadt Mühldorf wiedergibt. Er hält die flammenden Herzen der Caritas als Zeichen der Liebe der Stadt zum Patron und Ausdruck der Bittgesuche. Ein daneben sitzender Jüngling mit dem Doppelwappen ist Ausdruck der engen Verbindung Mühldorfs mit dem Salzburger Erzbischof Sigismund Schrattenbach, der zur Zeit der Ausmalung regierte.

Zu den Repräsentanten des Erdteils Europa gehört auch der hl. Papst Clemens, gestützt auf den „Vatican:tempel", und wohl in Anspielung auf den damals herrschenden Papst Clemens XIV. abgebildet.

Die Meeresszene mit dem Schiff in der Mitte bestimmt zum einen die Entfernung zu den exotischeren Kontinenten, zum anderen verweist sie auf die Wirksamkeit des hl. Nikolaus als Patron der Seefahrer und natürlich der Innschiffer.

Die Gruppe rechts besteht aus zwei Indianern, stellvertretend für Amerika, und drei dunkelhäutigen Personen für Afrika. Letztere können wie hier mit orientalischer Tracht wiedergegeben werden.

Emblembilder, an den Kuppelpendentifs die vier Kirchenväter und an den Seitenwänden Gruppendarstellungen der 14 Nothelfer und der zwölf Apostel, begleiten die großen Fresken. Der gemalte Scheinstuck schließlich war nicht etwa nur eine kostengünstigere Variante anstatt des echten, sondern entsprach auch, wie zeitgenössische Dokumente belegen, der damals neuesten Mode. 166 1/2 Tage hat Martin Heigl an seinem größten Werk gearbeitet.

Die heutige Frauenkirche leitet sich von einer alten Jakobskapelle her. Paris Graf Lodron soll den jetzigen Bau initiiert und gleichzeitig dem Wunsch der Bürger nach einem Kapuzinerkloster nachgegeben haben. 1639 wurde der Grundstein gelegt. Aus Platzgründen mußte die alte Jakobskapelle weichen. 1643 wurde die heutige Frauenkirche als Jakobskirche eingeweiht. Die schlichte Architektur des saalartigen, einschiffigen Baus entsprach mit ihrer kargen Ausstattung den Regeln des Bettelordens. Das Schiff ist mit einer gedrückten Tonne überdeckt und ein Altarraum angesetzt. Die einfache Rokokokanzel der jetzigen Ausstattung wurde aus einer unbekannten Kirche übernommen. Die Wandgemälde im Chor stammen von Gebhard Fugel, der auch das Altöttinger „Panorama" gestaltet hat (Anfang 20. Jahrhundert), das Wandbild der „Schlacht von Mühldorf" draußen an der Kirche von Prof. Widmann aus dem Jahr 1901. Die Seitenaltäre gehören ins späte 19. Jahrhundert. Das Gnadenbild des Hochaltars ist eine gute barocke Kopie einer Madonna mit Kind von Lucas Cranach. Als Maler wird der Mühldorfer Dekan Ernest Wiser genannt. Das Original wird im Dom St. Jakob in Innsbruck verehrt. Diese Beziehung beweist die guten Kontakte der Innstädte untereinander. Die Mühldorfer Kopie aber war bis 1815 in der damals abgebrochenen Marienkirche „auf dem Platze" beheimatet. In diesem Jahr wurde das Bild in die jetzige Frauenkirche übertragen. Auch sie hatte die Säkularisation nicht gut überstanden, war profaniert und als Schrannenhalle genutzt worden. Erst 1815 wurde sie mit dem neuen Marienpatrozinium wieder eingeweiht.

Auf dem Merian-Stich ist der gesamte Komplex mit dem Buchstaben „C" gekennzeichnet. Der rechtwinklige Bau gehörte zum Kloster, das Gebäude mit dem Satteldach dürfte als die heutige Frauenkirche zu identifizieren sein. Der jetzige Kirchturm stammt erst aus dem 19. Jahrhundert. Die Angabe des Klosters auf der Graphik erlaubt dieselbe genauer zu datieren. Die Kirche war, wie erwähnt, 1643 geweiht worden. Die Drucklegung der „Topographia", deren Stadtansichten in jahrelanger Vorarbeit entstanden, erfolgte 1644. Der Mühldorfer Stich muß in diesem oder dem Jahr davor aufgenommen worden sein. Daß die Stadt sich nach einem verheerenden Brand am 6. Juni 1640, bei dem 2/3 aller Häuser zerstört worden waren, schon drei oder vier Jahre später vollkommen erholt hat, beweist zum einen ihre wirtschaftliche Kraft, zum anderen wohl auch die Phantasie des Stechers.

Die auf der Graphik Merians mit „F" benannte „Unser frauen kirch" ist identisch mit der vorhin erwähnten Marienkirche „auf dem Platze". Sie ist etwa gegenüber dem jetzigen Haus Daxenberger, Nr. 37 am Stadtplatz, zu lokalisieren und stand vollkommen frei. Nach ihrem Abbruch haben sich nur spärliche Ausstattungsteile erhalten, neben dem Hochaltarbild der heutigen Frauenkirche ein hl. Nikolaus aus dem frühen 17. Jahrhundert und die imposante Statue Gottvaters im Lodron-Haus (spätes 16. Jahrhundert). Wogende Faltensysteme lassen den Leib der sitzenden Figur nur vage erfahrbar werden. Die Haltung des patriarchalischen Haupts und der gezierten Hände, die wohl Szepter und Kugel umfaßten und trugen, konzentriert den Körper auf sich selbst. Die Figur war für eine Position in leichter Untersicht berechnet – sie war wohl Bestandteil eines Gnadenstuhls (H. R. Spagl) –, ihr Platz in der alten Marienkirche bleibt aber unklar. Offensichtlich ist dagegen, daß es sich um eine ausgezeichnete Lindenholzarbeit handelt, deren Schnitzer man wohl in der „urbs dives", wie Phillip Appian Mühldorf 1589 nennt, suchen muß.

Die Eichkapelle ist auf dem Merian-Stich nicht zu sehen. Dekan Summerer teilt in seiner Chronik – einer sehr wichtigen Quelle für die Kenntnis des alten Mühldorf – mit: „Capella hoc titulo, et beneficiis dolorosa Matris et Genetriciis v.^{is} Maria insignis ... structa est anno 1699 a M. Achatio Cajetano Hellsperger Canonico Capitulari et Curato" – Die Kapelle dieses Namens, durch den Schutz sowohl der schmerzhaften Mutter als auch der Gottesgebärerin, der Jungfrau Maria, ausgezeichnet ... ist im Jahre 1699 errichtet worden vom Magister Achatius Cajetanus Hellsperger, Stiftskanoniker und Kurat.

Den unmittelbaren Anlaß zum Bau soll der Verfall einer älteren Kapelle am sogenannten Hungerbrünnl weiter abwärts am Hang gegeben haben. Die heutige Eichkapelle, bestehend aus einem runden Zentralraum, an den mit feinem Schwung der Halbkreis des Presbyteriums und der kleine eckige Eingangsbereich angefügt sind, wird Christoph Domenico Zuccalli aus der berühmten Graubündner Familie zuerkannt (M. Hartig/H. Gollwitzer). Zuccalli war auch in Ecksberg tätig. Angesichts des erheblich zurückgenommenen Fassadenreliefs und der unentschiedenen Turmlösung, die mehrfache unmotivierte Rückstufungen benötigt, schließlich auch eingedenk Summerers Wendung „structa est ... a", scheint es nicht unmöglich, daß der Plan auch von Hellsperger selbst stammen könnte und Zuccalli nur Bauführer war. Von lokalgeschichtlicher Bedeutung ist ein Votivbild Sebastian Nagels, das von seiner glücklichen Rückkehr aus österreichischer Gefangenschaft in der Franzosenzeit erzählt.

Von der Katharinenkirche, bei Merian mit dem Buchstaben „I" bezeichnet und den Worten „St. Michaels Capell" falsch benannt, berichtet die Chronik Summerers: „Templi huius origo et primora fundatio ignoratur" – Dieses Tempels Ursprung und vornehmste Gründung kennt man nicht. Mauerwerk und alte Fresken stammen wohl aus dem späten 13. Jahrhundert, Wandbilder am linken Seitenaltar aus dem frühen 16. Jahrhundert. Als 1755 das Gotteshaus einzustürzen drohte, hat der Mühldorfer Maurermeister Sebastian Stöttner für seine Erhaltung gesorgt. 1756 wurde das Gewölbe mit Fresken geringer Qualität ausgestattet. Sie widmen sich dem Leben der Katharina von Alexandrien und zeigen ihre Kreuzesvision, ihre Vermählung mit Christus, sowie den Anlaß für ihr Martyrium: Katharina widerlegt die Anschauungen 50 heidnischer Philosophen, die vor Kaiser Maxentius zu-

Hochaltar der Katharinenkirche

sammengekommen sind. Einer von ihnen hält eine Brille in der Hand, die oft Erkennungszeichen des Bösen ist, da Gelehrsamkeit, als Besserwisserei vorgebracht, offenbar schon immer verdächtig war. Die Bekehrung dieser Weisen zieht Marter und Enthauptung der Heiligen nach sich. Im vierten Fresko werden Rumpf und Kopf von Engeln auf den Berg Sinai getragen. Das Bild im Chor zeigt die Aufnahme der nun ewig lebenden Heiligen in den Himmel.

Der Hochaltar aus dem Jahr 1721 präsentiert eine Tafel des Malers Paul Khurtz, der nach Edgar Krausen auch die eben besprochenen Fresken geschaffen haben soll. Düstere und bleiche Farben erzeugen eine eigenartige Stimmung. Das Gemälde zeigt nochmals die Apotheose der Katharina. Eine dramatische Nebenszene beleuchtet das vom

Blitz zerschlagene Folterrad und aufgeregte Menschen. Paul Khurtz stammte aus dem salzburgischen Saalfelden und wurde 1712 als Bürger in Mühldorf aufgenommen, wo er bis 1753 urkundlich nachweisbar bleibt. Im Rathausfletz hängt ein von ihm nach einem Rubensstich geschaffenes „Salomonisches Urteil", das Programmbild der städtischen Gerichtsbarkeit ist. Khurtz hat daneben auch in den Kirchen von Polling (Hochaltar), Salmannskirchen (Totenkapelle), Erharting (ehemaliger Hochaltar) und Buchbach Werke hinterlassen (E. Krausen).

Der linke Seitenaltar ist älter als der Hochaltar und wurde laut Inschrift 1709 vom „Pierprey Franz Veindl" (= Prindl) und seiner „hausfrau" Eva Diespacherin gestiftet. Ein unbekannter Bildhauer hat die Skulpturen geschaffen: die beiden heiligen Schreinwächter scheinen Zwillinge zu sein. Jedenfalls sieht es so aus, als ob der hl. Georg, der eher gelangweilt links den Drachen tötet, dann ins Kostüm des hl. Florian schlüpft, um rechts ein brennendes Haus zu löschen. Das Altarbild zeigt die Heiligen Cosmas und Damian mit St. Georg in ihrer Mitte. Im Altarauszug ist St. Christophorus zu sehen.

Der rechte Seitenaltar wurde 1730 für eine ältere Anna-Selbdritt-Gruppe angefertigt. Die ausgezeichnete Skulptur stammt wohl aus der frühen zweiten Hälfte des 16. Jahrhunderts und war, wie die gerade geschnittenen Seiten verraten, ursprünglich in einen Altarschrein eingelassen. Anna-Selbdritt-Gruppen entstanden im Gefolge der Anerkennung der Unbefleckten Empfängnis im 13. Jahrhundert. Ihre formale Ableitung erfolgte aus byzantinischen Ikonen. Seit dem frühen 15. Jahrhundert gibt es Darstellungen wie die in der Katharinenkirche: Anna hält Maria auf dem einen, das Jesuskind auf dem anderen Arm. Die von Maria überreichte Traube ist symbolischer Hinweis auf die Erlöseraufgabe Christi. Von H. Decker wurde die Gruppe in die Nähe der Werkstatt des Salzburgers Hans Waldburger gerückt.

Zwei weitere Schätze hat die Katharinenkirche zu bergen: Die sehr gute Schnitzarbeit des Wappens Christoph Premings, Pfarrer zu Mühldorf, datiert 1594, und eine erstklassige Skulptur des hl. Sebastian aus derselben Zeit.

Die Altmühldorfer Kirche St. Laurentius gehörte zwar nicht zur alten Siedlung Mühldorf, als man aber 1610 das Kollegiatstift errichtete, wurde auch die Pfarrei Altmühldorf einbezogen. Der Turm und das Langhaus haben noch spätgotisches Aussehen. Der heutige Chor und die anschließende Sakristei wurden erst nach 1758 angefügt, nachdem der alte Altarraum im Sturm schwer beschädigt worden war. Die schlichte Gliederung und die angepaßte Farbigkeit mildern den Kontrast zum älteren Schiff soweit als möglich. An das Chorgewölbe wurde eine Laurentiusmarter gemalt. Das auch in der Innenausstattung weitgehend gotische Bild der Kirche – bestimmt durch das Altarblatt des Weichen Stils, den Altar des Meisters von Mühldorf und ein neugotisches Exemplar – wird durch eine Anzahl zum Teil guter Figuren des 17. bis 19. Jahrhunderts mit bunten Akzenten versehen. Über dem Eingang ist z. B. eine „Patrona Bavariae im Rosenkranz" angebracht. „Dank" der wertvollen gotischen Ausstattung übersieht man meist den eigenartigen Altar der Totenkapelle am Kirchenportal. Die schwarz-goldene Färbung, Form und Fluß des Akanthuslaubs deuten auf die 1690er Jahre als Entstehungszeit. Hinweis auf die damals tobenden Türkenkriege sind die „Schreinwächter": Zwei, wie lebende Menschen dastehende Skelette in Harnisch, Prunkkleidung und mit Turbanen versehen, sind nicht als Tote, sondern als Abgesandte des Tods zu verstehen. Die Kapitelle, der in sich gedrehten, ganz aus Akanthus gearbeiteten Säulen, sind durch Totenschädel ersetzt. Drei weitere Totenköpfe mit Mitra, Priesterbirett und Krone im Altarauszug sind Teil eines verkürzten Totentanzes. Ihre Botschaft ist, daß kein Mensch, egal welchen Ranges, welcher Schicht, vom Tod verschont bleibt. Das Altarblatt ergänzt die auf den ersten Blick makabere Anordnung zur sinnvollen Klarheit: Christus, der am Kreuz den Opfertod stirbt und sich selbst aus seinen Wunden vergießt auf die Armen Seelen des Fegfeuers, wird zum Heil und zur Rettung aller Verstorbener.

Das Beneficium Ecksberg, eine kirchliche Pfründe also, gehörte traditionell zum Stift in Mühldorf. Dekan Summerer hat die Gründungsgeschichte notiert: „...gegen dem Wasser [des Inn] formirte es einen Spitz oder Eck, von welchem dieser Ort Ecksperg genannt wurde. Nun begabe es sich anno 1453, daß drey Kirchen = dieb sich entschlossen in das Mettenhamberische Filial Gottshauß Mößling einzubrechen, und das silberne Ciborium (wie sie vermeynten) daselbst zu rauben. Der Einbruch geschahe, der Raub wurde vollbracht, und samt dem Ciborio auch zwölf heilige Hostien entfrembdet. – Allein weilen sie in ihrer Meinung sich betrogen gefunden, indem das Ciborium nicht Silber, sondern nur Kupfer und vergoldet gewesen, haben sie den verdammlichen Schluß gefaßet eines mit dem andern zu vergraben" und zwar im Wald bei Ecksberg. Dann begaben sich die drei auf die Flucht, wurden aber, weil „ihnen doch die Rach Gottes auf dem Fuße nacheilte", bei Dorfen gefangen. Sie bekannten den Frevel und verrieten den Ort des vergrabenen Ziboriums. Zur Sühne wurde an diesem Platz nach der Wiederauffindung eine den Heiligen Sigismund und Heinrich geweihte Kirche errichtet. Die ganze Geschichte hat der Mühldorfer Maler Wolfgang Spägl 1672 auf einem Bild festgehalten, das nun – unpassend – die Front des Volksaltars bildet. Fast 300 Jahre stand das gotische Kirchlein an der Kante des Hochufers. „Da indessen der mit größtem Schwall vorbeystrommende Ihnfluß täglich mehr und mehr hinzugefressen, endlich den Berg unterwaschen, ohne das einiges Wasserwerk oder anderwärtige Rettungsmittel etwas verfangeten...", schreibt Summerer weiter, wurde die alte Kirche 1682 abgerissen und der Neubau im selben Jahr begonnen.

Wieder trifft man auf den Kanoniker Hellsperger als Initiator und die Zuschreibung an Christoph Domenico Zuccalli als Architekt. Die Kirche ist einschiffig. Die eingezogenen Strebepfeiler bilden schmale Seitenkapellen aus. Der Chor ist eingezogen, halbrund und wirkungsvoll beleuchtet. Die Tonnenwölbung des Schiffes ist nur flach stuckiert, stärkere plastische Akzente setzen aber – gegenüberliegend – die große Muschel der Apsiskalotte und die Figuren an den Emporen.

Wie St. Nikolaus durch seine einheitliche Raumausstattung der 1770er Jahre besticht, so gewinnt man in der Ecksberger Kirche einen hervorragenden Eindruck eines typischen Sakralbaus um 1680. Fresken kommen erst in der Folgezeit wieder in Mode. Stimmungsträger sind die sehr hellen Farbtöne des Gewölbes und der Wände zusammen mit den wuchtigen schwarz-goldenen Altären: Die Proportionierung von Grundriß und Aufriß der Kirche nimmt auf das Vorzüglichste Rücksicht auf diese Altarbauten, die durch ein schweres zweistöckiges Architekturgerüst, großes Akanthuslaub und das Motiv der in sich gedrehten Säulen – letztlich Zitat der Säulen im Tempel Salomos, die mit Jachin und Boas sogar einen Namen trugen – formal charakterisiert sind.

1686 konnte Johann Ernst Graf von Thun, Bischof von Seccau, späterer Erzbischof von Salzburg, die Einweihung vornehmen. Mindestens so stolz wie auf die neue Kirche war man auf die Tatsache, daß bei dieser Gelegenheit 29 313 Personen das Sakrament der Firmung empfingen. War der erste Bau als Votiv- und Sühnekirche zu verstehen, so rückte nun der Wallfahrtsort in den Mittelpunkt. Die veränderte Einstellung wird auch im neuen Patrozinium deutlich: Die Kirche heißt nun St. Salvator, und eine spätgotische Christusfigur (jetzt an der Rückwand) wird zum Zentrum der Verehrung gemacht. In den Auszügen der beiden Seitenaltäre bleibt mit den Darstellungen der Heiligen Sigismund und Heinrich die Erinnerung an die alte Kirche. Geweiht ist der linke Altar nun aber dem hl. Antonius, der rechte jedoch dem hl. Cajetan, möglicherweise zum Ruhme der treibenden Kraft Achatius Cajetanus Hellsperger.

Der Hochaltar hat heute ein neueres Altarblatt mit einer Kreuzigung und seitlich die Heiligen Rupertus und Maximilian als Schreinwächter.

Zum 300jährigen Jubiläum, das 1753 festlich gefeiert wurde, erhielt die Kirche eine Kanzel und zwei Jahre später das schöne Gitter unter der Empore. Die Kanzel wurde von Erzbischof Sigismund von Schrattenbach gestiftet, dessen Wappen sie trägt. Ihr Bildschmuck kann wohl Christoph Fröhlich zugeschrieben werden, der auch diejenige von St. Nikolaus gestaltete. Nur 18 Jahre liegen zwischen beiden Kanzeln. Trotzdem hat die Ecksberger einen ganz anderen Charakter. Am augenfälligsten ist natürlich die stärkere Farbigkeit, aber auch mit dem steifen Vorhangmotiv am Schalldeckel, den ausschweifenden Profilen und der sparsameren Verwendung der Rocaille ist sie altertümlicher als die Kanzel in St. Nikolaus, für die Zeit um 1755 gewiß aber modern. Die ikonographischen Motive bleiben dieselben, wechseln nur ihren Platz und das Medium: vom Relief zur Skulptur und umgekehrt. In Ecksberg treten die vier Kirchenväter (Brüstung) hinzu, dafür fehlen die Evangelistensymbole. Dem apokalyptischen Lamm auf dem Buch mit den sieben Siegeln auf dem Schalldeckel kommt inhaltlich dieselbe Bedeutung zu wie der Salvatorfigur in St. Nikolaus. Das Buch ist siebenfach versiegelt als Sinnbild des unerforschlichen göttlichen Ratschlusses, dessen Ausführung Christus oblag. Sein Opfertod ist im Lamm angedeutet.

Nahe der Ecksberger Kirche standen früher zwei weitere Gotteshäuser, das 1810 abgebrochene St. Rupert im Tal und unmittelbar daneben Kronwidl, das in der heutigen Gestalt aber erst aus dem 19. Jahrhundert stammt.

Hochaltar der Kirche Mariae Himmelfahrt in Mößling

Kommen wir nun zur Mößlinger Pfarrkirche Mariae Himmelfahrt, die Schauplatz der 1453 geschehenen Freveltat war. Im Eingangsbereich steht ein dem Altmühldorfer Totenaltar vergleichbares Werk. Es gehört bereits ins 18. Jahrhundert. Auf Gerippe wird verzichtet, die Thematik des Altarbildes ist aber identisch mit dem Altmühldorfer Exemplar. Volkstümliche Drastik hat hier im Unterbau hinter Gittern eine Gruppe im Feuer schmorender Seelen hinzugefügt. Der Bau der Mößlinger Kirche ist wie der Altmühldorfer noch unverkennbar von der Gotik geprägt. Das Jahr 1768, nicht wie bisher gelesen 1751, gibt ein Chronogramm am Chorbogen an, in dem jeder Buchstabe, der auch eine lateinische Zahl bedeuten kann, als solche gelesen und addiert werden muß: haeC LIberaLes & DeVotI In VIrgIneM fILII. Zu diesem Zeitpunkt wurden die gotischen Gewölberippen abgeschlagen und einfache Deckenmalereien angebracht, die dem Patrozinium gemäß Mariae Himmelfahrt, die Marienkrönung und begleitende Embleme (z. B. Gnadenbrunnen, Himmelspforte) zeigen. Der Hochaltar entstand in der ersten Hälfte des 18. Jahrhunderts. Ein vorspringender goldener Baldachin schützt das Gnadenbild, eine veränderte, ursprünglich aus dem frühen 16. Jahrhundert stammende Skulptur, die heute gänzlich bekleidet ist und vor silbernen Wolken auftritt. Nicht unbeachtet bleiben sollte auch eine überarbeitete spätgotische Pieta im Auszug des linken Seitenaltares.

Mit diesem letzten zu besprechenden Kirchenbau aber haben wir die Grenzen des historischen Mühldorf schon weit überschritten.

Hans Rudolf Spagl

Künstlerisches Schaffen in neuerer Zeit

Das 19. Jahrhundert

Im 19. Jahrhundert sind aus Mühldorf, was die bildende Kunst betrifft, keine besonders herausragenden Arbeiten oder Daten zu vermerken. Die äußeren Bedingungen der Zeit waren geprägt durch die Folgen der Säkularisation und der napoleonischen Kriege. Einen wirtschaftlichen Einschnitt für die Stadt brachte das Ende der Innschiffahrt zur Mitte des Jahrhunderts. Die damit verbundene Stagnation konnte erst wieder mit dem Bau der Eisenbahnlinien gegen Ende des Jahrhunderts behoben werden. Für Mühldorf spielte im besonderen eine Rolle, daß sich mit der Säkularisation auch kirchliche und künstlerische Verbindungen zu Salzburg lösten, Beziehungen zu den bayerischen städtischen Zentren aber erst angebahnt werden mußten.

Wie vielerorts im Lande wurden in den meisten Kirchen Renovierungen und Modernisierungen in neugotischer und sonst historisierender Art vorgenommen.

Die Frauenkirche am Stadtplatz erfuhr im 19. Jahrhundert eine wechselvolle Geschichte. Zunächst war im Zuge der Säkularisation 1802 das Kapuzinerkloster samt Kirche aufgehoben worden. Die Kapuziner zogen nach Salzburg. Die Kirche kam in die Obhut der Stadt Mühldorf und sollte recht profanen Nutzungen zugeführt werden, so als Lazarett für die vielen verwundeten Soldaten der napoleonischen Kriege, als Magazin oder als Einstelle für Löschfahrzeuge. Den Plan, aus dem Kirchengebäude ein Gefängnis zu machen, konnte der Stadtrat abwehren.

Schließlich richtete man 1814 wieder ein Gotteshaus ein. Als „Frauenkirche", Klosterkirche oder Marienkirche führte sie die Aufgabe der 1815 abgetragenen „Marienkirche auf dem Platze" weiter. (Siehe Beitrag: „Barockes Mühldorf")

Bauliche Veränderungen größeren Stils erfuhr die Kirche 1868 und 1871. Die damit verbundenen wiederholten Restaurierungen fanden 1899 einen optisch beeindruckenden Abschluß mit einer weitläufigen Ausmalung. Diese erfolgte in Stilformen, die bei neuromanischen, frühen italienischen Gestaltungen (Ravenna, Assisi) und auch bei den Nazarenern Anleihe nahmen. Treibende Kraft für die Renovierungen war der Präses des Klosters, Pater Valerian Müller, der auch die Mittel dafür mit Hilfe der Bürgerschaft und durch Spenden „hiesiger und auswärtiger Wohltäter" aufbrachte. Die Kosten für die Renovierung betrugen die damals beachtliche Summe von 25000 Mark. Die Ausmalung der Kirche besorgten die Maler Hans Martin aus München und Anton Kromer aus Freising.

Diese historisierenden Arbeiten des 19. und beginnenden 20. Jahrhunderts fanden später eine abwertende Beurteilung. Bei der Renovierung im Jahr 1951 wurde wohl auch aus diesem Grund der reiche Bilderschmuck der Frauenkirche fast vollständig übertüncht, was man aus heutiger Sicht bedauern mag, zumal an die Stelle der vorher einheitlichen Ausgestaltung eine zeitgerechte Innendekoration nicht getreten ist. Die Altäre und die neugotische Wandverkleidung in Eichenholz hatte man belassen. Auch die Wandbilder des Ma-

Die Frauenkirche am Stadtplatz um 1850. Erst 1856 wurde der baufällige Dachreiter durch einen Turm ersetzt

lers Gebhard Fugel im Chorraum der Kirche sind erfreulicherweise erhalten geblieben. Fugel, ein damals sehr beachteter Künstler, schuf auch das kolossale Rundbild des Karfreitagsgeschehens im sogenannten Panorama zu Altötting. Die Fresken in der Frauenkirche entstanden im Jahr 1902: Eine Kreuzigungsgruppe, eine Szene mit Franz von Assisi und eine Wunderheilung durch den Heiligen Antonius. Die Arbeiten des Malers sind vom christlichen Weltbild und vom Symbolismus der Jahrhundertwende bestimmt.

Neben dem schon erwähnten neugotischen Altar in der Johanniskapelle verdient auch der im linken Seitenschiff der Altmühldorfer Kirche aufgestellte neugotische Schnitzaltar unsere Beachtung. Er ist 1857 nach den Plänen des Spenglers Anton Weiß aus Landshut durch den Schreiner Huber in Mühldorf ausgeführt woren. Das sehr ansprechende Gemälde im Tryptichon der Predella, eine Geburt Christi, eine Dreikönigsgruppe und eine Flucht nach Ägypten, hat der Maler Xaver Glink aus München ausgeführt. Im Altaraufbau und im Gespränge sind schöne alte gotische Figuren eingebracht, von denen besonders die Schnitzarbeit einer hl. Katharina als erlesenes Kunstwerk besticht.

Kirchliche Bauten und kirchliche Kunst im 20. Jahrhundert

Im Jahr 1936, in der nicht gerade kirchenfreundlichen Zeit des „Dritten Reichs", wurde die Kirche St. Peter und Paul in der „oberen Stadt" am Ende der Kaiser-Ludwig-Straße in Angriff genommen. Gegen einige Widerstände der Kreisleitung konnte unter dem rührigen Kuraten und späteren Stadtpfarrer Josef Grabmeier der Bau in verhältnismäßig kurzer Zeit fertiggestellt werden. Am 27. Juni 1937 konnte Kardinal Michael Faulhaber die Einweihung der Kirche vornehmen. Die Grundsätze eines damaligen Kirchenbaukonzepts wurden durch Architekt Berlinger verwirklicht: Schlichtheit, Zweckmäßigkeit, Materialechtheit. „Diese Linie ist mit solcher Strenge durchgeführt, daß uns das Bauwerk an die zeitlosen Schöpfungen der Frühromantik gemahnt", schrieb der Chronist. Die Ausmaße der Kirche betrugen 32,5 Meter in der Länge und 13 Meter in der Breite, die Turmhöhe beträgt 27,5 Meter. Der gesamte Kirchenbau fügte sich harmonisch in das damalige Siedlungsbild der oberen Stadt. Der Innenraum war geprägt von den gebündelten Holzsäulen, die das Tonnengewölbe des Mittelschiffs der Kirche stützten. Auch dieses Deckengewölbe war in Holz verkleidet, was dem Raum eine natürliche Wärme verlieh. Die mächtigen, vom Münchener Bildhauer Franz Lorch in Stein gehauenen Apostelfiguren Peter und Paul, Sinnbilder von Standfestigkeit und Mut, beherrschten den Altarraum der Apsis. Während die Apostel heute in der Mitte des Kirchenvorplatzes aufgestellt sind, verblieb das vom gleichen Bildhauer in Holz gearbeitete, große und eindrucksvolle Kruzifix als beherrschendes christliches Symbol im Innern der umgestalteten Kirche. Ebenfalls von Franz Lorch: die wuchtige Figur des hl. Bruder Konrad an der Südwand des Innenraums.

Diese Umgestaltung und Erweiterung der Kirche war wegen der ständig wachsenden Gemeinde notwendig geworden und fand 1970 ihren Abschluß. Glatte, rechteckige Innen-

St. Peter und Paul, Mühldorf

wände, eine hohe, flache Decke und das klassisch-moderne Kreuz bestimmen den Eindruck eines Gotteshauses in der zeitgemäßen Richtung einer technisch orientierten Welt.
Um 1970 erwarb die Kirche auf Betreiben des damaligen Stadtpfarrers Thomas Bauer eine gotische Marienfigur, wohl oberrheinischer Herkunft. Die ansprechende Schnitzarbeit beherrscht den Andachtsraum unter der Orgelempore und fügt sich als traditionelles christliches Moment gut in das Gesamtbild des Innenraums der Kirche ein.
Vom Altmühldorfer Bildhauer Karl Hein stammt eine fast lebensgroße Schnitzarbeit, eine Geburt Christi, die zur Weihnachtszeit im Altarraum der Kirche aufgestellt wird.
Die Westfassade des Pfarrheims schmückt eine hohe Marienfigur, ausgeführt von Hans Prähofer.

Die Erlöserkirche der Evangelischen Gemeinde Mühldorf an der Ecke Münchener Straße/Mühlenstraße ist ein schlichter, zeitloser sakraler Bau in der Art einer romanischen Hallenkirche, entworfen von Professor Ludwig, München. Wegen der Notlage in den Nachkriegsjahren forderte der Kirchenbau unter Pfarrer Dr. Julius Weichlein von der Gemeinde große Opfer. Am 29. Mai 1950 konnte die Kirche eingeweiht werden. Die der evangelischen Tradition entsprechende Innengestaltung konzentriert sich auf ein Oberammergauer Holzkruzifix über dem Altartisch der Apsis.
Die Evangelische Gemeinde der Stadt hatte seit 1875 in privaten und später in Amtsräumen Gottesdienste abgehalten. 1923 entstand eine Notkirche auf dem heutigen freien Grundstück neben der Erlöserkirche. Beim Bombenangriff auf den Mühldorfer Bahnhof im März 1945 wurde die Notkirche zerstört. Die Pfarrei selbst besteht seit 1931, nachdem der evangelische Bevölkerungsanteil in Mühldorf und Töging deutlich angestiegen war. Einen besonders großen Zuwachs gewann die Gemeinde durch Heimatvertriebene nach 1945.
Der Bau der Pius-Kirche in Mühldorf-Nord mußte sich entsprechend der Entstehungszeit um 1959/61 an einem finanziell engen Rahmen orientieren. Es entstand so ein Zweckbau mit einem hohen und zunächst weiträumig und eher nüchtern wirkenden Innenraum, der aber vor allem durch die gute Lichtführung und die farbigen Glasfenster des Mühldorfer Kunstmalers Hermann Maillinger eine gewisse feierliche Stimmung erhält. Die Einweihung der Kirche erfolgte am 8. Dezember 1961 durch Weihbischof Dr. Johannes Neuhäusler. Die geistliche Betreuung der neuen Pfarrei übernahm als Kurat Georg Nunhofer. Der Kirchenbau von St. Pius brachte damals eine lebhafte Diskussion über moderne Kirchengestaltung in Gang.
Der Architekt, Paul Dörr aus Mühldorf, schrieb zum Konzept und zur Innenausstattung der Kirche: „Der Kirchenraum ist aus

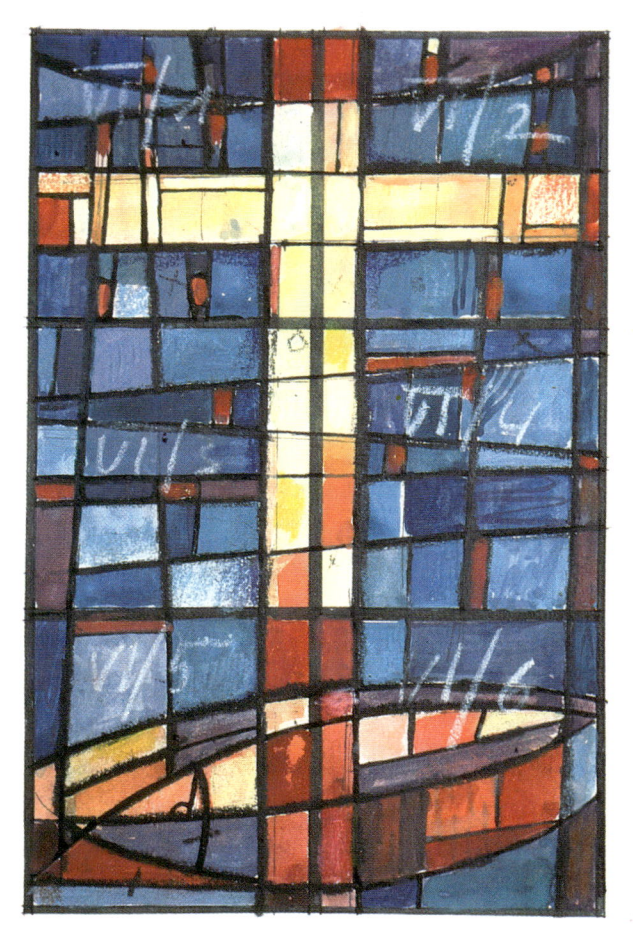

der modernen Auffassung über das religiöse Leben in der Kirchengemeinschaft entstanden. Die Plätze sind rings um den Altar angeordnet, gemäß der Vorstellung, die Gläubigen möglichst nahe an der Eucharistie teilhaben zu lassen..."

Neben den Kunstschmiedearbeiten des Ebersberger Kunstschlossers Bergmeister geben die Glasfenster von Hermann Maillinger dem Innenraum seinen besonderen Charakter. „Vier der Fenster sind als Symbole des Kampfes zwischen Licht und Schatten im Gefangensein der Welt und im Chaos aufzufassen. Die beiden Fenster nächst dem Altar zeigen das Kreuz und die Leidenswerkzeuge mit der verfinsterten Sonne vor Golgatha als Symbol für die Erlösung durch den Kreuzestod. Die beiden figürlichen Fenster der Nordfassade richten sich an den Menschen mit den Symbolen der Lampen als Gleichnis der klugen und tö-richten Jungfrauen und den Posaunen über dem göttlichen Grab als Symbol für die Auferstehung. An der Südseite ist die Eucharistie versinnbildlicht als Mittel, das den Menschen das Heil bringt (Krone, Ähren, Trauben sowie Christus in der Kelter.)"

Ergänzende künstlerische Gestaltungen erfuhr die Kirche bei der Renovierung von 1987. Das von Matthias Bayer aus Heufeld geschaffene Altarkreuz, welches das Himmlische Jerusalem mit dem Lamm in der Mitte und den zwölf Toren symbolisiert, wurde bei dieser Gelegenheit mit einer farbbetonten Bildumrahmung versehen, ausgeführt von Helmut Kästl aus Greifenberg (Ammersee). Die vier quadratischen Darstellungen sind als die Elemente der Natur zu deuten und sollen gleichzeitig auf die Gefährdung der Welt durch den Menschen hinweisen. Die früher kraftvolle optische Wirkung des Kreuzes ist dabei freilich abgeschwächt worden. Der neue Tabernakel in einem gold- und silberfarbenen Holzschrein ist aus Bronze, ebenso wie die Figur des Kirchenpatrons Pius X., die auf einer Steinsäule vor dem Kircheneingang aufgestellt wurde.

*Kunsthandwerk in Mühldorf
in alter und neuer Zeit.*

Es ist schwierig, Kunst und Kunsthandwerk voneinander scharf zu trennen. Allenfalls läßt sich die Ausübung „zweckfreier" Kunst — was immer man darunter verstehen mag — der gewerblichen Tätigkeit gegenüberstellen, soweit diese auf die Herstellung „kunstvoller" Gebrauchsgegenstände gerichtet ist. Auch täglich gebrauchte Werkzeuge oder Gefäße können vollendete Kunstwerke darstellen.
Ebenso wie die Bereiche der Kunst stand auch das damit verbundene Handwerk in der Stadt Mühldorf meist in enger Beziehung und Abhängigkeit zu Salzburg, und schon in mittelalterlicher Zeit hat Mühldorf handwerkliche und kunsthandwerkliche Arbeitsstätten zu verzeichnen.

Von der Produktion aus den früheren Jahrhunderten ist freilich so gut wie nichts überkommen, zumindest keine im einzelnen nachweislichen Objekte, mit Ausnahme von Zinngießerarbeiten. Goldschmiede und Zinngießer werden neben Malern und Schnitzern schon im 14. und 15. Jahrhundert urkundlich genannt.

Das Zinngießerhandwerk kann dabei eine zusammenhängende Werkstattfolge in langer Tradition aufweisen, allerdings nur bis in die ersten Jahrzehnte dieses Jahrhunderts herein.
1447 wird in Mühldorf erstmals archivalisch ein Zinngießer namens Berchtold als Bürge für einen neu aufzunehmenden Bürger er-

wähnt. In einer fast ununterbrochenen Folge sind dann bis zum Ende des 19. Jahrhunderts die Namen von 27 Zinngießern festgehalten, die eine Werkstatt in Mühldorf betrieben haben. Zuletzt wurde freilich neben der Zinngießerei meist noch der Beruf des Glasers ausgeübt.

Die Zinnzeichen, mit denen die fertigen Gegenstände markiert wurden, weisen meist in Verbindung mit den Initialen des Meisternamens auch das Stadtwappen auf, nämlich das Mühlrad. Im Kunsthandel ist altes Mühldorfer Zinn selten geworden. Noch am meisten erhalten geblieben ist offenbar solches aus den Werkstätten von Martin Wandl (17. Jahrhundert), Anton und Cajetan Troger (18. Jahrhundert) und Franz Abrell (Anfang 19. Jahrhundert).

Eine kleine Sammlung an Mühldorfer Zinngegenständen befindet sich im Kreisheimatmuseum.

Von Arbeiten aus den alten Goldschmiedewerkstätten ist uns bisher nichts bekannt oder überliefert.

Erst wieder in neuester Zeit — etwa ab 1930 — ist hier der Name der Stadt durch besondere Arbeiten aus der Werkstatt des Mühldorfer Silber- und Goldschmieds August Gückel bekannt geworden. Viele Aufträge kamen von Kirchen aus der nahen und weiteren Umgebung. Gückel war auch für die Altöttinger Gnadenkapelle tätig, wo ihm lange Zeit die Erhaltung, Ergänzung und Konservierung der Silberbestände oblag. Eine besonders schöne Silberarbeit aus der Gückel'schen Werkstatt ist berühmt geworden: Ein in Silber getriebenes Schiff, das im Jahr 1930 Papst Pius XI. von einer Altöttinger Wallfahrtsstiftung zum Geschenk erhielt.

Besondere Beachtung verdient auch die in Silber getriebene Kopie des Wandgemäldes der Schlacht bei Mühldorf an der Frauenkirche. Die Silberarbeit — eine rechteckige Platte — war bei der Eröffnung des Kreisheimatmuseums im Jahr 1975 als Leihgabe ausgestellt. Ebenfalls über die Stadt hinaus bekannt wurde der Goldschmied Josef Rothfischer († 1976). Seine Arbeiten zeichnen sich durch hohes handwerkliches Können und besonderen künstlerischen Geschmack aus.

Eine offenbar nur zeitweise bestehende und geringe Produktion ist beim Glockengießer-, Saitenmacher- oder Büchsenmacherhandwerk festzustellen. Lediglich ein schön ziseliertes Radschloß aus der Werkstatt des Franz Seisenhofer – um 1710 – findet sich im Museumsbestand der Stadt. Über weitere Objekte ist bisher nichts bekannt.

Kunstschmiedearbeiten aus früherer Zeit sind kaum noch erhalten. Allerdings ist der Wasserspeier im Innenhof des Rathauses ein recht eindrucksvolles Beispiel dafür, mit welcher Phantasie und Kunstfertigkeit solche notwendige Hausbetandteile damals ausgeführt wurden. Dieser „Trackhenkkopf" wurde vom Kupferschmied Onophrius Wildpauer im Jahr 1563 angefertigt gegen die beachtliche Entlohnung von 3052 Kreuzer.

Ein besonders reich gearbeitetes schmiedeeisernes Wirtshausschild zierte früher die Fassade des früheren Gasthauses zum Schwan auf dem Stadtplatz. Leider hat es die Nachkriegszeit nicht überstanden und fiel wohl aus Unachtsamkeit der damaligen Materialknappheit zum Opfer.

Die Kunst der Holzbearbeitung, wie sie etwa in einer Bildhauerwerkstatt sichtbar wird, fand ihre Blütezeit in Mühldorf im 15. und 16. Jahrhundert. Auch aus der späten Barockzeit hat die Stadt mit Christoph Fröhlich noch einen beachtenswerten Holzschnitzer aufzuweisen.

An diese frühere Künstlertradition konnte erst in neuerer Zeit die Bildhauerfamilie Hein mit ihrer Werkstatt in Altmühldorf wieder anknüpfen. Der Begründer der Werkstatt, Engelbert Hein, ist schon bald durch geschickte und einfühlsame Restaurierungsarbeiten ebenso bekannt geworden, wie durch neu geschaffene Schnitzarbeiten. Für ungezählte Kirchen der nahen und ferneren Umgebung sind in der Altmühldorfer Werkstatt viele Arbeiten zur denkmalpflegerischen Erhaltung alter, besonders auch wertvoller Skulpturen ausgeführt worden. Die gesamte Altarausstattung der Kirche von Hart an der Alz ist z. B. aus der Hein'schen Werkstatt hervorgegangen.

Die Werkstatt wird heute durch den Sohn Karl Hein sachkundig weitergeführt. Drei ebenfalls hochbegabte Bildhauernamen sind

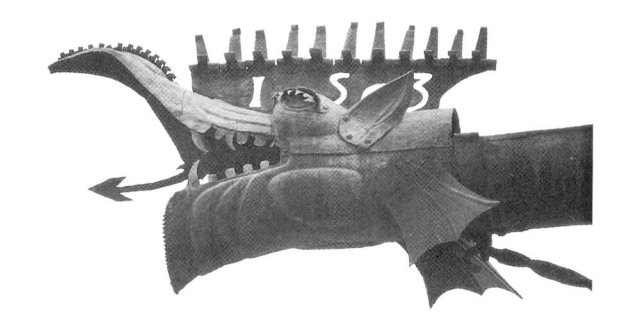

Wasserspeier von 1563 im Rathaushof

mit der Werkstatt verbunden: Theo Hein und Georg Wilfer, beide leider früh verstorben, sowie Gregor Hein, der in seiner heutigen Mühldorfer Werkstatt ebenfalls eine große Anzahl beachtenswerter Schnitzfiguren geschaffen hat, wie das über drei Meter hohe Kruzifix in der Kirche St. Josef in Töging.

An dieser Stelle ist anzuführen, daß in den ersten Jahren seit der Jahrhundertwende in einem Mühldorfer Betrieb auch kunstreiche Möbelstücke hergestellt wurden: Die damals bestehende Holzgroßhandlung und Möbelfabrik Kempf & Geiger beschäftigte zeitweise bis 250 Mitarbeiber, einen Teil davon in der Möbelherstellung. Entsprechend den historisierenden und prunkliebenden Vorstellungen der „Gründerzeit" um 1900 wurden für die Formen und Verzierungen Anleihen fast aus allen klassischen Stilelementen genommen, von der Romanik bis zum Klassizismus. Einen attraktiven Aufsatzschrank mit Renaissanceformen konnte die Stadt Mühldorf in jüngster Zeit erwerben.

Gedenkstätten in Mühldorf

Franzosenfriedhof

An die Kriegstoten der Napoleonischen Jahre zwischen 1795 und 1813 erinnert eine kleine Gedenkstätte auf der Lände nahe am Inn. Neben verstorbenen Österreichern und Bayern waren es vor allem französische Soldaten, die hier ihre letzte Ruhestätte fanden. Das Mühldorfer Heiliggeistspital war in dieser Zeit

Kriegslazarett. Zwischen 30 und 40 erkrankte oder verwundete Krieger fanden dort zeitweise Aufnahme. Im September und Oktober 1813 verstarben allein 36 Soldaten durch Typhus oder Nervenfieber. Die Verluste der Armeen durch Seuchen und andere Krankheiten waren in diesen Jahren meist noch höher als durch feindliche Kugeln.

Im Frühjahr 1842 betrieben ehemalige Kriegsteilnehmer die Errichtung eines Gedenkkreuzes auf der Lände. 1901 und 1929 mußten jeweils neue Kreuze erstellt werden. Seit 1972 besteht nun der „Franzosenfriedhof", wie die Anlage genannt wird, in der heutigen Form: Neben dem schlichten, etwa vier Meter hohen Holzkreuz wacht auf einem Steinsockel mit Inschrift einer der beiden Löwen vom ehemaligen Kriegerdenkmal auf dem Mühldorfer Stadtplatz.

Kriegerdenkmal und Kriegsmahnmal

Nach dem deutsch-französischen Krieg von 1870/71 errichtete man auf der Stadtplatzmitte einen Obelisken in eingegrenzter Anlage zum Gedenken an die gefallenen Söhne der Stadt. Nach dem Ersten Weltkrieg, der ungleich mehr Opfer gefordert hatte, wurde die Anlage durch eine vierseitige, niedrige Steinbalustrade und zwei steinerne Löwen erweitert und im Mai 1924 feierlich eingeweiht. An den Volkstrauertagen und besonders den „Heldengedenktagen" zwischen 1933 und 1945 wurden hier große Trauerfeierlichkeiten abgehalten.

Als in den Jahren nach 1945 der Verkehr auf dem Stadtplatz sprunghaft zunahm, sah sich die Stadt veranlaßt, nach einer anderen Gedächtnisstätte zu suchen. Gleichzeitig sollte auch eine neue Form eines Gefallenendenkmals gefunden werden.

Gegenüber dem älteren Schulgebäude an der Luitpoldallee war in der dortigen Grünanlage am 15. November 1953 schon eine Mahntafel für die Kriegsgefangenen und Vermißten enthüllt worden. Diesen Platz fand man auch für das neue Kriegerdenkmal geeignet. Entwurf und Ausführung stammen von Dr. Josef Nowotny, einem Mühldorfer Kinderarzt, der sich mit hoher künstlerischer Begabung schon bald einen Namen als Maler und Bildhauer gemacht hatte. Der Grundgedanke für die überlebensgroße Steinskulptur war „ein Sinnbild

Dr. Josef Nowotny: Kriegerdenkmal am Friedhof Mühldorf-Nord

der Niederlage und der Verlassenheit des Volkes nach dem Weltkrieg und der allgemeinen unfaßbaren inneren und äußeren Not, mit der sich die Menschen damals konfrontiert sahen". So manchen Kritikern war die auf einer Ruine hingestreckte männliche Gestalt mit einem zerbrochenen Schwert in der Faust „zu wenig repräsentativ", wie die Presse berichtete.

Bei der Einweihung der Anlage (an der Stelle der heutigen Tiefgarage) am 13. November 1960 war gleichwohl ein Massenbesuch zu verzeichnen. Bürgermeister Hans Gollwitzer und Stadtpfarrer Josef Klapfenberger bezeichneten das Ehrenmal als großartige Darstellung, „anders als man Kriegerdenkmäler früher geschaffen habe..." und entgegen dem bisherigen Wort, „süß sei der Tod fürs Vaterland".

Der „Sterbende Krieger" mußte nach dem Bau des Hallenbades den Platz räumen und wurde zunächst vor dem Alten Friedhof aufgestellt. Schließlich fand er eine etwas abseits gelegene Bleibe vor dem Friedhof Mühldorf-Nord. Leider hat sich der verwendete Kunststein als witterungsanfällig erwiesen, so daß sein Bestand auf Dauer gefährdet sein dürfte.

Die namentliche Erinnerung an die Kriegstoten der Stadt ist in der Johanneskapelle wachgehalten, die schon vor 1960 zur Kriegergedächtnisstätte umgestaltet wurde.

Die Gedächtnisstätten in den Ortsteilen Altmühldorf und Mößling befinden sich in den Friedhofsanlagen, die Gedenktafeln im Inneren der Kirchen.

Die KZ-Gedächtnisstätte

Nach dem Einmarsch der Alliierten im April/Mai 1945 ordnete die Militärregierung von Mühldorf alsbald die Errichtung eines Friedhofs mit einer Gedächtnisstätte für die Opfer der KZ-Lager aus der Mühldorfer Umgebung an. 480 meist durch unmenschliche Arbeitsbedingungen in den Lagern bei Mettenheim und Ampfing umgekommene Häftlinge, vor allem Juden, wurden hier im Juni 1945 beerdigt, umgebettet aus einem Massengrab im Mühldorfer Hart, beim sogenannten Kronprinzenstein.

Gedenkstein im KZ-Friedhof Mühldorf

Am 23. Juni fand die letzte Bestattung der KZ-Leichname statt. Auf Anordnung der Militärregierung unter Captain Spivak hatten sämtliche Einwohner Mühldorfs an diesem Trauerakt teilzunehmen. In der parkähnlichen Anlage erinnern einige schlichte Grabsteine an die hier ruhenden KZ-Opfer, und eine aufrecht stehende Gedenkplatte mahnt mit der Inschrift: „Den Opfern der Gewalt 1933–1945". Aus heutiger Sicht wäre zu wünschen, daß ein neu gefaßter Text den Besuchern der Gedenkstätte die Grausamkeit des NS-Regimes und den Opfergang der Toten näherbringt.

Der Berlin-Gedenkstein

Ebenfalls an die Zeitgeschichte der Nachkriegsjahre und die Teilung Deutschlands als Folge des Krieges erinnert ein Naturstein, der am 27. März 1971, etwa zehn Jahre nach dem Bau der Berliner Mauer, auf der Verkehrsinsel an der Bundesstraße 12 nahe der Innfähre, aufgestellt wurde. „664 km nach Berlin" lautet die Inschrift. Vom übermäßig zugenommenen

Straßenverkehr gefährdet, kam er später in die Parkanlage vor dem Finanzamt und hält von dort die Erinnerung an die Teilung Deutschlands wach.

Gedenkstätte „Kleinötting"

Neben der alten Salzburger Grenzsäule Nr. 1, unweit der Bundesstraße 12 an der östlichen Stadtgrenze zu Polling/Ehring, errichtete der Mühldorfer Trachtenverein 1973 eine kleine, überdachte Andachtsstätte. Sie führt die Tradition der Kapelle „Kleinötting" fort, die in früheren Zeiten als Raststelle gerne von Wallfahrern aufgesucht wurde, die unterwegs nach Altötting waren. Ein kleiner, überdachter Brunnen sorgte für Erfrischung. Nach Schober ist dieser Platz urkundlich schon 1464 erwähnt: „Wiese beim Inn gegen Ering werts, bey dem Brünndle".

Rast und Ruhe der Pilger werden heute durch den lebhaften Straßenverkehr freilich meist sehr gestört.

Als Beispiel für eine gelungene Altstadterneuerung können die Häuser an der Nordseite des Kirchplatzes gelten

Ernst Aicher

Die Innstadt Mühldorf — Betrachtungen zur Entwicklung und Bauweise

Unsere bayerischen Städte und Märkte am Inn sind heute durchwegs Orte mit hoher Lebensqualität. Eine wichtige Grundlage dafür ist die Kontinuität im Bewahren, Pflegen und behutsamen Erneuern des baulichen Erbes und seiner Umgebung. In jeder Epoche wurde mehr oder minder ausgeprägt durch Veränderung des Alten und Einfügen von Neuem die Stadt als lebendiger Organismus behandelt. Neben der ästhetischen Anschauung, die bei vielen dafür verantwortlichen politischen Gremien oder Einzelpersonen naturgemäß einen bescheidenen Stellenwert einnimmt, weil sich die rechtliche Beurteilung der Verunstaltung nach dem Geschmack des Durchschnittsbetrachters richtet, haben sich auch die Lebensbedürfnisse gewandelt. War beispielsweise Anfang der siebziger Jahre beim größten Teil der dafür verantwortlich entscheidenden Ratsgremien das Bewußtsein für die Wiederfreimachung der Laubengänge an der südwestlichen Stadtplatzseite von Mühldorf noch nicht geweckt, so half die Diskussion um das gescheiterte Kaufhausprojekt „Woolworth" auch aus verkaufsstrategischen Gesichtspunkten dem Bemühen einiger Vordenker nach einer Rückbesinnung auf die historisch begründete Stadtbaukunst. Die Wiederentdeckung geschichtlich gewachsener Städte und Stadtteile ist die Leistung einer Aufklärungsbemühung der letzten 20 Jahre; mit einer gewissen Zeitverschiebung sind solche Grundsätze auch ins Bewußtsein der Politiker gedrungen, die den Bruch der Tradition mit der Vergangenheitsbewältigung verbunden hatten und denen eine Vorbildfunktion von Fremdenverkehrsorten fehlte. Schon der Prophet Sirach Jesus, der vor ca. 4000 Jahren in Jerusalem lebte, sagte über seine Stadt: „Wenn die Gewaltigen klug sind, so gedeiht die Stadt."

Als bei uns die Kelten noch in Einzelgehöften lebten und bei Kriegswirren sich in Fliehburgen retteten, hatte Griechenland und Rom mit seiner stadtbildenden Kraft längst ein Vorbild geschaffen.

Während im römisch besetzten Gebiet die Militärlager die Siedlungen an den Straßenkreuzungen und die Bildung von zivilen Siedlungen begünstigten, waren die Germanen gegen eine solche Stadtbildung, weil sich dort mehr Personen ansiedelten als die eigene Sippe umfaßte. Seit den Sachsen-Kaisern um ca. 1000 n. Chr. suchte man für Neugründungen besonders sorgfältig die künftige Lage des Siedlungsraumes aus. Die Straße, die Straßenkreuzung, eine Furt oder ein Brückenkopf tritt in den Vordergrund. Die Dörfer haben ab dem 11. Jahrhundert aufgrund der Slaweneinfälle den Wunsch nach starker Befestigung. In den zwei Jahrhunderten, von 1100 bis 1300, bildete sich der Grundtyp der bayerischen Stadt, ob sie nun unter geistlicher oder weltlicher Stadtherrschaft entstanden ist; der Bürger tritt in die Geschichte ein und gibt der Stadt auch politische Bedeutung.

Damit läßt sich erklären, daß bis zum 13. Jahrhundert viele offene Orte den Stadtstatus anstreben, so auch Mühldorf. Auch die natürlich gewachsene Stadtform hat sich aus dem Streben nach klarer Grundrißgestaltung herausgebildet. Die mittelalterliche Stadt, ein

Gebilde, das ständig bedroht war, nutzte die natürlichen Gegebenheiten der Landschaft und die für eine Verteidigung günstige Kreis- oder Ellipsenform für ihre Anlage. Den Stadtkern umringt eine Steinmauer, davor ein breiter tiefer Graben. Die schwächste Stelle des Mauerrings ist dort, wo die Straßen in die Stadt einmünden, daher werden auch hier mächtige Torbauten erstellt.

Der Platz, die Straße waren für den Baumeister Herz und Ader, die einen geschlossenen Organismus verlangten.

Zog eine große Straße durch Tore von Ost nach West, dann weitete man sie inmitten der Stadt zu platzartiger Größe und Dimension auf. Eine Parallelstraße erschloß in solchen typischen Stadtgründungsformen ein weiteres Gebiet; schmale Gäßchen verbanden den Hauptplatz mit den Parallelstraßen oder Plätzen.

Der mittelalterliche Mensch war beherrscht vom Wunsch nach Geborgenheit; die Umwelt mußte geborgen und abgeschlossen sein, was sich auch auf die Straßen- und Platzbildung auswirkte. Die Straße wölbt sich zu einen sanften Bogen, läßt die Häuser hervortreten, unterbricht bisweilen die Fassade mit Erkern oder im Erdgeschoß mit Laubengängen, sucht als Abschluß der Schmalseiten einen Turm und schiebt nicht selten zur Steigerung der Maßstäblichkeit eine Kirche in den Platzablauf ein. Die Pfarrkirche der Bürger hatte meistens ihren eigenen Kirchenplatz und zog sich mit dem sie umgebenden Friedhof zurück vom pulsierenden Leben, das Rathaus war wuchtige Repräsentation der städtischen Macht an bedeutender Stelle des jeweiligen Stadt- oder Marktplatzes. Bald nachdem sich die Rathäuser auf ihre eigentliche Aufgabe besonnen hatten, nämlich die Verwaltung zu gewährleisten, entstanden zur Lagerung der Waren die Magazinbauten, die Zehentkästen.

Das Baumaterial wird von der Landschaft geprägt, die Städte am Fluß, die oftmals von wilden Überschwemmungen ungebändigter Flüsse heimgesucht wurden, stellten ihre Bürgerhäuser auf massive Natursteinmauern aus Bruchgestein, wie Nagelfluh oder Kalktuff.

Der Aufbau des Stadtkerns von Mühldorf

Am 21. September 1190 genehmigte der deutsche König Heinrich VI. dem Erzbischof Adalbert III. von Salzburg, „in burgo suo Muldorf" eine Salzniederlage zu errichten. Die Lage dieser Burg war der Platz vor dem heutigen Finanzamt; der im Merianstich von 1644 alles überragende Voitturm war Teil dieser Burganlage.

Es gab eine Brücke, ein äußeres Tor, später auch Bergtor genannt, und das innere Tor, heute als Münchener Tor bezeichnet, das Teil der Befestigungsanlange und des schon auf das 13. Jahrhundert zurückgehenden Mauergürtels war. Das Rückgrat der Stadt, der Stadtplatz, entstand durch eine Ausweitung der Hauptverkehrsstraße; bei einer Fläche von ca. 11400 Quadratmetern ist das Längen- und Breitenverhältnis bei 480 Meter zu 30 Meter wie 16 zu 1. Zwei Tore schließen heute noch den Platz ab, dessen Platzwände in der jetzigen Form überwiegend aus dem 16. Jahrhundert stammen. Die seitlich in den Markt einmündenden Gassen verengen sich oder sind durch eine geschlossene Häuserzeile vollständig überbaut, der bauliche Zusammenhang der überwiegend im Erd- und Obergeschoß gewölbten Stein- oder Ziegelbauten wird durch die Schwibbogenkonstruktionen über den Gassen gewährleistet. Die Hausparzellen gehen auf ein Grundelement, einen ca. 7,5 Meter breiten und 35 und 70 Meter tiefen Grundstückszuschnitt zurück. In dieser Hausbreite gab es durch die zulässigen drei Fensterachsen in der Gliederung eine klare Ordnung, bei größerer Hausbreite mit mehr Fensterachsen war eine zusätzliche Besteuerung festgelegt. Je eine Hofeinfahrt für ursprünglich zwei Parzellen war als Bauform üblich, die Erschließung damit sehr sparsam. In der Platzmitte mit seiner leichten Überhöhung war auch die Platzwand der Häuser viergeschossig, die waagrechten Abschlüsse mit Vorschußmauern, welche die dahinterliegenden typischen Grabendächer heute verdecken, waren wohl als barocke Steigerung des Stadtplatzes gleichsam in seiner Wirkung als Festsaal entstanden. Statt der überstehenden Dachtraufen, die auch aus Gründen der Ausbreitung von Bränden und der nur eingeschränkten Brandbekämpfungsmöglichkeit beim Aufstellen von Leitern zum Ausschütten der Feuereimer erhebliche Nachteile aufwiesen, hatte man durch die tiefen Lauben- oder Arkadengänge im Erdgeschoß den Schutz vor Wind und Wetter. Die Marktbrunnen gliedern den Platz in seiner Längenausdehnung in fünf gleiche Abschnitte; sonstige Denkmäler kannte man vor dem 18. Jahrhundert genausowenig, wie beispielsweise die meist im 19. Jahrhundert entstandenen Bepflanzungen, welche die historische Ablesbarkeit solcher Architekturräume damit oftmals veränderten. Der Mensch des Mittelalters suchte Geborgenheit, seine Umgebung mußte enden und einen Abschluß bilden. Die mittelalterliche Stadt ist aus der gotischen Grundhaltung entstanden, der Einfluß dieser Richtung ist so beherrschend, daß die Formen der Renaissance kaum eingedrungen sind, erst der Barock wirkt sich wieder stärker aus. Da auch die Plätze und Straßen im Mittelalter und der frühen Neuzeit noch nicht befestigt waren, war es trotz des Verbots in der Mühldorfer Stadtordnung von 1522, „daß niemand seinen Misthaufen oder Kot vor seinem Haus oder anderen Enden in der Stadt über acht Tag liegenlassen soll, sondern allzeit förderlich ausführen und dannenbringen, bei der Straf von 72 Pfennig" sehr vorteilhaft, daß es Lauben gab, welche keine Eigentümlichkeit der Innstädte sind, sondern überwiegend bei Städten mit regem Handelsverkehr angelegt wurden.

Einzelbauten, Wohn- und Arbeitsstätten

Die Lauben schützen im Süden gegen die Sonne, im Norden vor Regen und Schnee, sie geben einen gesicherten trockenen und sauberen Gehsteig. Für den Handwerker oder Kaufmann ergaben sie eine wünschenswerte Erweiterung der Werkstatt oder des Ladens, weil man die Waren im Freien aushängen

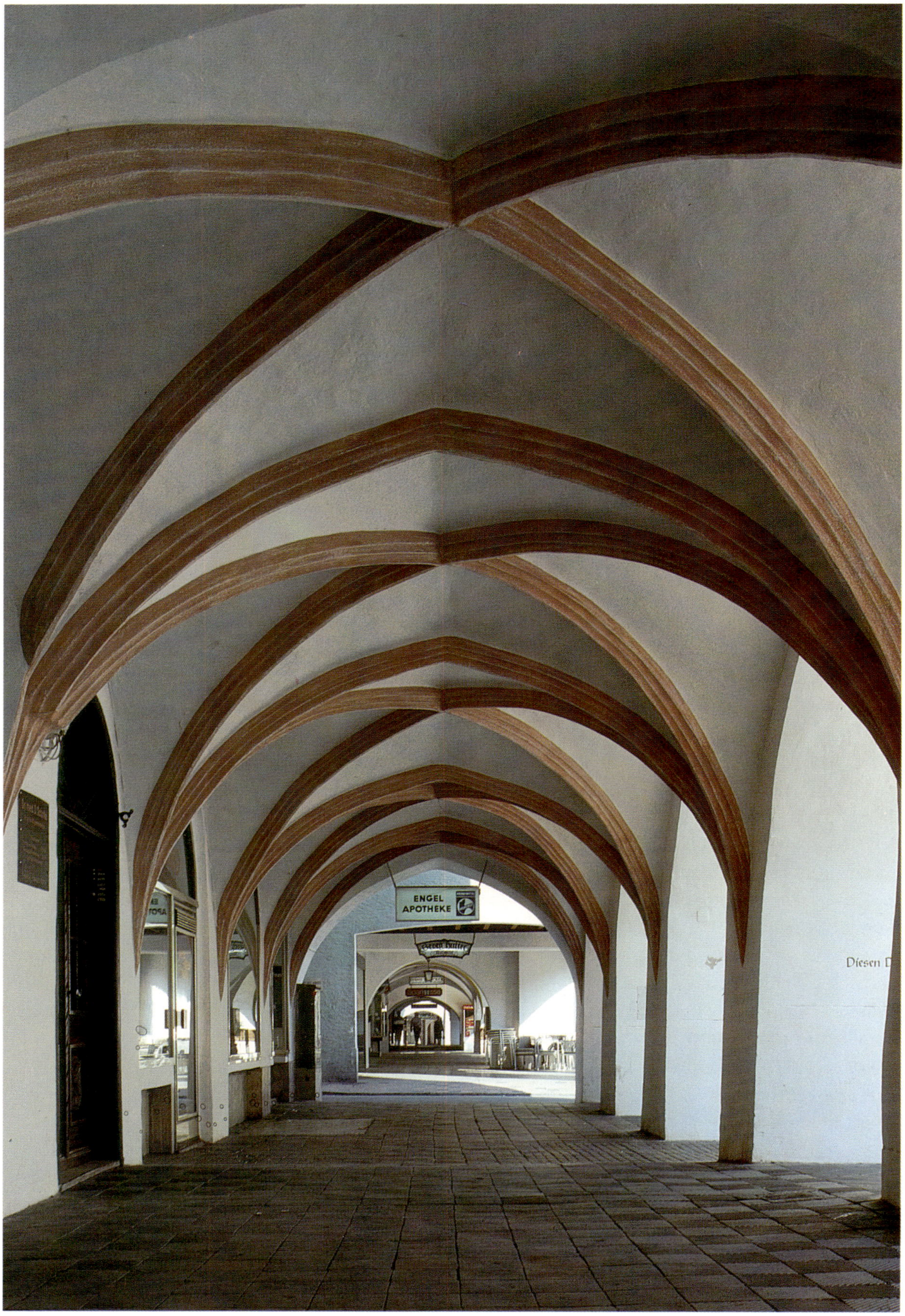
ENGEL
APOTHEKE
Diesen

oder auslegen konnte. Gab es gewölbte Tiefkeller im Haus, wurden die mit Falltüren verschlossenen Kellerabgänge gern unter die Lauben dicht an die Straße verlegt, wodurch die Güter einen Schutz vor Regen erhielten. Hier hat man die Mauerpfeiler wahrscheinlich so tief angelegt, um zwischen ihnen die mit Falltüren verschlossenen Ausgänge der Keller anlegen zu können, so daß sie nicht in den Gehsteig hineinragen und ihn einschränken mußten.

Gotische Rippen sind selten, Mühldorf hat mit einer Breite des Gehwegs von etwa 3,80 Metern und einer Pfeilertiefe von stellenweise drei Metern die tiefsten Lauben aller Innstädte. In der Regel hat ein Haus mit drei Fensterachsen zwei Laubbögen; zu ihrer Entstehungszeit läßt sich anhand bautechnischer Untersuchungen nachweisen, daß an den Plätzen zugleich mit den Kellern, den Räumen im Erdgeschoß und im ersten Obergeschoß aufgrund einer festgelegten Planung entstanden sind, wenn nach einem größeren Brand oder durch wirtschaftliche Veränderungen ein Hausneubau aus Stein entstehen konnte. Vom gewölbten Erdgeschoß führte eine Treppe in das Fletz des ersten Obergeschosses, die Stube dieses Wohnteiles war meist über die gesamte Hausbreite an der Stadtplatzseite angeordnet. Durch die große Haustiefe ergab sich die Notwendigkeit, die Belichtung durch kleine, meist quadratische Innenhöfe zu verbessern. Die ältesten Grundrisse zeigen einen aneinandergereihten Treppenlauf (Himmelsstiege genannt) mit Austrittspodesten in jedem Geschoß. Die an den meist steingewölbten Treppenraum angrenzenden Wohn- und Schlafräume im ersten und zweiten Obergeschoß hatten überwiegend schwere Bohlenbalkendecken, unterseitig gefast, mit Kerbschnitt verziert und nicht selten auch in farbiger Fassung. Die Fußböden in den Werkstatt- und Ladenräumen waren fast ausschließlich aus gebrannten Ziegeltonplatten, die Einfahrten, die Innenhöfe sowie die tonnengewölbten Kellerräume hatten eine Pflasterung aus Innkieseln (Katzenkopf).

Der Speicher, der durch Mezzaninfenster in der hohen Vorschußmauer spärlicher belichtet wurde, hatte aus Brandschutzgründen bei allen Bauten des 16. und 17. Jahrhunderts, die in den letzten Jahren untersucht werden konnten, ein 4–5 Zentimeter starkes Ziegelpflaster auf Mörtelbett aufgewiesen; so beschränkten sich die meisten Zerstörungen durch die verheerenden Stadtbrände auf das Niederbrennen der „Firste". Besonders brandgefährliche Berufe, wie die Schmiede, mußten selbstverständlich ihre Häuser außerhalb des Stadtplatzes errichten.

Vom Stadtplatz abzweigende Gassen beherbergten die Handwerker, meist klar gegliedert nach Ständen, von denen auch die Namen der Gassen heute noch zeugen (Tuchmacher-, Weißgerber- oder Huterergasse). Die Höhenentwicklung der Gebäude nimmt zum Stadtrand an der ehemaligen Stadtmauer stetig ab. Auch hier sind die Grabendachbauten, erkennbar an den fast ein Geschoß niedriger liegenden Rinnenkesseln, typisch; an der gemeinsamen Grenzwand (Kommunemauer) war ein sogenannter Hochpunkt, die meist hölzerne Grabendachrinne lag bei den hier schmäleren Hausgrundrissen oftmals mittig im Gebäude, während an den Häusern am Stadtplatz die Grabendachkonstruktion mit zwei Teilpunkten und somit zwei Rinnkesseln heute üblich ist, weil sehr oft zwei Parzellen jetzt schon zusammengehören. Die nach dem Zweiten Weltkrieg verstärkt aufgekommenen flachgeneigten Pultdächer mit Blech- oder Eterniteindeckung, statt der seit dem 16. Jahrhundert obligatorischen harten Ziegelbedachung, haben das Stadtbild nicht nur von oben nachhaltig beeinträchtigt.

„Unser frauen kirch"

Aus dem Urvermessungsplan für Mühldorf von 1814 und einem Hausnummernplan aus der Wende des 18. zum 19. Jahrhundert können wir ablesen, daß auf dem Stadtplatz noch eine Kirche stand, die im Merian-Stich als „Unser frauen kirch" bezeichnet ist und 1815 wegen Baufälligkeit abgebrochen wurde. Leider wurden bis heute die nach einer Freilegung beim Stadtplatzausbau 1975 aufgedeckten Grundmauern in der Pflasterung des Platzes nicht dargestellt, obwohl dafür seit 1976 ein rechtskräftiger Bescheid vorliegt, der diese Markierung verlangt. Die Anschaulichkeit und die ursprüngliche Platzform könnte damit auch deutlicher zur Kenntnis gebracht werden.

Zehent- und Vorratskästen

Dank der relativ genauen Datierungsmöglichkeit, die uns die Dendrochronologie seit einigen Jahren bei der Altersbestimmung von Bäumen, vornehmlich Eichen, aber jetzt auch verstärkt bei Tannen und Fichten erlaubt, kann zu den Stilmerkmalen von Steinbearbeitung, Mauerwerk und Putz neben den zeittypischen Konstruktionen die Altersbestimmung des Fälldatums von Hölzern, exakte Entstehungszeiten von Bauten und deren spätere Umbauten wesentlich verbessern.

Die im Merian-Stich von 1644 dargestellten und benannten „Traidt kästen" gehören zu den anschaulichsten Speicherbauten der Mühldorfer Stadtsilhouette.

Als Korn- und Haberkasten im 15. Jahrhundert entstanden, wurde ersterer nach seinem Umbau 1979–1981 in das Bibliotheksgebäude der Mühldorfer Stadtbücherei in Verkennung der Konstruktionsprinzipien als „Kornstadel" bezeichnet, womit die jahrhundertealte Bedeutung dieses herausragenden Profanbaues abgewertet und verfälscht wird.

Das Konstruktionsprinzip solcher Vorratshäuser ist in einem Buch für die „Civil-Bau-Kunst für Haus-Wirthe und Bau-Verständige" im Jahre 1766 wie folgt beschrieben:

„Das Kornhaus ist ein groß Gebäude von viel niedrigen Böden über einander, welche alle durch zwey Reihen frey-stehender Säulen oder Pfeiler in drey gleiche Teile eingetheilet werden, daß man an beyden Seiten Getreyde aufschütten und es nach der Mitte zu umschütten könne. Am besten werden solche zwey Häu-

Das Innere des historischen Kornkastens ist geprägt durch die Holzkonstruktion

ser neben einander gebauet und an beyden Enden mit schmalen Thor-Gebäuden zusammen gehänget, daß die Korn-Wagen auf dem Hof dazwischen ordentlich auf- und abfahren können. Sie wollen viele kleine Oeffnungen haben, die man mit Netzen verhänget, damit überall nach Belieben könne Luft eingelassen werden. Übrigens wollen solche Gebäude wider Mäuse und wider Schnee und Platz-Regen besonders fleißig verwahret seyn."

Der nunmehr zu einer Bibliothek umgebaute Kornkasten weist dieses Konstruktionsprinzip zusammen mit seinem Pendantgebäude, dem sogenannten Haberkasten, ebenfalls auf. Schiefwinklig an die Stadtmauer angebaut, beträgt die mittlere Länge knapp 30 Meter, die Breite mißt gut 15 Meter. Auf zwei Holzsäulenreihen im Erd- und Obergeschoß und den darüberliegenden Unterzügen, verstärkt durch diamantierend behauene Sattelhölzer, liegen dicht aneinandergereiht die schweren Deckenbalken. Im Dachgeschoß wechselt die Stützenreihe in die Mitte, wobei die über 14 Meter langen und aus einem Stück gehauenen Dachsparren durch drei Kehlbalkenlagen übereinander ausgesteift sind.

Neben seiner Bedeutung für die Silhouette des Stadtbildes von Mühldorf besteht der denkmalpflegerische Wert besonders in der nahezu ursprünglich erhaltenen kompletten Holzkonstruktion im Innern dieses Mauerwerkbaus aus Ziegeln und Tuffquadern. Aus diesem Grunde lag es Heimat- und Denkmalpflegern besonders am Herzen, daß die Pläne für die Auskernung dieses Bauwerks und den vorgesehenen Einbau eines Theaters nicht zur Ausführung gelangten. Mit großer Erleichterung wurde daher die Nachricht der Regierung von Oberbayern aufgenommen, einen erheblichen Zuschuß in Aussicht zu stellen, sofern durch den Einbau einer Bibliothek der historische Baubestand weitgehend erhalten würde.

Die Datierung im Kornkasten auf einem Sattelholz über einem diamantierenden Kapitell einer Eichenholzsäule lautet zwar auf 1614, solche Jahreszahlen sind aber bisweilen auch später bei Auswechslung von Teilen oder Umbauten eingeschnitzt worden.

Neueste Untersuchungen aus dem Jahr 1988 an den Holzbalken des Haberkastens sind sowohl in den Tannenholz-Bohrproben von Sparren und Balkendecken des Kastens als auch im vorgebauten Treppenhaus durchgeführt worden, was besonders bedeutsam für die Erhaltungswürdigkeit der ursprünglichen Konstruktion ist. Insgesamt 16 Bohrproben beweisen, daß das Fälldatum der mächtigen Bäume, aus denen das Konstruktionsholz gebeilt wurde, in einem Diagramm von 1427–1429 einzuordnen ist, und zwar auch in einem Jahresfortschritt entsprechend dem Bauablauf. Das Bauholz wurde erwiesenermaßen frisch verarbeitet (innerhalb einer Frist von ein bis zwei Jahren), so daß diese beiden herausragenden Baudenkmäler der besonderen Obhut der einschlägigen Träger öffentlicher Belange unterliegen. Die gelungene Sanierung und Revitalisierung des Kornkastens mit einem Kostenansatz von damals 300 DM/cbm umbauten Raum und seine sinnvolle Nutzung haben Vorbildcharakter, so daß bei der nunmehr anstehenden Um- und Ausbaumaßnahme für den Haberkasten auf die gewonnenen Erfahrungen zurückgegriffen werden kann.

Die bei den früheren Umbaumaßnahmen (nach dem Abzug der erzbischöflichen Soldaten erstmals zu einer Tonfabrik, später dann im Jahr 1899 zu einem Dampfkraftwerk mit 100 PS Leistung als kommunales Elektrizitätswerk der Stadt Mühldorf und anschließend als Büro- und Werkgebäude für die Stadtwerke) nicht immer pfleglichen Um- und Einbauten, mit teilweiser Substanzzerstörung verbundenen Nutzungsänderungen, erfordern nunmehr eine einfühlsame und denkmalgerechte Behandlung der ältesten nachgewiesenen Profanarchitektur im Stadtbereich von Mühldorf.

Die unter den salzburgischen Bischöfen Erhardus IV. begonnene und unter Johannes I. fertiggestellte Architektur mit den originalen Brandschutz-Ziegelbelägen im Speicher sind auch bei einer gemischten Nutzung als Ver-

262

sammlungsraum und Museum mit einer möglichst von Einbauten und Veränderungen verschonten Raumdarstellung in seiner großartigen Unverfälschtheit zu erhalten.

Als weiterer Vorratsbau für die Zehentlagerung ist der sogenannte Berchtesgadener Kasten zu nennen, der jetzt als Apotheke und Wohngebäude genutzt wird und an der Einfahrt zur Wies steht. Das Stift Berchtesgaden hatte in Stadt und Land größeren Grundbesitz, der Kasten, 1808 als dem Staat gehörig bezeichnet, hat eine Dachform, die sich aus dem sonstigen Innstadtgefüge deutlich abhebt. Der im Kern aus dem 16. Jahrhundert stammende Bau hat noch seinen barocken Dachstuhl erhalten.

Das Lodronhaus

Mit Inkrafttreten des Bayerischen Denkmalschutzgesetzes und als Abschluß des Europäischen Jahres des Denkmalschutzes 1975 wurde der Umbau des ehemaligen Amtsgerichtsgefängnisses an der Tuchmacherstraße in das Kreismuseum Lodronhaus fertiggestellt. Der damalige Landesherr und Fürsterzbischof Paris Graf Lodron hatte 1638 diesen ursprünglich gotischen Bau in einen Getreide- und Vorratskasten für das Kollegiatstift von St. Nikolaus umbauen lassen. Beim großen Stadtbrand 1640 blieb auch dieser Kastenbau verschont. Der im Erdgeschoß aus Kalktuffstein erbaute Kasten war vor dem Umbau 1813 zu einer Fronfeste im Innenhof auf drei Geschosse in übereinanderstehenden Rundbögen aufgelöst, mächtige Rundholzbalken, die im Erdgeschoß der jetzt dort eingerichteten Weinstube sichtbar sind, tragen die Fußbodenkonstruktion für rund 600 m^2 Nutzfläche als Museums- und Sammlungsräume mit Wohnung für den Museumswart.

Auch hier konnte mit einem Kostenaufwand von 100 DM/cbm umbauten Raum eine sinnvolle und ansprechende Nutzung eines historischen Gebäudes verwirklicht werden. Die Einrichtung und Umgestaltung als Museum wurde damals nicht zu Unrecht als Stern im Bayerischen Museumshimmel bezeichnet.

Pfarrhof St. Nikolaus

Der Pfarrhof von St. Nikolaus, in der Südostecke des ehemaligen Stadtberings gelegen, besticht durch den sorgfältig gearbeiteten Pfarrhofturm mit quadratischem Querschnitt von 10x10 Meter. Bis zur Höhe der Stadtmauer besteht er aus werksteinmäßig bearbeiteten Tuffquadern, die Sockelzone ist abgeschrägt. Über der ehemaligen Stadtmauerkrone ist der Bau mit Ziegeln gemauert, an einer Ecke mit einem Diagonalerker verziert. Das Satteldach ist heute von einem Treppengiebel eingefaßt. Über dem tonnengewölbten Erdgeschoß ist ein gewölbter Raum, die ehemalige Hauskapelle, die um 1800 im Empirestil verändert wurde, darüber ein Raum mit einer datierten Holzbalkendecke, bezeichnet 1692, mit frühbarocker Marmorierung und mit einem schwarzglasierten Ofen, dessen Kacheln Reliefdarstellungen des späten 16. und des 17. Jahrhunderts zeigen.

Der Hauptteil des Pfarrhofkomplexes, nahezu rechteckig im Grundriß, dreigeschossig, mit hohem Speichergeschoß und gotisierenden Abschlußmauern mit Blendarkaden und zierlichen Erkertürmchen an den Ecken sowie mit einem hinter den Abschlußmauern eingesenkten Grabendach, entstand 1562–1578 vermutlich auf älterer Grundlage. Er zählt zu den besten Beispielen des für die Inn-Salzach-Städte charakteristischen Profanbaues. Den westlichen Abschluß des Komplexes bildet ein dreigeschossiger Anbau mit Walmdach, der aus dem 17./18. Jahrhundert stammen dürfte. Leider sind bei den immer wieder erfolgten Raumveränderungen aufgrund der besonderen Wünsche der jeweiligen Nachfolger des bis 1802 dort residierenden Stiftsdekans erhebliche Substanzverluste eingetreten, hier half auch wenig, daß der Freistaat Bayern die Baulast und die laufenden Umbaumaßnahmen als Erbe nach der Säkularisation angetreten hatte.

Das Rathaus

Zu den stattlichsten Profanbauten außer dem früheren Gasthof Schwan mit seiner reichgegliederten Fassade und teilweise noch vorhandenen Hofgalerien und dem heutigen Vermessungsamt, früher als Sitz des Landrats bis in die sechziger Jahre genutzt, zählt zweifellos das Rathaus, schräg gegenüber der abgebrochenen Kirche auf dem Platze aus drei Bürgerhäusern nach dem großen Stadtbrand 1640 um- und ausgebaut. Die Fassade mit drei Stockwerken, wenig gegliedert, repräsentiert die Innstadtbauweise mit geradem Attikaabschluß, mit welchem die historisierenden Zinnen der Vorkriegszeit wieder korrigiert wurden. Hinter den geböschten Strebepfeilern des Erdgeschosses führt der geschützte Laubengang; die spitzbogigen Öffnungen zum Stadtplatz gliedern die flächige Wand nur sehr bescheiden. Im ersten Stock werden im Mittelbau durch ein breites Fletz bis zum rückwärtigen Hof die angrenzenden Räume erschlossen, bemerkenswert sind die reichen Portale zu den Amtsräumen und besonders zum Sitzungssaal, einer hervorragenden Arbeit des salzburgischen Zimmermeisters Wolf Perger. Der Innenhof mit einem handgeschmiedeten kupfernen Drachenkopf, bezeichnet 1563, wird wiederum geprägt durch eine Galerie im ersten Obergeschoß mit kräftigen runden Säulen und Rundbogenabschluß der Mauerpartien.

Das Heiliggeistspital

Die östliche untere Vorstadt außerhalb der mittelalterlichen Stadtbefestigung wird geprägt von der schmalen Häuserzeile des Ensembles Spitalgasse, dem unförmigen, maßstabverzerrenden Klotz des in den sechziger Jahren genehmigten Caritasaltersheimes und dem Heiliggeistspital mit Spitalstadel als Abschlußbau zum Innufer an der ehemaligen Brücke der Straße in Richtung Altötting–Burghausen.

Die aus der Stiftung verschiedener wohltätiger Bürger entstandenen Spitäler wurden stets außerhalb der Stadtmauern errichtet; sie umfaßten neben dem eigentlichen Spitalgebäude stets auch eine Spitalkirche und eine Reihe von Ökonomiegebäuden. Als wichtiges Zeugnis der Sozialgeschichte ist auch das Mühldorfer Heiliggeistspital von besonderer baugeschichtlicher und kunstgeschichtlicher Bedeutung. Seine Entstehung geht ins 15. Jahrhundert zurück. Leider wurde 1860 die im Jahr 1447 erbaute Spitalkirche wegen Baufälligkeit abgetragen. Die heutige Bausubstanz, der mächtige dreigeschossige Spitalbau aus dem Jahr 1717 und das langgestreckte Ökonomiegebäude aus dem Jahr 1719 bilden eine eindrucksvolle Baugruppe. Sie veranschaulicht eine jahrhundertealte caritative Institution in der Stadt Mühldorf. Der aus der Zeit von Erzbischof Franz Anton von Harrach stammende Spitalbau steht im baulichen Zusammenhang mit dem zwei Jahre später entstandenen Wirtschaftsgebäude. Tonnen- und kreuzgratgewölbte Räume, klargegliederte Fenster, von denen nur noch einige älteren Datums sind, und das hohe Speichergeschoß mit Grabendach sowie kleinen Rundbogenfenstern harmonieren mit dem steilen Schopfwalmdach des Nebengebäudes. Auch wenn bei diesem Ökonomiegebäude straßenseitig durch spätere Umbauten (Toreinbauten für das Feuerwehrhaus) die Traufseiten ihr originales Erscheinungsbild teilweise verloren haben, sind an der Hofseite die ursprünglich geohrten Fensterrahmungen und die runden, nach außen sich erweiternden Luken über den vergitterten Fenstern noch original erhalten. Auch dieser Spitalstadel hat in der zweischiffigen Halle ein weitgespanntes Kreuzgratgewölbe zwischen Gurtbögen erhalten, die vier im Querschnitt quadratischen Mittelsäulen haben eine einfache Basis sowie ein etwas reicher profiliertes Kapitell.

Es ist zu hoffen, daß dem Verfall dieses Bauteils durch entsprechende Bauunterhaltsmaßnahmen ein Riegel vorgeschoben wird und auch hier eine Erhaltung im Original mit einer unverwechselbaren Atmosphäre gelingt, statt durch historisierende, fragwürdige Neubauten Ersatzlösungen anzubieten oder anzustreben.

Gemauerter Arkadengang auf der Hofseite eines Hauses am Stadtplatz

Materialwahl und Farbgebung

Die Häuser der Innstädte stehen wie große, steinerne Kästen, nicht monoton, sondern individuell abgewandelt durch farbige, harmonisch aufeinander abgestimmte Putzgliederung, manchmal durch gering vorspringende Erker betont, mit Fenstern und Türöffnungen sparsam versehen, um so den Massivbaucharakter noch zu steigern. Der Steinbau galt als die vornehmste und solideste Art des Bauens; dazu bekennen sich die Häuser am Markt und in den Seitengassen.

Das Grabendach hat sich aus dem alpenländischen, steinbeschwerten Legschindeldach entwickelt, es ist aus dem holzgefügten Bauern-

265

haus übernommen worden. Diese urbane, feuersichere Dachgestaltung hat sich durchgesetzt, jede aufsteigende Dachform wurde durch eine Vormauer verdeckt (Vorschuß). Im 17. und 18. Jahrhundert wurden die Trauflinien vereinheitlicht, die Barockzeit brachte die geputzten Gesimse und den sonstigen Fassadendekor. Als die Stadt Mühldorf Mitte der siebziger Jahre einen Farbplan für die Stadtplatzfassaden in Auftrag gab, war das Vergabegremium vom Landesamt für Denkmalpflege informiert worden, daß eine vorprogrammierte Farbgebung nicht mehr als aktuelles Ziel der Denkmalpflege und Stadtplanung in historischen Bereichen angesehen werden kann. Nur die Zeit des ausgehenden 19. und beginnenden 20. Jahrhunderts hat eine solche Konzeption historischen Stadtbildern auferlegt. Dahinter stand die Vorstellung, daß man über die historischen Denkmäler verfügen könne, daß man sie harmonisieren müsse, sei es auch auf Kosten ihrer Individualität. Es ist mittlerweile in der Denkmalpflege bekannt, daß gewachsene Ortsbilder nie nach einem bestimmten Farbkonzept gestaltet waren (ausgenommen lediglich städtische Neugründungen der Renaissance und des Barock), daß sie immer in einem Nebeneinander von älteren und jüngeren Bemalungsstilen existieren.

Besonders im südbayerischen Bereich war die historische Stadt — wie wir dies vor allem aus alten Ansichten und Votivbildern wissen — auf einem weißen oder gebrochenen Kalkanstrich ausgerichtet, der aber bei jedem Haus mit individueller Auszierung — Bänderung, Fensterrahmung, Heiligenbilder, Gesamtbemalung — variiert war. Dies ist als Grundlage einer möglichen Ordnung zu sehen. Deshalb ist es auch erkanntes denkmalpflegerisches Konzept, bei jedem historischen Bauwerk die Farbe seiner Entstehungszeit zunächst festzustellen und sie bei einer Farberneuerung im allgemeinen auch wiederherzustellen. Sollten jüngere Bemalungen wertvoller oder passender wirken, weil sich das Dekor, die überformte Architektur, in seinem Erscheinungsbild wieder als Einheit darstellt, kann und wird auf die inzwischen veränderte Umgebung Rücksicht genommen werden. Somit ergibt sich abweichend vom seinerzeit erstellten Farbplan, dem ja keine Verbindlichkeit zukommen kann, daß auch das Nebeneinander verschiedener Stilphasen die Farbigkeit bestimmt und bei historischen Bauten (vor 1900) die Farbschichtenuntersuchung als Beurteilungsgrundlage herangezogen werden muß. Bei neueren Bauten, oder solchen, bei denen durch vollständiges früheres Putzabschlagen oder durch komplette Mauerwerksauswechslung kein Befund über die historische Bemalung erhalten ist, kann anders verfahren werden. Hier wird eine Einstimmung passender Farben in Verbindung mit farbigen Schmuckmotiven (Geschoßbänder, Fensterrahmungen, bildliche Darstellungen) erfolgen. Auch eine sehr zurückhaltende Spalierbegrünung an einzelnen Stellen kann den Reiz des Gebäudes innerhalb des Platzbildes verstärken. Diese seit rund zehn Jahren praktizierte Regelung basiert auch auf den Untersuchungen der Deutschen Akademie für Städtebau und Landesplanung aus dem Jahr 1978. Hier wurde festgestellt, daß die Raumwirkung von regelmäßigen Platzanlagen architektonisch nur dann voll zur Wirkung kommen kann, wenn die Geschlossenheit der Platzwände, die durch die Angleichung der Geschoß- und Traufhöhen erzielt wurde, auch durch eine zurückhaltende verbindende Farbigkeit verstärkt wird.

Ein farbiger Akzent an falscher Stelle kann ein ganzes Stadtbild in Unordnung bringen, einen Straßen- und Platzraum aufreißen und trotz seiner Korrigierbarkeit zu jahrelangen Störungen eines geschlossenen Ensembles führen. Gerade bei den Innstädten in der Wirkung von Straßenzügen und Einzeldenkmälern muß dies sorgfältig bedacht und berücksichtigt werden.

Auch bei der Platzgestaltung muß auf das ursprüngliche Gepräge des südländisch wirkenden Zentrums urbanen Lebens Rücksicht genommen werden, daß die Fläche nicht zum Parkplatz mit Fußgängerüberwegen, garniert mit Pflanzkübeln, degradiert wird. Die Marktbrunnen bilden Zäsuren, die Nachbarschaft Frauenkirche in Verbindung mit dem Hauptbrunnen stellt einen Höhepunkt in der Zuordnung architektonischer Gliederungspunkte dar. Durch das Ausdehnen von Verkaufs-, Ausstellungs- und Ruhezonen, gegebenenfalls in Verbindung mit Flächen für Wirtschaften und Freiluftcafés, sollte das pulsierende Leben auch in menschlichere Bereiche zurückkehren und der Fahrverkehr und die Parkplatzflächen reduziert werden. Besonders der Stadtplatz, aber auch die Katharinenvorstadt und der

Platz „Auf der Wies", beziehen ihre Attraktivität mehr vom Erlebniswert und nicht vom Parkplatzangebot. Besonders erfreulich darf man den seinerzeitigen Beschluß aus dem Jahr 1976 bezeichnen, den Vorschlägen der Denkmalpfleger in bezug auf die Beläge des Stadtplatzes nachzukommen. Noch zu Beginn des 20. Jahrhunderts gab es ein einheitliches Konzept für Straßen, Plätze und Gassen. Nur die Hauptverkehrsflächen waren mit Granitkopfsteinpflaster belegt, die Gehsteige hatten Keramik- oder Steinpflasterung. Alle Einfassungen bestanden aus behauenem Stein, während Restflächen und der Bereich zwischen Gehsteig und Fahrstraße in der Regel Katzenkopfpflaster aufwiesen.

Die Lebendigkeit und Ordnung dieser Anlage, die nur noch teilweise dieser Vorgabe entsprach, konnte durch eine einfühlsame Gesamtplanung den Anforderungen einer aufeinander abgestimmten Gesamtlösung angepaßt werden, so daß man sich nur noch wünschen kann, die Beschaulichkeit eines fast autofreien Sonntagmorgens öfters auf sich einwirken lassen zu können.

Stadtbefestigung

Die Stadt, welche einen wuchtigen, mittelalterlichen Festungsgürtel besaß, war durch den Innfluß und die Gräben des Stadtwalls auf drei Seiten durch Wasser geschützt. Die Ringmauer mit Türmen, die in ihrem Verlauf aus dem Urkataster von 1814 noch deutlich ablesbar ist, zeugte von der sorgfältigen Anlage dieser Befestigungsbauten. An der Nordwestseite am Ende der Katharinenvorstadt stand das Bergtor, die Straße führte von dieser Vorstadt zum Münchener Tor (auch Nagelschmiedturm genannt) mit einem Vortor. Die von einem Wassergraben umzogene „Burg des Pflegers" mit dem mächtigen Voitturm, der 1348 unter Erzbischof Ortholf neu erbaut wurde, hatte schon einen Vorgängerbau. Zur Zeit des Böhmen-Einfalls 1257 wurde er unter Herzog Ludwig von Bayern in Brand gesteckt und zerstört. Der neue, 114 Fuß hohe und 39 Fuß breite Bergfried mit drei Grabendächern wurde 1807 um der Steine willen abgetragen, d. h. um Baumaterial daraus zu gewinnen. Vom Münchener Tor lief die Ringmauer um die ganze Stadt herum. An einigen Stellen, so im Bereich der beiden „Traidkästen" und des anschließenden Pfarrhofs sowie als äußere Begrenzung des Ensembles „Auf der Wies" sind noch größere Mauerpartien in der ursprünglichen Konstruktion erhalten. Die übriggebliebenen Reste der aus Tuffsteinquadern errichteten Mauer mit einer ursprünglichen Zinnenhöhe bis zu acht Metern stammen überwiegend aus dem 14. Jahrhundert, 1532 fanden größere Ausbesserungen statt.

Seit 1808 wurde die Befestigung zum großen Teil abgetragen, der Wiesturm an der Südwestecke wurde 1810 geschleift und in den Jahren 1835 bis 1837 der Graben trockengelegt und eingeebnet. In vielen Häusern der Stadtplatz-Südseite, die mit der Rückseite an die Mauer angebaut wurden, finden sich Reste und Teile der Ringmauer. Der historische Verlauf dieser Stadtbefestigung mit zum Teil noch nachweisbaren Fundamenten ist bei der Planung von Erweiterungsbauten als klare Zäsur und städtebauliche Vorgabe für die Ablesbarkeit des Stadtgrundrisses von Bedeutung. Dies gilt als zu beachtendes Prinzip für die denkmalpflegerischen Beurteilungen und Stellungnahmen im Rahmen der Bauleitplanung und der Würdigung von Einzelbauvorhaben.

Veränderungen, Zerstörung und Wiederaufbau

Während weder Brände, Naturkatastrophen oder Kriege die Entwicklung der Stadt ganz aufhalten konnten, war durch die Anlage der Eisenbahnlinien, die den Schiffsverkehr zum Erliegen brachten, eine strukturelle Veränderung entstanden. In einer Zeit, als sich das

Handwerk noch auf beachtlicher Höhe befand und die Bauweise aus der Überlieferung noch lebendig war, also etwa um die Zeit zwischen 1850 und 1860, sind viele Innstädte in ihrem Wachstum stehengeblieben. So erhielt sich auch in Mühldorf vieles an kulturellen Werten gegenüber anderen Städten, in denen die Bauentwicklung andere Wege ging. Durch die Schaffung des Eisenbahnknotenpunktes entstand in der oberen Stadt eine neue Betriebsamkeit. Kam man früher in die Nähe einer mittelalterlichen Stadt, dann prägten die Gärten das Umfeld eines solchen Stadtgebildes. Heute zeigt sich dem Ankömmling auf Schiene und Straße fast ausnahmslos ein Bild liebloser, schlecht gestalteter Gewerbe- und Vorort-Bebauung. Der geänderte Verkehr meldet sich als „Diktator der Stadtentwicklung" an. Weitere erhebliche Veränderungen und Verluste historischer Substanz sind durch die Bombenangriffe des Zweiten Weltkrieges eingetreten.

Weil man auch davon ausgehen kann, daß in den Jahren 1950 bis 1970 weit mehr schützenswerte Bausubstanz vernichtet wurde als in den Bombenangriffen des Weltkrieges, war es nicht verwunderlich, daß Bestrebungen auf höchster Ebene liefen, durch ein Denkmalschutzgesetz dem Exodus Einhalt zu gebieten. Die baulichen Verirrungen der fünfziger und sechziger Jahre erfordern auch im Umfeld historischer Städte eine lenkende und korrigierende Hand. Statt neuer Krebsgeschwüre im direkten Anschluß an die Stadtkerne sind maßstäbliche Wohnsiedlungen im Vorfeld zu gestalten, die absolute Freihaltung von Hangböschungen und Hangfuß vor der Stadtmauer gehört zu den wichtigen Zielen einer verantwortungsvollen Stadtplanung. Genügend breite Zäsuren sind auch wichtige Gliederungselemente zum Schutz alter Dorfkerne im Stadtumland. Die Ablesbarkeit eines historischen Dorfkernes, wie er sich in Mößling beispielsweise noch darstellt, gehört ebenfalls in den Schutzkatalog gegenseitiger Rücksichtnahme von Stadt und Dorf. Ein Stadtkern als Keimzelle pulsierenden Lebens ist auf die Regenerationskraft eines intakten stadtnahen Grüngürtels angewiesen. Weitere Zugeständnisse für die Bevorzugung des Individualverkehrs im fließenden und ruhenden Bereich, soweit damit gliedernde und abschirmende Grünzüge reduziert oder vernichtet werden, verträgt ein so komplexes Gebilde, das sich historische Stadt nennt, nicht.

Auch das Denkmalschutzgesetz kann und will nicht eine Art Glassturz über die historischen Gebäude stülpen, so daß auch heute noch bei entsprechend anhaltendem Druck und mit den unvermeidbaren politischen Beziehungen genügend Verirrungen möglich sind und Fehlentscheidungen getroffen werden, wenn es um die Erhaltung oder Beseitigung historischer Bausubstanz geht. Trotz aller Zuschüsse, die, gemessen an anderen Aufgabenstellungen äußerst bescheiden ausfallen, trotz Städtebauförderung, Abschreibungsmöglichkeiten, Erlaubnis- und Genehmigungsverfahren, sind unsere Städte vielen Gefahren ausgesetzt.

Eine planvoll gestaltete und geschichtlich gewachsene schutzwürdige Altstadt ist nur dann in ihrer Wertigkeit zu erhalten, wenn Vorbildfunktion, persönliche Einsicht für die Bedeutung einer traditionsreichen Ansiedlung und der Wille zur Erhaltung wertvoller Bausubstanz vorliegen. Dazu gehört auch der Mut zu manch unpopulärer Entscheidung der zuständigen Gremien und Einzelpersonen. Unsere zu Stein gewordene Vergangenheit braucht Hilfen gegen die gedankenlose oder spekulative Veränderung von Gestaltwerten; die qualitätvolle Einbindung in das Ensemble muß Vorrang behalten oder wieder bekommen.

Mit dem Denkmalschutzgesetz allein läßt sich dieses Bewußtsein nicht hervorzaubern, auch wenn diese Regelung einmal Vorbildwirkung für ähnliche Gesetze der Bundesländer hatte, weil man eine Klassifizierung von Denkmälern erster und zweiter Klasse vermeiden wollte. Ein Gesetz zum Schutz von Herrenchiemsee oder der Wieskirche hätten wir nicht benötigt, da deren herausragende Bedeutung unzweifelhaft ist. Die Werke manch namenloser Baumeister auch ins nächste Jahrtausend hineinzuretten, bedarf noch großer Anstrengungen und erfordert auch politisches Standvermögen. Die Einleitung zum 1954 geschriebenen Buch „Die Stadt in Bayern" drückt dies bereits vor 35 Jahren mit folgenden Worten aus: „Die Städte sind Denkmäler unserer Geschichte und unseres baulichen Gestaltungswillens durch die Jahrhunderte herauf. Die bayerische Stadt der Vergangenheit, ihre Schönheit und ihre Eigenart, wurzelten in einem Volkstum individueller Prägung. Ihre Entfaltung und Verwandlung durch die Zeit steht unter dem glückhaften Gesetz ihrer Gründungs- und ersten Blütezeit solange, als der Bürger sein Volkstum und die Eigenart seines Stammes immer aufs neue verkörpert.

Und solange wirkt eine Kraft in ihr, der genius loci, der ihrer Schönheit an Leib und Seele ehrfürchtig dient. Da eine Stadt niemals fertig und abgeschlossen sein kann, mag es die große Sorge eines jeden Verantwortlichen sein, daß ihre weitere Entwicklung nicht von kollektiven Mächten beeinflußt werde, sondern auch fernerhin unter den natürlichen Gesetzen stehe, die viele Städte im heutigen Bayern einst zu den schönsten der damaligen Welt gestalteten."

Vor fast 500 Jahren, im Jahr 1492, war der später in der Kirchengeschichte bekanntgewordene Papst Pius II. in die bayerische Stadt Wasserburg gekommen und war über die hohe Baukultur nördlich der Alpen verwundert. Versuchen wir davon möglichst viel unseren Nachkommen zu erhalten.

Benedikt Ott

Neues Leben in alten Mauern

Niemand bezweifelt die Bedeutung der Stadt Mühldorf als Verwaltungs- und Handelszentrum für einen weiten ländlichen Raum. Als Schulstadt ist sie anerkannt und als überaus sportfreundliches Gemeinwesen viel gepriesen. Doch wie steht es um das kulturelle Leben? Im Februar 1973 berichtet der Chronist: „Die Kreisstadt Mühldorf zählt zu den wenigen oberbayerischen Städten, die nun eine Musikschule beherbergen." Damals zweifelsohne ein mutiger Schritt des Stadtrats, denn es waren weder Lehrkräfte noch brauchbare Räumlichkeiten vorhanden. Während das Personalproblem — sogar in einer Zeit des Lehrermangels — bald gelöst werden konnte, wurden die räumlichen Schwierigkeiten von Jahr zu Jahr größer und bedrohten den Fortbestand der Einrichtung. Ein Situationsbericht vom Frühjahr 1977 macht dies deutlich: „Gegenwärtig ist die Musikschule auf mehrere Gebäude im Stadtgebiet verteilt, darunter befinden sich ein ehemaliger Imbißraum und drei Privatwohnungen. Soll die Schule nicht auf Dauer Schaden nehmen, ist eine Änderung dieser Situation umgehend erforderlich."

Freilich, an den Bau eines eigenen Musikschulgebäudes war auf Grund der Finanzlage der Stadt auf absehbare Zeit nicht zu denken. Am 8. Juli 1977 konnte man dem „Mühldorfer Anzeiger" entnehmen, „daß alle Bemühungen, das Franziskanerkloster für die Stadt zu erhalten, ohne Erfolg geblieben sind." Sosehr man die Auflösung des Klosters bedauern mochte, für die Städtische Musikschule bot sich nun die Chance, nach dem jahrelangen Umherziehen ein bleibendes Zuhause zu finden.

Am 11. Juli 1977 richtete der Kulturreferent an Bürgermeister und Stadtrat folgenden Antrag: „Sollte es von seiten der Ordensleitung bei der Entscheidung zur Auflösung des Mühldorfer Klosters bleiben, bitte ich Sie, das Klostergebäude der Städtischen Musikschule zur Verfügung zu stellen. Die vorhandenen 18 Zellenräume mit isolierten Mauern, Fenstern und Türen sind für den Instrumentalunterricht gut geeignet. Der breite Flur erlaubt ohne viel Umbaumaßnahmen die Verwendung der Anlage für eine Schule. Lediglich der Treppenaufgang zum 1. Stock müßte verbreitert werden. Damit bleibt das Gebäude als Kloster erhalten, und sollte einmal der Ordensberuf wieder mehr Anziehungskraft auf junge Menschen ausüben als das gegenwärtig der Fall ist, dann kann in kürzester Zeit diese Anlage ihrem ursprünglichen Zweck zugeführt werden."

Doch so prompt wie erhofft ging der Umzug der Musikschule ins Kloster nicht vor sich. Eine andere, nicht minder wichtige Einrichtung der Stadt hatte ebenfalls seit Jahren mit großer Raumnot zu kämpfen, die Städtische Bücherei im Postgebäude. Kein Wunder also, wenn der Leiter der Bücherei am 18. Juli 1977 mit einem Hilferuf an die Stadt herantrat: „Mit dem Freiwerden des Franziskanerklosters bietet sich die Möglichkeit, für die Städtische Bücherei die dringend notwendigen Räume zu schaffen. Die Bücherei hat jetzt fast 17000 Bände. Als Mindestmaß gilt: für 30 Bücher 1 qm. Die Bücherei bräuchte also jetzt schon etwa 560 qm. Sie hat aber gegenwärtig nur etwa 160 qm! Ein Teil der Bücher kann von den Benützern vorher gar nicht

Die ehemaligen Klosterzellen bieten Platz für ein vielseitiges Angebot an Instrumentalunterricht

mehr eingesehen werden, weil sie wegen Mangel an Platz im Magazin eingelagert werden müssen."

Nach eingehender Diskussion im Stadtrat fielen die Würfel zugunsten der Musikschule. Vielleicht hatte der hl. Franziskus, dessen Söhne das Kloster verlassen mußten und der singenderweise mit allen Geschöpfen auf Du stand und als Vater des Liedes gilt, seine Hand im Spiel und führte eine Entscheidung für die Städtische Sing- und Musikschule herbei. Jedenfalls erfreut sich diese Einrichtung seither einer segensreichen Entwicklung. 500 Schüler werden von 23 Lehrkräften (davon fünf hauptamtlichen) unterrichtet.

Durch das Angebot der technischen Medien ist heute das konsumierende Musikhören in den Vordergrund gerückt. Die Musikschule wirkt dem entgegen, indem sie zu bewußter, aktiver Beschäftigung mit der Musik anregt.

Seit ihrem Bestehen haben 8000 Kinder und Jugendliche aus der Stadt und der näheren Umgebung auf diese Weise Zugang zur Musik gefunden. Die Schule schafft Grundlagen für ein breites Laienmusizieren — sei es in Hausmusikgruppen, in Chor- oder Orchestergemeinschaften, für ein qualifiziertes Musikpublikum, hin und wieder auch für die Entdeckung von Spitzenbegabungen.

Die Stadt Mühldorf weiß um den hohen kulturellen Stellenwert dieser Schule. Mit dem alten Franziskanerkloster, zentral gelegen und doch abseits vom Stadtplatztrubel, hat sie ihr eine ideale Ausbildungsstätte geschaffen.

Wir leben glücklicherweise in einer Zeit, in der man das Überkommene schätzt, in der man den Wert der Altstadt wieder entdeckt. Und es ist ganz besonders erfreulich, daß Mühldorf im Zuge der Altstadtsanierung nicht halt macht vor der Aufgabe, die Stadt auch im Hier und Jetzt mit Leben zu erfüllen.

Mit dem Auszug des Bauhofs aus dem Kornstadel* stand dessen neue Nutzung zur Debatte. Erste Umbaupläne, die eine Auskernung des Gebäudes und damit den Verlust der besonders wertvollen spätmittelalterlichen Holzkonstruktion zugunsten eines Theatereinbaus vorsahen, wurden nach leidenschaftlicher Diskussion fallengelassen. Der Stadtrat entschied sich mit Mehrheit für die Bücherei.

Wertvolle Entscheidungshilfen kamen sowohl von der Staatlichen Beratungsstelle für das Büchereiwesen — konnte diese doch auf wohlgelungene ähnliche Projekte in Oberschwaben (Stadtbücherei Biberach, Hochschulbücherei Weingarten) verweisen — als auch vom Landesamt für Denkmalpflege, das im Fall der Verwendung als Bücherei eine beachtliche finanzielle Hilfe in Aussicht stellte.

Noch im Jahr 1978 wurde mit der Planung für die Unterbringung der Stadtbücherei im Kornstadel begonnen. Ein historisches Gebäude aus dem 16. Jahrhundert — zugleich ein steinerner Zeuge aus Mühldorfs 1000jähriger Verbindung mit Salzburg — ist nicht nur zu einer der schönsten Büchereien Süddeutschlands geworden, sie hat sich auch zur aktivsten Bücherei im oberbayerischen Raum entwickelt. Seit der Eröffnung im Oktober 1981 haben sich 8000 Leser eingeschrieben. Die Zahl der Entleihungen hat sich innerhalb von acht Jahren verzehnfacht.

Die Bücherei im Kornstadel wird als kulturelle Einrichtung von der Bevölkerung angenommen und leistet einen bedeutenden Beitrag zur Literaturversorgung von Kommune und Landkreis. Sie zeichnet sich aus durch

---

* Anmerkung der Redaktion: Der Verfasser verwendet bewußt den in der Umgangssprache der Bürger gebräuchlichen Ausdruck „Kornstadel". Historisch wissenschaftlich richtig ist die Bezeichnung „Kornkasten".

eine fruchtbare Zusammenarbeit mit allen Bildungseinrichtungen am Ort. Hunderte von Schülern erhielten eine Einführung in die Bibliotheksbenutzung.

Ein attraktives Veranstaltungsprogramm – auch in Zusammenarbeit mit den Trägern der Erwachsenenbildung – mit Buch- und Kunstausstellungen, Autorenlesungen, Konzerten und Kleinkunstaufführungen ließen die Stadtbücherei im Kornstadel zu einem, aus dem kulturellen Leben der Stadt nicht mehr wegzudenkenden Mittelpunkt werden.

Gegenwärtig ist man dabei, den Zwillingsbruder des Kornstadels, den Haberkasten, in welchem bislang die Stadtwerke untergebracht waren, entsprechend den Richtlinien der Städtebauförderung ebenfalls einer Umnutzung zuzuführen. Angelehnt an die ehemalige Stadtmauer bildet er zusammen mit dem parallel errichteten Kornstadel und den verbindenden hofbildenden Mauern ein einmaliges städtebauliches Ensemble.

Auch bei diesem Umbau sollte es darauf ankommen, die Großräumigkeit und Transparenz im Innern des ursprünglichen Gebäudes, insbesondere in den Obergeschossen, wiederherzustellen und – außer Treppen und Aufzug – keine Einbauten zuzulassen. Im Parterrebereich ist die alte Holzkonstruktion, insbesondere die Doppelreihe der abgefaßten Eichenstützen mit Basis und Kapitell, entfernt worden. Sie sind ersetzt durch eiserne Stützpfeiler. So dürfte dem Einbau eines repräsentativen Veranstaltungsraums im Erdgeschoß auch aus denkmalpflegerischer Sicht nichts im Wege stehen. Zudem bietet sich hier die Chance, den Hofraum in die künftigen Nutzungsüberlegungen miteinzubeziehen. Freilichtveranstaltungen im Innenhof könnten bei ungünstiger Witterung kurzfristig in den Saal umquartiert werden. Voraussetzung dazu ist, daß der architektonisch störende Treppenhausanbau entweder ganz entfernt oder in veränderter Form einem harmonischen Gesamtbild angepaßt wird. Auch müßten, wenn das Haberkastengebäude von zusätzlichen Einbauten verschont bleiben soll, Sanitäreinrichtungen und Garderobe im unterkellerten Hofraum Platz finden.

Bei allen Diskussionen, die noch zu führen sind, sollte die einmalige Chance, Nikolauskirche, Bibliothek, Museum, Ausstellungs- und Versammlungsräume samt repräsentativem Saal auf engstem Platz einander zuzuordnen und damit ein Kulturzentrum ganz besonderer Art zu schaffen, nicht übersehen werden.

Welche Stadt hat solche Möglichkeiten, durch Umnutzung historischer Bauwerke ein geistiges Zentrum neu zu gestalten! Als Salzburgische Exklave hatte die Stadt Mühldorf über 1000 Jahre eine herausragende Funktion im Inn-Salzach-Raum. Auch heute ist sie im Schnittpunkt von Eisenbahn und Straße Mittelpunkt als Einkaufs-, Schul- und Verwaltungsstadt.

Eine lebendige, betriebsame Stadt darf sich jedoch niemals mit ihrer ökonomischen Kraft zufrieden geben. Sie hat auch die Verpflichtung, auf geistig kulturellem Gebiet Zentrum zu sein. Im historischen Kern der Mühldorfer Altstadt soll nun der Haberkasten vieles von dem aufnehmen, was diesem Ziel dient, insbesondere soll er einen würdigen Repräsentationsraum bieten, mit dem sich die Stadt selbst zu identifizieren vermag. Ein krampfhaftes Festhalten am Alten, ein Konservieren um jeden Preis, so, als wäre jeder Balken und jeder Mauerstein für die Ewigkeit geschaffen, darf es nicht geben.

Historische Bauwerke sind Ausdruck und Ergebnis ganz bestimmter gesellschaftlicher, wirtschaftlicher und kultureller Bedingungen, die nicht mehr die unseren sind. Die mittelalterlichen Baumeister haben nach den Bedürfnissen ihrer Zeit gebaut, und sie haben dafür gesorgt, daß die Entwicklung der Stadt nie stillstand. Von ihnen können wir lernen. Die Altstadt soll nicht Museum, sondern Stätte kultureller Aktivitäten werden.

Altes erhalten ja, aber nicht als Selbstzweck, sondern um damit Neues zu ermöglichen: „Neues Leben in alten Mauern."

Zu den ältesten Gebäuden der Stadt gehören die beiden wuchtigen „Traidkästen". Heute befindet sich im Kornkasten (rechts) die Stadtbücherei, während der Haberkasten noch auf eine künftige Nutzung wartet

Uwe Ring

Die Inn-Schiffahrt

Der Inn entspringt in den Rätischen Alpen unweit des Malojapasses, durchfließt zuerst das Engadin, nach dem Engpaß von Finstermünz, von Landeck bis Kufstein ein Alpenlängstal zwischen den Kristallinen und nördlichen Kalkalpen. Nördlich von Kufstein erreicht er das Alpenvorland und mündet bei Passau in die Donau. Seine Länge von der Quelle bis zur Mündung beträgt 510 km. Er hat ein Einzugsgebiet von 26000 km^2.

Vergleicht man den Inn mit der Donau, so muß man erkennen, daß der Inn kein idealer Wasserweg ist. Bei günstigem Wasserstand ab Hall durchaus schiffbar, hat er sich trotzdem zu einer der wichtigsten Handelsstraßen, beginnend in der Römerzeit bis zum Ende des vorigen Jahrhunderts, entwickelt. Die natürlichen Bedingungen für die Schiffbarkeit waren nicht günstig. Der Inn ist ein Hochgebirgsfluß mit überdurchschnittlichem Gefälle. Die Folge davon ist, daß sich die Wasserführung und auch die Geschwindigkeit der Wassermassen sehr oft verändern. Im Frühjahr läßt die Schneeschmelze den Strom gewaltig ansteigen. Das Gletscherwasser im Frühsommer trägt seinen Teil zum Hochwasser bei. Auch die Nebenflüsse weisen den gleichen Turnus auf und verhindern so einen Ausgleich im Voralpengebiet. So war eine Schiffahrt nur in den drei Frühjahrs- und Herbstmonaten möglich.

Besonders gefährlich waren Felsen, die einzeln oder in ganzen Gruppen auftraten und bei hohem Wasser meist nicht sichtbar waren. Auch die Fahrt durch Brücken war nicht ungefährlich und erforderte große Geschicklichkeit von den Schiffern. Da diese Brücken überwiegend aus Holz gebaut waren, wurden verhältnismäßig viele Brückenpfeiler notwendig, die wiederum Strömungs- und Strudelgefahren verursachten.

Städte am Inn

„Der Inn", schreibt Bert von Heiseler, „ist überall schön, auch dort schon, wo er als junger Bach — sein weiterhin bestimmendes Schicksal kaum ahnend — das schweizerische Ursprungsland durchläuft, jugendlich schön im Vorübergehen an der großen bergumschlossenen Stadt, die nach ihm heißt, herrlich — wo er mit der Salzach zusammenkommt, eine hochzeitliche Begegnung ist es, die er mit ihr feiert — und im Land hineinwandernd und immer mehr Zustrom größerer und kleinerer Wasser aufnehmend, wird sein Lauf ein feierlich gelassener, drunten — wo er sich dem grüngekuppelten Dom von Passau nähert — und hinter den Häusern die Donau herankommen hört."

Eine der wichtigsten Städte am Ufer des Inn, die ihm letztlich auch ihren Namen verdankt, ist Innsbruck. Im 15. Jahrhundert unter Kaiser Maximilian blühte die Stadt dank ihres lebhaften Handels auf. Von dort aus zieht der Fluß durch ein breites Tal.

Die nächste Stadt auf dem Weg nach Bayern ist Hall. Bereits im achten Jahrhundert sollen die Salzbergwerke Halls betrieben worden sein. Dem Salzgeschäft verdankt Hall auch sein Stadtrecht, das ihm 1303 vom Grafen von Tirol verliehen wurde. Alte Chroniken berichten, daß Hall einst zu den betriebsamsten Orten Tirols gehört hat. Merian schreibt 1649 von der Salzgewinnung im Salzhaus zu Hall:

275

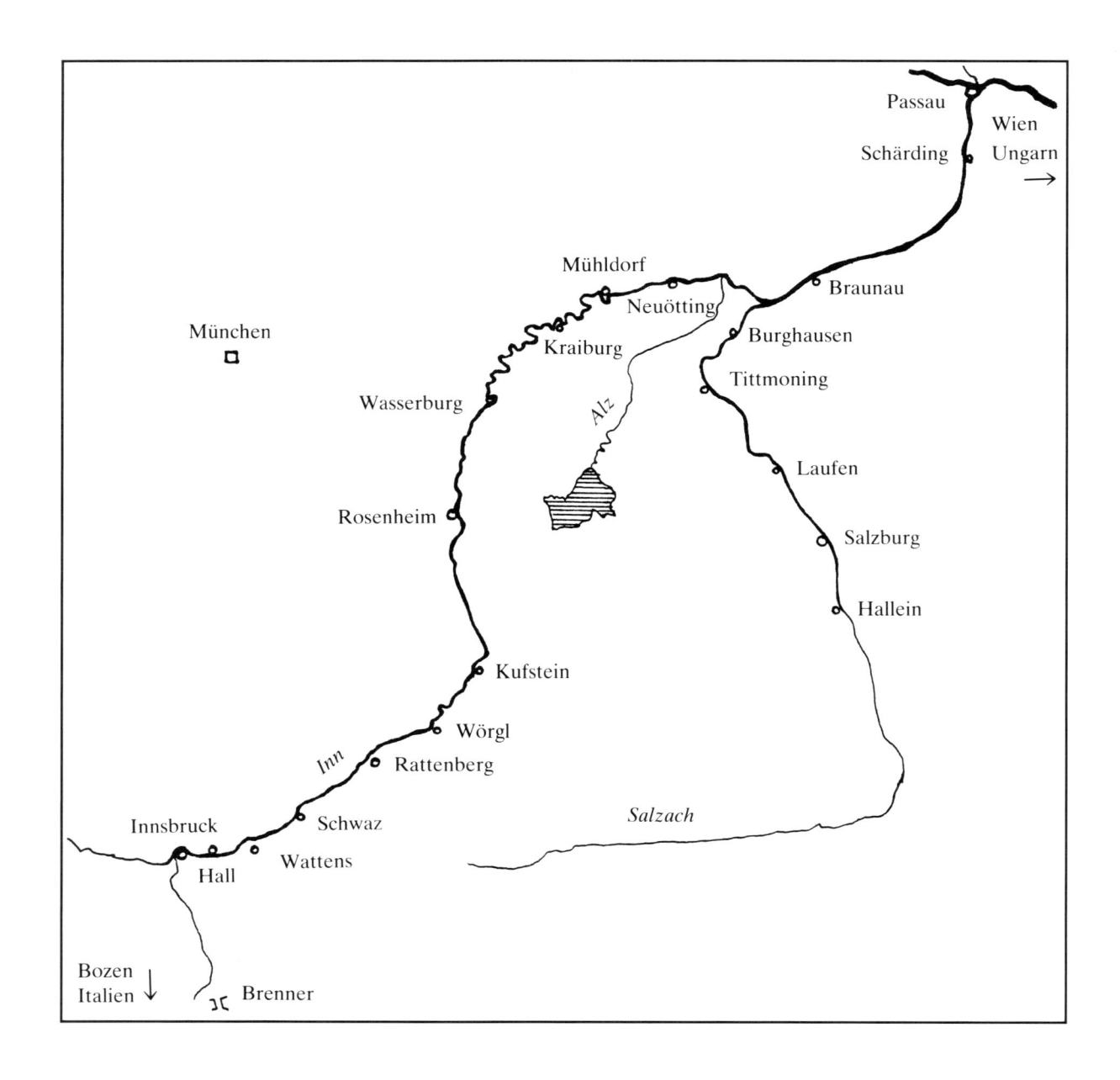

„In diesem Salzhauß hat es vier starcke eiserne Pfannen, deren jede achtundviertzig Werckschuch lang, 34 breyt und 3 tieff ist. Wird jede, mit allem Unkosten, biß sie gemacht wird, auf dreytausend Gulden angeschlagen, und mag eine ongefehr zehen Jahr gebraucht werden, dorch muß man sie stäts mit flicken und außbessern erhalten... Alle Pfannen seynd mit Pfeilern untermauert, von wegen ihrer gewaltigen Größe."

Folgt man dem Lauf des Flusses, so kommt man nach Schwaz. Zu Beginn des 15. Jahrhunderts ließen der Reichtum an Silber und Kupfer und damit der Aufschwung des Bergbaues den Ort rasch wachsen. In einer Chronik unbekannten Ursprungs kann man lesen: „Schwaz ist ein sehr großer Flecken und einer Statt wol zu vergleichen. Das Silber und Kupfferbergwerk daselbsten, so im Jahr 1448 erfunden worden, ist noch ums Jahr 1560 so gut gewesen, daß biß in die 30000 Personen täglich daran gearbeitet haben."

Bei Kufstein erreicht der Inn die bayerische Grenze. Kufstein mit seiner Burg, einst viel umkämpfte Festung, erscheint urkundlich bereits 790. 1405 wurde Kufstein von König Ma-

Votivtafel im Altöttinger Wallfahrtsmuseum: Schiffsunglück 1741. Rekruten aus Gars, die zur Musterung nach Eggenfelden unterwegs waren, verunglückten an der Mühldorfer Innbrücke

ximilian während des bayerischen Erbfolgekrieges belagert. Die starke Festung trotzte lange den anstürmenden Truppen des Königs. Eine große Feuersbrunst verwüstete 1703 einen großen Teil der alten Stadt. Heute ist Kufstein vor allem bekannt als Haupteingang des Verkehrs nach Tirol, als Grenzstation zwischen Bayern und Österreich.

Wo sich die Mangfall mit dem Inn vereint und die Wasser des Inn aus dem von Bergen umrandeten Tal in die Ebene fließen, liegt Rosenheim, einst römische Garnisonsstadt. Sie erhielt 1503 die erste Marktordnung, doch bereits fünfundzwanzig Jahre früher – sehr zum Ärger von Kufstein und Hall – das „Aufschüttrecht". Alles Getreide, das auf dem Inn transportiert wurde, mußte in Rosenheim ausgeladen und gemessen, beziehungsweise gewogen werden. Zudem mußten alle Waren für mindestens zwei Stunden auf dem Markt feilgeboten werden. Darüber hinaus war Rosenheim ein wichtiger Stützpunkt der Innschiffahrt. Noch 1871 wurden 634 Transportschiffe auf dem Inn gezählt, die jedoch zu Beginn des 20. Jahrhunderts der Eisenbahn weichen mußten.

Eine weitere Innstadt mit großer Bedeutung für die Schiffahrt und das Schopperhandwerk ist Wasserburg. Beispielhaft für diese Stadt ist die typische Bauweise, die als die „alpenländische Bauweise der Innstädte" bezeichnet wird. Die Vertreter dieses Baustils haben einen besonderen Grundriß. Eine breit ausgebaute Marktstraße wird zu ihren beiden Enden von zwei Stadttoren abgeschlossen. Ihre seitliche Begrenzung findet die Marktstraße in den zu großen Blöcken vereinten Bürgerhäusern mit ihren gewölbten Laubengängen. Die flachgeneigten Grabendächer werden hinter hohen Blendmauern versteckt.

Auch Mühldorf am Inn, in seiner Bauweise sehr stark der Stadt Wasserburg gleichend, lebte wie Rosenheim und Wasserburg in erster Linie vom Handel zu Wasser und zu Land.

Neuötting ist die nächste Innstadt. Die stark befestigte Siedlung wurde 1230 zur Stadt erhoben. Mit Burghausen und Braunau war es die Aufgabe Neuöttings, den Inn zu schützen.

In östlicher Richtung setzt der Inn seinen Lauf fort. Zu beiden Ufern von ausgedehnten Auwäldern begleitet, nähert er sich der von Süden herankommenden Salzach. Zwischen Marktl und Simbach nimmt er schließlich die Salzach auf. Der Inn bildet nun die Grenze zwischen Bayern und Österreich. Auf einer Terrasse über Inn und Enknach liegt Braunau mit einer Innstadtbauweise wie Wasserburg und Mühldorf.

Ein weiterer für die Innschiffahrt wichtiger Ort ist Schärding auf einer Halbinsel, wo die Pram den Inn erreicht. Diese Innstadt, die vor allem mit dem Salzhandel an Reichtum und Bedeutung gewann, erhielt 1316 das Stadtrecht. Der Kupferstecher Merian sagt über diese Stadt: „Schärding ist eine hüpsche wohlgebaute Stadt, und hat ein vestes Schloß. Es gibt da schöne steinerne Häuser, und einen großen Platz oder Marckt."

Die letzte Station ist Passau. Hier vereinigen sich Inn, Ilz und Donau. Bis zu ihrer Begegnung sind die drei Flüsse an ihrer Wasserfärbung zu erkennen. Die Donau mit ihren mattgrünen Fluten vermischt sich mit dem bräunlichen Wasser der Ilz. Der Inn, der im Oberlauf noch eisgrün schäumte, führt nun gelbliches Wasser.

Einer der ältesten Stadtteile Passaus ist die Innstadt, die durch eine feste Brücke mit der eigentlichen Stadt seit 1143 verbunden ist. Unter Kaiser Domitian errichteten hier an der Grenze zwischen Noricum und Rätien römische Truppen das Castrum Bojodurum. Das römische Lager wurde um 476 von den Germanen zerstört, doch der Ort blieb weiterhin wichtig für Handel und Verkehr. In der Zeit um 1408 ließen sich an der Innstadt Klingenschmiede, Lederer und Schiffsmüller nieder. Passau war ein bedeutender Knotenpunkt der Inn- und Donauschiffahrt. So wurden in Passau die auf der Donau herangeführten Waren aus Ungarn auf die Schiffszüge des Inns umgeladen, um dann in der sogenannten Gegenfahrt (Bergfahrt) nach Tirol zu gelangen. In umgekehrter Weise ist man mit den Gütern verfahren, die von Tirol und den bayerischen Städten in der Naufahrt (Talfahrt) nach Passau kamen, um ihren Weg auf der Donau fortzusetzen.

Die Geschichte der Schiffahrt

Inn und Salzach sind bereits in frühester Zeit mit Einbäumen befahren worden. Dies wird durch Funde von Resten solcher Fahrzeuge in diesen Flüssen bewiesen.

Die Kenntnisse über die Innschiffahrt in der Römerzeit sind nicht besonders groß. Man weiß aber, daß der Inn den Römern als Verkehrsweg diente. Ein römischer Schriftsteller berichtet, daß das für die römischen Soldaten so unentbehrliche Speiseöl auf dem Inn nachgeführt wurde.

Im Mittelalter flutete auf dem Inn ein Verkehr, von dessen Umfang wir uns heute kaum eine Vorstellung machen können. Entlang des Inn waren aus ehemaligen römischen Lagern und Stationen die Burgen der sogenannten Hallgrafen entstanden, in deren Hand nun der Salztransport auf dem Inn lag.

Da die Isar im allgemeinen nicht schiffbar war, wurde der Inn – besonders vom bayerischen Königshof – als Transport- und Reiseweg benutzt. So galt Wasserburg in dieser Zeit als der Hafen Münchens.

Das enorme Fassungsvermögen der Schiffzüge wird später noch geschildert. Anläßlich der Hochzeitsfahrt des Kurfürsten Maximilian im Jahr 1635 mußte in Wasserburg ein Hochzeiterschiffzug, bestehend aus 24 größeren und kleineren Schiffen, bereitgestellt werden. Zwei Klobzillen dienten als Leibschiffe, eine Zille als Frauenzimmerschiff und eine Zille als Küchenschiff. Dem Güterschiff folgte eine Klobzille für Maultiere. Auf den übrigen Schiffen waren zu verstauen: 314 Pferde, 23 Kutschen, sieben Straßenwagen, Goldkisten und eine Schar Papageien sowie 16 Eimer Bier aus Ebersberg und Wasserburg. Die Mannschaft bestand aus 205 Ruderern. Ein Leibschiff hatte drei Zimmer, die eine Größe von 16, 12 und 10 Schuh (1 Schuh = 29,2 cm) hatten und mit acht Doppeltüren sowie 28 Fenstern mit 849 Butzenscheiben versehen waren. Alle Zimmer hatten doppelte Wände und waren mit Sitzbänken und Tischen möbliert. Das Leibschiff war in Ölfarben gestrichen und reich an Verzierungen. Der Preis für solch ein Schiff betrug etwa 570–600 Gulden.

1856 wurde auf dem Inn das Material zum Eisenbahnbau geliefert und somit schaufelte sich die Innschiffahrt ihr eigenes Grab. Das gesamte Schienenwerk, 130000 Zentner, für die Strecke Kufstein–Innsbruck wurde mit Schiffzügen flußaufwärts gebracht. Zur gänzlichen Einstellung des Schiffahrtverkehrs kam es 1862. Die Ursachen dafür waren: das zu große Gefälle des Flusses, ein zu unsicheres Flußbett, mangelnde Rentabilität, die Eisenbahn und gut ausgebaute Straßenwege.

Im Jahr 1870 soll – anläßlich eines Besuches Max' II. – der letzte Schiffzug auf dem Inn gefahren sein. Neumeyer sagt über das Ende der Innschiffahrt: „So haben also zuerst die Dampfschiffe, dann die Eisenbahn und auch der Fortschritt im Ausbau der Straßen der Innschiffahrt den Todesstoß versetzt. Ruhe und Einsamkeit zog in den 80er Jahren des 19. Jahrhunderts auf dem Inn ein. Ein tausendjähriges Verkehrsleben hatte sein Ende. Die Innstädte sanken zu stillen Landstädten herab."

Der Warenverkehr auf dem Inn

Betrachtet man eine Übersichtskarte, so sieht man, daß der Inn die kürzeste Verbindung des Südens mit den Innstädten Tirols und Bayern ist. In einer Zeit, in der Straßen und Wege noch kaum oder nur schlecht ausgebaut waren, ermöglichte der Fluß damals dem Menschen einen Warenaustausch großen Ausmaßes, den das bestehende Straßennetz niemals zugelassen hätte. Güter- und Warentransporte ließen den Schiffahrtsverkehr florieren und das Schopperhandwerk entstehen. Die Hauptumschlagplätze verfügten über eine sorgfältige Buchführung. Die Mautbücher aus dieser Zeit geben uns Einblick in das mannigfaltige Warensortiment, das auf dem Inn transportiert wurde. Massengüter wie Salz, Getreide und Wein führten natürlich diese Warenlisten an.

Salz war eines der ersten Güter, das sich die Schiffahrt zu Nutze machte. Bereits 1534 ist das erste Mal von Salzschiffen die Rede. Bedingt durch die Wasserführung des Inn, begann die Salzschiffahrt im Frühjahr, sobald der Inn eisfrei war. Das Einsetzen des Hochwassers im Frühsommer unterbrach dann den Verkehr bis Anfang September. Die darauf einsetzende Herbstfahrt endete meist mit den Kälteeinbrüchen des Monats Dezember. Bei Regen konnte nicht gefahren werden, da die Salzfässer in der Regel keine Deckel hatten. Das Salz der Haller Saline sowie das der Saline Reichenhalls wurde vor allem unter der Führung der Laufener Schiffmeister zu den Stapelorten Burghausen und Obernberg gebracht. Die Obernberger verfrachteten es dann bis Passau. Bereits zu Beginn des 17. Jahrhunderts zog die abnehmende Salznachfrage ein Nachlassen des Salzhandels nach

1910: Ein Innschiff in Mühldorf, von zwei Pferden flußaufwärts gezogen

sich. Mit Ableben des letzten Salzschiffmeisters Josef Gaupner fand auch die regelmäßige Salzschiffahrt im Jahr 1802 ihr Ende.

Getreide stand an erster Stelle der bei der Bergfahrt transportierten Güter. Vor allem Hall, das aufgrund seiner Bergwerke eine für die damalige Zeit große Bevölkerung hatte, mußte mit Getreide beliefert werden. Weder das getreidearme Tirol noch die oberbayerischen Innstädte konnten die Einwohner Halls mit Getreide versorgen, und so wurde es aus Niederbayern und Ungarn auf dem Wasserweg herangeschafft. Hall besaß seit der Mitte des 15. Jahrhunderts das Stapelrecht dafür, verankert in der sogenannten Landordnung. Diese Verordnung sagte den Haller Bürgern das Recht zu, Getreide zu lagern und weiterzuverkaufen. Die Bayern versuchten natürlich, sich aus dieser rechtlichen Umklammerung zu befreien, da sie ja schließlich die Tiroler mit Weizen versorgten, so kam es zu der bayerischen Landesordnung 1553, die es den Tiroler Händlern untersagte, auf bayerischen Märkten Handel zu treiben. Dadurch nahmen die Städte Rosenheim und Wasserburg bald eine Monopolstellung im Getreidehandel ein.

Aus Passauer Mautbüchern ist zu entnehmen, daß im Jahr 1402 über 100000 Hektoliter Wein flußabwärts transportiert wurden. Die Haller Händler bezogen den Wein vor allem aus Südtiroler Anbaugebieten. Der sogenannte Osterwein kam aus Österreich, große Mengen Weins davon wurden ins Unterinntal verschifft.

Die Schiffahrt

Die Schiffahrt auf dem Inn und den anderen Flüssen des oberen Donausystems kannte zwei Arten der Beförderung: die Naufahrt – auch Talfahrt genannt – bediente sich der Flußströmung, und die Gegen- beziehungsweise Bergfahrt, bei der die Fortbewegung mit Hilfe von Zugpferden bewerkstelligt wurde. Die bei der Naufahrt verwendeten Schiffe bezeichnete man als Plätten, die der Bergfahrt Zillen.

Bei der Naufahrt wurden vor allem die Tiroler Plätten verwendet, wegen ihrer einfachen Bauweise auch Schluderer-Plätten genannt. Diese wurden an ihren Bestimmungsorten meist abgetakelt und die Bretter als Bau- oder Brennholz verwendet. Der Erlös aus dem Verkauf des Holzes betrug etwa die Hälfte der Herstellungskosten. Nur Seile, Haken und Ruder wurden von den Schiffsknechten mitgenommen, die dann wieder in den sogenannten Zeiselwägen oft Tage und Nächte nach Hause fuhren. Nach einer Beschreibung des Rosenheimer Schiffmeisters Bernrieder sollen die „Schiffe zu Tal" meist 75 Fuß lang und 18 Fuß breit gewesen sein (1 Fuß = 29,2 cm). Das aufgerichtete, spitz auslaufende Vorderteil des Schiffes wurde Gransen oder Schnabel genannt; das Heck – auch als Stoier (Steuer) bezeichnet – war kaum aufgebogen und gerade abgeschnitten.

Die Lenkung der Plätten erfolgte mit Hilfe zweier Ruderbäume, mit einer Länge von 40 bis 50 Fuß. Sie lagen mit ihrem Schwerpunkt auf einem Brettergerüst, dem Stuhlen, auf, und waren sowohl am Gransen als auch am Stoier angebracht. Das vordere und das hintere Ruder führten entgegengesetzte Bewegungen aus.

Am vorderen Ruder, auch Kehrruder genannt, stand der Nauführer (Nauförg), für Besatzung und Ladung verantwortlich. Am hinteren Ruder stand der Nachkehrer. Die Plätten hatten meist eine aus vier Mann bestehende Besatzung. Bei der Naufahrt soll es oft zu Unfällen gekommen sein, bei denen viele Menschen und Tiere ihr Leben verloren.

Erst 1860, durch strengere Vorschriften zum Bau der Schiffe, mußten die Schiffe stabiler und standhafter gebaut und mit intaktem, ausreichendem Schiffsgerät versehen werden.

Die Plätten waren meistens mit einem Bretterhaus ausgestattet. Auf dem Dach des Hauses – dem Tillac – befand sich ein Stand, auch Brücken oder Standung genannt, der über die ganze Breite des Schiffes ging. Von diesem Stand aus betätigte der Kehrruderer den Ruderbaum. Bei unbedachten Schiffen wurden die Stände auf den Stuhlen angebracht.

Außer den erwähnten Tiroler Plätten kamen bei den Naufahrten noch andere Schiffstypen zum Einsatz, beispielsweise der große Kelheimer (30 Klafter lang, 36 Fuß breit; 1 Klafter = 3 Fuß), die kleinere Spritzfarm, die hauptsächlich zum Transport von Fuhrwerken verwendete Uferfarm, Bruchzillen, Patanzen, Laufpruckplätten und Hallaschen.

Neben der Fortbewegungsart unterscheiden sich Tal- und Bergfahrt vor allem in der Bauart, Größe und Ausrüstung der Schiffe. So waren die Schiffe der Gegenfahrt von Anfang an besser und stabiler, jedoch von geringerer Breite. Sowohl Gransen als auch Stoier waren erhaben und liefen im Gegensatz zu den Plätten der Talfahrt spitz aus. Das charakteristischste Merkmal der Bergfahrt ist der Schiffzug. Nach Überlieferungen sollen ursprünglich die Schiffe stromaufwärts durch Menschen gezogen worden sein. Erst im ausgehenden Mittelalter wurde diese Arbeit dann von Pferden übernommen. Die Menschen, die anfänglich als Zugtiere dienten, waren meist arme Leute oder Strafgefangene. So vergab beispielsweise das Kloster Niederaltaich Lehen – die sogenannten Scheflehen oder Schefgerichte. Die damit Beliehenen zogen die Weinzüge aus den klostereigenen Weinbergen. Von der kärglichen Entlohnung mußten sie sich auch noch die zur Aufwärtsbeförderung notwendigen Geräte und Handschuhe selber kaufen. Es wird berichtet, daß man die Pferdezüge lange Zeit einschränkte, um den Armen nicht das Brot wegzunehmen. Bis ins 17. Jahrhundert wurden zeitweise türkische Kriegsgefangene bei Schiffzügen eingesetzt. Ihre Behandlung soll jedoch so hart und erbarmungslos gewesen sein, daß nur ein Drittel die Gefangenschaft überlebte.

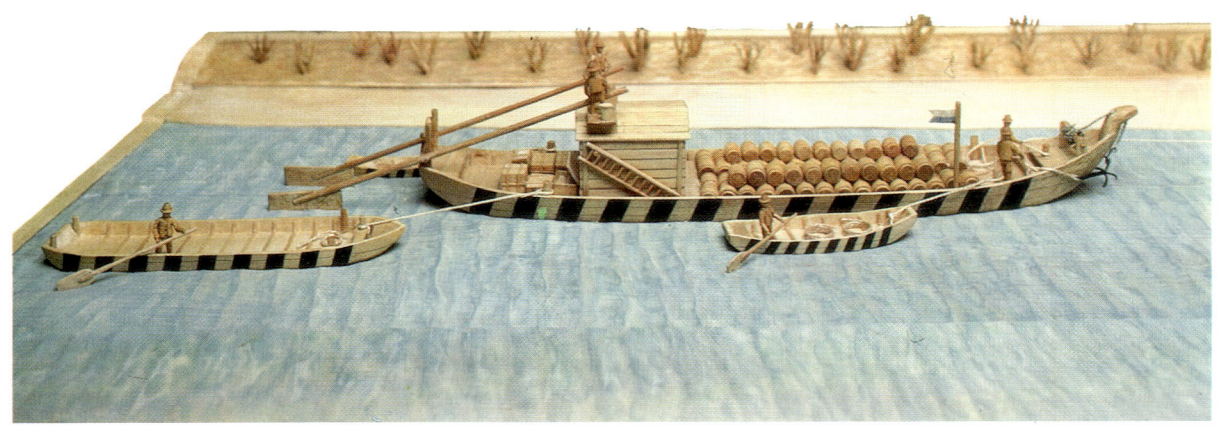

Dieses Modell eines Innschiffzugs, erstellt von Rudolf Wondrak, befindet sich im Mühldorfer Heimatmuseum. Das Bild oben zeigt das Hauptschiff, die Hohenau.
Das untere zeigt den Schwemmer, ein offenes Lastschiff, das gewöhnlich mit Fässern voll Wein beladen war

Der Schiffzug

Ein Schiffzug unterteilt sich zunächst in zwei Züge. So setzt sich der eine Zug mit den Schiffen auf dem Wasser zusammen und einem zweiten Zug – dem Landzug –, bestehend aus Pferden und Reitern; dieser war für die Fortbewegung verantwortlich. Die Reihenfolge des Schiffszuges bezeichnete man als Umgang. Das erste und größte Schiff war die Hohenau oder auch einfach Klobzille genannt. Eine Erklärung für das Wort Hohenau ist schwer zu finden. So behaupten manche, es leite sich von einem Ortsnamen ab. Eine zweite Deutung wäre: erhöhtes oder hohes Schiff.

Der Hohenau folgte der Nebenbeier. Dieses Schiff war kürzer, schmäler und seichter, dem Typ nach eine Gams. Sein Name entstand dadurch, daß er nicht genau hinter der Hohenau, sondern ein wenig seitlich verschoben (nebenbei) zu finden war. Das dritte Schiff, Schwemmer genannt, war der Bauart nach wiederum eine Gams. Falls erforderlich, wurde dem Zug noch ein viertes Lastschiff – der Schwemmernebenbei – hinzugefügt.

Den Lastschiffen folgten dann die Arbeitsschiffe. Hier ist als erstes die Kuchelzille zu nennen, auf der – wie der Name schon sagt – die Mahlzeiten für die Schiffer zubereitet wurden. Diese Zille war mit einem steinernen Herd versehen und trug ein kleines Bretterhäuschen wie die großen Lastschiffe. Dort wurde für das leibliche Wohl der Männer gesorgt, die nicht über Appetitlosigkeit klagen konnten. So wurden täglich pro Mann verzehrt: zwei Pfund Brot, eineinhalb Pfund Rindfleisch, zwölf Knödel und sechs Maß Bier. Mehlspeisen und Gemüse hingegen wurden verschmäht.

Bei den Roßplätten handelte es sich um ein oder zwei Plätten, auf denen je 12 bis 15 Pferde Platz fanden. Bei ungünstigen Uferverhältnissen wurden mit Hilfe dieser Plätten die Zugpferde von Ufer zu Ufer gerudert.

Das siebte Schiff des Zuges war der Seilmutzen. Er diente zum Aufnehmen und Überführen der Seile und führte Ersatzteile, Werkzeug und Pferdegeschirre mit. Dem Seilmutzen folgte die Habergams mit dem Pferdefutter.

Den Abschluß bildete die Waidzille oder auch Nachzille. Sie diente als Bei- und Rettungsboot.

Die kleinsten Schiffe, die Lenkzillen, fuhren vor der Hohenau und hielten die zum Ufer führenden Seile über dem Wasser, damit sie sich nicht an Felsen und Steinen verfingen.

Die Steuerung der einzelnen Schiffe geschah mit Hilfe von Ruderbäumen oder mit einem Timon und wurde durch die Anwendung verschiedener Seilkombinationen unterstützt. Die Schiffe waren mit Seilen so verbunden, daß jedes Schiff einen möglichst großen Bewegungsspielraum hatte. Sie hingen nicht hintereinander, sondern jedes Schiff war für sich allein vorn am Hauptschiff befestigt. Diese Unabhängigkeit von einem unmittelbar vorderen Fahrzeug gestattete eine raschere und leichtere Steuerung.

Der Roßzug

Wie die Besatzung der Schiffe, so unterstand auch der gesamte Pferdezug dem Oberkommando des Sösstallers. Ein Roßzug bestand – je nach Anzahl der zu ziehenden Schiffe – aus 30 bis 40 Pferden und 20 bis 30 Reitern. Neumeyer beschreibt in seinem Buch einen Pferdezug mit 31 Pferden:

„Dem Zug voraus ritt der Vorreiter, Führer des ganzen Roßzuges. Mit einer langen Stange – dem Schalten – überprüfte er den Treidelweg (Zugpfad) und entschied, wo ein Übersetzen nötig war oder ein Stück im Wasser geritten werden mußte. Überstieg der Zug die Zahl von 20 Pferden, wurde dem Vorreiter ein Helfer zugeteilt. Der Vorreiter war nicht an das Zugseil eingeschlagen. Es kam nicht selten vor, daß er bei seiner Aufgabe in den Fluten versank.

An der Zwieselkette waren ein Erster Vorreiter mit zwei Pferden und ein Zweiter Vorreiter mit ebenfalls zwei Pferden eingeschlagen.

Mit an der Zwieselkette zogen die Reitbuben (Jodler). Sie saßen auf Holzsätteln und trieben mit Peitschen und lauten Schreien die Pferde an. Auch bei den Jodlern hatte jeder seine spezielle Aufgabe und trug seinen besonderen Namen. So waren an der Kette zu finden:

1 Derbseilreiter	mit 1 Pferd
1 Ahireiter	mit 1 Pferd
3 Sperneller	mit 3 Pferden
1 Nenntreiter	mit 2 Pferden
1 Siebentreiter	mit 2 Pferden
1 Fünftreiter	mit 2 Pferden
1 Drittreiter	mit 2 Pferden
1 Afterreiter	mit 1 Pferd

Wie hieraus ersichtlich ist, hatte jeder Reiter meist zwei Pferde zu betreuen, die stets nebeneinander gingen. An einem zweiten Seil, dem Aufstricker, der bei kleineren Schiffzügen wegfiel, waren eingespannt:

1 Marstaller (Unterführer)	mit 1 Pferd
1 Vorreiter	mit 2 Pferden
2 Spernyeller	mit 2 Pferden
1 Siebentreiter	mit 2 Pferden
1 Fünftreiter	mit 2 Pferden
1 Drittreiter	mit 2 Pferden
1 Afterreiter	mit 1 Pferd

Zwei Aufleger, die zu Fuß gingen, mußten dafür sorgen, daß die Seile sich nicht am Boden verhängten, wie dies an Steinen und Felsen leicht geschehen konnte."

Die Zugpferde, die Schiff- oder auch Wasserrosse genannt wurden, züchteten die Bauern am Samerberg, unweit von Rosenheim. Über diese Pferde schreibt Otto Titan von Hefner in seiner „Chronik von Rosenheim":

„Die Pferde selbst sind kräftigen Schlages wie die Reiter und können abwechselnd Stunden lang bis über den Bauch im Wasser ziehen und wieder auf steinigen Sandbänken gehen, über steile Ufer hinauf- und herabspringen, mit einer Fertigkeit, die tausend anderen Pferden nicht eigen wäre. Ebenso wird das häufige Hin- und Widerspringen über die Zwiesel, wie in und aus den Plätten mit staunenswerther Leichtigkeit von ihnen vollbracht. Es ist in der That eine eigene Rasse um die Wasserrosse, und sie wird nur in den Schiffleuten selbst noch an Abhärtung und Waghalsigkeit übertroffen."

Die Arbeit der Pferde grenzte an Tierquälerei. Die Tiere wurden schwitzend und dampfend durch das Eiswasser des Inns getrieben, und sie stürzten nicht selten auf den holprigen und unwegsamen Treidelpfaden. Zum Ziehen von 4000 Zentnern wurden 36 Rosse benötigt, von denen ein Teil lediglich als Zugtiere, der Rest als Reit- und Zugtiere verwendet wurde.

Ein Roßzug bestand je nach Anzahl der zu ziehenden Schiffe aus 30 bis 40 Pferden und 20 bis 30 Reitern

Die Reiter saßen auf hölzernen Sätteln mit gebogenen Knien, da die Steigbügel sehr gespannt waren. Die Pferde trugen ein extra gefertigtes Kummet und am Hinterteil den Silm. Durch diesen Silm, einem halbrunden, gebogenen Hartholz aus Eibenholz, waren sie mit den Stelzen (kurze Zugseile) verbunden.

Um die Schiffe miteinander zu koppeln, waren zehn Seile in einer Länge von 52 Metern notwendig.

Von der Hohenau aus verlief über die Lenkzillen das Hauptseil, der Bunsen, zum Land. Dieses Seil, an dem die ganze Last des Schiffzuges hing, hatte einen Durchmesser von 10 cm und war mit Ketten umwunden. Vom Bunsen zweigten zwei Seile ab, die Zwieselkette und der Aufstricker. Die Zwieselkette hatte ein Gewicht von sieben Zentnern und streifte stets über das Ufer. Der Uferweg wurde dabei oft schwer beschädigt, da kleine Bäume, Sträucher und Büsche entwurzelt wurden. Durch die bereits erwähnten Stelzen wurden die Pferde mit der Zwieselkette und dem Aufstricker verbunden. An der Verbindungsstelle von Bunsen und Zwieselkette tat meist einer der beiden Aufleger seine Arbeit.

Die Reisegeschwindigkeit der Schiffzüge war gering. Besonders das häufige Wechseln der Ziehwege war sehr zeitraubend. So mußte allein aufgrund von Schotterbänken, brüchigem Ufer und einmündenden Bächen von Mühldorf bis Kraiburg siebenmal der Treidelpfad gewechselt werden.

Obwohl vom Morgengrauen bis zum Sonnenuntergang gearbeitet wurde, konnten meist nur vier bis sechs Wegstunden bei einer Tagesreise zurückgelegt werden. Einer Aufzeichnung des Schiffmeisters Johann Rieder aus Rosenheim ist zu entnehmen, daß ein Zug von Krems nach Rosenheim unter normalen Umständen 36 Tage gedauert hat. Die Verzögerungen beruhten jedoch nicht nur auf den Schwierigkeiten zu Land und zu Wasser, sondern auch auf den erzwungenen Aufenthalten durch die vielen Zoll- und Mautstellen. Es gab im 17. Jahrhundert zwischen Linz und Hall 13 Zollstationen.

Die Schiffbesatzung

Der Kommandant des ganzen Zuges war der Sösstaller. Er hatte seinen Platz auf der Hohenau und saß meist auf einer Schiffmannstruhe oder einem Holzstapel, damit er den ganzen Schiffzug überblicken konnte. Er erteilte die Befehle und Kommandos an die übrige Besatzung, trug die gesamte Verantwortung gegenüber den Behörden und Mautstellen. Der Sösstaller hatte Anspruch auf eine eigene Unterkunft, die mit einem Bett, einem Tisch, einer Bank, einer Truhe und einem Kerzenleuchter ausgestattet war.

Die Hohenau wurde von dem Stoierer (Steuermann) gelenkt, auch Hohenaustoierer genannt. Er wurde vom Hilfsruderer, der auch zugleich als Diener des Sösstallers fungierte, unterstützt. Der Seilträger war für das Zugseil zum Pferdestand verantwortlich. Er ließ die Pferde daran anspannen und hatte dafür zu sorgen, daß das Seil ordnungsgemäß an der Schwing befestigt wurde. Diese Arbeit war gefährlich, und er riskierte dabei oft Hand, Fuß und Kopf, außerdem oblag ihm auch das Ausbessern und Knüpfen der Seile, falls erforderlich.

Der Gehilfe des Seiltragers war der Bruckknecht, der seinen Namen von der Seilbrücke hatte, auf der sich sein Standplatz befand. Er besorgte die Überbringung der Seile vom Land zum Schiff und befestigte sie. Mit auf der Hohenau wurden noch die Unterläufl, jüngere Schiffleute, die den Beruf des Schiffers erlernen wollten, beschäftigt.

Zur Besatzung des Nebenbeiers gehörte der Schiffschreiber. Ihm oblag die Führung der Kasse, und er tätigte die Einkäufe. Als Vertreter des Schiffmeisters war er auch für den wirtschaftlichen Bereich verantwortlich. Da er meist von der Schiffahrt selbst nichts verstand, konnte er auf die Führung des Schiffes keinen Einfluß nehmen, mußte aber in kritischen Situationen vom Sösstaller gehört werden. Wie der Sösstaller hatte auch er Anspruch auf eine eigene Unterkunft. Der Schiffschreiber genoß das vollste Vertrauen des Schiffmeisters, da

dieser nicht selten weder schreiben noch lesen konnte.
Der Nebenbeifahrer war für die Steuerung des Schiffes zuständig und wurde vom Nebenbeihilfsruderer unterstützt, der gleichzeitig auch Diener des Schiffschreibers war. Mit auf dem Nebenbeier war noch der Bock. Er regelte mit dem Hängeseil die Steuerung der Schiffe. Der Schwemmer wurde vom Schwemmersösstaller geführt, der wie alle anderen dem Sösstaller auf der Hohenau unterstand.
Gesteuert wurde das Schiff vom Schwemmstoierer und seinem Gehilfen, dem Schwemmhilfsruderer. Die höchste Position nahm der Sösstaller ein. Nach ihm kamen der Seiltrager, der Bruckknecht, der Hohenaustoierer und der Schwemmersösstaller. Sie alle wurden Mehringer genannt.

Die Menschen der Schiffahrt

Der große Aufschwung, den die Handelsschiffahrt im 13. Jahrhundert erfuhr, war in erster Linie für die Entwicklung eines eigenen Schifferberufes verantwortlich. Der Stand der Schiffleute soll aus dem der Fischer hervorgegangen sein, da beide Berufe in enger Beziehung zueinander standen. Wie in anderen Handwerksberufen, so gab es auch bei der Flußschiffahrt Meister und Gesellen. Die Meister waren die Schiffmeister, die am Inn auch Nauschiffmeister, Salzschiffmeister, Salzschiffleute oder Naufletzer hießen.
Das Volk der gemeinen Schiffer und Pferdeknechte, die Schiffleute, konnte man mit den Gesellen vergleichen.
Über die Schiffleute sagt Neumeyer: „Der schwere Beruf und seine Besonderheiten gestaltete die Schiffleute zu einem ausgesprochen eigenen Völklein mit eigenem Gehabe, wie es nicht leicht bei anderen Beschäftigungen der Fall war."
Sie standen mit der übrigen Bevölkerung in ständigem Streit und Zank, und man nannte sie deshalb Schöfflakl oder Schöffnakaien.
Ihre Derbheit war wahrscheinlich die Folge ihrer harten Arbeit. Tagsüber standen sie am Wasser, und nachts ruhten sie in den Auen. Sie schliefen unter freiem Himmel – der hölzerne Sattel diente ihnen als Polster –, und nur bei Unwettern suchten sie Schutz in kalten Unterständen. Trotz ihrer Roheit, die sie vor allem gegenüber ihren Pferden zeigten, sollen sie andererseits gutmütig, treuherzig, hilfsbereit und fromm gewesen sein. So sagte ein Pfarrer über seine „schwarzen Schafe": „Warn's nöt grob, warn's zur Schiffahrt nöt tauglich." Wenn es keine Arbeit auf den Schiffen gab, lehnten die Schiffleute es ab, andere Arbeiten anzunehmen. Sie lungerten in Wirtshäusern herum und gaben sich dem Alkohol hin. Auch viele Schiffsunfälle waren die Folge betrunkener Schiffer, besonders dann, wenn sie Weinfässer transportierten. So sah sich die Regierung dazu veranlaßt, gegen

Als Schutzheilige für die Innschiffer galten St. Nepomuk und St. Nikolaus. Die Figur des hl. Nepomuk zierte einst die Maximiliansbrücke und fand nach Kriegsende einen neuen Standplatz unweit der Innbrücke

285

den Alkoholkonsum einzuschreiten. Dem Ländhüter wurde aufgetragen, betrunkene Schiffleute auf keinen Fall fahren zu lassen. Auch die Schiffmeister hatten die Order, Schiffknechte, die sich im Dienst betranken, sofort zu entlassen.

In vielen Liedern und Schnadahüpfln wird über die Trinkfreudigkeit der Schiffleute berichtet. So findet man folgendes Schnadahüpfel in einer Sammlung von Schnopfhagen, die in einem von Neweklowskys Bänden gedruckt sind:

„Und dö Schiffleut am Wassa
Dö tringan an Wein
Für die Bau'nbuam am Stadl
Muaß's Wassa guat sein.

D'Schiffleut am Wassa
Fahrn auf und nieda
so verdeant ma' a Geld
und versauft's wieda."

Eine Warnung an heiratslustige Mädchen:

„Dirndl heirat koan Schiffmann,
Du heiratst in d'Not,
Host im Summa koan Mann
und im Winter koa Brot."

Die Schiffer hatten, wie auch in vielen anderen Berufen, ihre eigene Fachsprache. Da sich die Flußschiffahrt von Tirol bis Ungarn zog, glich ihre Ausdrucksweise einem internationalen Kauderwelsch. Alte Schriften und Überlieferungen geben uns darüber Aufschluß. Der Wortschatz der Schiffer war auch reich an Spott und Schimpfnamen sowie an Flüchen. Geflucht wurde bei jeder Gelegenheit, auch wenn es keine böse Absicht war.

Die Tracht der Schiffleute

Haberland beschreibt die Tracht der Schiffer folgendermaßen:

„Stasselhosen, die von den Knien abwärts einen Schaft aus Leder besitzen, die hohen aufzurollenden Aufzugstiefel des 16. Jahrhunderts und den Wetterfleck, ein langrechteckiges, an den Kanten meist etwas zugerundetes Stück Loden von etwas mehr als Schulterbreite mit Kopfausschnitt und Brustschlitz."

In einer Amtsrechnung von Neuburg am Inn aus dem Jahr 1742 wird die Kleidung eines ertrunkenen Schiffknechtes beschrieben:

„…mit einem grienen Flor umb den Halß, dann einem rottierchernen Leibl und clain zinnernen Knöpfln, darüber einen rottierchernen sog. Leibpfaidt und einem weißleinernen Schafferkittel, einer lidernen Halfftern, ein detto Gürtl, leinernen Hosen, rottlich wollenen Strümpfen, zusammengebundenen Schuechen, dann ein Skapulier und Rosenkranz versehen und sonsten wie ein Laufener Schiffmann anzusehen."

Allgemein trugen die Schiffleute eine Tuchweste, darüber einen blauen gestrickten Janker mit herzförmigem Lederbesatz auf dem Ellbogen, halblange Lederhosen und schwarze Stutzen. Ein runder schwarzer Hut galt als Kopfbedeckung, in früherer Zeit ein schwarzer Zylinder.

Die Frömmigkeit der Schiffleute

Obwohl die Schiffer ein rauhes und streitsüchtiges Volk waren, zeichneten sie sich durch große Frömmigkeit aus. Vor Antritt jeder Fahrt wurde eine Andacht abgehalten, und nach dem Anlegen dankten sie Gott mit einem Gebet für den glücklichen und unfallfreien Ausgang des Unternehmens.

An kirchlichen Festen – wie dem Fronleichnamsfest – beteiligten sie sich mit schmuckreichen Zunftstangen, die von einer kleinen Zille gekrönt wurden.

Trotz ihrer großen Verbundenheit mit der christlichen Religion pflegten die Schiffleute ein oft von heidnischen Riten gekennzeichnetes Brauchtum. So hängte man den Pferden, um sie vor Unheil zu schützen, durchlöcherte Steine, sogenannte Drudensteine, um den Hals. Es herrschte der Glaube, daß der Flußgott das Recht habe, sich jedes Jahr drei Opfer zu holen. Besonders im Frühjahr während der ersten Fahrten mußten die Schiffer besonders vorsichtig sein. Fiel einer über Bord, so half dem Unglücklichen, der meist nicht schwimmen konnte, niemand. Lediglich der Hut wurde geborgen, und die übrige Besatzung rief dem Ertrinkenden zu: „Gib di Jackl, der Herr will's!"

Hatte der Fluß seine drei Opfer erhalten, waren die Schiffer beruhigt. An gefährlichen Flußabschnitten wurden dem Flußgott auch andere Weihegaben dargebracht. Passagiere, die auf dem Schiff pfiffen, wurden von Bord gejagt, da man glaubte, Pfeifen auf dem Wasser locke den Wind an.

Ein besonderes Brauchtum war das Schifferstechen. Hierbei wurden zwei Zillen gegeneinander gerudert, an deren hinteren Enden ein auffallend bekleideter Schiffmann stand. Jeder dieser Männer war bestrebt, beim Zusammentreffen der Schiffe den anderen mit einer langen Stange ins Wasser zu stoßen. Häufig war es jedoch der Fall, daß dabei beide ins Wasser fielen. Dieser Brauch wird noch heute in manchen Gegenden gepflegt.

Die Schopper

Unter Schoppen versteht man das Abdichten der Fugen zwischen den Brettern und Planken der Schiffswände und des Schiffsbodens. Diese Tätigkeit gab dem Schiffbauer den Namen Schopper.

Auch der Schiffbau konnte nur dort Fuß fassen, wo die natürlichen Voraussetzungen und ein geeigneter Absatzmarkt vorhanden waren. Unter natürlichen Voraussetzungen versteht man schiffbare Flüsse sowie reichliche Rohstoffquellen. Ein Bedürfnis zum Schiffbau entstand in erster Linie an Schnittpunkten von Handelswegen und in Gebieten, die einen Erzeugnisüberschuß verzeichnen konnten. Wie abhängig das Schopperwesen vom Waldbestand war, zeigt sich deutlich an der Donau. Alle Schiffbauplätze zwischen Regensburg und Passau lagen am linken Donauufer, da die Wälder im Hinterland genügend Holz liefern konnten. Am rechten Ufer hingegen reichten die Holzbestände bei weitem nicht aus.

Sowohl die Schopper als auch die staatliche Obrigkeit erkannten den Wert der Rohstoffquellen, und sie waren bestrebt, den Waldbestand zu schonen und zu erhalten. Der Fürstbischof von Salzburg erließ strenge Verordnungen zum Schutz der Wälder. Den Laufener Schoppern war es verboten, Holz für den privaten Schiffbau aus nächster Umgebung Laufens zu entnehmen. Auch Schiffe, die für den Hof des Bischofs bestimmt waren, wurden in Tittmoning bestellt, um den Holzbestand der Laufener Gegend für den Salzschiffbau zu sichern.

In folgenden Innstädten waren Schopper ansässig: Wörgl, Breitenbach, Kirchbichel, Oberlangkampfen, Angat, Weidach, Flintsbach, Neubeuern, Rosenheim, Wasserburg, Mühldorf, Neuötting, Marktl, Simbach, Braunau, Malching, Aufhausen, Obernberg, Schärding, St. Nikola (Passau).

Die Zahl der im Schiffbau tätigen Leute stieg gegen Ende des 18. Jahrhunderts stark an, da in erster Linie ungelernte Kräfte eingestellt wurden. So wurden 1759 in der Passauer Ilzstadt noch 15 Meister, vier Meistersöhne, 14 Knechte und sechs Lehrjungen gezählt. 1787 dagegen bestimmten nur fünf Meister, allerdings mit einem Heer von Hilfsarbeitern, den Passauer Schiffbau.

Der Selbstbiographie des Schiffmeisters Fink aus Braunau ist zu entnehmen, daß im Jahr 1790 32 Schopperknechte in seinem Betrieb beschäftigt waren. In der Hochblüte des Braunauer Schiffbaus soll es dort 500 bis 600 Schopper gegeben haben. Durch den Untergang der Plätten- und Zillenschiffahrt litt auch das Schoppergewerbe. Zu Beginn der 60er Jahre des 19. Jahrhunderts nahm die Zahl der Schopper rapide ab. Ein Windorfer Donauschopper, der 25 Jahre vorher noch 30 Schopperknechte beschäftigt hatte, mußte nun im Armenhaus leben.

Die Schiffmeister

Die Schiffmeister führten bis ins 17. Jahrhundert den Namen Schiffmann, während ihre Angestellten Schiffknechte hießen. Erst Mitte des 17. Jahrhunderts bürgerte sich allgemein Schiffmeister für die Unternehmer und ihre untergebenen Schiffleute ein, wenngleich auch die Bezeichnung Schiffknechte lange beibehalten wurde.

Beinahe alle Waren, die am Wasserweg befördert wurden, liefen durch die Hände der Schiffmeister. Sie waren nicht nur für den Transport der Güter verantwortlich, sondern sie handelten auch damit. Als Getreide- und Weinhändler kannten sie alle Märkte und Verkaufsstellen, knüpften Verbindungen und tätigten Kaufabschlüsse. Einer der führenden Geschäftsleute im Weinhandel war der Schiffmeister und Besitzer eines Weingasthauses in Kraiburg, Johann Caldera (1700–1775). Im Jahr 1760 versorgte er nach eigenen Angaben 18 Schlösser, 37 Klöster, 42 Pfarrhöfe und 68 Weinwirte mit Oster- und Ungarwein.

Auf den Schiffmeistern lastete große Verantwortung, da sie einen ganzen Stab von Bediensteten, angefangen vom kleinsten Pferdeknecht bis zum Sösstaller, zu befehligen hatten. Die meisten der Meister hatten sich vom Schiffknecht hochgearbeitet oder waren als Schiffschreiber die Vertreter von Schiffmeistern gewesen. Neweklowsky schreibt über die Schiffmeister:

„Es ist der Fall gewesen, daß in früheren Zeiten einige Schiffmeister, die nicht lesen und auch nicht schreiben konnten, gar keine Schiffschreiber hielten. Sie haben das Rechnungswesen ihres Geschäftes jahraus, jahrein durch ihr gutes Gedächtnis im Kopf getragen oder zum Teil durch ihre Kinder und Angehörigen, soweit es möglich war, in Evidenz gehalten."

Es muß jedoch erwähnt werden, daß die meisten Schiffmeister grenzenloses Vertrauen zu ihren Sösstallern hatten, die das Rechnungsgeld in einer Saubladern aufbewahrten. Der Sösstaller übergab es seinem Herrn mit folgenden Worten: „Sö, Herr, da haben S' ihre Bladern wieder und das übrige Geld." Der Schiffmeister übernahm das Geld, ohne es nachzuzählen und ohne einen Rechnungsbeleg zu erhalten.

Da um 1600 ein Schiffzug etwa 600 Gulden kostete, der Preis jedoch bis zur Mitte des 19. Jahrhunderts bereits auf 6000 Gulden angestiegen war, mußte ein Schiffmeister über ein entsprechendes Kapital verfügen. Die Geldfrage wurde nicht selten durch die Heirat einer Tochter aus einer reichen und begüterten Familie gelöst. Doch nicht nur die Kosten der Schiffzüge und des Personals waren zu berücksichtigen, sondern auch die durch das Überreiten von Feldern entstandenen Flurschäden mußten von den Schiffmeistern bezahlt werden. Auch die Zoll- und Mautgelder, die zwar nach vollendeter Fahrt von den Auftraggebern zurückerstattet wurden, mußten zunächst aus der Kasse des Schiffmeisters entrichtet werden.

Viele der Schiffmeister, die ihr Geschäft verstanden, wurden durch die Schiffahrt vermögend und gelangten zu großem Ansehen. Sie bekamen einen Sitz im Stadtrat oder bekleideten sogar das Amt des Bürgermeisters. Als Offiziere der Landwehr waren sie im militärischen Dienst tätig. Erwähnenswert ist auch das soziale Engagement, durch das sich viele Schiffmeister auszeichneten. So sorgten sie für alte und verunglückte Schiffleute und deren Familien, gründeten Spitäler und Waisenhäuser. Sie unterstützten den Bau von Schulen und Kirchen durch finanzielle Zuwendungen. Doch nicht alle Schiffmeister hatten eine glückliche Hand. Manch einer geriet durch Schiffunglücke und Kriegswirren in Not und mußte ein bescheidenes Leben führen.

Reinhard Wanka

Verkehrsknotenpunkt Mühldorf

Die erste Straße bei Mühldorf – erbaut von den Römern

Der Inn bildete lange Zeit die Grenze zwischen den römischen Provinzen Rätien (im Westen) und Noricum (im Süden und Osten). Wer die römische Geschichte auch nur ein wenig kennt, weiß, daß der Bau eines großzügigen Straßennetzes zur Verbindung der Provinzen untereinander und mit dem Mutterland selbst ein wesentlicher Beitrag zum Zusammenhalt des Imperiums war. So nimmt es auch nicht wunder, wenn die Römer in der Zeit der Besetzung des Gebietes zwischen Alpen und Donau daran gingen, ein engmaschiges, gut ausgebautes, teilweise bis ins Mittelalter erhaltenes Straßennetz zu bauen.

Zwei wichtige Straßenzüge durch unser Gebiet waren einmal der von Augsburg (Augusta Vindelicum) aus über Seebruck (Bedaium) nach Salzburg (Juvavum) und zum anderen über Turum (möglicherweise Haag) nach Linz. Großenteils ist deren Verlauf gesichert und nachgewiesen. Daneben existierte eine weitere Straße von Regensburg (Castra Regina) über Landshut nach Salzburg.

Notwendigerweise war bei dieser Straßenführung auch der Inn zu überqueren. Da die Römer ihre Verbindungsstraßen möglichst geradlinig anlegten, müßte in der Nähe Mühldorfs ein solcher Übergang gelegen haben.

Spuren dieses Übergangs wurden dann auch östlich von Mühldorf, im Sollerholz kurz vor Töging, gefunden. Die West-Ost-Straße selbst zieht von Augsburg kommend über Heldenstein, Wimpasing, Ampfing und Neufahrn zur Inntalebene herunter und erreicht beim Weiler Hahnbauer Mühldorfer Stadtgebiet.

Unter dem Namen Fürstenweg bekannt, folgt sie der ehemaligen salzburgisch-bayerischen Grenze mit den Grenzsteinen bis zum Schnittpunkt mit der Nord-Süd-Straße. Während die-

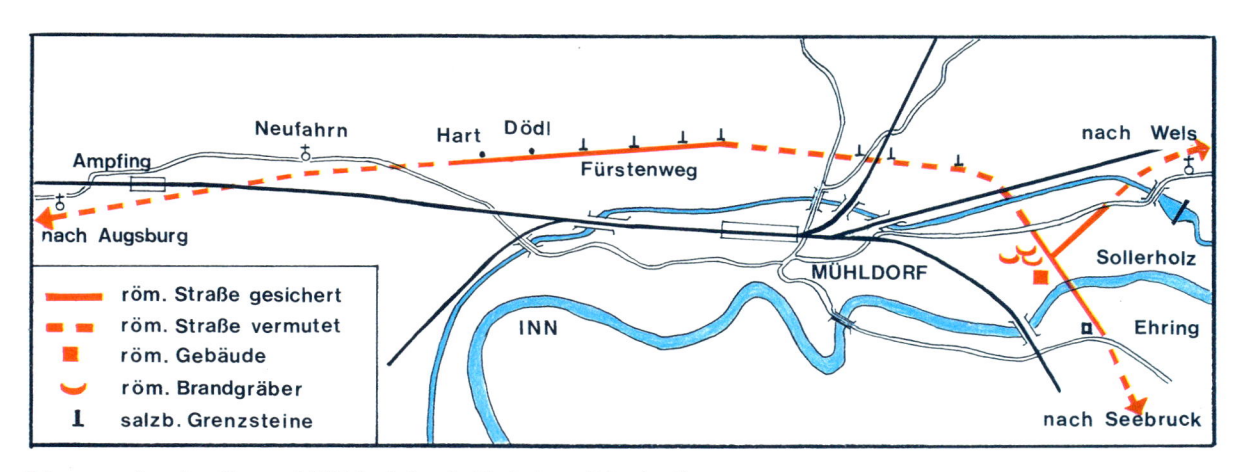

Römerstraßen im Raum Mühldorf (nach Torbrügge/Dirscherl)

ser Weg nach Osten weiter bis Wels führt, wendet sich die Salzburger Straße gegen Süden, überquert bei Weiding den Inn und führt in Richtung Burgkirchen am Wald, einer vermutlich schon in keltischer Zeit besiedelten Burganlage. Frühere Funde an dieser Stelle im Innbett brachten vor- und frühgeschichtliche Gegenstände ans Licht, so daß hier zweifellos seit altersher eine Furt anzunehmen ist. Werkzeuge und Eisenteile wiederum lassen vermuten, daß die Römer hier eine Holzbrücke gebaut hatten. Am Straßenknotenpunkt im Sollerholz mußte eine Straßen- und Brückenstation gewesen sein. Dies wurde durch die Funde im Jahr 1959 bestätigt. Die Grabung am Rand des Sollerholzes legte den Umriß eines kleinen Gebäudes und mehrerer Gräber frei. Die gefundenen Tongefäße, einfache Geräte für den Hausgebrauch, deuten auf eine Grenzstation der Provinz Rätien nach Noricum hin. Zu Friedenszeiten dürfte hier ein für damalige Verhältnisse reger Handel am und über den Inn geherrscht haben.

Mit dem Ende der Römerherrschaft um 500 hat auch die Grenzstation ihre Bedeutung verloren, und die Brücke ist überflüssig geworden. Der Übergang über den Inn wird seit dem späten 9. Jahrhundert in Mühldorf zu suchen sein.

Straßen in und um Mühldorf

„Man lebte in weiten Landesteilen immer noch fern von allem Getriebe und Verkehr und kümmerte sich kaum, wie es aussehen mochte draußen in der Welt. Wer eine Reise tat, mußte sich einem Stellwagen anvertrauen, und auch der Warenverkehr ging mit dem Plachenwagen dahin; in den Posthaltereien hatte man oft zwanzig Rösser im Stall. Auf der Donau schwammen die Frachtschiffe hinab, und selbst den Inn hinauf treidelte man noch die Schiffszüge mit Ungarnweizen bis ins Tirol hinein." So beschrieb Benno Hubensteiner die Verkehrssituation in der ersten Hälfte des 19. Jahrhunderts.

So war denn jahrhundertelang der Inn der Handelsweg für die Güter von und nach Mühldorf. Daneben bestand für Reiter, oder wenn nötig für das Militär, eine Landverbindung von Mühldorf nach Tittmoning, der nächstgelegenen Stadt des Salzburger Fürstbistums.

„Will man von Mühldorf fortkommen, muß man eigenes Geschirr miethen", war denn auch die einzige Möglichkeit, zu verreisen. Diese Aussage, vom Mühldorfer Magistrat wegen der unzureichenden Landverbindungen von und nach Mühldorf ausgesprochen, sagt nichts anderes, als daß in diesem Fall die Dienste eines Lohnrößlers in Anspruch genommen werden mußten.

Notwendig war das Reisen zu jenen Zeiten auch kaum. Die lebenswichtigen Güter erzeugte das Umland, zu den Märkten ging man zu Fuß, Abgaben brachten die Bauern auf ihren Wagen selbst zu den bischöflichen

Bis 1931 verkehrten zwischen den Mühldorfer Postämtern Postkutschen

Kästen nach Mühldorf, bei größeren Mengen stand die Flußschiffahrt zur Verfügung. Andererseits hatten die bayerischen Städte im Umland eine regelmäßige Verbindung zur Haupt- und Residenzstadt München, die sich im 18. Jahrhundert zu Postrouten weiterentwickelten. Waren anfangs diese Leistungen lediglich Postritte, konnten später auf befestigten Straßen auch Kutschen mit Gepäck und Reisenden verkehren.

Da Mühldorf bis 1802 salzburgisch war, führten die bayerischen Postrouten zwangsläufig an Mühldorf vorbei, indem sie den Fahrweg zwischen Mettenheim und Erharting benutzten und somit Mühldorf südlich liegen ließen.

Bayerisch geworden, von der neuen Verwaltung unter Montgelas mit einem Rentamt und Landgericht versehen, benötigte Mühldorf nun Anschluß an das amtliche Postroutennetz. So wird Mühldorf bald ein Postort an der Eilwagenlinie München–Wien, die einmal wöchentlich bedient wurde, das heißt nur einmal pro Woche bestand die Möglichkeit, nach München Briefe und Dokumente zu expeditieren, also abzuschicken bzw. zu bekommen. Seltener nutzten Honoratioren die Kutsche zu einer Fahrt zur königlich-bayerischen Regierung. Die Reisezeit betrug damals etwa 13 Stunden, wobei unterwegs öfters die Pferde, manchmal sogar die Wagen gewechselt werden mußten. Eine tägliche Verbindung München–Altötting über Mühldorf bestand dann ab 1859, welche meistens sechssitzige Dreispänner befuhren. Sie beförderten in der Hauptsache Briefpost, Pakete und einzelne Reisende. Bereits im Jahr 1871 wurde diese Postverbindung mit der Eröffnung der Bahnlinie wieder überflüssig und eingestellt. Ab diesem Zeitpunkt entstanden neue Kutschenverbindungen, um die Orte über Land mit den Eisenbahnstationen zu verbinden, etwa Neumarkt mit Mühldorf, was eine 2¼stündige Fahrt bedeutete, und welche bis zum Bau der eigenen Bahnstation bestehen blieben.

Durch den Wechsel der Reisenden von den Kutschen auf die Bahn reduzierte sich deren Bedeutung bald auf den Transport der Postsachen von Postamt zu Postamt. So verkehrten in Mühldorf Postkutschen zu den Landpostämtern und vom Postamt in der Stadt zum Bahnpostamt. Auf dieser Strecke wurde am 30. September 1931 die letzte Postkutschenfahrt unternommen, dann begann auch hier das Zeitalter der Motorisierung.

Aus den alten Poststraßen wurden befestige Chauseen, daraus Reichs- und Staatsstraßen. Zwischen den beiden Weltkriegen tauchten die ersten Automobile und Lastkraftwagen auf und übernahmen immer mehr Transportaufgaben. Mußte das Benzin zuerst noch beim Apotheker gekauft werden, so wurden bald Zapfstellen gebaut, Werkstätten entstanden und die Fernstraßen bekamen eine Teerdecke. Aus der Fernstraße nach Mühldorf wurde die Bundesstraße 12, und das rasante Tempo der Motorisierung seit etwa 1960 ließ sie zu einer stark befahrenen Straße werden, mit einer Verkehrsdichte von nahezu 12000 Fahrzeugen täglich. Daher wird seit langem eine Verbesserung der Straßenverbindung nach München gefordert, die durch den Bau der Autobahn A 94 München–Mühldorf–Simbach erreicht werden soll. Man hofft auf eine Fertigstellung dieser Autobahn bis Mitte der 90er Jahre. Zum einen bringt die verbesserte Anbindung schnellere Verbindungen von und nach München und entlastet außerdem die vielen Orte an der B 12 erheblich vom Durchgangsverkehr.

Nicht nur die Verkehrsverbindungen von und nach Mühldorf bringen Probleme mit sich, auch für den innerstädtischen Bereich wird noch eine akzeptable Lösung gesucht, um den teilweise gegensätzlichen Interessen von Verkehrsaufkommen, besseren Einkaufsmöglichkeiten und schützenswerter, historischer Altstadt gerecht zu werden.

Mühldorf – eine Eisenbahnerstadt

War Mühldorf um 1860 eine Stadt von nur 1981 Einwohnern, so sollte sich dies innerhalb kürzester Zeit ändern. Mühldorf erlebte in den folgenden Jahren einen großen Auf-

Mühldorf am Inn, Bahnhof

schwung und konnte einigen Nachbarstädten wie Neuötting, Altötting und Wasserburg wirtschaftlich und größenmäßig den Rang ablaufen. Wie kam dies?

Am 5. Oktober 1863 wurde ein Gesetz verabschiedet, durch dessen Ausführung Mühldorf eine Bahnstation bekam, die zu einem der bedeutendsten Knotenpunkte in Südbayern heranwuchs.

Damals waren von den großen Orten der weiteren Umgebung nur Landshut, Rosenheim, Passau, Salzburg und natürlich München an die Eisenbahn angeschlossen. Als Entlastung der Hauptstrecke München–Salzburg war nun die Linie München–Mühldorf–Simbach mit Anschluß an das österreichische Netz gedacht. Daneben sollte sie auch das große Gebiet an Inn, Isen und Salzach eisenbahnerisch erschließen. Aus den vielen Vorschlägen, Bitten und Petitionen, die von Hunderten von Bürgerkomitees eingingen, wurde die genannte Strecke als wirtschaftlichste und im Bau preisgünstigste ausgewählt.

Allerdings dauerte es bis zum Jahr 1871, bis die Linie in Betrieb gehen konnte. Schuld an dieser langen Verzögerung hatten vorwiegend die beteiligten bzw. unberücksichtigten Orte und Gemeinden. Durch viele Einsprüche, Eingaben und Wünsche konnte keine schnelle Entscheidung darüber gefällt werden, ob die Bahn nun von München aus durch das Inntal an die österreichische Grenze führen sollte oder durch das Rottal.

Zum anderen kamen langwierige Verhandlungen mit der k. u. k. österreichischen Eisenbahnverwaltung dazu. Neben den bestehenden Grenzübergängen in Passau und in Salzburg wäre derjenige in Simbach/Braunau der dritte Grenzübergang an Inn und Salzach geworden. Dies erschien den Österreichern nicht sehr vordringlich. Zu guter Letzt waren sie zu dem Anschluß bereit, wenn die Grenzstation in Simbach erstellt würde. Erst nach Unterzeichnung des Staatsvertrages zwischen dem Königreich Bayern und dem Kaiserreich Österreich-Ungarn im Jahr 1867 waren alle politischen Hürden überwunden, und der Bau konnte beginnen. Doch nun wurde die Fertigstellung abermals durch politische Ereignisse verzögert. Es war der Deutsch-Französische Krieg von

Das neue Empfangsgebäude am Tage der Einweihung

1870/71, der viele Bauarbeiter von der Baustelle weg in den Krieg holte.

Erst am 1. Mai 1871 konnte die Teilstrecke München–Neuötting feierlich dem Verkehr übergeben werden.

Ein langgehegter Wunsch ging für die Mühldorfer in Erfüllung, als folgende Meldung verbreitet wurde: „Am 1. Mai wird die 26 Stunden [1 Stunde ≙ 3,71 km] lange Bahnstrecke München–Neuötting mit den Stationen München [Hauptbahnhof], Thalkirchen [München-Süd], Haidhausen [München-Ost], Riem, Feldkirchen, Poing, Schwaben, Hörlkofen, Walpertskirchen, Dorfen, Schwindegg, Weidenbach, Ampfing, Mühldorf und Neuötting eröffnet."

Zu Beginn wurden täglich zwei Zugpaare eingesetzt, welche für die Strecke von München nach Mühldorf 3½ Stunden benötigten. Für damalige Verhältnisse bedeutete die erzielte Reisegeschwindigkeit von etwa 25 km/h einen großen verkehrstechnischen Fortschritt, denn nun konnte man am Morgen nach München fahren und am Abend des gleichen Tages wieder zurückkehren.

Entsprechend feierlich wurde auch die Ankunft des ersten Zuges in Mühldorf begangen: „Am Bahnhof erwarteten den Zug die Mitglieder des Magistrats und des Gemeindekollegiums. Eine zahlreiche Menschenmenge hatte sich außerdem noch eingefunden. Als man des Zuges ansichtig wurde, ertönten Böllerschüsse und flaggte außerdem noch die deutsche und bayerische Fahne zum Empfange. Die Lokomotive wurde mit der Inschrift ‚Gruß der Stadt Mühldorf' und mit vielen Kränzen und Fahnen geschmückt."

Einen Monat später, am 1. Juni 1871, konnte dann das Teilstück von Neuötting nach Simbach/Braunau in Betrieb genommen werden, und 1878 wurde die durchgehende Verbindung von Braunau über Linz nach Wien fertiggestellt. Tatsächlich erlangte die Strecke eine gewisse internationale Bedeutung, als der berühmte Orient-Expreß Paris–Wien–Istanbul zwischen 1883 und 1897 diese Route benützte. In Mühldorf allerdings hielt er nicht an.

Bereits nach weiteren vier Jahren, am 15. Oktober 1875, konnte die Bahnlinie nach Pilsting/Plattling eröffnet werden, und als am 1. Mai 1876 gar die Linie Mühldorf–Rosenheim ihrer Bestimmung übergeben wurde, war Mühldorf zu einem wichtigen Eisenbahnknotenpunkt geworden.

Die Linie von Mühldorf über Neumarkt nach Pocking, später bis Passau verlängert, ergänzte 1879 bzw. 1888 das Bahnnetz.

Über Neumarkt wurde auch eine Verbindung hergestellt nach Landshut, welche 1908 eine südliche Fortführung als „Tauernbahn" nach Freilassing erfuhr.

Noch vor der Jahrhundertwende hatte auch Burghausen durch die Stichbahn Mühldorf–Burghausen (1897) den langersehnten Bahnanschluß bekommen. Im Jahr 1910 waren die Neubaumaßnahmen abgeschlossen, als die bisherige Stichbahn Traunstein–Trostberg mit Garching verbunden wurde und damit die durchgehende Linie Mühldorf–Traunstein entstand.

Von Mühldorf gingen also einst neun Bahnlinien aus, nämlich nach München, Simbach, Landshut, Plattling, Passau, Rosenheim, Traunstein, Freilassing und Burghausen.

Die Bahnanlagen selbst mußten immer wieder erweitert werden, um den wachsenden Verkehr aufnehmen zu können. Als dann in den zwanziger Jahren die chemische Industrie im Inn-Salzach-Gebiet aufgebaut wurde, stieg vor allem auch das Güteraufkommen stark an. In den Jahren 1942–1944 machten die gestiegenen Beförderungszahlen den Bau des Rangierbahnhofs nötig, bei seiner Fertigstellung einer der größten und leistungsfähigsten der Deutschen Reichsbahn. Die zentrale Lage Mühldorfs brachte es mit sich, daß auch das Bahnbetriebswerk ständig vergrößert und erweitert wurde. Die Lokschuppen mit den rauchenden Dampfloks waren ein Jahrhundert lang ein Wahrzeichen von Mühldorf.

Nicht verschwiegen werden soll an dieser Stelle, daß die Bahn im Zusammenhang mit dem KZ-Außenlager im nahen Mettenheim und dem Bau einer Flugzeugfabrik im Mühldorfer Hart eine wenig rühmliche Transportaufgabe erfüllen mußte und so manchen Häftling zu den Gaskammern des Ostens verschickte. Aber auch die Mühldorfer Bürger selbst mußten noch wegen der Bahn leiden, als große Teile des Bahngeländes und der Stadt bei Bombenangriffen am 19. März und am 20. April 1945 zerstört wurden. Obwohl die militärische Entscheidung im Zweiten Weltkrieg längst gefallen war, sollten die Bahnanlagen wegen ihrer strategischen Bedeutung ausgeschaltet werden.

Allein beim ersten Angriff fielen etwa 3500 Bomben auf das Bahngelände, zerstörten Hunderte von abgestellten Wagen, beschädigten 50 Lokomotiven und vernichteten 75% der gesamten Gleisanlage. Ähnliche Folgen zeigte auch der zweite Angriff, so daß es dann auch Wochen und Monate dauerte, bis der Zugbetrieb wieder in vollem Umfang aufgenommen werden konnte.

Das Empfangsgebäude, ebenfalls durch Bomben beschädigt, wurde eher notdürftig repariert und galt alsbald als Schandfleck für Mühldorf. Dennoch dauerte es bis 1978, bis das jetzige, in moderner, funktioneller Architektur erbaute Stationsgebäude eingeweiht werden konnte.

Die Stillegungspläne der Bundesbahn haben auch vor unserem Raum nicht Halt gemacht. Die Strecken nach Haag und nach Velden sind längst schon für den Personenverkehr stillgelegt oder teilweise abgebaut worden. Das gleiche Schicksal war der einstigen Hauptbahn Mühldorf–Plattling beschieden, die zwischen Plattling und Frontenhausen bereits abgebaut wurde. Lange schon unterbrochen ist auch der Verkehr von Mühldorf nach Rosenheim, der nach Fertigstellung bzw. Restaurierung der Innbrücken in Jettenbach und Königswart wieder durchgehend aufgenommen werden soll. Für die anderen Linien gibt es dagegen Erhaltungs-, Sanierungs- und sogar Ausbaupläne. So sieht der Bundesverkehrswegeplan von 1985 vor, die Strecke München–Mühldorf–Freilassing zu elektrifizieren und teilweise zweispurig auszubauen.

Neben dem Reiseverkehr, hier vor allem die Pendlerzüge von und nach München, prägt der starke Güterverkehr die Arbeit im Bahnknoten Mühldorf. Zusätzlich zu den durchschnittlich 130 ankommenden und abfahrenden Reisezügen werden etwa 65 Güterzüge und allein sechs Ganzzüge mit je 1500 t von den Werken in Burghausen, Gendorf, Garching und Töging abgeholt bzw. zugeführt. Trotz der veränderten Verkehrssituation, insbesondere des starken Anstiegs des individuellen Straßenverkehrs, behält der Bahnknotenpunkt Mühldorf seine Bedeutung.

Bei den örtlichen Dienststellen sind insgesamt 830 Personen beschäftigt, dazu kommen noch einmal 250 Personen im gesamten Dienststellenbereich. So ist die Bundesbahn auch heute noch ein wichtiger Arbeitgeber in Stadt und Landkreis Mühldorf.

Schon mit dem Beginn des Bahnbaus 1868 erhielt die Stadt Bevölkerungszuwachs durch die Bauarbeiter, die nicht nur aus der näheren Umgebung, sondern aus ganz Bayern kamen, vor allem aus den ärmeren Gebieten der Oberpfalz und Frankens, aber auch aus dem Vielvölkerstaat Österreich-Ungarn. Eine Vielzahl neuer Berufe brachten Bau und Betrieb der Bahn mit nach Mühldorf, allerdings ließ das angebrochene Eisenbahnzeitalter andere Berufe, wie die bei der Innschiffahrt, aussterben. Die vielen Arbeitsplätze bei der Bahn bedingten einen Anstieg der Einwohnerzahlen, und so wurde es innerhalb der alten Stadtmauern nun bald zu eng.

Langsam entstanden entlang der Bahnhofstraße die ersten Häuser, und vor allem in der Zeit nach 1920 bildete sich die obere Stadt zwischen Stadtberg, Krankenhausberg und den Bahnlinien. Alsbald wurde auch nördlich des Kanals eine Siedlung errichtet, die sich heute fast bis zur ehemaligen Nachbargemeinde Mößling erstreckt.

Entlang der Münchener Straße schloß sich im Laufe der Zeit die Lücke, so daß Altmühldorf und die obere Stadt heute fast eine bauliche Einheit bilden. Eingezwängt durch den Kanal, suchte die Stadt noch andere Entwicklungsmöglichkeiten, die sich hauptsächlich südlich des Inn boten. So finden wir dort ein großes Gewerbe- und Wohngebiet, wo noch vor 30 Jahren nur Wiesen und Felder waren.

Wohnblöcke an der Oderstraße

Nur eine Episode:
Die Dampfschiffahrt auf dem Inn

Bald nachdem das erste Dampfschiff von Wien donauaufwärts nach Linz gefahren war, tauchten Pläne einer Weiterführung dieser Route auch innaufwärts auf. Deshalb ließ die bayerische Regierung schon 1843 Gutachten über eine mögliche Dampfschiffahrt innaufwärts bis Rosenheim erstellen. Der Güterverkehr von damals 150000 bis 160000 Zentnern jährlich ließ vielen einen Nutzen sehen.

So wurden 1853 an die Bayerische Inn- und Donaudampfschiffahrtsgesellschaft und 1855 an die Schiffmeisterei Riedl Konzessionen zum Betrieb von Dampfschiffen auf dem Inn erteilt. Eine Probefahrt von Passau bis Rosenheim hat dann am 4. September 1854 stattgefunden, und ab 6. September 1855 wurden regelmäßige Fahrten von Passau nach Braunau durchgeführt.

Für Mühldorf war ursprünglich keine Lände vorgesehen. Erst 1857 baute die Stadt mit einem Aufwand von 650 Gulden ein Lokal für die Expedition von Personen und Gütern. Die regelmäßigen Fahrten zwischen Passau und Rosenheim begannen am 20. Mai 1857. Der Fahrplan sah vor, daß an jedem geraden Tag von Passau nach Neuötting, an jedem ungeraden Tag von Neuötting nach Rosenheim gefahren wurde. An jedem geraden Tag erfolgte dann die Rückfahrt nach Passau.

Allerdings kamen sehr bald die ersten Klagen über unpräzise Einhaltung des Fahrplans. An manchen Tagen kamen Schiffe gar nicht an, dann wieder fuhren sie zu früh an den Anlegeplätzen vorbei, so daß keine Passagiere mitgenommen wurden.

Die Schiffahrt dauerte im ersten Jahr nur 150 Tage, wobei die Sonntage entfielen und außerdem der starke Nebel an 30 Tagen die Fahrt hemmte. So brachte die unregelmäßige Wasserführung, der unvollkommene Betrieb und der zu geringe Personenverkehr den Gesellschaften bereits 1857 Verluste, und die Bayerische Inn- und Donau-Dampfschiffahrts-Gesellschaft stellte im Jahr 1858, die Gesellschaft Riedl 1863 den Betrieb ein. Zwischen

Dampfschiff auf dem Inn bei Mühldorf um 1857; nächste Seite: Um das Kanalbett gründlich renovieren und säubern zu können, wurde im Herbst 1986 für einige Zeit Wasser abgelassen

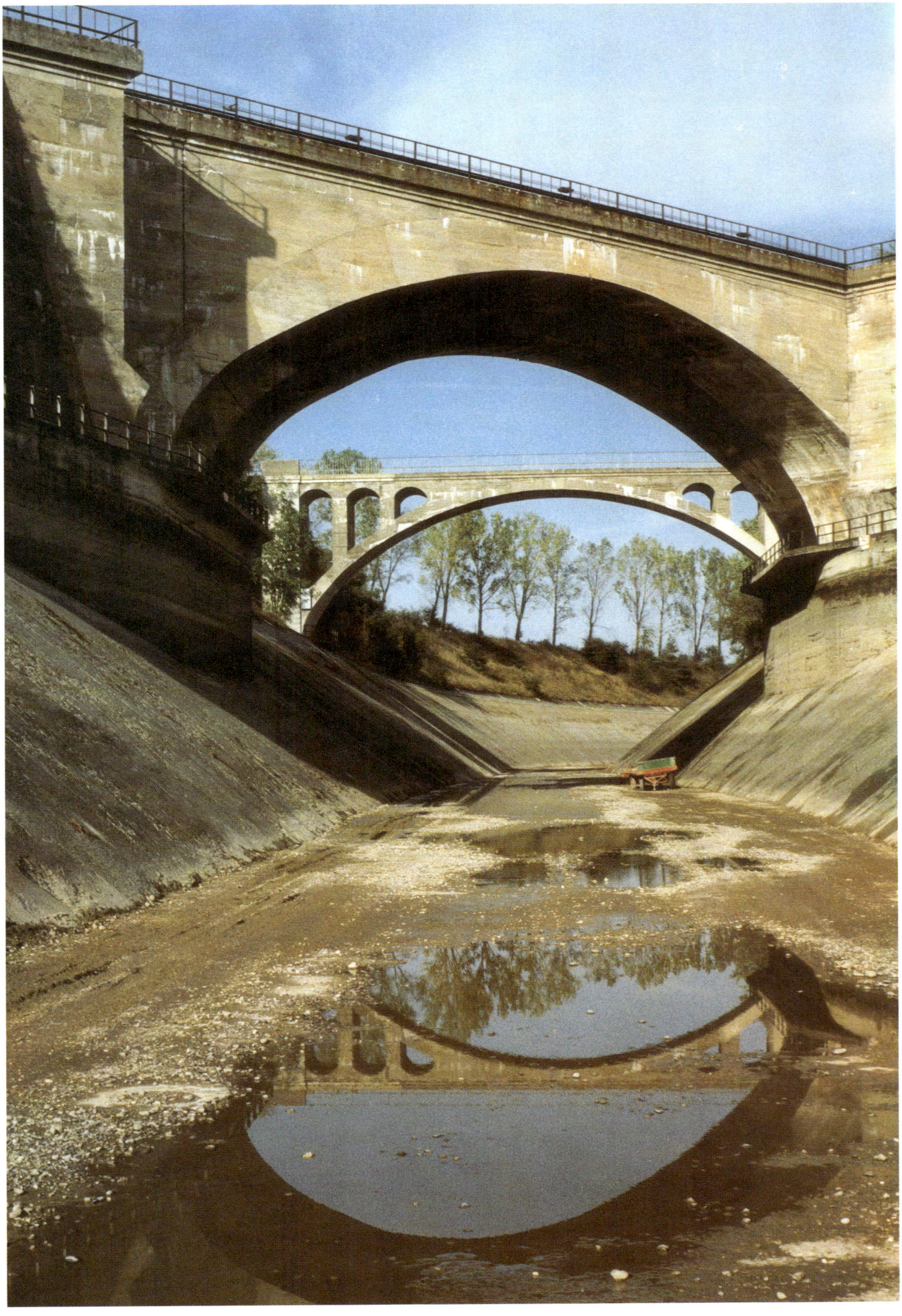

1870 und 1878 erlebte die Schiffahrt auf dem unteren Inn zwischen Passau und Simbach noch einmal eine kleine Blüte. Bis Simbach verlief die Innschiffahrt einigermaßen ungestört. Auf der dortigen Lände wurde das Getreide aus Ungarn auf die Bahn verladen und weiterbefördert. Dann bereitete der weitere Ausbau der Eisenbahn dem Gütertransport auf dem Inn ein Ende. Vollends aufgelöst hat sich der Traum von der Schiffahrtsstraße Inn mit dem Bau der Wasserkraftwerke. Somit bleibt der Inn zwischen den Staustufen ein Paradies für die Schlauchbootkapitäne.

Der Innkanal

Zur Entwicklung einer leistungsfähigen Aluminiumindustrie benötigte man zu Anfang dieses Jahrhunderts einen großen Stromlieferanten. Flußkraftwerke waren damals technisch noch nicht ausgereift, so daß man ein Kanalkraftwerk bauen mußte. Der großen Wassermengen und der hohen Fließgeschwindigkeit wegen bediente man sich der Flüsse aus den Alpen. Als geeignet erschien der Lauf des Inn zwischen Jettenbach und Töging, so daß dann in den Jahren 1919 bis 1924 der Kanal mit den dazugehörigen Wehren in Jettenbach und Töging gebaut wurde. Am 12. Oktober 1924 konnte das Innkraftwerk Töging die Stromerzeugung aufnehmen.

Das Stadtgebiet Mühldorf erreicht der Innkanal vor Ecksberg, um es hinter Hölzling wieder zu verlassen. Sechs Straßenbrücken und drei Eisenbahnbrücken überspannen heute den Kanal. Zwei Brücken, deren Reste noch zu sehen sind, wurden in den letzten Kriegstagen gesprengt.

Der Innkanal brachte Industrie und damit Arbeitsplätze in unser Gebiet, er durchschneidet aber auch das Stadtgebiet und behindert die Stadtentwicklung.

Siegfried Inninger / Reinhard Wanka

Die Ortsteile Mößling, Hart, Altmühldorf und Ecksberg

Die Ortsbereiche Mößling, Hart und Altmühldorf waren lange Zeit selbständige Gemeinden. In den 60er Jahren setzte sich auf allen Gebieten des Lebens die Tendenz zu größeren Einheiten und zur Rationalisierung immer mehr durch. Es kam zur Gebietsreform in Bayern. Viele kleinere Gemeinden — etwa unter 2000 Einwohnern — wurden aufgelöst oder zu größeren Verwaltungsgemeinschaften zusammengeführt. Mößling und Hart schlossen sich 1972 freiwillig an Mühldorf an, Altmühldorf behielt aber seine Selbständigkeit bis 1978.

Mit der Gebietsreform gewann Mühldorf 20 km² an Fläche hinzu, die Einwohnerzahl stieg um etwa 3000 auf knapp 15000.

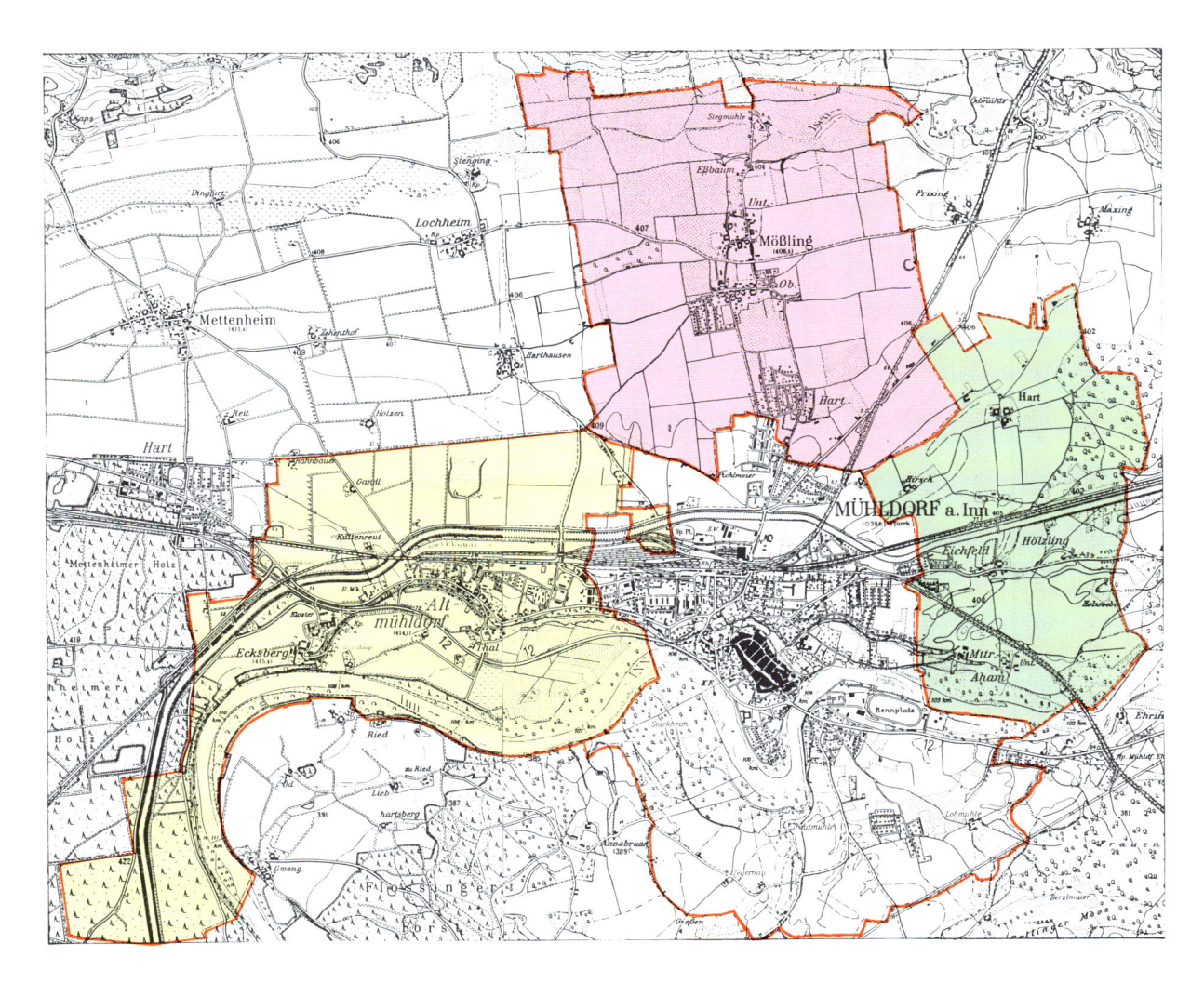

Mößling

Mößling, zwischen der Isen und dem früheren „Burgfrieden" von Mühldorf gelegen, kann auf eine 1100jährige eigenständige Geschichte zurückblicken. Am 9. März 891 schenkte König Arnulf dem Erzbischof Dietmar von Salzburg einen Bauernhof zu „Messelingen". Das ist die erste bis jetzt bekannte Erwähnung von Mößling. Daß der Ort schon früher bestand, darauf deutet sein Name hin. Die Endung „ing" läßt vermuten, daß sich nach dem Jahr 500 die Sippe eines Bajuwaren hier ansässig gemacht hat, der vielleicht „Messilo" hieß. Aber das waren nicht die ersten Bewohner. Eine Viereckschanze, wie es eine auch bei Maxing gibt, zeigt an, daß sich schon vor den Bajuwaren hier Kelten angesiedelt haben. Eine weitere Urkunde vom 16. Mai 935, zu Mühldorf ausgestellt, betrifft wieder Mößling. Salzburgs Erzbischof Odalbert tauschte Grundstücke mit dem Edlen Zuentibolch. Dieser übergab vier Höfe in Weilkirchen gegen Besitz zu Günzkofen und Mößling. Andere Urkunden aus späterer Zeit berichten uns ebenfalls von Grundstücken, welche die Salzburger Erzbischöfe durch Tausch oder Kauf in Mößling erwarben. So veräußerte Friedrich der Klughamer seinen zu „Nidermezling gelegenen Mönichhof" (Minihofer) am 15. August 1347 an Erzbischof Ortolf. Im Salbuch von 1527, das von Bayern und Salzburg gemeinsam erstellt wurde, legte man fest, daß alle Güter zu Ober- und Niedermößling ausnahmslos dem salzburgischen Voitgericht in Mühldorf unterstehen. Dabei sind die Namen der einzelnen Hofinhaber und der Umfang ihres Grundbesitzes aufgeführt. Neben Salzburg besaßen auch die Pfarrherrn von Mettenheim und Mühldorf, das Kloster Gars, die Klebinger und Zangberger Hofmarksherren, die adeligen „Puchpecken" und die Mößlinger Ortskirche Höfe und Anwesen zu Mößling. Das Mößlinger Gotteshaus, die heutige Pfarrkirche Mariä Himmelfahrt, wurde bereits um 1400 im gotischen Stil erbaut (1751 verändert) und war sogar lange Jahre Wallfahrtskirche. Am 20. Dezember 1910 erhielt die Filialkirche

Die unter Ensembleschutz stehende Werkssiedlung Eichfeld in der ehemaligen Gemeinde Hart

Mößling den Status einer Expositurkirche, gehörig zur Pfarrei Mettenheim. Die Erhebung zur selbständigen Pfarrei erfolgte am 1. Juli 1921. Mößling war bis nach dem Zweiten Weltkrieg eine ausgesprochen bäuerliche Ansiedlung. Die Gemeinde Mößling, aus der früheren Obmannschaft Mößling Anfang des 19. Jahrhunderts entstanden, umfaßte die Ortschaften Obermößling, Untermößling, Hart und Eßbaum-Stegmühle. Infolge der strukturellen Veränderungen und des Bevölkerungszuwachses nach Kriegsende von 450 Einwohnern 1945 auf bereits 1109 Einwohner 1962 entwickelte sich Mößling rasch zu einer modernen Landgemeinde. Im Rahmen der Gemeindegebietsreform wurde Mößling 1972 in die Kreisstadt Mühldorf eingegliedert. Die Pfarrei und die Mößlinger Ortsvereine, voran die Freiwillige Feuerwehr, bewirken jedoch weiterhin ein noch intaktes, dörfliches Gemeinwesen zum Wohl der Bevölkerung.

Hart

Ein kleines Kuriosum war sie schon, die Gemeinde Hart. Stellt man sich doch im allgemeinen eine selbständige Gemeinde mit einer stattlichen Kirche, mit einem Schulhaus, einem Gemeinde- oder Rathaus vor, mit einer eigenen Feuerwehr, mit Vereinen, Wirtshäusern und dergleichen.
Nichts davon hatte die Gemeinde Hart selbst. Sie führte, unterbrochen durch die Kriegsjahre, bis zur Gemeindereform von 1972 ein beschauliches Leben neben der Kreisstadt Mühldorf.
Die Gemeinde Hart bestand aus den sechs Gemeindeteilen Hart, Hirsch, Hölzling, Eichfeld, Mitteraham und Unteraham bei insgesamt 4,3 km² Fläche. 644 Personen lebten am 31. Dezember 1971, dem letzten Tag der Eigenständigkeit, in dieser Gemeinde. Heute noch ist dieser Stadtteil durch die landwirtschaftlichen Betriebe geprägt. Der Innkanal

trennt das Gemeindegebiet ebenso wie die nach Töging führende Bahnlinie. Mit dem Innkanal bekam die Gemeinde die Werkssiedlung Eichfeld des Innwerks in Töging, inzwischen ein Baudenkmal und schützenswertes Ensemble.

Altmühldorf

Stets aufs engste mit Mühldorf verbunden, verlief die Geschichte des früheren Bauerndorfes auf der Anhöhe fast genauso wie in der Stadt unten am Fluß.

Über die Herkunft des Namens besteht noch keine Klarheit, doch er bedeutet mit ziemlicher Sicherheit nicht, daß Altmühldorf das ältere Mühldorf wäre.

Altmühldorf lag als Hofmark immer innerhalb der Salzburger Exklave und erlebte daher zwangsläufig das gleiche geschichtliche Schicksal wie Mühldorf. So war im frühen Mittelalter der Pfarrsitz von Altmühldorf in der Katharinenvorstadt. Die heutige Pfarrkirche St. Laurentius wurde im Jahr 1518 vollendet und enthält kunsthistorisch wertvolle Bilder, wie das große Kreuzigungsbild im Chorraum und Bilder des Meisters von Mühldorf am rechten Seitenaltar.

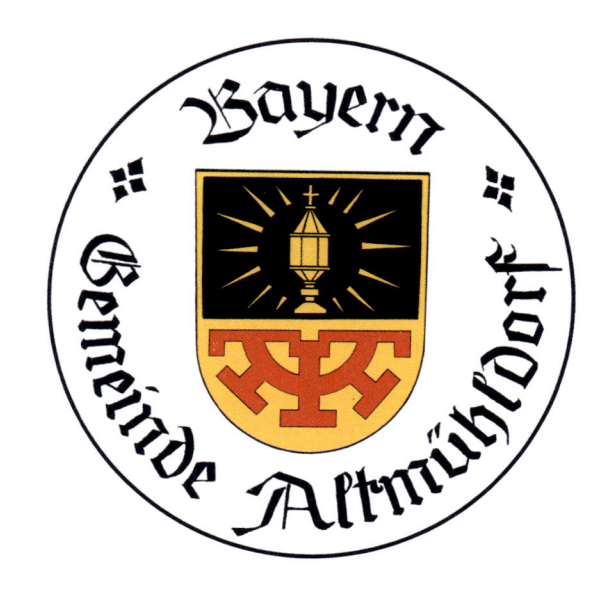

Altmühldorf wurde Oberamt des Vogteigerichts Mühldorf und nannte sich Probstei. Seinen Sitz hatte der Richter im heute noch erhaltenen „Schergenhaus", dem ältesten weltlichen Gebäude Altmühldorfs.

Lediglich im 20. Jahrhundert war die Entwicklung, kurz unterbrochen durch eine Zwangseingemeindung in die Stadt während der Kriegsjahre, etwas mehr in Richtung Eigenständigkeit und Selbständigkeit gelaufen. Zur Zeit der Eingemeindung am 1. Mai 1978 besaß Altmühldorf alle Attribute einer Gemeinde, war eine eigene Pfarrei, hatte Gemeindekanzlei und Gemeindewappen, eine eigene Schule, Gewerbebetriebe, ein neues Siedlungsgebiet, gesunde Gemeindefinanzen sowie viele Ortsvereine, die heute noch existieren und ein Gefühl der Unabhängigkeit vom großen Nachbarn gaben und auch heute noch vermitteln.

Die Gemeindefläche Altmühldorfs reichte bis zum Mühldorfer Hart und betrug 8,4 km², die Einwohnerzahl zuletzt 1640.

Ecksberg

Fast eine Gemeinde für sich bildet die Stiftung Ecksberg, früher ein Ortsteil der Gemeinde Altmühldorf.

Begonnen hat die Geschichte Ecksbergs 1455 mit dem Bau eines Sühnekirchleins. Dieses Kirchlein stand an jener Stelle, wo ein in Mößling gestohlenes Ziborium wiedergefunden und ausgegraben worden war. Damit wurde Ecksberg ein vielbesuchter Wallfahrtsort.

Neues Leben brachte dann Pfarrer Joseph Probst 1852 in das damals leerstehende, halb verfallene Benefiziatenhaus in Ecksberg. Er gründete eine Bewahranstalt für behinderte Kinder, die erste in Bayern, die sich die Pflege, Erziehung und Förderung Schwachsinniger zur Aufgabe gestellt hatte.

Es folgten nun fast 80 Jahre ständigen Ausbaus und Erweiterung des Heims und der Gebäude sowie die Errichtung von Zweigeinrichtungen. Schwer heimgesucht wurde die Anstalt Ecksberg von der NS-Herrschaft und den Kriegsfolgen. So mußte bereits 1938 die Anstalt teilweise geräumt werden, wurde dann durch Umsiedler zwangsbelegt und gar zwangsenteignet.

Die ehemaligen Pfleglinge kamen zunächst in andere Anstalten, bevor sie den Transporten in das Konzentrationslager angegliedert wurden, wo man 245 Pfleglinge ermordete.

Nach der Rückgabe 1945 mußten alle Gebäude zunächst wieder instandgesetzt werden. Ab 1970 wurden neue Wohngebäude für die Pfleglinge und das Personal erstellt und für die therapeutische Arbeit Sportstätten und Arbeitsplätze in eigenen Werkstätten geschaffen. Insgesamt leben in der Stiftung Ecksberg 250 Heimbewohner, die von 150 Mitarbeitern betreut werden.

So führt die Stiftung Ecksberg das Werk des Gründers Joseph Probst in dessem Sinne fort.

Hans Prähofer: Mühldorf, 1989 (Tempera 60x80 cm)

Herbert Kroiß

Von Grenzstein zu Grenzstein

Mühldorf und seine nähere Umgebung waren bis 1802 sowohl ein befestigter Stützpunkt Salzburger Macht, als auch eine bedeutende und reiche Handelsstadt. Die benachbarten bayerischen Pfleger ließen deshalb keine Gelegenheit verstreichen, den Mühldorfern den Brotkorb möglichst hoch zu hängen. Das Territorium für die landwirtschaftliche Existenzsicherung der Stadt umfaßte daher bald auch weite Wiesen- und Ackerflächen. Der Grenzverlauf dieses sogenannten äußeren Burgfriedens wurde zwar schon in einem Vertrag des Jahres 1442 festgelegt, doch man richtete sich dabei zu sehr nach Bächen, Wegen und Gebäuden, was in der Folge wiederholt zu Grenzstreitigkeiten führte.

1577 wurden dann erste „Marchsäulen" gesetzt, die zunächst auf der einen Seite das bayerische, auf der anderen Seite das Wappen der Stadt Mühldorf trugen. Aber noch immer kam es wegen unterschiedlicher Grenzauslegungen zwischen Salzburg und den angrenzenden bayerischen Landgerichten zu Unstimmigkeiten. Eine gemeinsame Kommission legte deshalb nach einer Ortsbesichtigung im Neuötttinger Vertrag vom 13. Juli 1661 die Grenzen erneut fest. Durch das Setzen von 50 numerierten Steinsäulen wurde im Oktober 1665 dann der genaue Verlauf des Mühldorfer Burgfriedens an Ort und Stelle bestimmt.

Die aus rötlich-weißem Untersberger Marmor gefertigten Grenzsteine ragen zwischen 1,20 m und 1,50 m aus dem Boden, wobei ihre Basis ein Quadrat von 25–30 cm Seitenlänge bildet. Manche Steine verjüngen sich nach oben etwas. Alle tragen sie jedoch ein Hütchen in Form einer stumpfen Pyramide. Der ganze Stein ist aus einem Stück gemeißelt und trägt knapp unter dem Hütchen auf zwei gegenüberliegenden Seiten je ein Wappen, das bayerische und das salzburgische. Beide Wappen wurden als Hochrelief einst mit großer Sorgfalt in den Maßen 35×25 cm gearbeitet. Unter den Wappen wurden fortlaufende Nummern eingemeißelt. Die Steine sind aber nicht durchnumeriert, sondern tragen nördlich des Inns die Nummern von 1 bis 23 und im Süden die von 1 bis 27.

Thomas Päbinger, der den Auftrag hatte, das für die Salzburger Landesherren im Hofkasten zu Mühldorf lagernde Getreide abzuholen, brachte die 50 „märmelsteinernen Marchsäulen" auf dem Flußweg von Salzach und Inn nach Mühldorf. Alle Grenzsteine wurden so gesetzt, daß das salzburgische Wappen der Stadt Mühldorf zugekehrt ist. Das bayerische Wappen schaut demzufolge ins „feindliche Ausland", nach Bayern hinaus.

Einige Grenzsteine sind im Laufe der Jahrhunderte verlorengegangen oder wurden durch Kriegseinwirkung zerstört. Sie ließ der Heimatbund in den letzten Jahren durch Nachbildungen ersetzen. Damit ergeben, trotz geringfügiger Standortveränderung mancher Grenzsäule bei Verkehrs- oder Bauerschließungsmaßnahmen, die Verbindungslinien der Grenzsteine auch heute noch ziemlich genau den Verlauf des ehemaligen Mühldorfer Burgfriedens.

Der Grenzverlauf der größeren nördlichen Hälfte der Mühldorfer Enklave sowie die angrenzende Umgebung sei hier als Wanderung „Von Grenzstein zu Grenzstein" näher beschrieben: Als Ausgangspunkt dieser etwa zweieinhalbstündigen Wanderung (Länge 10 km) gilt die Grenzsäule Nr. 1, die sich am westlichen Ortsrand von Altmühldorf an der alten B 12 vor dem Umspannwerk der Isar-Amperwerke befindet. Hier führt der Weg zunächst ortseinwärts mit Blick auf die 1518 erbaute spätgotische Pfarrkirche von Altmühldorf. Links abbiegend und dem Straßenschild Mettenheimer Weg folgend sind sodann beim Stellwerk Mw der beschrankte Bahnübergang der Linien Mühldorf–Rosenheim und Mühldorf–München sowie die Brücke des Innkanals zu überqueren. Nun hat man einen weiten Blick über die eiszeitliche Schotterebene des Isentales bis hin zum nördlich davon gelegenen tertiären Hügelland.

Vor der Hauszufahrt des Einzelgehöftes beim Gandlbauern steht die Grenzsäule Nr. 2, die der Heimatbund Mühldorf 1980 neu aufstellen ließ. Von dem alten Grenzstein wird berichtet, er sei bereits im Jahr 1757 durch zwei Klammern neu zusammengefügt worden, 40 Jahre später aber trotzdem schon wieder auseinandergebrochen.

Vor der nächsten Wegbiegung zum Bildstöckl des Weilers Dödl ist bereits das Pfarrdorf Mettenheim zu erkennen. Unweit vom Straßenrand erhebt sich hier die salzburgisch-bayerische Grenzsäule Nr. 3, auch „Zuckenmantel" genannt. Dieser Name findet sich schon im Jahr 1442 und bedeutet etwa „entreiß ihm den Mantel", denn wer ohne Mantel war, galt als schutzlos. Hier an der Nordwestecke der Mühldorfer Enklave war früher ein Fallgitter, das nach außen hin von selbst zufiel und so das Weidevieh am Weglaufen hinderte. An dieser Stelle wurden zugleich die im nördlichen Mühldorfer Burgfrieden festgenommenen Schwerverbrecher dem Landgericht Neumarkt übergeben, das über diese sogenannten Malefikanten zu richten hatte. Obwohl Mühldorf das oberste Halsgericht besaß, beschränkte sich seine Zuständigkeit nur auf das innere Stadtgebiet.

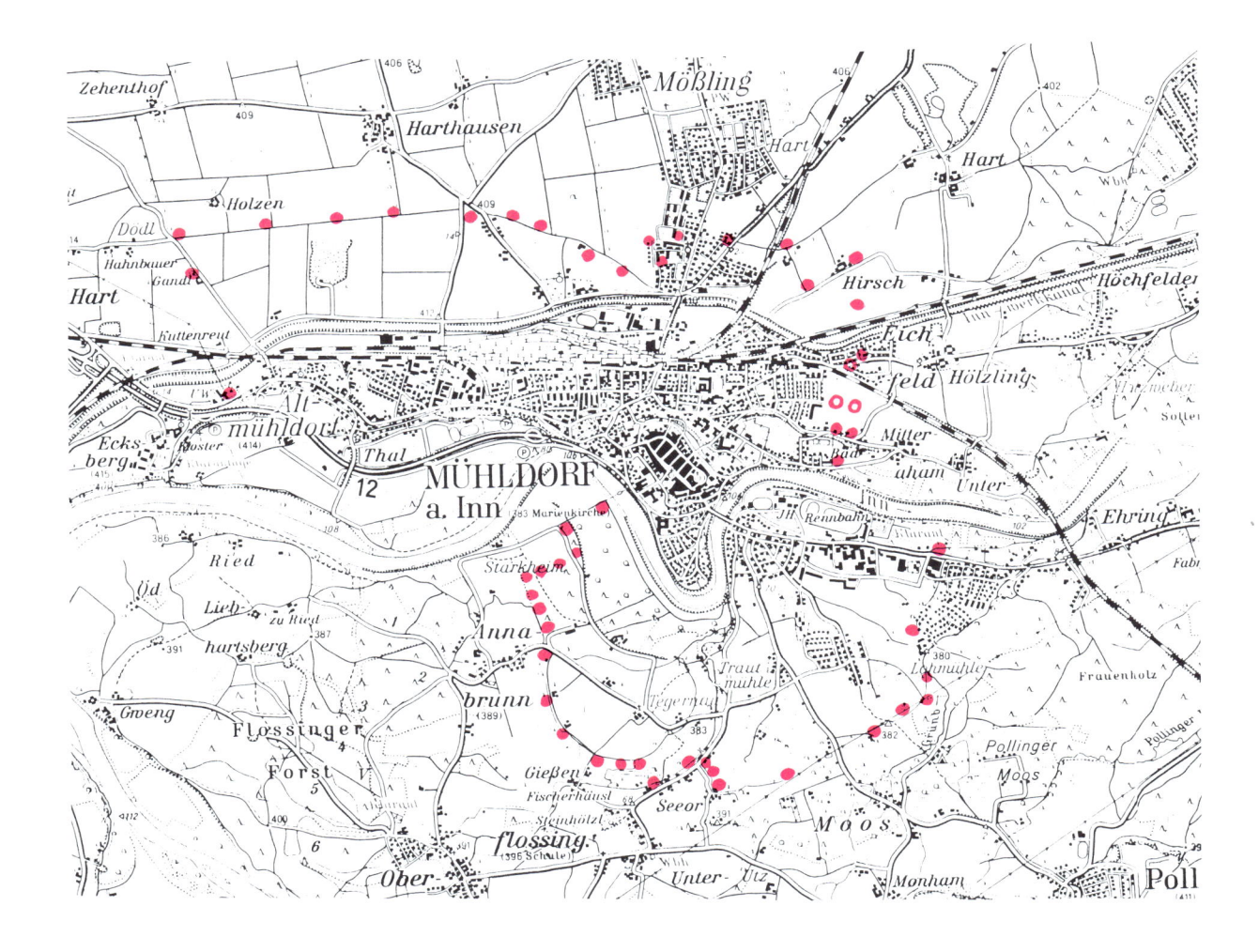

Ein ähnlicher Platz ist auch vom südlichen Teil des Mühldorfer Burgfriedens bekannt. Es war die Grenzsäule Nr. 11, gleich hinter dem Anwesen Hammer Nr. 4 an der Trostberger Straße. Dort wurden Schwerverbrecher dem angrenzenden Landgericht Mörmoosen übergeben, das nach einem Todesspruch diesen dann bei Seeor, auf bayerischem Gebiet, an einem aufgerichteten Galgen gleich vollstrekken ließ. Die Bezeichnung der „Luftgselchten", wie der Volksmund die Übeltäter hier drastisch nannte, übertrug sich auf die dortige Grenzsäule Nr. 8.

Doch zurück zu unserer Grenzsteinwanderung nördlich des Inns. Wir folgen nun dem nach Osten führenden fast schnurgeraden Feldweg, genannt der Fürstenweg, der wohl an einen Grenzweg der fürstbischöflichen Besitzungen Salzburgs in Mühldorf erinnert. Die Grenzsäulen 4 (neu), 5 und 6 (neu) stehen am Wegrand und bilden noch heute weitgehendst die Gemeindegrenze zu Mettenheim. Von der nördlichen Anhöhe grüßt ein Kirchlein mit gotischem Sattelturm, die ehemalige Pfarrkirche zu Kirchisen. Erstmals erwähnt wurde der Ort bereits 788 im „Indiculus Arnonis" als Kirche „ad Isana".

Kurz vor dem Ortsteil Harthauser Straße steht an der Abzweigung nach Mößling Stein Nr. 7. Eine Votivkapelle mit zwei Winterlinden erinnert an dieser Stelle zugleich an ein großes Viehsterben um das Jahr 1910. An der nahen Stadtbushaltestelle führt hier der Fürstenweg weiter östlich zu den Grenzsäulen Nr. 8 bis 11. An dem fast mannshohen Stein Nr. 9 lohnt sich ein Abstecher zu dem etwa 300 Meter südlich gelegenen Mühldorfer Nordfriedhof. Die dortige Aussegnungshalle, in Anspielung auf ihre moderne Architektur gelegentlich auch als „Sprungschanze des lieben Gottes" bezeichnet, beherbergt das einst größte Kunstglasfenster Deutschlands. Es wurde 1980 von dem Mühldorfer Künstler Hans Prähofer, der jetzt in München ansässig ist, entworfen und zeigt auf 102 qm mit 1480 mundgeblasenen farbigen Gläsern in stilisierter Form den auferstandenen Heiland.

Der Grenzstein Nr. 10 wurde 1981 an einer im Zuge der Flurbereinigung gepflanzten Windschutzhecke neu erstellt. Nördlich des alten Steines Nr. 11 liegt in der freien Ebene der Mühldorfer Ortsteil Mößling mit seiner sehenswerten, 1751 barockisierten Pfarrkirche Maria Himmelfahrt. Von der Hügelkette dahinter grüßt das Nikolauskirchlein von Oberhofen, das einst durch einen direkten Zugang mit dem Nebengebäude, einem Rekonvaleszentenheim des Klosters Raitenhaslach, verbunden war.

Die folgenden Grenzsteine Nr. 12 und Nr. 13 wurden im „Malerviertel" des Stadtteils Mühldorf-Nord neu erstellt. Den Stein Nr. 13 erreicht man über die Altdorfer Straße an der Einmündung zur Grünewaldstraße, während Nr. 12 im Vorgarten des Hauses Holbeinstr. 25 steht. Die hier östlich führende Mulfingerstraße wurde dem 1958 verstorbenen Ehrenbürger der Stadt Mühldorf, Leo Mulfinger, gewidmet. Von 1919 bis 1948 in der Verwaltung sowie fünf Jahre als Bürgermeister der Stadt tätig, nahm in der Amtszeit Mulfingers die Bautätigkeit wie auch die schulische Entwicklung Mühldorfs einen raschen Aufschwung.

Nicht achtlos vorübergehen sollte man hier an Mühldorfs jüngster Pfarrkirche, der Kirche St. Pius X. Das mit einem freistehenden Glockenturm 1961 geweihte Gotteshaus ziert im Altarraum ein zeitgenössischer Gemäldezyklus mit den vier Elementen Feuer, Wasser, Erde, Luft. Das große Altarkreuz aus brasilianischer Kiefer zeigt ein Motiv aus der Johannesoffenbarung: Eine Lebensbaumdarstellung des „Himmlischen Jerusalems mit den zwölf Toren" umgibt Christus, das Lamm Gottes.

An einen weiteren Mühldorfer Ehrenbürger erinnert die hier nördlich verlaufende Parallelstraße, die Schlörstraße. Gustav von Schlör gehörte 1848 dem ersten deutschen Parlament an und setzte sich ab 1866 als bayerischer Handelsminister ganz besonders für die Schaffung des Eisenbahnknotenpunktes Mühldorf ein. Am Vorplatz des Wohnblocks Schlörstraße 21, gegenüber der Einmündung der Kärnerstraße, steht Grenzstein Nr. 14. Um zu Stein Nr. 15 zu gelangen, geht man zunächst die Schlörstraße östlich zur Mößlinger Straße und folgt dann der Lorenz-Strobl-Straße. Hiermit begegnen wir einem Heimatdichter, der sich selbst oft bescheiden als „bayerischer G'schichtlerzähler" bezeichnete. Lorenz Strobl wurde 1894 in Kösching geboren und wirkte Jahrzehnte als Lehrer im Landkreis Mühldorf, zuletzt in der Stadt selbst, wo er auch 1958 verstarb. Zwei Publikationen mit Strobls Werken („Kloane Mitbringsl" und „Kalendergeschichten") hat der Heimatbund Mühldorf veröffentlicht.

An einen weiteren Heimatdichter erinnert das folgende Straßenschild. Franz Xaver Rambold wurde 1883 in Mühldorf geboren und war als Lehrer Mitbegründer wie auch eifriger Mitarbeiter des Mühldorfer Heimatbundes. Seine schönsten Werke sind in dem Büchlein „Das Paradiesgärtlein" zusammengefaßt. Eine Gedenkplatte am Haus Stadtplatz 49 benennt sein Geburtshaus. Erst 55jährig verstarb Rambold am 14. März 1938 an den Folgen eines Gehirnschlages.

An der Nordseite des nahegelegenen Wohnhauses Äußere Neumarkter Straße 41 steht der Grenzstein Nr. 15. Von diesem einst stark beschädigten Stein konnte nur mehr der obere Teil mit den Wappen gerettet werden. Für seinen Erhalt ließ der Heimatbund das Bruchstück auf ein Betonfundament setzen.

Auf dem kurz vorher abzweigenden Sträßchen zog sich die alte Grenze östlich durch das heutige Gewerbegebiet über die Bahnlinie Mühldorf–Neumarkt-St. Veit zur Säule Nr. 16 an der Hangböschung vor dem Heilrathhof. Weiter südlich steht an einem schmiedeeiser-

Grenzstein Nr. 17 mit Wegkreuz bei der Einöde Hirschbauer im Nordosten der Stadt

nen Feldkreuz der alte Stein Nr. 17 und östlich an der Kapelle des stattlichen Vierseithofes beim Hirschbauern die neue Säule Nr. 18. Den Stein Nr. 19 erkennt man südlich am Feldrain.

Nun ist auf dem weiterführenden Asphaltsträßchen östlich die Brücke der Bahnlinie Mühldorf–Simbach sowie die des Innkanals zu benutzen und bei der Keramikfabrik im Ortsteil Hölzling nach Eichfeld zu wandern. Etwas versteckt befindet sich an der dortigen Bushaltestelle der Grenzstein Nr. 20. Gleich danach am Gehsteig der Töginger Straße steht überraschend eine Säule mit dem Buchstaben A. Darüberhinaus gibt es noch zwei weitere „Fremdlinge", die keine Nummer, sondern Buchstaben tragen. Was hat es mit diesen Steinen für eine Bewandtnis?

Als man im Herbst 1665 in der Nähe der Eichkapelle die letzten Salzburger Grenzsteine gesetzt hatte und vom Stein 21 auf den Stein 20 blickte, mußte man feststellen, daß sich diese Sichtlinie nicht mit der vertraglich festgelegten Burgfriedensgrenze deckte. Besonders ein Acker des Bauern von Hölzling, der mit seinem Hof dem Kurfürstentum Bayern unterstand, wäre nun salzburgisch geworden. Um Streitigkeiten hier vorzubeugen, setzte man am 26. September 1667, also zwei Jahre später, an den bis dahin provisorisch mit Eichenpfählen markierten Stellen drei Säulen mit den Buchstaben A, B und C. Beim Setzen dieser neuen Säulen war auch der Neumarkter Pflegsverwalter, Heinrich Taudt, anwesend, der im Namen Bayerns vereinbarungsgemäß die Hälfte der Kosten für alle 53 Grenzsteine entrichtete. Dies waren 230 Gulden und 49 Pfennige.

Die alte Grenzlinie quert nun die Kreisstraße Mühldorf–Töging und verläuft durch die 1921 erbaute und jetzt unter Ensembleschutz stehende Innwerkssiedlung Eichfeld. Es handelt sich um frühere Sozialwohnungen mit Strom- und Wasservergünstigung für Bedienstete des Innwerks Töging. Kurz nach dem Wasserturm gelangt man zur Brücke über die Bahnlinie Mühldorf–Burghausen, Salzburg und Traunstein. Südlich, über dem Inntal, erkennt man den Kuppelturm der Kirche von Polling sowie weiter östlich den Spitzhelm von Burgkirchen am Wald, der Pfarrkirche von Tüßling. Von der Eisenbahnbrücke aus sind auch in der Wiesenflur westwärts die hohen Grenzsäulen B und C zu erkennen.

Kurz nach der Einmündung in die Eichkapellenstraße erreicht man schließlich die Säulen Nr. 21 und 22. Ein Schild an einer mehrstämmigen Esche weist hier den aufmerksamen Wanderer auf die 53 Salzburger Grenzsteine der über 1000jährigen Enklave Mühldorf hin. Nicht entgehen lassen sollte man sich auch einen Besuch der nahen Eichkapelle, einem kleinen barocken Zentralbau aus dem Jahr 1699. Baumeister war der von Kirchenbauten in Altötting, Gars und Ecksberg bereits bekannte Graubündner Domenico Zuccalli. Das Altarbild des Kirchleins, eine Pieta der

309

Schmerzhaften Mutter Gottes, verweist auf das Patronat von „Maria Eich". Beachtenswert sind auch vier Mariengemälde, welche an die Wallfahrtsstätten Altötting, Ettal, Tuntenhausen und Einsiedeln erinnern. Die zwei alten mächtigen Eichen vor dem Kircheneingang fielen im August 1964 einem Sturm zum Opfer, woraufhin der Heimatbund für eine Neuanpflanzung sorgte.

Über den Treppenabstieg an der Grenzsäule Nr. 22 führt uns der Weg schließlich zum Parkplatz am Freibad an der Ahamer Straße. Dort ist auch der Standort der neuen Säule Nr. 23, der letzten nördlich des Inn, womit auch unser heimatkundlicher Spaziergang „Von Grenzstein zu Grenzstein" endet.

Wie erwähnt ist auch der südliche Teil des Mühldorfer Burgfriedens noch mit Salzburger Grenzsteinen markiert. Diese Grenzlinie beginnt nahe dem Innufer bei der Pilgerraststätte Kleinötting an der Altöttinger Straße mit dem Stein Nr. 1, führt an der Lohmühle vorbei in einem weiten Bogen über Hammer und Tegernau nach Starkheim, um an der Innfähre mit Stein Nr. 27 zu schließen. Diese nahezu völlig ebene Wegstrecke führt zwar nicht immer auf gepflegten Wegen, kann aber anhand eines Grenzsteinverzeichnisses bei trockener Witterung in knapp zwei Stunden ebenfalls mühelos durchwandert werden.

Außer den „Schimmelsteinen" der einst freien Reichsgrafschaft Haag sowie den sogenannten Mohren- und Hacklsteinen um Burgrain und St. Wolfgang im Landkreis Erding mag es solche Denkmäler in vergleichbarer Anzahl und Dichte wie bei den Salzburger Grenzsteinen um Mühldorf nur mehr selten geben.

Viel könnten die alten Grenzsteine wohl erzählen von Freud' und wahrscheinlich noch viel mehr von Leid an den unseligen Grenzen, die, von Machtgier und Habsucht gezogen, argwöhnisch bewacht und oft erbittert verteidigt worden sind. Mit ihrem weit ins Land hineinragenden Burgfrieden war die Enklave Mühldorf über Jahrhunderte ein Zankapfel zwischen Bayern und Salzburg. Mögen uns deshalb künftig friedlichere Zeiten bevorstehen, damit uns auch unsere treuen Burgfriedenswächter als Zeugen der einstigen Herrschaft Salzburgs ungestört erhalten bleiben.

Reinhard Wanka

Statistisches

Geographische Lage:
 12°31' östl. Länge
 48°15' nördl. Breite

Höhe über Meeresspiegel NN:
 384 m (St. Nikolaus)
 406 m (Mößling)
 411 m (Bahnhof)
 414 m (Altmühldorf)

Einwohnerzahl: 14 720
Fläche: 29,43 km^2
Ausdehnung in Ost-West-Richtung: ca. 6 km
Ausdehnung in Nord-Süd-Richtung: ca. 5,5 km

Haushaltsvolumen (1988):
 38,44 Millionen DM

Wichtige Entfernungen (Straße):
 München 79 km
 Landshut 52 km
 Salzburg 72 km
 Passau 99 km
 Chiemsee 44 km

Fahrzeiten mit der Bundesbahn:
 München Hauptbahnhof 58 Min.
 München Ostbahnhof 44 Min.
 Landshut 46 Min.
 Salzburg 64 Min.
 Rosenheim (ab 1992) 40 Min.

Öffentliche Einrichtungen:
 5 Kindergärten
 2 Grundschulen
 1 Grund- und Teilhauptschule
 1 Hauptschule
 2 Berufsschulen
 Wirtschaftsschule
 Ruperti-Gymnasium
 Landwirtschaftsschule
 Städtische Musikschule
 Volkshochschule
 Kreisbildungwerk
 Fachakademie
 Kreisheimatmuseum
 Freibad
 Hallenbad
 Kunsteisbahn
 Stadtbücherei
 4 Pfarrbüchereien

Ämter und Behörden:
 Amt für Landwirtschaft
 Amtsgericht
 Allgemeine Ortskrankenkasse
 Arbeitsamt
 Brandversicherungsamt
 Deutsche Bundesbahn
 Deutsche Bundespost
 Finanzamt
 Forstamt
 Gesundheitsamt
 Kriminalpolizeistation/Landespolizeistation
 Landratsamt
 Tierzuchtamt
 Schulamt
 Vermessungsamt
 Zollamt

Gesundheitswesen:
 14 Praktische Ärzte
 11 Zahnärzte
 20 Fachärzte
 Kreiskrankenhaus

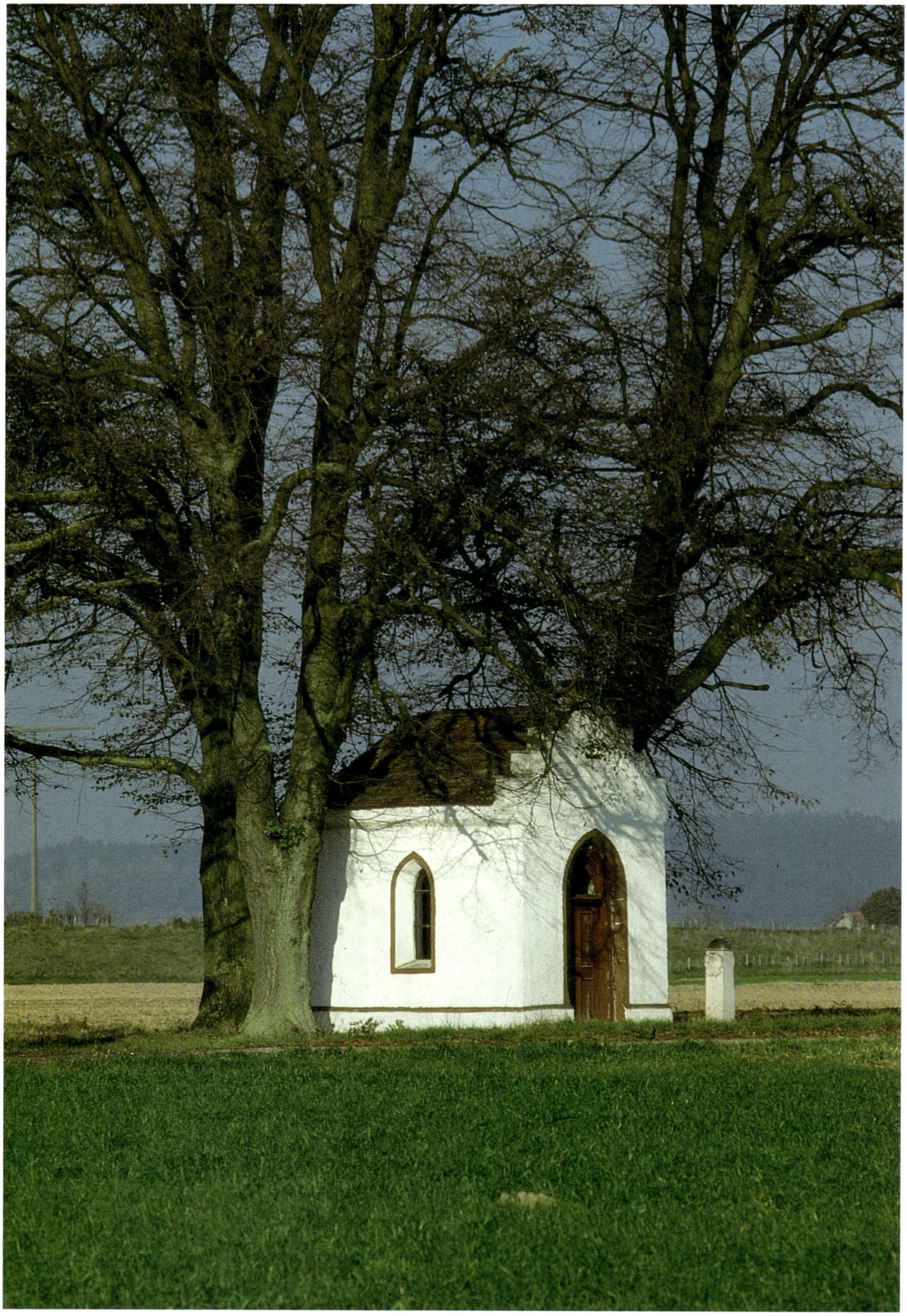

Josef Steinbichler

Zeittafel zur Geschichte der Stadt Mühldorf

935   16. Mai: Erzbischof Odalbert von Salzburg bestätigt einen Grundstückstausch. Die Urkunde wird in Mühldorf ausgestellt; es ist die erste urkundlich gesicherte Erwähnung Mühldorfs.

1190   21. September: König Heinrich VI. erteilt dem Salzburger Erzbischof Adalbert III. die Erlaubnis, in Mühldorf eine Salzniederlage zu errichten. Mühldorf wird in dieser Urkunde als „burgus" bezeichnet.

1197   In einer Urkunde wird ein Conrad „castellanus" in Mühldorf erwähnt.

1198   In einer weiteren Urkunde wird dieser Conrad als „burchgravius de Muldorf" bezeichnet.

1218   1. April: In einer Urkunde wird für Mühldorf das „Porta exterior" — das äußere Tor — erwähnt (1824 wird es wegen Baufälligkeit abgebrochen).

1239   Mühldorf wird in einer Urkunde als Stadt, als „civitate Muldorf", bezeichnet.

1241   Das Kloster Raitenhaslach besitzt ein von allen Abgaben und Steuern freies Haus in Mühldorf.

1249   Der Salzburger Erzbischof Philipp beruft eine Provinzialsynode nach Mühldorf, an der auch Bayernherzog Otto der Erlauchte teilnimmt.

1251   Erste urkundliche Erwähnung der Nikolauskirche.

1254   Der neugewählte Bischof von Passau wird in Mühldorf geweiht.

1256   Große Ritterspiele in Mühldorf, bei denen Erzbischof Phillipp von Salzburg wegen unerträglichem Aufwand von den Ministerialien und den Domherren gerügt wird, da sie mit dem geistlichen Stand unvereinbar sind.

1257   Truppen des Königs Ottokar von Böhmen ziehen raubend und plündernd durch Bayern. Sie werden von bayerischen Truppen verfolgt und flüchten durch Mühldorf, wo die Innbrücke unter der Last der sich drängenden Soldaten einstürzt.

1274	Der Abt des Klosters St. Peter in Salzburg kauft die Mühldorfer Niederlassung der Augustiner-Eremiten, läßt die Kapelle restaurieren und stellt sie unter das Patrozinium des Apostels Petrus.
1278	19. September: Heinrich von Harskirchen wird als Gerichtsbeamter des Voitgerichts Mühldorf erwähnt.
1285	7. Oktober: Herzog Heinrich von Niederbayern schließt die Stadt Mühldorf ein und besetzt sie am 16. Oktober nach einem verheerenden Brand.
1286	2. Februar: Durch Schiedsspruch auf dem Reichstag zu Augsburg muß der Bayernherzog Mühldorf wieder an Salzburg zurückgeben.
1290	(etwa) Es entsteht der Margarethen-Zyklus in der Vorhalle der Nikolauskirche.
1294	1. Mai: Der erste Schulmeister der Stadt wird erwähnt.
1298	An einer Urkunde vom 15. Juli findet sich das erste Siegel der Stadt. Das abgebildete Mühlrad hat 16 Schaufeln; heute sind es acht.
1303	Vom Vicedom des Erzbischofs wird für die Kirche „St. Jakob am Platz" ein Benefizium gestiftet. (Die Kirche stand etwa an der Stelle des heutigen Hochbrunnens und wurde 1640 nach dem großen Stadtbrand abgebrochen.)
1312	13. März: Der Domdechant Weichardus von Salzburg vermacht dem dortigen Domkapitel aus einer in Mühldorf gelegenen Mühle eine Rente von 18 Schilling Salzburger Pfennige.
1318	5. Dezember: König Friedrich von Österreich und seine Brüder, die Herzöge Albrecht, Heinrich und Otto von Österreich, verbünden sich mit Erzbischof Friedrich von Salzburg zum Schutz der Straßen und Wege nach Mühldorf.
1320	Auf dem Stadtplatz wird ein Brunnen angelegt.
1322	28. September: In der Schlacht bei Mühldorf besiegt Ludwig der Bayer seinen Gegner Friedrich den Schönen von Österreich. Mühldorf steht auf Seiten der Österreicher.
1331	Erzbischof Friedrich III., mit dem die Mühldorfer in Fehde lagen, brennt die Mühlen vor der Stadt nieder. Vermutlich strebte Mühldorf den Stand einer freien Reichsstadt an.
1348	war nach dem Bericht des Stadtschreibers und Ratsherrn Niclas Grill ein „großer Sterb" (Pest) und ein Erdbeben. Erzbischof Ortolf von Weißeneck läßt den Voitturm erbauen.
1350	(etwa) Das erste Mühldorfer Stadtrecht wird niedergeschrieben.
1351	Mühldorf wird durch Erzbischof Ortolf von Weißeneck zum Sitz eines Voitgerichts bestimmt.

1360	6. Januar: Die erste Zunft, die der Tuchmacher, wird erwähnt.
1362	Herzog Rudolf IV. von Österreich erlaubt den Bürgern von Mühldorf, „mit 6 Züllen ihren Wein ohne Irrungen in allen den Rechten, als sie von Alter ynzher gethan haben führen zu lassen". (1364 wird dieser Freibrief auf 12 Zillen erweitert.)
1364	5. Juni: Herzog Stephan II. von Niederbayern erscheint mit 3000 Bewaffneten vor Mühldorf, um seine Erbschaftsansprüche auf Tirol zu sichern, kann die Stadt aber trotz dreimonatiger Belagerung nicht einnehmen. 16. Oktober: „Freiheitsbrief" des Herzogs Rudolf IV. von Österreich für Mühldorf als Dank für ihre Ausdauer im Krieg.
1365	19. April: Die Stadt Prag bestätigt, von der Stadt Mühldorf das Weinfuhrrecht auf dem Inn zu ihrer Stadt zugestanden erhalten zu haben.
1378	(und 1383) Erzbischof Pilgrim II. von Puchheim läßt auf seine Kosten eine Innbrücke bauen.
1382	Erzbischof Pilgrim II. von Puchheim schickt der Stadt zwei Geschütze.
1387	Die bayerischen Herzöge überfallen mit ihrer Streitmacht Mühldorf, doch die Bayern scheitern an der tapferen Gegenwehr der Bürger.
1391	26. April: Der Mühldorfer Burgfried wird erstmals in einer Urkunde erwähnt.
1393	Die Frauenkirche (gegenüber dem heutigen Gebäude Nr. 44 auf dem Stadtplatz) wird aus einer Stiftung von Propst Heinrich Surauer errichtet.
1397	Erzbischof Gregor Schenk von Osterwitz trägt den Mühldorfern auf, einen Wehrturm auf der Wies zu erbauen. (1810 wird der Turm abgebrochen, seine Quader finden als Widerlager bei der Innbrücke Verwendung.)
1400	Am Schluß des Stadtrechtsbuches zeichnet der Ratsherr Niclas Grill (†1419) wichtige und für die Stadt bedeutungsvolle Ereignisse auf. Er erwähnt auch die Schlacht von 1322 „ze dem Darnwerch pey Muldorff".
1408	Meister Jakob, ein Mühldorfer Bürger, verbrieft den Empfang seines Lohnes wegen Schlagung einer Brücke über den Inn.
1410	18. Januar: Der Burgfrieden zu beiden Seiten des Inn wird bei einer Grundstücksübertragung genannt.
1414	Erzbischof Eberhard III. kauft für die Dauer von sechs Jahren vom bayerischen Herzog das oberste Halsgericht über die Stadt Mühldorf und den Burgfrieden um 10000 ungarische Goldgulden.
1432	An Stelle der romanischen Hauptapsis der Nikolauskirche wird der heute noch erhaltene gotische Chor angebaut.
1442	11. November: Die Grenzen des Mühldorfer Burgfriedens werden in einem Vertrag beschrieben.

1447	26. November: Der Zinngießer Berchtold wird in einer Urkunde genannt. Es ist die erste Erwähnung eines Mühldorfer Zinngießers.
1448	Die Zunft der Bäckerknechte errichtet an der Nordseite des Turms der Nikolauskirche eine Andreaskapelle.
1472	Die Stadt kauft zwei Häuser in der Vorstadt, um daraus ein „Seelhaus" für arme und bedürftige Leute zu machen, das spätere Heiliggeistspital.
1474	Ein Kreuzgang wird an der Nikolauskirche angebaut.
1480	In der Stadtkammerrechnung wird erwähnt, daß die Innbrücke dieses Jahr zerstört wurde. Eine Schule wird in Mühldorf gebaut. Die Gesamtausgaben für den Bau betragen „70 Pfund Pfennig minus 8 Pfennig".
1486	16. Oktober: Die Bäcker erhalten eine Handwerksordnung.
1488	Mühldorf wird in einen langjährigen Streit zwischen Dompropst Ebran von Wildenberg, Bernhart von Rohr und Johann von Gran verwickelt. Am Ende (1488) leisten sie Johann Gehorsam.
1490	In Mühldorf findet eine Provinzialsynode statt. Man beklagt das Sammelunwesen und überlegt, ob man die Almosen der Antoniter dulden solle. Auch die an den Samstagen abgehaltenen Prozessionen werden abgeschafft und ersetzt durch Gebete unter dem Geläut der großen Glocke zur Mittagszeit an allen Samstagen.
1495	8. März: Im Haus des Bäckers bricht ein Feuer aus, dem die halbe Stadt zum Opfer fällt. Der Salzburger Erzbischof Sigismund von Hollenegg empfängt auf dem Reichstag zu Worms die Lehen. Er stirbt auf der Rückreise in Mühldorf am 3. Juli.
1506	Das älteste Bürgerbuch beginnt in diesem Jahr.
1511	14. März: Der Maler „Wilhalm Wetzhalt" aus Heldburg in Thüringen wird als Bürger in Mühldorf aufgenommen. „Wetzhalt", oder „Pätzsold", ist in der Kunstwelt bekanntgeworden unter dem Namen „Meister von Mühldorf". Der Schnitzer Matthäus Krinis wird als Bürger aufgenommen.
1514	Koadjutor Matthäus Lang, der spätere Salzburger Erzbischof, residiert bis 1519 in Mühldorf.
1520	20. Dezember: Der Schnitzer Gregori Wienner wird als Bürger aufgenommen.
1521	Der Maler Wilhelm Pätzsold stirbt. Ihm wird ein Grabstein in der Vorhalle der Nikolauskirche gesetzt.
1522	Erzbischof Matthäus Lang erläßt für Mühldorf eine neue Stadtordnung. Mühldorf wird Tagungsort einer Provinzialsynode.

1525	14. Oktober: Auf Grund eines Vertrages zwischen Bayern und Salzburg wird ein genaues Verzeichnis aller Ortschaften im Voitgericht und der Rechtsverhältnisse ihrer Höfe und Grundstücke erstellt.
1526	23. Februar: Bernhard von Trenbeck erhält Veste und Pflege Mühldorf samt dem Land- und Voitgericht auf Lebenszeit verliehen.
1531	31. Januar: Hans Trenbeck (Sohn von Bernhard) erhält Veste und Pflege Mühldorf auf Lebenszeit.
1539	Erzbischof Matthäus Lang von Wellenberg läßt in Mühldorf ein eigenes Residenzschloß erbauen, das heutige Finanzamt.
1553	17.–30. Dezember: Eine Synode in Mühldorf berät über kirchliche Reformmaßnahmen, besonders über die Abschaffung der Kelchbenutzung beim Empfang des Abendmahls.
1554	Das Rückgebäude des Rathauses wird errichtet.
1563	Kupferschmiedemeister Onophrius Wildpaner fertigt den „Trackhenkhopff" für den Innenhof des Rathauses.
1564	Mit diesem Jahr beginnt das älteste Gerichtsbuch der Stadt. Für die Schützen wird eine neue Schießhütte erbaut.
1565	Durch Eisschollen wird die Innbrücke weggerissen.
1567	Erstmals wird in Mühldorf eine Apotheke erwähnt.
1571	Da in Salzburg die Pest ausbricht, verlegt Erzbischof Johann Jakob Freiherr von Kuen zu Belasi seine Residenz bis 1582 nach Mühldorf.
1573	10. Januar: Ein Eisstoß reißt nachts 11 Uhr vier Joche der Innbrücke weg.
1577	Zur Kennzeichnung des Mühldorfer Burgfriedens werden „Marchsäulen" gesetzt.
1578	Für den Metzgerturm wird eine Glocke gekauft und zu Schiff nach Mühldorf gebracht.
1589	Philipp Apian nennt Mühldorf in seiner Topographie eine „urbs dives", eine reiche Stadt.
1595	5. März: Durch einen Eisstoß werden drei Joche der Innbrücke und das Torhaus weggerissen.
1607	Der Pfleger von Mühldorf erteilt dem „Marxen Cancerla von Calangka" die Genehmigung, in den Wäldern um Mühldorf Baumpech zu sammeln.
1610	15. Oktober: Feierliche Aufrichtung des durch Erzbischof Wolf-Dietrich von Raitenau errichteten Kollegiatstiftes. Um den Zehnten für das Stift unterbringen zu können, wurde der „Collegiatsstifts-Kasten" erbaut.
1611	August: Der Pest fallen in der Stadt 394 Menschen zum Opfer.

1617	In den Monaten Oktober und November wird in den Häusern der Stadt eine Visitation durchgeführt nach verbotenen, sektiererischen (d. h. lutherischen) Büchern.
1624	Das Steuerbuch aus diesem Jahr führt 383 Steuerpflichtige auf, die in der Stadt und im Burgfrieden wohnen, unter anderem 14 Brauer und 13 Wirte. Insgesamt wohnen etwa 1550 bis 1600 Menschen in der Stadt.
1629	27. Oktober: Kaiser Ferdinand II. bestätigt Mühldorf alle bisher verliehenen Handels- und Gerichtsprivilegien.
1633	3. Mai: Wegen eines drohenden Aufstandes der Bauernschaft, die durch die Kriegslasten stark zu leiden hat, kommen aus Salzburg ein Fähnrich und zwei Korporale zur „Exerzierung der Burgerschaft".
1634	In Mühldorf herrscht die Pest. Am 13. September tritt der Rat der Stadt zusammen, um zu überlegen, mit welchen Mitteln man der Pest entgegentreten soll. Im Januar 1635 war die Pest in Mühldorf erloschen.
1639	7. August: Erzbischof Paris Graf von Lodron genehmigt eine Niederlassung der Kapuziner, für deren Kloster und Kirche an diesem Tag der Grundstein gelegt wird.
1640	6. Juni: Beim Vorderbader in der Nagelschmiedgasse bricht ein Feuer aus, das fast die ganze Innenstadt vernichtet. Über 300 Firste fallen ihm zum Opfer.
1642	17. Mai: Die Renovierungsarbeiten am Rathaus, das durch den Brand vor zwei Jahren stark gelitten hatte, sind beendet. Unter anderem entstand der Rathaussaal mit der reichverzierten Renaissancetür.
1643	12. April: Die neue Kirche der Kapuziner (die heutige Frauenkirche) wird vom Chiemseer Weihbischof Johann Christoph Graf zu Lichtenstein auf die Patrone St. Jakob und St. Ursula geweiht.
1644	Der Münchner Zeichner Georg Peter Fischer fertigt für Merians Topographia Bavariae die älteste bekannte Ansicht von Mühldorf.
1645	Die Eröffnung einer Weißbierschenke wird von der Stadt abgelehnt.
1647	Die durch Blitzschlag zerstörte Orgel in St. Nikolaus wird wiederhergestellt.
1648	Das Küchenschiff des vor den Schweden flüchtenden bayerischen Hofstaates stößt in Mühldorf an einen Brückenpfeiler und sinkt. Der Kurfürst verliert seinen gesamten Silberschatz. 3. Juni: Stadtpfleger Jakob Plaz verläßt beim Herannahen der schwedischen Truppen Stadt und Pflegamt. 19. Juni: Schwedische Truppen besetzen die Stadt, können aber den Inn nicht überschreiten. Am 6. Juli ziehen sie wieder ab.

1653	2. September: Auf einer Wallfahrt nach Altötting kommt Kaiser Franz I. durch Mühldorf.
1658	Der Berchtesgadener Steinmetz Franz Khiemhover erhält den Auftrag, einen „märmelsteinernen Mann" zu schaffen. Die Figur findet Platz auf dem Brunnen am Stadtplatz, später ziert er als hl. Florian die Innbrücke, seit 1954 steht er am Münchner Tor.
1661	Die Grenzen des Mühldorfer Burgfriedens werden endgültig festgelegt.
1665	50 Steinsäulen aus Untersberger Marmor, die auf der einen Seite des Salzburger, auf der anderen Seite das Bayerische Wappen tragen, kennzeichnen von nun an den Mühldorfer Burgfrieden.
1672	Der Leib des hl. Märtyrers Felix wird von Rom nach Gars gebracht. Er kommt am 4. Juli nach Mühldorf zu den Kapuzinern, wird aber erst am 8. Juli 1674 nach Gars weitergebracht.
1680	25. August: Der Kapuzinerpater Markus von Ariano, ein Bußprediger, Wundertäter und heiligmäßiger Ordensmann, kommt auf seiner Predigtreise durch Europa auch nach Mühldorf, wo er in der St. Nikolauskirche predigt und einer besessenen Frau den Teufel austreibt.
1682	Ein Wolf treibt in den Wäldern um Mühldorf zwei Jahre lang sein Unwesen.
1686	2. März: Die Innbrücke wird kurz vor Mitternacht bis auf zwei Joche, die aber ganz baufällig wurden, vom Eisstoß weggerissen.
1692	Erzbischof Johann Ernst Graf von Thun stiftet den Mühldorfer Hochbrunnen.
1700	6. Oktober: Einweihung der Eichkapelle. Sie wurde im Auftrag des Stiftskanonikus Achatius Hellsperger von Christoph Domenicus Zuccalli aus Graubünden erbaut.
1709	14. Februar: Bei einem Eisstoß werden vier Joche der Innbrücke weggerissen. Die Stadt kauft in Salzburg eine Pump-Feuerspritze. Der linke Seitenaltar in der Katharinenkirche wird vom Bierbrauer Franz Reindl zu Ehren des hl. Georg gestiftet. Aus Anlaß des Besuches des neuen Erzbischofs beschafft die Stadt eine neue Fahne.
1710	In der Pflanzenau wird ein Schützenhaus gebaut (1807 riß es ein Hochwasser wieder weg).
1712	Paul Khurz erlangt als Stadtmaler das Bürgerrecht. Er malt eine Reihe größerer Ölbilder, darunter das Hochaltarblatt in der Katharinenkirche.
1717	Das Heiliggeistspital wird unter Erzbischof Franz Anton von Harrach errichtet.
1726	Reichsgraf Franz Josef von Plaz (1707–1711 als Pfleger in Mühldorf) stiftet die Statue des hl. Nepomuk.

1734	Versammlung der bayerischen Landstände in Mühldorf. Es wird der Reichskrieg gegen Frankreich beschlossen.
1735	10. Juni: Hans Gumberger, Steinmetz aus Hallein, erhält für einen neuen Brunnen bei der oberen Roßschwemme sein Honorar.
1743	Österreichische Truppen unter Generalmajor Franz Graf Nàdasdy besetzen im Frühsommer die Stadt.
1749	Eine Beschwerde der Salzburger Regierung über eine Beschränkung des Mühldorfer Tabakhandels wird von Bayern zurückgewiesen, da ohne Zweifel die bayerischen Zollbestimmungen umgangen wurden.
1750	3. Oktober: Die Mühldorfer Dienstmagd Maria Bauer wird als der Hexerei überführt in Salzburg hingerichtet.
1751	In Mühldorf wird eine Postexpedition unter der Landeshoheit des Erzbistums eingerichtet.
1755	Versammlung der Landstände mit Beschluß, am Krieg gegen Preußen teilzunehmen.
1756	Die Decke im Innern der Katharinenkirche wird mit Fresken geschmückt.
1764	28. Januar: Ein Sturm beschädigt das Dach des Turmes von St. Nikolaus so stark, daß man sich zu einer Neugestaltung entschließen muß.
1765	August: Der Leichnam des in Innsbruck verstorbenen Kaisers Franz von Österreich wird mit dem Schiff nach Wien gebracht. Wegen der Größe des Schiffes muß ein Teil der Innbrücke abgetragen werden. 14. Oktober: Das Kreuz auf der neuerrichteten Kupferhaube des Turmes von St. Nikolaus wird geweiht.
1768	17. März: Das Langhaus der St.-Nikolaus-Kirche stürzt bei Renovierungsarbeiten ein. Dekan Wolfgang Summerer läßt für den Wiederaufbau den Trostberger Maurermeister Franz Alois Mayr kommen, dem der Salzburger Wolfgang Hagenauer sekundiert.
1771	Der Maler Martin Heigl arbeitet an den Fresken der neuaufgebauten St.-Nikolaus-Kirche.
1772	30. Mai: Stiftsdekan Summerer errichtet aus eigenen Mitteln einen Unterstützungsfond für Witwen und Waisen der Stiftsbediensteten.
1775	15. August: Erzbischof Hieronymus Graf Colloredo weiht die neuaufgebaute St.-Nikolaus-Kirche ein.
1782	26. April: Papst Pius VI. kommt auf seiner Reise von Wien nach München auch durch Mühldorf. In diesem Jahr herrscht die Cholera in der Stadt.

1784	In diesem Jahr wird die Innbrücke durch Eisschollen dreimal weggerissen.
1786	Durch Hochwasser werden zwei Joche der Innbrücke zerstört.
1788	Durch Eisschollen wird die Innbrücke weggerissen.
1796	Ein österreichisches Heereslazarett aus dem Rheinland und aus Schwaben wird in das Heiliggeistspital nach Mühldorf verlegt.
1800	20. September: Der österreichische Kaiser Franz besichtigt die gegen die Franzosen errichteten Befestigungen in Mühldorf. 12. Oktober: Die Franzosen besetzen Mühldorf; die Österreicher stecken beim Abzug die Innbrücke in Brand.
1801	12. April: Die französische Besatzung zieht ab.
1802	1. Dezember: Johann Adam Freiherr von Aretin trifft in Mühldorf ein mit dem Auftrag, die Stadt für Bayern in Besitz zu nehmen. Er weist den salzburgischen Pflegsverwalter Sigmund Christoph von Hartmann an, seinen Dienst gegenüber dem Fürsterzbischof abzuschließen (Hartmann wird am 1. Februar 1804 in den Ruhestand versetzt). Das Kollegiatstift wird Dekanatssitz und Stadtpfarrei.
1803	28. Februar: Durch einen Brand in der Wies werden 28 Gebäude zerstört. 6. Dezember: Simon Ruland, bisher Landrichter in Aichach, wird Vorstand des neugebildeten Landgerichts Mühldorf.
1804	10. Januar: Das Rentamt Mühldorf wird gebildet.
1805	Vom 9. September bis 25. Oktober halten die Österreicher Mühldorf besetzt. (Am 21. September kommt Kaiser Franz auf seinem Weg nach München durch Mühldorf.) Bevor am 26. Oktober die Franzosen in Mühldorf einrücken, setzen die Österreicher die Innbrücke in Brand. Vom 31. Oktober bis zum 2. November zieht die französische Armee durch die Stadt. Napoleon übernachtet vom 29. zum 30. Oktober in Mühldorf.
1806	Eine Abteilung französischer Soldaten ist von März bis zum 27. September in der Stadt einquartiert.
1807	Der Voitturm wird abgebrochen; seine Quader finden beim Bau der Neuöttinger Innbrücke Verwendung.
1809	13. April: Landrichter Simon Ruland erschießt sich (oder wird erschossen: der Fall konnte nie ganz geklärt werden) in Winhöring nach einer Auseinandersetzung mit den österreichischen Besatzern. Die Österreicher stehen seit dem 11. April vor Mühldorf, können aber wegen der zerstörten Innbrücke die Stadt erst am 12. April besetzen. 26. April: Das Heer Napoleons setzt bei Ecksberg über den Inn und dringt in Richtung Österreich vor; die Österreicher fliehen aus Mühldorf. Napoleon befindet sich für einen Tag in der Stadt. Das Altöttinger Tor wird wegen der zu engen Durchfahrt abgebrochen und dann wieder aufgebaut, jedoch nicht mehr in der früheren Höhe. Die Peterskirche in der Pfaugasse, jetzt Bräugasse, wird abgebrochen.

1813   Der ehemalige Kollegiats-Stiftskasten wird in eine Fronfeste umgewandelt, später wird er Amtsgerichtsgefängnis.
Die erste auf Steinpfeilern errichtete Innbrücke nach Plänen Wibekings wird erstellt, hält aber nur bis 1851.
Ein in diesem Jahr in der oberen Stadt zum Zwecke des Wetterschießens und der Aufbewahrung der 20 Böller erbauter Turm muß wieder abgebrochen werden, da das Wetterschießen verboten wurde und die Bewohner von Wald a. d. Alz dagegen Einspruch erhoben haben, da die Mühldorfer durch das Schießen die Wetter ihnen zutreiben.

1815   Die Kirche „Unser Lieben Frauen Capelle am Platz" (auf dem Stadtplatz zwischen der Einmündung der Bräu- und der Daxenbergergasse) wird wegen Baufälligkeit abgebrochen. Das Altarbild ziert heute den Hochaltar der Frauenkirche.

1820   12. Oktober: Die Volksschule, heute Stadtplatz 58 (Kindergarten/Post), wird eingeweiht.

1821   16./17. August: Mühldorf erlebt ein so starkes Hochwasser, daß man mit einem Kahn durch das Münchner Tor fahren kann.

1824   Das Bergtor (am Beginn des Stadtberges in der Katharinenvorstadt) wird abgebrochen.

1827   23. April: Wegen Raubmordes wird ein Taglöhnerssohn aus Neumarkt hingerichtet. (Es ist die letzte Hinrichtung in Mühldorf).
19. Mai: Der Magistrat beschließt den Abbruch des Metzgerturmes.

1828   Die Postkutschenroute München–Braunau–Wien berührt Mühldorf.

1832   Ein Schmiedegeselle wird vor seiner Abführung ins Gefängnis an den Pranger gestellt.

1833   Ein „Leseverein" wird gegründet; er besteht bis etwa 1930.

1835   Mit der Trockenlegung des Stadtgrabens wird begonnen.

1839   Advokat Michael Benl kauft acht Brunnenfiguren in Eichstätt und läßt sie auf eigene Kosten in Mühldorf aufstellen. Vier davon sind noch erhalten.

1845   20. September: Kronprinz Maximilian von Bayern übernachtet in Mühldorf und besichtigt die Sehenswürdigkeiten der Stadt.

1846   1. Oktober: Erzbischof Lothar Anselm von Gebsattel stirbt in Mühldorf.
Eine Liedertafel wird gegründet.

1851   12. Oktober Einweihung der Maximiliansbrücke.

1852   11. April: Bei einem Brand werden vier Häuser eingeäschert.

1853 Die Stadt erwirbt das ehemalige Kapuzinerkloster für eine Mädchenschule, einen Kindergarten und ein Schwesternwohnheim.

1854 4. September: Das erste Dampfschiff kommt aus Passau in Mühldorf an.
Der barocke Aufbau der Rathausfassade wird durch Zinnen ersetzt.

1856 Die Frauenkirche erhält einen Turm.

1861 1. April: In Mühldorf wird ein Poststall eingerichtet.

1862 15. Februar: Eine Zeichenschule, der Vorläufer der Berufschule, wird eröffnet.
1. Juli: Mühldorf wird Sitz eines Bezirksamtes, das die Landgerichtsbezirke Mühldorf und Neumarkt umfaßt.
Das Notariat Mühldorf wird errichtet.

1863 9. März: Mühldorf wird an das Telegrafennetz angeschlossen.

1864 12. Juli: Die Urne mit dem Herzen des am 10. März in München verstorbenen Königs Max II. wird nach Altötting zur Beisetzung in der Gnadenkapelle gebracht. Für eine kurze Viertelstunde wird die Urne in der St.-Nikolaus-Kirche ausgesetzt.

1867 Eine gewerbliche Fortbildungsschule wird eröffnet.
3. November: Eine freiwillige Feuerwehr wird gegründet.

1871 1. Mai: Die Eisenbahnstrecke München–Mühldorf–Neuötting wird in Betrieb genommen.
27. November: Diesen Tag kann man, wenn man die Jahre vorher nur als gutgemeinte Versuche betrachtet, als den Gründungstag der Mühldorfer Berufschule betrachten.

1872 20. März: In der Nikolauskirche wird ein Gedenkstein für die im Krieg 1870/71 Gefallenen eingeweiht.

1874 16. August: Auf dem Stadtplatz wird ein Kriegerdenkmal errichtet.

1875 15. Oktober: Die Eisenbahnlinie Mühldorf–Plattling wird in Betrieb genommen.

1876 1. Mai: Die Eisenbahnlinie Mühldorf–Rosenheim wird in Betrieb genommen.
12. August: Vormittags um 10 Uhr kommt Kaiser Wilhelm I. mit einem Sonderzug von Rosenheim in Mühldorf an und wird jubelnd begrüßt. Der Aufenthalt währte nur fünf Minuten.

1882 22. Mai: Der Velociped-Club Mühldorf wird gegründet, dem vorwiegend „bürgerliche" Söhne der Stadt angehören. Noch vor 1900 entsteht eine Art Gegenstück, der Radfahrerverein Concordia, aus der Arbeiterbewegung heraus.

1891 13. August: In das ehemalige Kapuzinerkloster ziehen Franziskaner ein.

1895	Der Mühldorfer Anzeiger wird erstmals mit einem Elektromotor gedruckt. Der Strom kommt aus einer Maschine, die sich die Gebrüder Mösl in der Weißgerbergasse aufgestellt haben. Der Sitz des Forstamtes wird von Pürten nach Mühldorf verlegt.
1897	1. Mai: Die Eisenbahnlinie Mühldorf–Altötting wird in Betrieb genommen.
1900	Beim Postamt Mühldorf 2 wird eine Telefonstelle mit zwei öffentlichen Sprechstellen und 16 Abonnenten in Betrieb genommen.
1901	1. Oktober: Das Gemälde an der Außenwand der Frauenkirche, die Schlacht bei Mühldorf von 1322 darstellend, wird vollendet.
1902	8. Januar: Ein städtisches Arbeitsamt wird errichtet und vom Stadtsekretär kostenlos geführt.
1903	3. Dezember: Der Zuchtverband für Fleckvieh in Oberbayern mit dem Sitz in Mühldorf wird gegründet.
1906	3. November: Die Kreiswinterschule (später: Landwirtschaftsschule) wird eröffnet.
1908	11. Oktober: Das Heimatmuseum im Münchner Tor wird eröffnet, das ab 1920 der eben gegründete Heimatbund übernimmt.
1908	1. Dezember: Die Bahnlinie Mühldorf–Freilassing–Salzburg (Tauernbahn) wird in Betrieb genommen.
1910	14. September: Das heutige Grundschulhaus wird seiner Bestimmung übergeben. 15. November: Die durchgehende Eisenbahnlinie Mühldorf–Traunstein wird in Betrieb genommen.
1914	1. Januar: Gründung einer Allgemeinen Ortskrankenkasse.
1915	In einem Acker beim Riegerbauern in Altmühldorf-Thal kommen die Grundmauern des früheren Ruperti-Kirchleins zutage.
1919	25. April: Eine Abteilung der „Roten Garde" (Spartakisten) besetzt Mühldorf. Am 30. April werden sie von Regierungstruppen gefangen genommen.
1920	11. März: Um dem Kleingeldmangel abzuhelfen, beschließt der Stadtrat, Papierkleingeld drucken zu lassen.
1921	Errichtung einer Realschule. 26. Juni: Die Trabrennbahn wird eröffnet.
1922	30. Dezember: Das Isenkraftwerk in Winhöring liefert erstmals Strom nach Mühldorf.
1923	21. Oktober: Die erste evangelische Kirche in Mühldorf wird eingeweiht.

1925	Eröffnung der Mittelschule Mühldorf.
1927	27. September: Das Zentralschulhaus wird eingeweiht.
1931	1. Oktober: Beim Postamt Mühldorf lösen Kraftfahrzeuge die Pferdeposten ab.
1935	1. April: Das staatliche Gesundheitsamt wird errichtet.
1937	27. Juni: Die Kirche St. Peter und Paul wird eingeweiht.
1938	12. März: Reichskanzler Adolf Hitler trifft beim Armeeoberkommando 8 in Mühldorf ein und fährt nach Braunau und Linz weiter.
1939	Die baufälligen Zinnen an der Fassade des Rathauses werden abgetragen, das Gebäude wird dem Baustil der Innstädte angepaßt. 26. März: Die neuerbaute Tierzuchthalle wird eingeweiht.
1945	19. März: Ein Fliegerangriff auf den Bahnhof Mühldorf fordert 129 Menschenleben. 21. April: Ein weiterer Fliegerangriff auf den Bahnhof fordert 15 Menschenleben. 2. Mai: Amerikanische Streitkräfte besetzen die Stadt. Die Maximiliansbrücke wird von deutschen Truppen gesprengt. Einmarsch der Amerikaner und Übergabe der Stadt durch Bürgermeister Gollwitzer.
1946	27. Januar: Erste freie Gemeindewahlen nach dem Krieg. Anton Scheidl wird zum Bürgermeister gewählt. Am 10. Mai bestimmt der Stadtrat den bisherigen zweiten Bürgermeister Franz Mühlbauer zum ersten Bürgermeister. 28. April: Kreistagswahl.
1952	6. November: Die neue Innbrücke wird dem Verkehr übergeben. Hans Gollwitzer wird zum ersten Bürgermeister gewählt.
1966	Josef Federer wird zum ersten Bürgermeister gewählt.
1972	1. Juli: Bei der Gebietsreform werden die bisherigen selbständigen Gemeinden Mößling und Hart nach Mühldorf eingegliedert.
1978	1. Mai: Die bisher selbständige Gemeinde Altmühldorf wird nach Mühldorf eingegliedert.

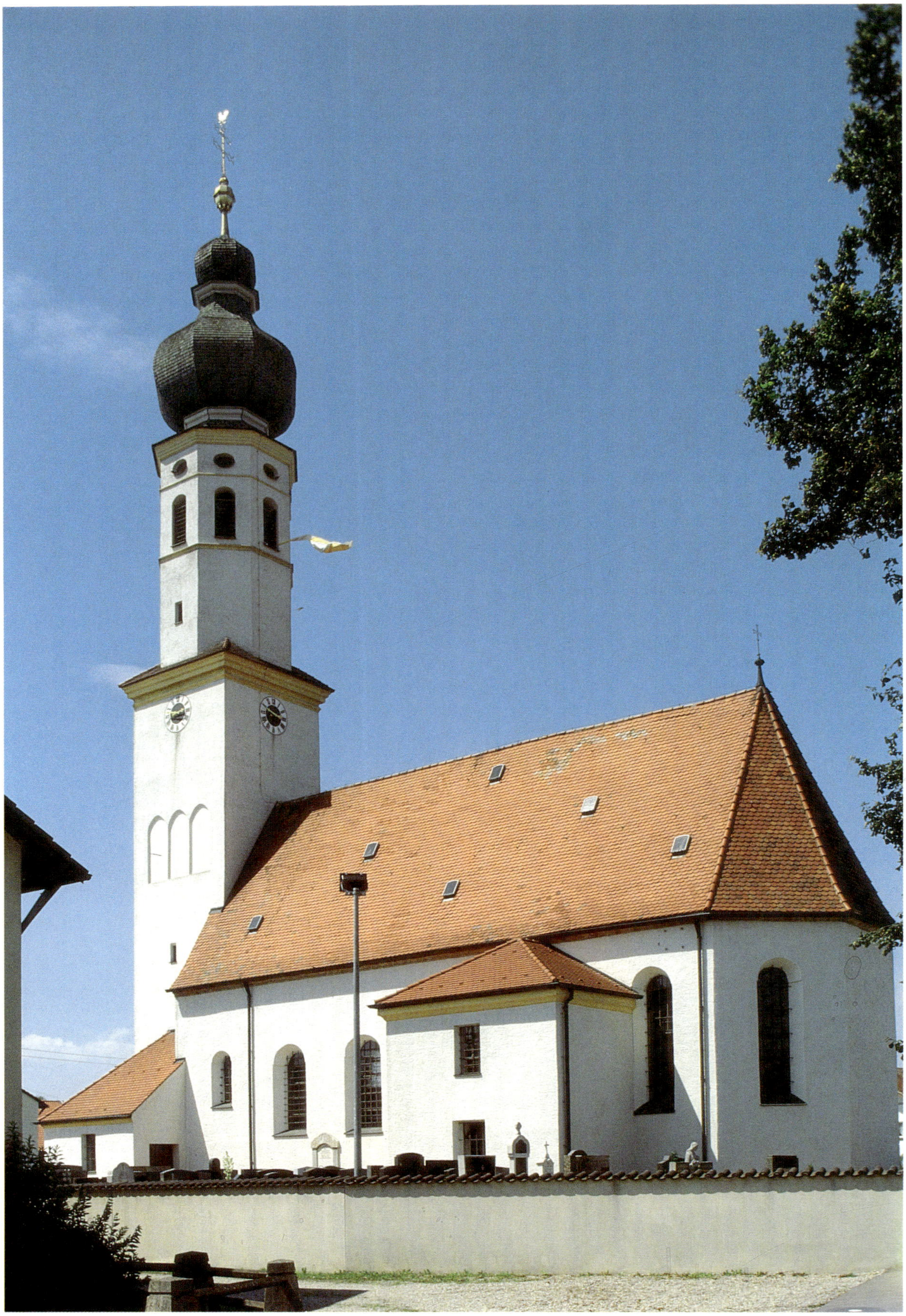

Josef Steinbichler

Literatur zur Geschichte der Stadt Mühldorf

Wichtige Aufsätze zur Geschichte der Stadt Mühldorf finden sich vor allem in den Bänden des Jahrbuches „Das Mühlrad". Die Bände I–X (1951–1961) erschienen im Verlag Geiger in Mühldorf; Band XI (1962) und folgende wurden vom Heimatbund Mühldorf herausgegeben. 1989 erschien Band XXXI. Die wichtigsten Artikel aus diesen Jahrbüchern werden im folgenden eigens erwähnt.

Allgemeines

Josef Bauer, Kurze Geschichte der Stadt Mühldorf a.Inn, Mühldorf (Geiger) 1902.
Rudolf Angermeier, Mühldorf in alten Ansichten, Zaltenbommel/Niederlande 1982.
Rudolf Angermeier, Salzburgs Bischöfe als Herren an Isen und Inn, in: Das Mühlrad XXIX/1987, S.147–162.
Albert Auer, Die Salzburger Erzbischöfe und Landesfürsten, in: Das Mühlrad XVI/1974, S. 66–84.
Karl Fraitzl, Das Kollegiatstift Mühldorf, in: Das Mühlrad I/1951, S. 52–56.
Hans Gollwitzer, Der Landkreis Mühldorf am Inn. Geschichtliche Entwicklung und Gegenwart. Ein Heimatbuch. München (Heimatbuchverlag Aigner) 1962.
Hans Gollwitzer/Adolf Kunzmann, Mühldorf, Freilassing (Pannonia) 1975.
Hans Gollwitzer, Die Schlacht bei Mühldorf, Mühldorf (Heimatbund) 1979.
Hans Gollwitzer, Mühldorfer Stadtbrunnen, in: Das Mühlrad IX/1959, S. 71–79.
Hans Gollwitzer, Ergänzungen und Berichtigungen zur Mühldorfer Heimatgeschichtsforschung, in: Das Mühlrad XI/1962–64, S. 5–17.

Hans Gollwitzer, 1364 – ein denkwürdiges Jahr in Mühldorfs Geschichte, in: Das Mühlrad XI/1962–64, S. 50–60.
Hans Gollwitzer, Mühldorfs Zeichnungsschule, die Vorläuferin der Berufsschule, in: Das Mühlrad XI/1962–64, S. 102–118.
Hans Gollwitzer, Das Heiliggeistspital zu Mühldorf, in: Das Mühlrad XII/1965–67, S. 88–119.
Hans Gollwitzer, Mühldorfs große Stadtbrände (1285–1495–1640), in: Das Mühlrad XIII/1968–70, S. 93–102.
Hans Gollwitzer, Das tragische Ende des Mühldorfer Landrichters Simon Ruland, in: Das Mühlrad XIII/1968–70, S.108–118.
Hans Gollwitzer, Voitgericht und Voitturm, in: Das Mühlrad XIV/1971–72, S. 10–29.
Hans Gollwitzer, Die Mühldorfer Jahrmärkte, in: Das Mühlrad XVIII/1976, S. 94–115.
Hans Gollwitzer, Mühldorfer Steuerbuch 1624, in: Das Mühlrad XIX/1977, S. 30–68.
Hans Gollwitzer, Alte Altmühldorfer, in: Das Mühlrad XX/1978, S. 76–93.
Hans Gollwitzer, Die salzburgische Gerichtsbarkeit in Mühldorf und deren Übergang an Bayern, in: Das Mühlrad XXVI/1984, S. 93–96.
Hans Gollwitzer/Anton Kaderka, Die Geschichte der Mühldorfer Berufsschule, in: Das Mühlrad XXIII/1981, S. 53–70.
Hans Gollwitzer/Hans Rudolf Spagl, Zur Apothekengeschichte der Stadt Mühldorf, in: Das Mühlrad XXV/1983, S. 85–100.
Adolf Hartmann, Ecksberg, eine Naturschönheit am Rande unserer Stadt, in: Das Mühlrad XVI/1974, S. 50–57.

Adolf Hartmann, Altmühldorf, in: Das Mühlrad XIX/1977, S. 80—84.

Benno Hubensteiner, Barockes Mühldorf, in: Das Mühlrad I/1951, S. 5—22.

Benno Hubensteiner, Mühldorf und Altmühldorf, in: Festschrift der Kreissparkasse Mühldorf, Mühldorf (Geiger) 1957.

Edgar Krausen, Stadtarchiv Mühldorf am Inn, in: Archivinventare Band 13, München 1958.

Franz Martin, Salzburgs älteste Besitzungen im Isengau, Hefte 1, 5, 8, Watzling 1924.

Mühldorf und sein Landkreis, Bayerland-Sonderheft, München 1971.

Anton Friedrich Neumeyer, Der Mühldorfer Hexenprozeß, Mühldorf (Geiger) 1926. Fotomechanischer Nachdruck, Mühldorf (Heimatbund) 1980.

Anton Friedrich Neumeyer, Der Bezirk Mühldorf in seiner geschichtlichen Vergangenheit, Mühldorf (Geiger) 1930.

Hans Prähofer, Wie es war — Kriegsende und Neubeginn in Mühldorf am Inn und seinem Hinterland, Mühldorf (Heimatbund) 1985.

Franz Prinz zu Sayn-Wittgenstein, Mühldorf, in: Der Inn, München (Prestel) 1962², S. 218—221.

Hans Rudolf Spagl, „Die ungehorsamen Comuncianten...", in: Das Mühlrad XXI/1979, S. 57—74.

Helmuth Stahleder, Mühldorf am Inn, HAB Teil Altbayern, Band 36, München 1976.

Josef Stahlhofer, Mühldorfs allerschlimmste Zeit, in: Das Mühlrad X/1960—61, S. 17—24.

Otto H. Sullek, Telegrafendienst und Fernsprechbetrieb in Mühldorf, in: Das Mühlrad XXVII/1985, S. 15—34.

Otto H. Sullek, Die in Mühldorf verwendeten Poststempel, in: Das Mühlrad XXVIII/1986, S. 7—34.

Franz Tyroller, Die Grafschaften des Isengaues, in: OA 80/1955, S. 45—102.

Kunst

Hans Aumüller/Hans Rudolf Spagl, Altmühldorf (Kirchenführer), Ottobeuren (Oefele) 1970.

Franz Dambeck, Der Meister der Kriegerfigur am Münchener Tor, in: Das Mühlrad VI/1956, S. 8—13.

Siegmar Gerndt, Unsere bayerische Heimat (Ein Kulturführer), München (Prestel) 1984, S. 78f.

Philipp Maria Halm, Der Meister der Türen von Altötting — Matthäus Kreniss, in: Studien zur süddeutschen Plastik, Band II, Augsburg 1927, S. 1—41.

Michael Harting/Hans Gollwitzer, Mühldorf am Inn, St. Nikolaus und Nebenkirchen (Kirchenführer), München (Schnell und Steiner) 1975².

Adolf Hartmann, Die Frauenkirche in Mühldorf, in: Das Mühlrad XXIV/1982, S. 114—127.

Isolde Hausberger, Der Meister von Mühldorf — der Maler Wilhelm Pätzsold, Mühldorf (Heimatbund) 1973.

Edgar Krausen, Künstler und Kunsthandwerker aus der Landschaft zwischen Rott, Isen und Inn, in: Der Landkreis Mühldorf, München 1962, S. 75—77.

Kilian Kreilinger, Der bayerische Rokokobaumeister Franz Alois Mayr, in: Jahrbuch des Vereins für christliche Kunst, Band IX, München 1978, S. 85—100.

Die Kunstdenkmäler von Bayern, herausgegeben vom Landesamt für Denkmalpflege, I. Regierungsbezirk Oberbayern, Band 7: Mühldorf, München (Oldenbourg) 1982.

Thomas Johannes Kupferschmied, Der Freskant Josef Martin Heigl, München 1989, S. 90—104.

Gregor Martin Lechner, Fresken der Mühldorfer Stadtpfarrkirche St. Nikolaus aus drei Stilepochen, in: Das Mühlrad XVII/1975, S. 23—36.

Anton Legner, Mühldorfer Maler in der Dürerzeit, in: Das Mühlrad II/1952, S. 63—67.

Anton Legner, Das Heiltumbuch des Degenhart Pfäffinger, in: Das Mühlrad IV/1954, S. 22—26.

Isolde Lübbeke-Hausberger, Wilhelm Pätzsold: Der heilige Sebastian, in: Das Mühlrad XXIX/1987, S. 93—98.

Hermann Maillinger, Unbekanntes Bayern, in: Mühldorf und sein Landkreis, München (Bayerland) 1971, S. 8—23.
Herbert Nagl, Mühldorf a.Inn, Oettingen (Fränkisch-Schwäbischer Heimatverlag) 1965.
Herbert Schindler, Altmühldorf, Mühldorf, in: Reisen in Oberbayern, München (Prestel) 1985, S. 390—396.
Herbert Schindler, Altmühldorf und Mühldorf, in: Reisen in Niederbayern, München (Prestel) 1975, S. 439—444.
Hans Rudolf Spagl, Zinn und Zinngießer in Mühldorf, in: Das Mühlrad XI/1962—64, S. 21—43.
Hans Rudolf Spagl, Betrachtungen zu den Heigel'schen Deckenfresken der St. Nikolauskirche, in: Das Mühlrad XVII/1975, S. 5—22.
Hans Rudolf Spagl, Die Malerfamilie Mang, in: Barockmaler in Niederbayern, Regensburg (Pustet) 1982.

Wappen

Adolf Hartmann, Die alten Siegel der Stadt Mühldorf, in: Das Mühlrad XXIII/1981, S. 34—38.
Wilfried Wanka, Gemeindewappen im Landkreis Mühldorf a. Inn, Mühldorf (Landratsamt) 1988.

Erdgeschichte

Siegmar Gerndt, Unsere bayerische Heimat (Ein Naturführer), München (Prestel) 1976, S. 154.
Oskar Kuhn, Geologie von Bayern, München (BLV) 1949, 1964^3.
Simon Pittner, Jahrmillionen vor der eigenen Tür, Burghausen (Burghauser Geschichtsblätter, 32. Folge) 1973.
Erwin Rutte, Bayerns Erdgeschichte, München (Ehrenwirth) 1981.
Norbert Schmidt-Kittler, Über neue Funde vorzeitlicher Elefanten aus den Tertiärschichten bei Mühldorf und Gars, in: Das Mühlrad XVI/1974, S. 33—42.

Innstadtbauweise

Denkmäler in Bayern (Hrsg. Michael Petzet), Band I.2 Oberbayern, München (Oldenbourg) 1986, S. 428—435.
Hans Karlinger, Das Gesicht der Innstadt, in: Das Bayerland 47, München 1936.
Prinz zu Sayn-Wittgenstein, Die Innstadt, in: Der Inn, München (Prestel) 1962^2, S. 240—245.
Wolfgang Schütz/Bernhard Sattler, Die Inn-Salzach-Städte, Freilassing (Pannonia) 1967.
Max Eberhard Schuster, Innstädte und ihre alpenländische Bauweise, München (Callway) 1951.
Max Eberhard Schuster, Das Bürgerhaus im Inn- und Salzachgebiet, Tübingen (Wasmuth) 1964.

Innschiffahrt

Andreas Aberle, Nahui, in Gotts Nam! Schiffahrt auf Donau und Inn, Rosenheim 1974.
Stefan Freundl, Inn-Schiffmeister, Rosenheim 1978.
Eugen Hauf, Vom Ende der Innschiffahrt, in: Das Mühlrad II/1952, S. 12—17.
Benno Hubensteiner, Innschiffer, in: Land vor den Bergen, München (SV) 1970, S. 225—238.
Alois Mitterwieser, Der Kraiburger Leibschiffmeister Johann Caldera, in: Das Mühlrad VIII/1958, S. 31—34.
Friedrich August Neumeyer, Geschichte der Innschiffahrt, Mühldorf 1936.
Ernst Neweklowsky, Die Innschiffahrt und Flößerei im Raum der oberen Donau, Band I Linz 1954, Band II Linz 1954, Band III Linz 1964.

Verkehr

Josef Dirscherl, Auf den Spuren der alten Römer, in: Das Mühlrad X/1960—61, S. 30—36.
Stefan Freundl, Die Dampfschiffahrt auf dem Inn, Wasserburg (Die Bücherstube) 1984.

Hans Gollwitzer, Hundert Jahre Mühldorfer Eisenbahn, in: Das Mühlrad XIV/1971–72, S. 77–87.

Josef Steinbichler, Die Mühldorfer Maximiliansbrücke, in: Das Mühlrad XXIV/1982, S. 61–92.

Otto H. Sullek, Der Poststall von Mühldorf und seine Vorgeschichte, in: Das Mühlrad XXV/1983, S. 5–30.

Reinhard Wanka, Mühldorf wird Bahnstation, in: Das Mühlrad XXVIII/1986, S. 35–60.

Reinhard Wanka, Der Bahnknotenpunkt Mühldorf, in: Das Mühlrad XXIX/1987, S. 6–30.

Grenzsteine

Hans Gollwitzer/Adolf Hartmann, Salzburger Grenzsteine – Denkmäler aus alter Zeit, Mühldorf (Heimatbund) 1980.

Hans Gollwitzer, Der Mühldorfer Burgfrieden, in: Das Mühlrad XII/1965–67, S. 5–17.

Herbert Kroiß, Steig' aus und wandere …", Mühldorf (Heimatbund) 1981.

In den Sommermonaten setzt in Mühldorf eine nachgebaute Plätte Ausflügler und Wanderer über den Inn. Sie erinnert ein wenig an die längst vergangenen Zeiten der Innschiffahrt

Mitarbeiter

Ernst Aicher, Kreisbaumeister, Kreisheimatpfleger; Pleiskirchenstraße 5, 8260 Mühldorf.

Rudolf Angermeier, Stadtarchivar; Gartenstraße 1, 8267 Neumarkt-St. Veit.

Adolf Hartmann, Konrektor a.D.; Lechstraße 1, 8260 Mühldorf.

Siegfried Inninger, Diplom-Ingenieur; Mößlinger Straße 40, 8260 Mühldorf.

Herbert Kroiß, Verwaltungsangestellter; Dörflstraße 1b, 8260 Mühldorf.

Thomas Johannes Kupferschmied, M.A., Kunsthistoriker; Holbeinstraße 5, 8260 Mühldorf.

Volker Liedke, Dr., Oberkonservator; Elise-Aulinger-Straße 10, 8000 München 83.

Benedikt Ott, Oberstudiendirektor; Innstraße 91, 8260 Mühldorf.

Wolfgang Pfeiffer, Studiendirektor a.D.; Hellspergerstraße 23, 8260 Mühldorf.

Walter Reichmann, Konrektor; Altdorferstraße 7, 8260 Mühldorf.

Uwe Ring, Lehrer; Jahnstraße 15b, 8261 Kraiburg.

Hans Rudolf Spagl, Dr.rer.nat., Pharmazierat; Bahnhofstraße 10, 8260 Mühldorf.

Josef Steinbichler, Bundesbahnbeamter; Wolfgang-Leeb-Straße 17, 8266 Töging.

Reinhard Wanka, Lehrer; Margeritenstraße 7, 8260 Mühldorf.

Konrad Bauer, Bundesbahnbeamter; Adlerstraße 14, 8260 Mühldorf.

Reinhard Pflaume, Bundesbahnbeamter; Egerlandstraße 12, 8266 Töging.

Fotonachweis

Aerofot Hirblinger, Puchheim: 17 (Freigegeben v. d. Reg. v. Oberbayern Nr. G 8–99/87); – Kreisbildstelle Mühldorf: 110, 256, 300 (Freigegeben vom Luftfahrtamt Südbayern Nr. GS 300/2/88); – Kreisheimatmuseum Lodronhaus, Mühldorf: 73, 163, 166, 179, 184, 190, 194; – Volker Liedke, München: 211, 212, 219, 220, 221, 222, 223, 224, 225, 226; – Mühldorfer Anzeiger (Zeitungsarchiv): 159, 162, 171, 178, 182, 183, 185, 187, 188, 193; – Hans Niedermeier, Winhöring: 298; – Benedikt Ott, Mühldorf: 272; – Pfarrarchiv St. Nikolaus Mühldorf: 199 rechts; – Walter Reichmann, Mühldorf: 20, 21; – Uwe Ring, Kraiburg: 276, 283; – Hans Rudolf Spagl, Mühldorf: 99, 157, 203, 204, 205, 207 rechts, 213, 214, 215, 216, 218, 240, 250 links unten, 252, 277; – Stadtarchiv Mühldorf: 30, 31, 33, 38, 46, 62, 72, 82, 91, 95 links, 121, 125, 126, 132 oben, 133, 141, 148, 150, 160, 164, 169, 173, 174, 177, 196, 197, 198, 199 links, 230, 246, 279, 290, 292, 296 unten, 302 oben; – Hans Stocker, Mühldorf: 10; – Reinhard Wanka, Mühldorf: 19, 48, 112, 114, 134 oben, 228, 247, 265, 289, 293, 295, 297, 306, 309.

Karten: 299, 307 (Kartengrundlage: Topographische Karten 1:25000 bzw. 1:50000; Wiedergabe mit Genehmigung des Bayer. Landesvermessungsamtes München, Nr. 9259/89).

Konrad Bauer, Mühldorf/Reinhard Pflaume, Töging: alle übrigen Aufnahmen.